質性研究理論與應用

第二版

潘淑滿 著

潘淑滿

學　　歷：美國德州大學奧斯汀校區社會工作博士

現　　職：國立臺灣師範大學社會工作學研究所教授
兼研究倫理審查委員會主任委員

曾　　任：國立臺灣師範大學國際與社會科學學院院長
國立臺灣師範大學社會工作學研究所所長
高雄醫學大學醫學社會學系副教授兼兩性研究中心主任

研究領域：親密關係暴力、多元文化、移民與移工、質性研究、新移民、研究倫理

著　　作：《社會個案工作》
《質性研究：理論與應用》
《親密暴力：多重身分與權力流動》
《新移民社會工作實務手冊》
《社會個案工作：理論與實務工作手冊》

二版序

《質性研究：理論與應用》這本書是在 2003 年出版，當時，國內有關質性研究的中文書籍並不多，在教授質性研究這門課時幾乎都是以英文書為主，也讓剛進學術界不久的自己，興起想要撰寫質性研究書籍提供給入門者參考的念頭。二十年後，這種情況已經有很大改變，國內無論是質性研究的中文書或翻譯書數量都相當可觀，內容也相當豐富，這也是為什麼遲遲無法動筆修訂本書的原因。

第二版的修訂比預期困難，因為要在既有的架構上，增加新的知識與自己過去二十年研究經驗，其實並不容易。雖然過去二十年國內外皆有許多質性研究相關書籍出版，但畢竟是科學研究的介紹，無論認識論或研究方法並不會隨著時代變遷而改變。不同的是，隨著人文社會科學理論發展，也對質性研究認識論帶來一定衝擊，研究方法更受到資訊科技影響而有新的方法與策略，這些都成為本書修訂的基礎。

本書第一版共分為十六章，第二版修訂與第一版最大的不同，包括：（1）增加了兩個新的章節：第十四章〈影像發聲法〉，及第十五章〈扎根理論、敘事及論述分析之比較與運用〉；（2）部分章節的主題或內容略有增減或調整；及（3）研究方法中增加作者自身研究經驗與國內質性研究實例說明。因此，這本書很值得初學者、研究生與研究工作者參考。

本書的修訂是利用教學、研究與行政工作忙碌之餘，前後歷經一年多的時間完成。感謝心理出版社林敬堯總編輯，在過去十多年，非常有耐性的鞭策與鼓勵，及汝穎執行編輯的協助校訂，終於讓《質性研究：理論與應用》第二版得以問世。本書修訂期間，非常感謝靖雅、峻偉及星茹三位助理，協助整理相關資料和製作圖表，才讓這本書得以順利出版。

希望這本第二版修訂的內容，能幫助有志從事質性研究者、學生及實務工作者，都能夠藉由這本書的閱讀與學習，連結到自身的研究經驗，並透過對探究社會現象真實本質的認識，進一步連結到生命意義與價值的反思。

潘淑滿

於淡水

2022 年 8 月 5 日

目次 CONTENTS

表次

圖次

Chapter 1 緒　論

許多時候，我們常會聽到人們說「科學方法」（scientific method），到底什麼是科學的方法、什麼不是科學的方法呢？簡單的說，科學方法就是指研究社群共享的概念、規則、技術、程序與倫理守則。當研究者是運用這些研究社群所接受的規範、方法或技術來進行研究時，就稱之為科學研究；反之，若研究者不是運用研究社群習慣接受的規範、方法或技術來進行研究時，就被譏之為非科學研究，這也就是環繞在行為與社會科學研究中，質性與量化研究爭議的關鍵。在本書中，我們揚棄這種狹隘的二分法，透過深入淺出的方式，系統性為大家介紹質性研究的理論思維、資料收集方法及其在研究的運用。

 科學研究的關係：演繹邏輯與歸納邏輯

當我們說到「科學方法」時，其實指涉的不只是一種方法而已，它包含了研究者運用演繹或歸納邏輯思維進行的研究方法。當研究者是運用演繹邏輯思維進行研究，就稱之為「演繹法」（deductive method）；當研究者是運用歸納邏輯思維來進行研究，則稱為「歸納法」（inductive method）。採取演繹法進行研究者，通常都會由理論概念的建構開始，再透過逐步驗證理論的過程，發展出一到數個研究假設，對每項假設中的變項進行操作性定義，以便研究者在研究過程能對變項進行觀察與測量，作為最後檢視研究假設真

實存在或不存在的基礎。相反的，採取歸納法進行研究者，則會對研究現象進行實地觀察，並經由廣泛的資料收集過程，逐步歸納出對研究現象的詮釋觀點，作為建構理論的基礎。

就科學研究的本質而言，演繹與歸納邏輯是一體兩面。Walter Wallace（1971；引自潘淑滿，2003，頁 3）以科學輪軸圖說明演繹邏輯與歸納邏輯在科學研究中的互動關係（參見圖 1-1）。

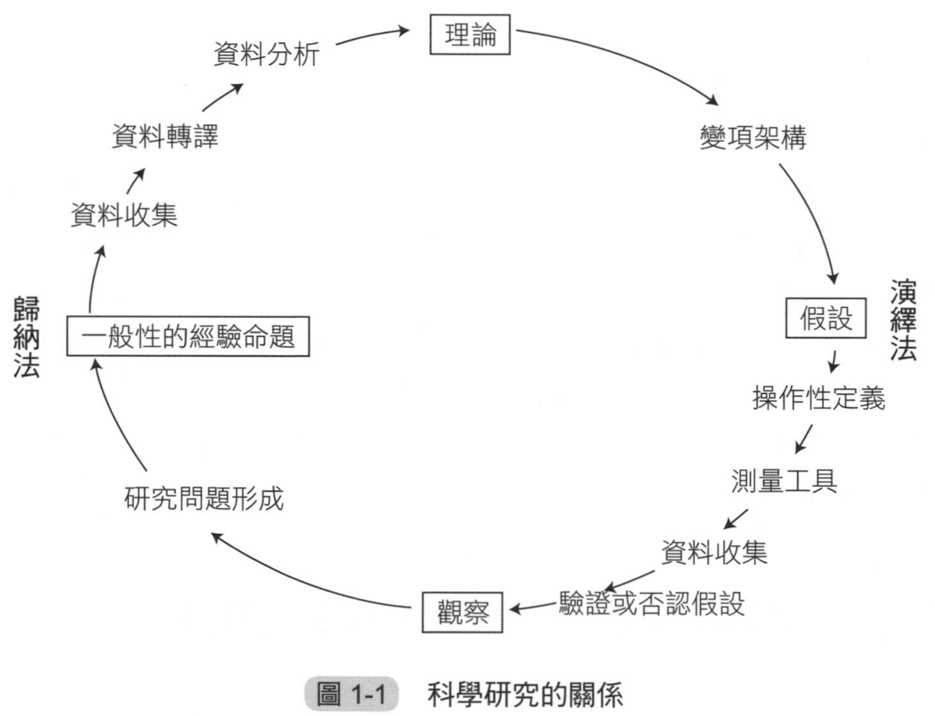

圖 1-1　科學研究的關係

我們習慣將演繹邏輯與歸納邏輯視為是兩種不同的思考邏輯，但是在行為與社會科學研究中，其實是一體兩面。當這兩種邏輯思維運用在行為與社會科學研究的過程，就產生了所謂的「量化研究」（quantitative research）與「質性研究」（qualitative research）。質性研究與量化研究各有其理論思維、專業術語、資料收集方法與技術，量化研究運用標準化的測量工具，對研究者所收集之資料進行分析，並運用統計分析方法，將研究現象化約為數字之間的關係。相反的，質性研究重視在自然的情境下與被研究對象互動，經由被研究對象（局內人）觀點，了解外顯的經驗與內隱的感受及看法。雖然，以演繹邏輯思維為主的量化研究取向，在行為與社會科學研究領域中已風行四百多年，也取得學術研究社群的領導地位；但是，以歸納邏輯思維為主的質性研究，在短短百年的發展歷史也建構出令人刮目相看的成績，不僅在學術研究社群逐漸嶄露頭角，同時在探究社會真實本質也扮演重要的關鍵力量。

 多元研究取向：實證主義與非實證主義

從上述科學研究的介紹中我們可以看出，量化與質性研究兩者最主要的差異，可以追溯到科學哲學假設的不同。什麼是「科學哲學假設」呢？對行為與社會科學研究而言，科學哲學假設就是指研究者對於社會世界的真實本質的假設；換言之，也就是研究者對於日常生活社會世界中是否存在唯一、且永恆不變的真理的價值信念。

有關於人類世界是否存在著唯一且永恆不變的真理，量化研究取向相信人類社會世界的運轉是受到一般法則的影響，所以研究者可以透過對這些法則的探究，對人類行為產生預測的作用。換句話說，主張量化研究取向者相信，研究者是可以透過科學、客觀、中立的資料收集過程，將收集的資料發展出一般法則，再將這些法則推論到具有類似特質的對象。質性研究取向則主張每個個體都有獨特性，研究者只有透過被研究者的主體立場，才能了解這些生活經驗對被研究對象的意義。亦即，質性研究取向相信，真實的本質只有存在當下，不僅無法推論，更相信這些本質是隨著時空背景不斷變動，而非恆定現象。

雖然，我們習慣將行為與社會科學研究區分為量化與質性研究兩大陣營；其實，在探究社會現象與問題時，往往因為研究者所持立場不同而有很大差異。依據研究者的立場與理論觀點，大致可將行為與社會科學研究

區分為：實證論（positivism）、後實證論（post-positivism）、詮釋社會科學（interpretive social science, ISS）與批判社會科學（critical social science, CSS）等四種研究取向（參見圖 1-2）。

每種研究取向就像是一個科學研究的「典範」（paradigm），引導研究者採取不同視角看待社會實在（social reality）的本質，在研究過程以何種態度和立場與被研究現象互動。因此，對行為與社會科學研究而言，「典範」其實就是指研究者在進行研究過程，持有一套完整的價值信念，對社會真實的本質有一定的基本假定，並根據這些社會實在假定，發展研究者要探究的研究問題、尋求回答問題的技術、資料收集方法與步驟。有關行為與社會科學研究的典範，將在第三章中討論，在此不再贅述。

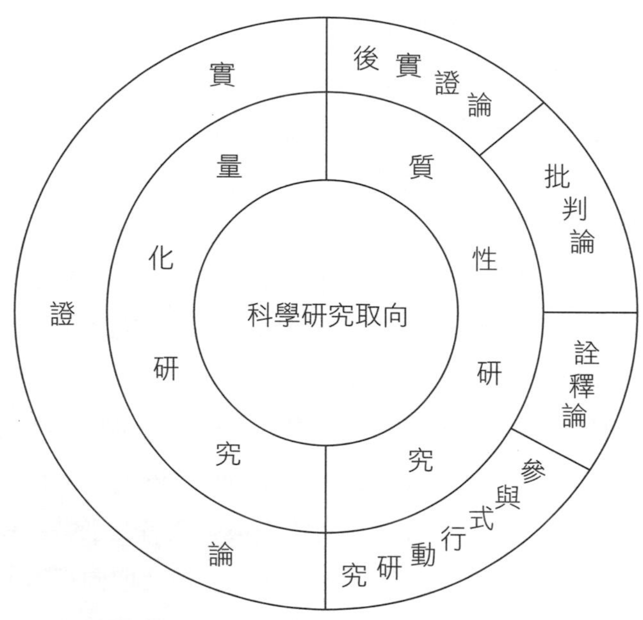

圖 1-2　行為與社會科學研究取向

一、實證研究取向

實證論科學研究取向又稱為是自然科學研究取向。「實證論」一詞源自法國哲學家 Auguste Comte（1798-1857）於 1822 年所創立，Comte 主張人類社會是如醫學或生物學一樣，可以運用科學邏輯與理性研究的方式加以了解。到了二十世紀初，實證論研究的理念遭遇來自科學研究社群成員的嚴厲批判與挑戰，後實證論研究取向在行為與社會科學研究領域蔚為新風潮（Babbie, 1998; Lincoln, Lynham, & Guba, 2011）。

二、非實證研究取向

（一）後實證論研究取向

後實證論科學研究取向強調研究者在研究過程，雖然無法對觀察與測量的現象或事物做到絕對的客觀、中立，但是可以透過較完整的研究策略運用，讓潛在可能影響研究正確性的因素降到最低程度（朱柔若譯，1991/2000；鈕文英，2019；趙碧華、朱美珍譯，2000/2000；Babbie, 1998; Lincoln et al., 2011）。

（二）詮釋論研究取向

相較於實證論與後實證論科學研究取向，詮釋論科學研究取向較不重視獨立與客觀的測量，或透過研究過程找出社會現象的一般或共同之處；相反的，詮釋論科學研究取向較重視透過研究過程，找出人類日常生活經驗中的心理反應、內在感受，與深層的生命經驗之意義。詮釋論科學研究取向的研究者認為，客觀的研究方式根本不適合運用於人類社會現象議題的探究，研究者必須在自然情境中，透過細微觀察，深入了解被研究者的生活經驗，及這些經驗在其社會世界的意義（朱柔若譯，1991/2000；鈕文英，2019；趙碧華、朱美珍譯，2000/2000；Babbie, 1998; Lincoln et al., 2011）。

（三）批判論研究取向

批判論科學研究取向源自 1930 年代的德國法蘭克福學派，當時對實證論科學研究取向強調的理性方式有諸多批判，批判論科學研究取向認為實證論科學研究取向過於狹隘，違反真實的人性本質。然而，批判論科學研究取向又無法認同詮釋論科學研究取向，譏諷詮釋論科學研究取向是一種保守的、主觀的相對主義，對於人類社會不義的事實與社會結構毫無任何幫助。批判論科學研究取向主張，研究最主要的目的就是幫助人們改變不公平的生活現況或社會條件，進而發展與建構更美好、公平的世界；研究者在研究過程必須運用批判精神，對探究的社會現象進行批判，並尋求發展可以改變社會關係的策略與目標（朱柔若譯，1991/2000；鈕文英，2019；趙碧華、朱美珍譯，2000/2000；Babbie, 1998; Lincoln et al., 2011）。

（四）參與式行動研究取向

參與式行動研究取向強調，知識的建構是在研究過程，研究者和研究參與者透過互動過程共同建構的結果。參與式行動研究取向與詮釋論科學研究取向，相同之處在於兩者都主張研究者和研究參與者在研究過程互動的重要性；不同的是，參與式行動研究取向更強調知識是由研究者和參與者共同建構而成的觀點，主張在研究過程與知識建構互為主體性發現（created findings）的重要性。因此，參與式行動研究強調研究過程必須透過合作行動了解和重建現象；換句話說，研究目的不只是了解，更重要是重建現象（Heron & Reason, 1997；引自鈕文英，2019；Lincoln et al., 2011）。

 章節內容之安排

2000 年以前，國內幾乎沒有書籍完整介紹質性研究，在這樣的脈絡下，我寫了這本《質性研究》的第一版，這種情況到了 2005 年以後，卻有很大改

變。過去十多年，國內有關質性研究的書籍可說是十分豐富且多元。有些聚焦在研究方法的介紹，有些著重於質性資料分析軟體運用的介紹，有些則是介紹不同或特定研究典範與研究方法的運用，提供了學術社群對於質性研究較完整的認識。在過去十多年來，國內學者、研究生和實務工作者，運用質性研究的趨勢也日益增加，但仍缺乏對質性研究的理論、方法與技術，提供較完整性、系統性的介紹。也因此，導致許多質性研究入門者無法對質性研究有完整的認識，影響質性研究品質。

本書主要是彙整過去多年筆者在質性研究課程的教學經驗，並參酌自己督導實務工作者實務研究的經驗，且融入二十多年從事多元議題質性研究的經驗，對質性研究進行系統性介紹。透過本書的引導，希望能幫助質性研究入門者，一步步學習與研究過程，完成一項自己感興趣的質性研究主題。

全書內容與章節的安排，根據質性研究者在從事質性研究過程，應具備的理論基礎、知識內涵、方法與技術，逐步發展出三大部分。下列說明這三大部分的章節與內容安排：

第一部分：理論基礎與知識內涵

雖然質性研究的運用有日益增多的趨勢，但是許多研究者還是將質性研究窄化為一種資料收集方法，導致質性研究經常被誤用或研究品質參差不齊。為減少這些情況，本書在介紹質性研究之資料收集方法前，先系統性的介紹質性研究的理論基礎與知識內涵，避免質性研究的初學者陷入套用研究方法的誤謬。

質性研究者究竟需要具備哪些理論基礎與知識內涵？本書第一章到第四章討論的重點，將著重於質性研究的理論基礎與知識內涵之介紹，而第十八章則著重於探討質性研究過程，與研究權力及倫理有關之議題。第一章緒論將引領讀者進入科學研究的軌道，從科學研究的邏輯思維，了解量化與質性研究兩大取向的立場，再回歸行為與社會科學多元研究取向的探討。第二章要幫助大家認識什麼是「質性研究」，透過與量化研究對照式比較，深入了解質性研究之特質，及質性研究的適用情境。

第一章緒論已清楚點出，質性研究是一種多元典範的研究取向，因此在第三章中，進一步系統性介紹質性研究的多元典範及其理論基礎，這些多元典範包括：後實證論、批判論、建構論，以及參與合作論典範。既然，質性與量化研究來自不同的科學哲學思維與理論基礎，那麼兩種研究取向是否可以整合於同一個研究過程呢？又如何整合？或研究者要結合相同研究取向，但是不同研究策略時，又該如何整合，才能確保質性研究的品質，讓研究可以受到信賴呢？這些在第四章「多元測定」中將進一步說明。

質性研究在研究過程，研究者通常都會與被研究者密切互動，而研究者基於研究身分，得以進入被研究者的生活世界，因而產生角色與權力關係。由於質性研究大多以少數、弱勢或被壓迫族群生活經驗為研究議題，在研究資料收集過程，因為研究關係而讓研究者有機會更深入被研究者的生活經驗，收集到許多被研究者的個人隱私資訊，所以質性研究者會比量化研究者面對更多研究倫理的考量。因此，在第十八章中，將以質性研究之權力與倫理議題，作為這一章討論的重點。

第二部分：研究設計

在第一部分理論基礎與知識內涵之後，接著進入第二部分的介紹，強調質性研究的研究設計。首先，第五章先介紹質性研究引起最多爭議及廣泛討論的議題，那就是研究的信度與效度。信度與效度的概念來自傳統科學研究導向中量化研究取向的觀點；當行為與社會科學研究社群將這些概念，套用在對質性研究的批判時，就會產生以管窺天的現象。然而，質性研究社群對於來自量化研究社群的批判，所採取的立場與態度也相當多元，因此，在第五章中，將概括說明這些批判及來自質性研究社群的回應。

雖然，質性研究強調研究者必須是在自然的情境下，進行研究現象與行為的觀察及相關研究資料的收集；但並不表示質性研究者在進行研究前，就不需要事前周延規劃與設計。因此，在第六章中，筆者會從行為與社會科學研究設計的兩大取向，說明質性研究設計的三種模式，並說明質性研究設計的步驟與考量。最後說明作為一位質性研究者，應該透過哪些策略增加研究的嚴謹度，並增加研究結果分析與詮釋的可信性。

第三部分：研究策略與實務運用

在第三部分有關研究策略與實務運用，主要是介紹目前行為與社會科學研究社群中，經常運用的資料收集方法與研究策略，包括：深度訪談、焦點團體訪談、口述史研究、行動研究、個案研究、參與觀察、德菲法，和影像發聲法等八種方法，並介紹質性研究的資料分析及研究報告之撰寫。

一般而言，訪談、觀察與檔案資料，被視為是質性研究主要資料來源；因此，只要與這三種方法有關聯的方法，都將在本書的第三部分逐章討論。有關訪談部分，包括：以個別為訪談對象的深度訪談法，以團體為對象的焦點團體訪談法，及以過去之歷史事件為訪談主軸的口述史研究法。有關觀察部分則有參與觀察法；綜合運用這三種資料收集方法於研究過程，則包括：以批判典範為主的行動研究法和影像發聲法，及以建構典範為主之個案研究法與德菲法。除此之外，在第十五章、第十六章與第十七章，分別介紹扎根理論分析、主題分析、論述分析、敘事分析之運用，及質性研究資料分析和研究報告之詮釋與撰寫。

在第十五章，主要是介紹扎根理論分析、論述分析、敘事分析，如何運用於質性研究過程，尤其是在質性研究資料分析的運用，並比較三者的異同。在第十六章，深入探討質性研究資料分析之特性，並說明研究者如何運用電腦套裝軟體協助資料分析。第十七章則是偏重於文本資料的詮釋，及研究報告之內涵與要素。透過本書中各章節內容的安排，經由深入淺出的敘述方式，能幫助讀者進一步認識質性研究，並學習將質性研究的理念連結到實地研究議題與研究過程。

Chapter 2

認識質性研究

二十世紀初，人類學家 Mead 與 Malinowski 將田野觀察方法運用於了解島嶼社會生活的風俗習慣，社會學芝加哥學派（the Chicago school）進一步將田野觀察運用於了解都市地區居民的生活狀況，開啟質性研究運用在行為與社會科學領域的經驗。質性研究在百年來的發展歷史，不僅擺脫實證主義的陰影，也逐漸建構完整的理論、方法與策略，普遍獲得行為與社會科學領域的認同。雖然質性研究無法取代量化研究在行為與社會科學研究的地位，但也逐漸成為行為與社會科學探究社會現象重要的研究取向。

過去二十多年來，質性研究在台灣的行為與社會科學領域逐漸形成風氣，主要是受到幾項內外部因素影響。第一，在 1990 年代前往歐、美國家接受西方思潮與研究方法訓練的學者，取得碩、博士學位後，返國任教於各大專院校，開授質性研究理論與方法等課程，傳遞質性研究的理念。第二，許多學者與實務工作者受到西方婦女運動思潮的洗禮，或接受歐美國家婦女研究學院訓練後，返國任教或在婦女團體中擔任要職，將質性研究方法運用於探索台灣女性生命經驗。第三，前兩項因素鼓勵了國內碩博士研究生、資深實務工作者及學者，將質性研究方法運用於探討各種社會現象與議題。

雖然質性研究逐漸成為行為與社會科學研究領域的共同語言，對初學者而言，普遍還是受到實證主義的影響，他們可能會問：「質性研究是什麼？」經常也會聽到有人對質性研究如此描述：「質性研究就是運用訪談法收集資料」、「質性研究就是說故事」、「質性研究就是那些逃避統計、怕統計的人運用的方法」、「質性研究就是隨便訪問兩、三個研究對象就可以交差了事了」，或是從量化研究觀點理解質性研究的目的。從這些描述中，不難看出對質性研究的偏見或誤解，有必要釐清。

 何謂質性研究

什麼是「質性研究」（qualitative research）？Berg 等人從「動態」與「意義」兩個特性來定義質性研究。Berg（1998）指出所謂「質」（quality）是指一件事物是什麼（what）、如何（how）形成、何時（when）發生，以及在何地（where）發生等。Denzin 與 Lincoln（2011）更指出「質的」（qualitative）一詞，隱含「過程」（process）與「意義」（meaning）雙重意涵。引用上述定義，那麼「質性研究」隱含了意義（meanings）、概念（concepts）、定義（definitions）、特質（characteristics）、隱喻（metaphors）、象徵（symbols）和對事物的描述（descriptions of things）等意義。無論是重視意義或強調對事物的描述與過程，質性研究都與量化研究有很明顯的不同。

從質性研究的特性認識質性研究是最粗淺的方式。但要對「質性研究」下一個簡單又明確的定義，其實並不容易，主要是受到內、外在與主、客觀因素影響。就主觀因素而言，每位研究者對於社會實在（social reality）的價值信念不同，對質性研究的界定也會不同；就客觀因素而言，質性研究在發展過程不斷受到行為與社會科學理論觀點、方法，及科技發展的衝擊，導致所指的內涵、方法與策略，會因為不同時期而有差異。有關質性研究的定義說法不一，有些學者認為應該從科學典範（paradigm）的哲學理論層次著手，才能理解質性研究的意涵；有些學者只是從方法（method）層次，討論質性研究方法及其運用，將質性研究簡化為資料收集的方法與策略。下列逐一說明這兩種不同說法。

一、科學哲思理論的層次

目前行為與社會科學研究大致分為量化與質性兩種研究途徑。量化研究是將演繹邏輯（deductive logic）運用在研究過程，而質性研究則是將歸納邏輯（inductive logic）運用於對社會現象的探究過程。不同的研究途徑對社會現象的真實性有著不同的信念或觀點。質性研究認為社會實在，主要是在日常生活經驗不斷互動過程共同建構的一種主觀經驗，這種主觀經驗受到不同情境脈絡與時空因素影響；量化研究則認為社會實在是恆常、穩定的，不會因時空或情境脈絡不同而改變，只要研究者是運用科學的方法、客觀的操作，與標準化的工具，就可以獲得相同的結果。因此，質性研究者在研究過程，必須先了解自己對於社會現象的真實本質的價值信念為何，才能掌握質性研究的本質（李政賢譯，2016/2018；Atieno, 2009; Berg, 1998; Denzin & Lincoln, 2011; Guba, 1990; Neuman, 1997）。

Denzin 與 Lincoln（2011）以百衲被製作、蒙太奇電影剪輯，或爵士樂編曲等來形容一位質性研究者如何在看似無章法，但透過系統性彙整與分析下，呈現有意義的、全貌式（holistic）的詮釋。不過，質性研究的典範多元，因為運用的典範不同，也會形成對質性研究認識的差異（黃瑞琴，2021）。除此之外，Denzin 與 Lincoln（2011）強調質性研究是跨越學科、領域與主題，連結著複雜的、相互關聯的術語、概念與假設，所以質性研究者必須將探究的社會現象放在複雜的社會文化與情境脈絡中理解，才會看到這些現象在不同時間點與情境展現的不同意義。社會現象的真實本質往往隨著時空與社會文化脈絡變動，作為一位質性研究者就是找出這些被探究現象在不同時空與社會文化脈絡的意義。因此，Denzin 與 Lincoln（2011, p. 3）將「質性研究」定義為「一種將研究者置身在某種真實世界的情境活動中，透過研究過程探究社會現象，這些現象透過一系列的實證實務表現形式，如：田野筆記、訪談、談話、照片、圖片、錄音和備忘錄等呈現，研究者透過融入對這些實證實務的理解，轉化為對這些社會現象的理解、意義的詮釋，與再現」。

上述關於「真實的情境」，必然是在「自然」、非控制的情境。所以質性研究者是在自然情境，而非被控制的情境中探究社會現象，並強調以當事人為主體的經驗，賦予探究的社會現象意義；在探究過程，研究者融入情境脈絡，理解這些社會現象的意涵，再透過系統性詮釋這些社會現象，達到再現的目的（李政賢譯，2016/2018；Atieno, 2009）。

然而，「真實的情境」並非穩定、不變的。根據簡春安與鄒平儀（2016，頁 142）在《社會工作研究法》一書中，強調從事質性研究者必須了解「質性研究法把現實世界看成一個非常複雜的（不是用單一的因素或變項所能解釋的）『現象』，此現象是不斷在變動的動態事實，由多層面的意義與想法所組成。這種現象與事實受環境與情境中主角的主觀解釋而有不同，也受個體與個體彼此間的互動所影響」。質性研究者是在自然的情境下探究社會現象，而這些現象又處於不斷變動的狀態，因此質性研究者在研究過程，必須對探究的個人與情境具高度敏感度（Creswell, 2013）。

質性研究代表人物如：Denzin 與 Lincoln（2011）及 Emerson（1983）也都主張，研究者在進行質性研究過程，對現象的敏銳度（sensitivity）非常重要。通常，研究者是在一種自然情境中，運用一種或多種的資料收集方式，對研究現象進行資料收集。當研究者在詮釋收集的資料時，必須是以被研究對象的立場或觀點出發，融入被研究對象的生活情境，理解被研究者的主觀感受、知覺與想法，及這些內在情意的外顯現象或行為蘊涵的意義（manifest and latent meanings）。Creswell 與 Poth（李政賢譯，2016/2018）更指出，質性研究者在自然場域收集資料，必須對研究中的個人及場所具有敏感度之外，在分析資料時也必須要交互運用歸納及演繹方式發展概念與主題，在撰寫研究報告時更須加入研究參與者的想法、研究者的反身性、描述與詮釋研究問題及文獻的貢獻，或期望研究結果能做出改變的策略行動。

從科學哲思理論的層次定義「質性研究」，質性研究涉及研究者對於社會現象真實本質的價值信念與世界觀，基本上是建立在相對的、變動的、不穩定的價值信念，與量化研究者所持的單一、穩定，且恆定的價值信念明顯不同。作為質性研究者，就是在研究過程將探究的社會現象，透過系列的表現形式，包括：田野筆記、訪談、談話、照片、圖片、錄音和備忘錄等，系統性的整理，融入被研究者的生活經驗與情境中理解，並透過歸納與演繹交互運用過程，對探究的社會現象進行反身性的詮釋，最後展現這些社會現象的意義。

二、研究方法的層次

在行為與社會科學領域中，不乏從研究策略層次切入，說明質性研究的學者。Neuman（1997, p. 7）就指出：「質性研究是一種避免數字、重視社會事實的詮釋，最具代表性的質性研究方法就是深度訪談。」Neuman 對質性研究的定義，容易讓人將質性研究等同於質性研究方法（qualitative research method），事實上，「質性研究」並不等於「質性研究方法」。質性研究蘊含著不同的研究策略，但是當這些研究策略具有下列幾項特質，才可被視為是質性研究（Bogdan & Biklen, 1982, p. 2）：

1. 研究過程收集的資料，是屬於人、地和會談等軟性（soft）資料，且這些資料有豐富描述（thick description）。
2. 研究問題並不是根據操作定義的變項而發展，而是在複雜的情境中逐漸形成概念架構。
3. 研究焦點可以在資料收集過程逐漸清晰，而不是在研究開始就設定等待研究者回答問題或等待研究結果驗證的假說。
4. 任何對研究現象或行為的理解，必須深入了解被研究者的內在觀點，外在可看見的因素往往只是次要的。
5. 資料收集過程偏重在被研究者的日常生活情境中，與被研究者做持久的接觸與互動，從這些互動經驗中收集全面式資料。

從方法與策略層次界定質性研究，可以看到質性研究重視的是研究者在自然的情境下，透過個案研究、個人生活史、歷史回溯、訪談、觀察、互動或視覺等資料，來進行完整且豐富的資料收集過程，進而深入了解研究對象如何詮釋其社會行為之意義（Denzin & Lincoln, 2011）。Strauss 並未將質性研究簡化為一種研究方法，卻對質性研究之過程與策略做了相當完整的說明。Strauss 指出質性研究的目的不在驗證或推論，而是在探索深奧、抽象的經驗世界之意義，所以研究過程非常重視研究對象的參與和觀點融入；除此之外，質性研究在研究過程並不重視數學與統計的分析程序，而是強調透過各種資料收集方式，達到完整、全面性的收集相關資料，對研究結果做深入的詮釋（徐宗國譯，1990/1998，頁 19-20）。

陳伯璋（2000）認為質性研究是「一種著眼於研究者和被研究者，在日常生活世界中，意義的描述及詮釋。在日常生活世界中，無論是客觀的描述或主觀的詮釋，都牽涉到語言的問題，因此日常語言分析及語意詮釋，提供了了解客觀世界或主觀價值體系的媒介。同時在研究過程中，研究者與被研究者之間的互動關係及意義的分析與理解，本身就是一種複雜的符號互動過程」（頁 26）。

綜合上述多位國內、外質性研究學者的意見，在此我們可對「質性研究」一詞下一個比較明確的定義：質性研究有別於實證主義的科學研究取向，主張社會世界（social world）是由不斷變動的社會現象所組合而成，這些現象往往會因為不同時空、文化與社會背景，而有不同的意義；因此，質性研究者在整個研究過程，必須充分理解社會現象是一種不確定的事實。通常，質性研究者必須在自然的情境中，透過與被研究者密切的互動過程，透過一種或多種的資料收集方法，對所研究的社會現象或行為，進行全面式、深入的理解。研究者對於研究過程所收集資料之分析與詮釋，不是用數字或統計分析的化約方式，將資料簡化為數字與數字之關聯，或對研究所獲得的結果做進一步的推論；相反的，研究者在整個研究過程中，必須融入被研究者的經驗世界，深入體會被研究者的感受與知覺，從被研究者的立場與觀點，詮釋這些經驗與現象的意義，在詮釋過程必須交織在反思（reflection）與再現（representation）中。簡單的說，質性研究就是一種從整體觀點對社會現象進行全方位圖像（holistic picture）的建構和深度的了解（depth of understanding）的過程，而不是將研究現象切割為單一或多重的變項（variables），運用統計或數字作為資料詮釋的依據。

 質性研究的特質

從事質性研究者大都是先開始學習量化研究，當進入質性研究時，總會以對量化研究的認識來理解質性研究；然而，質性（qualitative, Q）與量化（quantitative, C）在本質上有許多的差異，任何研究者在進行質性研究之前，必須清楚知道兩者之間的差異。研究者到底是要運用質性還是量化研究方法，對感興趣或好奇的社會現象進行探究？這對資深的研究者而言，或許不是問題；但對入門者而言，卻往往是個難題。許多研究生在課堂上會問：「我的研究問題可不可以運用質性研究來進行？」「這樣的問題算不算是質性研究的問題？」「我的研究到底是要用量化研究或是質性研究方法來進行會比較適當？」

質性研究的入門者要在研究問題與研究取向間，找到最適當的結合並不是一件容易的事。研究者必須理解到不是根據個人的愛好或方便來選擇研究取向，而是需要全盤思考你的研究問題與研究目的：這個研究問題與目的比較適合何種研究取向，及運用哪些研究方法才能回答？舉例來說，如果你想要了解選舉活動中選民的投票行為，那麼量化研究取向的社會調查法，會是適合的資料收集方法；但是，如果你想要了解為什麼遭受親密伴侶暴力的受暴婦女選擇留在關係中，那麼質性研究取向的深度訪談法或焦點團體訪談法，將會比量化研究的社會調查法更適合回答研究問題。

單憑這幾句話並無法幫助入門者解除心中的疑慮與不安。接下來，我想從質性研究特質的說明，進一步幫助大家了解質性研究，並辨識什麼樣的研究問題會比較適合質性研究。質性研究具備哪些特質呢？這些特質與量化研究又有什麼樣的不同呢？ Bogdan 與 Biklen（1982）將質性研究之特質歸納出下列幾項：

（一）在自然情境下收集資料

質性研究的資料來源主要在自然情境下收集，研究者必須是在不受外力控制或干擾的情境下進行資料收集工作。

（二）研究者本身就是最主要的研究工具

資料收集過程並不借重外來的標準化工具（如量表、問卷或測量儀器等），研究者本身就是最好的研究媒介，因此研究者在進入研究場域之際必須對探究現象的生活情境與脈絡有些認識，才能對研究現象具有較高的敏感與察覺力，但也不能因為對探究的社會現象有所熟悉，而視為理所當然的忽略。

（三）非常重視對於研究現象的描述

研究的結果不是透過統計數字化約方式來表達，而是經由文字描述或論述的方式，將研究的現象透過詮釋過程，讓閱聽者有如社會事實再現的經驗。

（四）重視研究過程的時間序列與社會行爲的脈絡關係

從社會脈絡觀點分析研究現象與現象、行為與行為間之關係，不強調研究的結果是否能驗證理論假設。

（五）運用歸納方式將所收集之資料進行分析

將研究過程所收集到的豐富、多元、完整的資料，透過由繁化簡、逐步分析的步驟，將資料抽絲剝繭萃取出核心概念。

（六）關心行爲對研究對象的意義

研究者在整個研究過程必須不斷反省思考：「我所看到的是真的嗎？」「為什麼會有這些行為或現象出現？」「這些行為對研究對象有何意義？」

對於研究過程收集到的資料及研究結果，必須盡量從被研究對象的立場與觀點加以詮釋和理解。

Neuman（1997, p. 331-335）在 *Social Research Methods: Qualitative and Quantitative Approaches* 書中，將質性研究之特性歸納為六大項：

（一）重視社會脈絡（the context is critical）

強調從社會脈絡來了解社會世界的重要性，任何社會行動都必須被擺在其生活情境脈絡中解讀，才能了解其真正的社會意義。如果研究者在研究過程對問題的理解或對社會行為的詮釋，抽離社會情境脈絡，那麼對問題或行為的理解可能產生扭曲。

（二）個別研究的價值（the value of the case study）

量化研究可能由大樣本著手，不過質性研究卻是善用個案研究的方式進行多元、豐富、廣泛資料的收集。這裡所謂的個案研究方式，並不一定是指單一個案，而是指少數具有特殊性或代表性之個案。

（三）研究者的誠信（researcher integrity）

量化研究經常質疑質性研究的客觀性與公正性；不過對質性研究而言，在研究過程中，研究者本身就有很多機會影響研究結果。舉例來說，研究者想透過長期觀察來了解某個社會運動團體，研究者的出現本身就是一個介入，這種介入必然會影響到結果。由於研究資料的結果是不可驗證、也不可重複的，導致社會科學研究社群對質性研究的真實性，一直持有高度懷疑。對此，有人建議運用統計方法來解決，不過 Collins（1984）認為強調統計與可重複性的根本原因是導因於對研究者的不信任。

（四）以建構理論爲目標（grounded theory）

質性研究是運用歸納邏輯的觀點於研究過程。質性研究始於研究問題，研究者透過適當的資料收集過程，對研究現象進行深入的資料收集；再經由資料詮釋過程讓資料與理論產生對話關係，研究者以開放、無預設的立場，深入解讀資料背後所隱含的意義；理論是在資料分析過程，透過歸納、比較、對照與分類過程被建構出來。

（五）過程和時間順序（process and time sequence）

時間的流轉必須被整合為質性研究的一部分；質性研究者重視事件發生的先後次序，從事件發生先後次序，偵測行為發生之過程與行為之先後關係。在歷史研究中，研究現象的期間最好橫跨十年，而實地研究往往較短一些；不管如何，研究者都必須將這些看似無意義、無相關的資料，運用時間序列關係，有系統、有組織的整理，使之呈現有意義的圖像。

（六）意義的詮釋（interpretation）

研究者對於資料的詮釋是站在被研究者的立場，了解被研究者如何看待社會世界，如何界定現象與情境，或是情境或事件對被研究者的意義為何；藉由被研究對象主觀的意識、價值，賦予研究資料意義。基本上，質性研究很少借重統計數字或表格來詮釋研究結果，通常會呈現的資料是地圖、相片或圖樣等資料，研究結果往往以文字（words）來表達，研究者經常用引號（quotes）或對事件的描述（descriptions of particular events），來描述研究結果。即使有些研究者會在研究結果中以數字呈現，不過也只是輔助文本的說明罷了。

從本章界定什麼是質性研究，到本節對質性研究的特性進一步的說明，我想讀者對於質性研究應該已有了較清晰的輪廓。究竟質性研究有何特性呢？在此融合前述與其他學者（朱柔若譯，1991/2000；陳向明，2009；鈕文英，2020；黃瑞琴，2021；趙碧華、朱美珍譯，2000/2000）之觀點，將質性研究的特性綜合摘要如下：

質性研究在研究過程中，非常重視研究對象個別經驗的特殊性，由於每個研究對象都有其特殊性，所以在詮釋過程必須重視脈絡，並呈現全貌式視野與圖像，而研究的結果也無法被複製或推論到類似情境的對象。由於質性研究非常重視研究現象與行為對當事人的意義，所以研究者必須深入了解這些現象或行為對被研究者的意義為何。在研究過程研究者必須保持開放與彈性，並透過持續互動過程融入情境，交織在融入與反思過程，形成對探究現象的理解。在研究過程所收集到的資料，無論是田野觀察日誌、錄影影片、訪談錄音或圖畫等，最後都必須轉化為文本（texts）形式呈現，研究者透過資料轉譯，再進入資料分析階段。在資料分析過程，研究者仍必須不斷讓自己和資料、也讓資料和理論產生對話，再融入被研究者的立場與觀點，了解資料隱含的意義，所以質性研究的資料分析是在龐雜的資料中，透過交互運用對照、比較與歸類的方式，找出主題或通則，發展對現象的詮釋或形成理論的建構。

參 質性研究的適用情境

對質性研究的意義與特性有了初步認識之後，接下來讀者可能會問：「我適合從事質性研究嗎？」事實上，並沒有明確的規範說明具有何種特質或特定類型的人，比較適合運用質性研究。不過，若從事質性研究的人，能對周遭人際關係有較高的敏銳度，同時也具有較豐富的生活經驗與理論知識，那麼在研究過程對於資料的收集與詮釋會比較有幫助。

對任何行為與社會科學研究而言，研究者對研究的現象保有高度的好奇與興趣，絕對是非常重要的；但是如何將這種好奇與興趣，轉化為適合進行質性研究的主題，這對質性研究的入門者而言，其實並非容易之事。在課堂上，經常會聽到學生焦慮的問：「什麼問題才適用質性研究呢？」我們無法斬釘截鐵的說哪些現象或問題是絕對可以運用質性研究，因為研究方法的選擇受到複雜因素的影響，只能說，在某些情況下，質性研究方法會比量化研究方法「較」適合運用於探究此一社會現象、行為，或問題。舉例來說，若研究者要探究個人內在心理感受、看法、生活經驗或歷程等，比較適合運用質性研究方法（張慈宜，2019）。

雖然沒有任何的規定說明哪些社會現象或行為是適合或不適合質性研究，在此仍提供簡單的原則，或許有助於降低初學者的緊張與壓力。根據簡春安與鄒平儀（1998，頁 133-134）的觀點，下列五種情境比較適合運用質性研究方法：

（一）進入一個不熟悉的社會情境

當研究者所欲探討的研究議題是鮮為人知，或是議題曾被討論、但討論的內涵卻是非常籠統，無法觸及研究對象的內心世界，而研究者想透過此一研究過程，深入了解研究對象的心路歷程時。

舉例說明

研究者想要了解自殺者、吸毒者或同性戀者的心路歷程與生命經驗，那麼可以透過質性研究的深度訪談，來了解其心路歷程與生命經驗。

（二）研究情境較不具控制或權威

研究者想要透過研究過程探索研究對象的內心世界，或透過研究對象的觀點來詮釋行為與經驗的意義時，研究者除了必須取得研究對象的信任之外，也應該具有細微與敏銳的觀察力，在這個時候質性研究方法就是比較適合的選擇了。

舉例說明

研究者想要了解某些宗教儀式對信仰者的意義，那麼研究者可以透過質性研究的參與觀察法，輔以深度訪談方式，深入了解宗教儀式的內涵以及對當事人的意義。

（三）研究的概念或理論仍處於初步建構的階段

如果研究的議題仍處於探索階段，研究者對於此一社會現象或行為想要進一步探索，釐清現象或行為間之關係，那麼質性會比量化研究方法更為適合。

舉例說明

研究者想要了解在跨境遷移經驗中，女性移工的日常生活經驗、如何維繫其家庭與親密關係，且在多重跨境遷移經驗中如何發展主體認同，那麼研究者可以透過質性研究的深度訪談法，輔以參與觀察法，來了解女性移工的日常生活經驗，及其對於跨境遷移抉擇的看法與這些經驗對她的意義。

（四）強調被研究者的觀點對研究結果詮釋之重要性

當研究者想要透過被研究者的觀點，來探究現象或行為的意義時，質性是比量化研究方法更為適合。

舉例說明

研究者想要了解受暴婦女如何詮釋其受暴的原因，及受暴後的求助與關係抉擇，那麼研究者可以運用質性研究之深度訪談法，深入了解受暴婦女如何詮釋其受暴的經驗及求助抉擇之意義。

（五）界定新的概念或形成新的假設

當研究者想要探討的現象是極具開創性的假設，或是要對新概念進行較明確的定義時，那麼質性是比量化研究方法更為適合。

舉例說明

女性主義者想要建構一套有別於醫學觀點的生命倫理（bio-ethics）概念時，那麼可以運用質性研究的焦點團體或深度訪談法，對女性與醫療體系的互動經驗進行有系統的探討，進而彙整建構出屬於女性觀點的生命倫理概念。

除了簡春安與鄒平儀所提供的意見之外，Lofland、Snow 與 Lofland（2006）在 *Analyzing Social Settings: A Guide to Qualitative Observation and Analysis* 一書中，也對適合運用質性研究的主題，做了初步的歸納，並提出下列十項建議：

（一）實務（practice）

從實務層次來思考適合質性研究之主題，這些主題包括各種不同類型的社會行為，如：不同文化對預立醫療照護的態度、受暴婦女對於親密伴侶性暴力的覺察與看法、青少年流行文化的意義、單親母親透過培力過程擺脫困境的策略，或失能老人照顧者的生命經驗等。

（二）事件（episodes）

從特殊社會事件來思考適合質性研究之主題，如：二二八遺屬對二二八事件的回顧與詮釋、九二一大地震災區居民的集體記憶、新冠肺炎對弱勢家庭的衝擊，或人工智慧（artificial intelligence, AI）對社會工作實務的衝擊。

（三）互動（encounters）

從人與人的互動關係來思考質性研究的主題，這些主題包括二人或二人以上的社會互動關係，如：父親角色缺席的單親家庭之互動關係、未成年父母的親子互動關係、雙老議題的照顧與被照顧者的互動關係、大學生約會暴力的互動關係等。

（四）角色（roles）

從各種社會角色的轉換扮演來思考質性研究的主題，如：中年男性因病失去養家者的角色轉換之心路歷程、中產階級女性移民後的失業與角色失落、雙生涯家庭夫妻對角色轉換的認知與看法等。

（五）關係（relationships）

從各種社會角色關係來思考質性研究的主題，如：社會工作人員對於專業關係的界定與看法、在異性戀社會中同性伴侶的關係經營、新時代校園中師生關係角色的界定與看法、面對多重問題個案的跨專業網絡的互動關係與合作經驗。

（六）團體（groups）

從各種正式或非正式的社會團體中來思考質性研究之主題，如：環保團體對自然氣候變遷可能對偏遠地區弱勢家庭的衝擊、醫療糾紛之家屬團體對於病人及其家屬如何自助助人的看法、勞工團體對於本地勞工與外籍勞工薪資是否脫鉤可能帶來的衝擊。

（七）組織（organizations）

從各種小型的、正式或非正式的社會組織來思考質性研究之主題，如：社區組織工作者如何連結在地文化與產業創造在地居民的認同、婦女團體透過策略聯盟過程達成對婦女權益的保障，或社區大學與在地居民的連結等。

（八）居住地區（settlements）

從小型的社會生活型態著手思考質性研究之主題，如：雲南摩梭族母系社會中婚姻制度的探討、新幾內亞群島的交換儀式意義、莫拉克風災後原鄉族人的異地安置經驗等。

（九）社會世界（social worlds）

從動態的社會世界中來思考質性研究的主題，如：街友的生活世界、反覆勒戒吸毒者的社會世界、目睹家庭暴力兒童的社會世界，與加入幫派青少年的社會世界。

（十）生活型態或次文化（lifestyles or subculture）

從人類生活調適過程或不同族群的次文化中思考質性研究之主題，如：銀髮族的生活經驗、青少年沉迷網咖世界的經驗、頂克族的婚姻型態與互動關係，或單親家庭的親子互動。

上述對於適合質性研究之情境與主題的說明中，期望能稍微紓解入門者的困惑與緊張。在此仍要提醒質性研究的入門者，在選擇研究方法時，必須思考：「透過這個研究你想要了解什麼問題？」「透過這個研究你又期待完成什麼研究目的？」透過對研究問題與研究目的的釐清，進一步思考應該選擇哪些質性研究方法的適當性。

肆 結論

在本章中，透過對質性研究的認識，了解質性研究其實有別於量化研究取向，更重視研究過程對人類社會日常生活世界的理解，而這種理解是建立在對社會實在是處於不確定假設的基礎。基本上，質性研究的本質強調在動態的過程中，在社會脈絡情境中探究現象與行動，並透過全面式、深度的探索，了解現象或行為背後隱含的意涵。受到研究問題與目的之限制，探索式的、不熟悉的議題，或低度發展的理論，比較適合運用質性研究方法；相較之下，對於強調因果關係或具控制與預測功能之研究，則較不適合運用質性研究方法來進行資料之收集。

Chapter 3 質性研究的典範

正式介紹如何運用質性研究方法於實地研究之前，在此先說明質性研究的典範。唯有讀者對質性研究的典範有了初步認識，才不至於對質性研究有所誤解或誤用。本章中將先釐清「典範」一詞的意義，並逐一說明科學研究中不同典範的本體論、知識論與方法論的觀點，最後說明科學研究典範與質性研究之關聯。

壹 科學研究典範的歷史發展

「典範」（paradigm）一詞，又稱為「派典」（鈕文英，2020）；源自 Thomas Kuhn 於 1962 年發表的《科學革命的結構》一書中，指出「典範」是指人類對社會世界所持的信念與價值觀，這種信念與價值觀，往往成為引導人類的社會行動主要之依據（王道還譯，1970/1985）。Kuhn 對科學哲學典範的詮釋，不僅在科學哲學領域中激起很大的迴響，同時他主張重新對科學社群的結構加以深入研究，並將「發現情境」（context of discovery）與「驗證情境」（context of justification）二種理念整合於研究過程的創意，也啟發了行為與社會科學研究社群對方法論的省思（高敬文，1996）。簡單的說，Kuhn 認為典範的目的，就是在尋求具體的問題解答，所以可稱為常態科學解謎的基礎（王道還譯，1970/1985，頁 260；高敬文，1996，頁 21）。

一、科學研究典範

任何科學研究或專業社群都有其共同遵守的信念與價值，這些信念與價值往往成為成員共同遵守的行為依據。例如：社會工作視每個服務案主都是有價值、潛能的個體，所以每個人都應該被公平的對待，而社會正義（social justice）也成了社會工作助人專業的終極目標。如果將「典範」運用在行為與社會科學研究的領域，那麼典範可以被詮釋為：研究者對所探究的社會世界持有之價值信念，而這種價值信念將左右研究者對社會現象真實本質的假設，進而影響研究者所採取的研究行動與方法（Guba & Lincoln, 1998, p. 185）。

雖然，典範是一組價值信念的模式，可作為研究者用來理解所探究的社會世界的依據；不過，典範本身並不具備有直接回答研究問題的功能，只是提供研究者用來思考研究問題與選擇研究行動的指導方針而已。目前行為與社會科學研究社群對於科學研究的典範，習慣以量化與質性研究作為區分之標準，事實上，科學研究的典範相當多元。在此僅就科學研究典範之共通基礎，包括：本體論、知識論（認識論）與方法論三者，逐一說明之（鈕文英，2020；潘慧玲，2003；Denzin & Lincoln, 2011; Guba, 1990）。

（一）本體論（ontology）

本體論所關心的是：人類的日常生活世界中各種現象或行為，是否存在著一種真實、永恆不變的本質？如果有，那麼這種真實、永恆不變的本質是什麼？就科學研究而言，不同的典範對日常生活世界中的真實之假定，則有明顯不同的主張，而研究者就是根據這種價值、信念，追求對其所欲探究的社會現象與行為提供解答。簡言之，本體論關注被探究現象或事物的本質（黃麗鈴，2019）。

基本上，質性研究認為人類日常生活中所有的社會現象與行為，都是一種有意義的活動，這種有意義的活動是透過人的意識與情感作用來完成。因為人類的日常活動必然是一種社會取向的活動，所以人類不僅會透過行動來追求自我意義，也會透過他人賦予的意義來實踐自我（陳伯璋，2000）。質性研究的本體論主張多元實體的存在，而經驗知識（experiential knowledge）在實體建構過程扮演重要角色，研究者藉由參與過程獲得研究現象、行動或事件相關的知識，由此獲得的實體就是一種「主觀的客觀性實體」（鈕文英，2020；劉明浩，2016）。

（二）知識論或認識論（epistemology）

知識論又稱之為認識論，知識論關心的是：研究者應該運用何種立場與態度，與被探究的社會現象產生互動關係，才能了解現象的真實本質？就行為與社會科學而言，研究者必須思考在整個研究過程中，應該採取何種態度與立場，與研究對象產生互動關係，才能發現社會現象的本質，而這些本質是否永恆存在，則視不同科學研究典範對本體論的假定而定。

Heron 與 Reason（1997；引自劉明浩，2016）指出，有四種認識社會世界的方式，包括：

1. 經驗的認識（experiential knowing）

透過直接的身體經驗、面對面接觸、五感感受，來認識探究的社會現象。

2. 表達的認識（presentational knowing）

透過文字、符號、聲音、藝術等形式，表現或傳遞對社會現象的認識。

3. 命題的認識（propositional knowing）

透過抽象的認知概念來傳達對感受、體悟的認識。

4. 實務的認識（practical knowing）

透過實務經驗表達感受與認識。

這四種認識社會世界的方式具有一致性和連貫性。人們在認識社會世界時，有感受、有感動、有心動、有思考、有活動、有行動，透過這些親身經驗參與社會世界、行動或事件的過程，體悟這些經驗與反思，提升更具價值的知識，並引導後續行動，進而透過這些經驗的擴展，在問題解決過程創造與累積更多的知識。

基本上，質性研究強調知識的形成和發展，並不只是受知識內在法則的限制或是由理性推論而得，反而是受到日常生活世界中意識的作用，不斷與別人或所接觸的事物產生互動，建立可供溝通的知識。在互動溝通過程，研究者為避免錯誤意識的介入導致知識暴力，那麼就必須藉由不斷的反省和批判，來避免知識淪為一種僵化的意識型態（陳伯璋，2000）。因此，質性研究的認識論，強調對於社會世界或現象本質的認識，是在研究者與被研究者持續互動過程共同建構而成，稱之為「互為主體性」（inter-subjectivity）（鈕文英，2020）。

（三）方法論（methodology）

方法論所關心的則是：這些人類日常生活的社會世界中各種現象與行動的真實本質，應透過何種方法與策略才能被發現或被驗證。就科學研究而言，在整個研究過程，研究者必須思考應該透過何種研究方法或資料收集的策略，才能找出這些社會現象或行動的真實本質。換句話說，方法論涉及研究者運用哪些方法認識社會世界（黃麗鈴，2019）。

方法論與資料收集方法是不同的，兩者最大差異在於，方法論是指不同研究取向背後的原則，提供了研究者資料收集方法與分析策略參考的原則。對於質性研究者而言，必須從方法論立場思考應該選擇何種研究方法才適合，並說明選擇特定研究方法的合理性。然而，大多數研究者都只是在研究過程，說明使用何種資料收集方法（如深度訪談法或焦點團體訪談法），卻未說明這樣的選擇是建立在什麼樣的方法論立場（methodological position），也就是方法論的理論脈絡（Carter & Little, 2008）。質性研究者若能了解研究過程採取的方法論，就愈能透視現象、理解資料，並對資料詮釋更具社會文化脈絡的敏感度，而不只是單純的詮釋，甚至對於詮釋的偏見毫無覺察（Liamputtong, 2009）。

基本上，質性研究重視「價值理性」的原則，反對量化研究「工具理性」的傳統，認為研究者無法運用工具理性的原則，來了解人的自由、解放及理性社會，唯有在價值理性的引導下，才能夠超越與實現（陳伯璋，2000）。

二、科學研究典範的歷史發展

Kuhn 認為典範是科學哲學的基本觀點，也是研究者用來尋找意義的理念模式。不過，科學本身就是一種不斷發展與進步的過程，往往當某一個獨特的典範必須因應外在變化而做適度調整時，或存在的典範無法回答問題，研究者開始對既有的典範產生質疑時，此時就會產生所謂的科學典範的變遷。舉例來說，太陽圍繞地球運轉的觀點，曾經被世人共同認同成為牢不可破的定律，這種論點卻逐漸被地球圍繞太陽運轉的觀點取代，這就產生了典範變遷的事實（趙碧華、朱美珍譯，2000/2000；Babbie, 1998）。科學哲學的變遷帶動了人類對社會世界解釋觀點的變遷，逐漸由單一或特定的觀點轉移到多元典範的觀點（multi-paradigm perspective）（黃光國，1999）。

科學研究典範的變遷，見證了由單一到多元的理念轉移過程。科學研究典範自法國社會學家 Auguste Comte（1798-1857）提出「實證論」（positivism）一詞，建立了科學哲學的思想派別後，實證論是科學研究中唯一且不可取代的典範。到了二十世紀初期，科學哲學的理念卻因社會學芝加哥學派，將質性研究運用於了解都市地區居民生活狀況之研究，及人類學家 Mead 與 Malinowski 等人，將田野觀察方法運用於了解島嶼社會的生活與風俗習慣，使得過去以實證主義為主的量化研究典範，不僅受到很大的挑戰，同時也不再是行為與社會科學界中唯一的研究典範。

在過去將近百年的發展歷程中，質性研究典範在不斷運用與修正的辯證過程，建構了多元典範的局面。依質性研究對社會現象本質的假定進行區分，約可區分為七個發展階段（陳向明，2002；鈕文英，2020；潘慧玲，2003；Denzin & Lincoln, 2011）。

（一）傳統時期（traditional period, 1900-1950）

約從十九世紀初到第二次世界大戰間，此一時期的田野研究仍舊無法跳脫實證論典範的觀點，對於社會現象的思考仍舊縈繞在信、效度與客觀詮釋等問題層次，認為研究者與被研究對象必須要隔離，研究者應該做的就是盡量客觀、真實的表現被研究者的生活方式與社會結構。在實證論當道之際，質性研究者好比「獨行的民族誌者」（Lone Ethnographer），總是在遙遠的異鄉，找尋母國文化對殖民社會的田野經驗，進行客觀、有效與可靠的描述。

（二）現代主義時期（modernist/golden age, 1950-1970）

約從第二次世界大戰到 1970 年代間，此一時期為質性研究奠下良好之基礎，又稱為質性研究的黃金時期（golden age）。在此時期，後實證論是重要典範，研究者試圖將研究放入內、外在效度概念架構中，無論是運用民族誌或參與觀察的研究者，都企圖透過嚴謹的方式探討各種社會現象或社會行動。雖然研究者認為研究現象是客觀存在，但研究者對現象的認識卻是部分、不確切的，唯有透過不同角度的理解，才能接近真實。

（三）領域模糊時期（blurred genres, 1970-1986）

從 1970 年代到 1980 年代中期，質性研究者已經能夠運用完整的研究典範、方法和策略，來進行相關議題之研究。在此一時期，質性研究呈現出重視多元、開放的詮釋觀點，文化的再現與意義的詮釋是此一時期研究者所重視的部分。社會與人文科學界線開始模糊，學界之間的觀念與方法相互交流乃是司空見慣之事，文學的體裁可以運用到科學論文的寫作，行為與社會科學統一規範的黃金時期已過，取而代之的是藝術手法與科學規範混合的多元戰國時期。整體而言，自然主義、後實證論與建構論典範同樣具有影響力。

（四）再現的危機時期（crisis of representation, 1986-1990）

在 1980 年代中期，質性研究陣營出現明顯的裂痕，批判理論與女性主義的出現，挑戰了傳統質性研究理論對真實本質與意義的詮釋觀點。在這一時期，質性研究者隱約感受到語言表述背後所隱藏的危機，因而開始對語言隱含的意識型態進行反思與批判。在此一時期，研究者除延續上一時期現象學對人類生活世界的關注之外，也開始有較多的自覺去反省與批判既有的政治、經濟、社會與文化制度對人的影響。研究者除了對能否捕捉生活經驗與透過文本再現的難題，也面臨正當性與實踐的考驗，亦即對於研究的信、效度與客觀性產生質疑，並對研究的意義提出質疑。

（五）後現代實驗時期（postmodern experimental moment, 1990-1995）

在 1990 年代之後，質性研究面對來自後結構與後現代雙重強調解構思維的挑戰，掀起對既存的科學哲學典範的質疑，對質性研究帶來相當大的挑戰與衝擊。在此一時期的質性研究，可說是面臨雙重危機的時期。第一重危機來自語言表述的危機，受到的質疑是：可以直接經由語言的表述，來捕捉真實的生活嗎？第二重危機來自後現代主義對質性研究所強調的信度、效度與可推論性之合法性的質疑。

研究者嘗試新的實驗性書寫形式，探索在研究過程如何運用不同方式再現「他者」，讓從前噤聲的群體得以發聲。開始重視研究者從觀察者的角色逐漸轉移為參與者的角色，行動研究取向逐漸被重視，對於道德性、批判性，與根植於脈絡的理解，也逐漸取代實證主義的取向。

（六）後實驗時期（postexperimental inquiry, 1995-2000）

此一時期，強調跳脫第三人稱的表述形式，反映更多研究者自身想法，賦予研究者更多的主體與權力，寫作形式愈趨多元，包括：小說式民族誌、民族誌詩篇、民族誌戲劇、民族誌劇場，或不同媒介文本都可以被接受，也有使用包括文學本位與視覺本位等藝術媒介，來促進與深化敘事的藝術本位敘事探究。

（七）未來期（future, 2000-）

此一時期，面臨以證據為基礎的社會運動相關方法論的反彈，強調對於道德論述與文本神聖性。對研究者而言，研究的本質是進一步思考，如何將作品與社會需求結合，對於民主、種族、性別、階級、國籍、全球化、自由、社區等進行批判性的對話，讓研究更聚焦在對社會的關懷，而道德性與神聖性，更是行為與社會科學研究者追求的目標。

質性研究的興起，可說是對傳統量化取向的研究典範的挑戰；不過，我們不能將質性研究典範化約為單一的科學研究典範。在本章的第二部分，我將逐步介紹不同科學研究的典範，讓讀者能對量化與質性研究有完整的了解。關於科學研究不同典範，對本體論、知識論與方法論的異同比較，請參見表 3-1「科學研究多元典範之比較」（黃麗鈴，2019；Lincoln et al., 2011）。

貳 實證論典範

「實證論」（positivism）一詞起源於法國社會學家 Auguste Comte。在 Comte 之前，「社會」（society）被視為是建立在宗教典範的基礎，任何社會事物都是依據上帝的旨意所形成的一種反應。Comte 在 1839 年提出「社會學」（sociologie）一詞，Comte 原本想要把新的科學取名為社會物理學（sociological physics），但當時有位比利時統計學家已經將其研究範圍稱為社會物理學，所以 Comte 就放棄了此一名詞而改用社會學。「社會學」一詞是由拉丁文 “socius” 與希臘文 “logos” 合併而成；socius 含有同伴或結合之意，而 logos 指涉談論，當兩者湊在一起時，就形成社會學的討論（謝高橋，1984，頁 4）。Comte 提出社會學主要是用來反駁這種宗教典範建構的社會，他認為社會就像是醫學與生物學一樣，不僅可以運用邏輯與理性的觀點來理解，同時也可以用科學的方法來加以分析（趙碧華、朱美珍譯，2000/2000）。

雖然，有許多學者對 Comte 所提出的「社會學」一詞不甚欣賞，但在十九世紀末，Herbert Spencer（1820-1903）採用社會學一詞作為其著作的題目，至此確定了社會學的知識與研究範圍。Comte 的觀點形成社會科學

表 3-1 科學研究多元典範之比較

要素	實證論	後實證論	建構論	批判論	參與合作論
本體論	**實在論** 真實的社會事實是存在的，且可被理解的。	**批判實在論** 真實的社會事實存在，但不太可能理解或掌握。	**相對實在論** 真實的社會事實是透過個人經驗與特定脈絡共同建構而成。	**歷史實在論** 真實的社會事實是一種虛擬的真實，且受到政治、社會經濟、文化、族群與性別等價值形塑而成。	**參與實在論** 真實的社會事實是一種主體化客體的事實，且是由心靈與特定宇宙共同建構而成。
知識論	二元論、科學的客觀論。 強調價值中立。	修正式二元論、科學的客觀論。 並非二元對立，允許外在審核依據。	互動論、主觀經驗論。 持續互動與辯證，研究發現是共同創造出來。	互動論、主觀經驗論。 價值介入。	透過經驗達到實踐目的，從問題解決過程建構知識。
方法論	重視實驗的操弄、控制、證明假設與量化方法。	修正的實驗，並透過可操弄的、控制、否證與質量並重方法，但強調在自然情境下探究社會現象。	現象學與詮釋學——重視主觀經驗的詮釋與現象意義的還原，透過詮釋與辯證共同建構研究發現。	詮釋學與辯證學——強調透過對話過程，達到對不公正的社會進行批判與再建構的目的。	強調研究者與參與者的合作行動，透過語言分享經驗的脈絡。
研究方法	實驗法。	準（類）實驗法與社會調查法。	深度訪談法、焦點團體訪談法、觀察法、文本分析法、主題分析法、扎根理論分析法、敘事分析法。	深度訪談法、焦點團體訪談法、行動研究法、論述分析法、敘事分析法。	深度訪談法、焦點團體訪談法、觀察法、行動研究法。

界一系列發展的基礎，在他的論著《實證哲學教程》（*Cours de Philosophie Positive*）中，更進一步列舉出許多實證論之原則。之後，英國哲學家 John Mill（1806-1873）在《邏輯體系》（*A System of Logic*）一書中對 Comte 所提出的原則進一步詮釋與修正。同時 Emile Durkheim（1858-1917）也在《社會學方法的準則》（*The Rules of Sociological Method*）書中，闡釋他的實證主義觀點。

科學哲學在過去數百年的發展歷史中，實證論觀點一直居於主導的地位。就科學哲學邏輯或研究策略的層次而言，實證論是比較接近自然科學研究的取向。從實證論的立場而言，科學的邏輯其實只有一個，那就是自然科學的邏輯；所以社會科學若要冠上科學的名號，就必須要服從自然科學的邏輯要求（朱柔若譯，1991/2000）。那麼什麼是實證論的邏輯呢？簡單的說，實證論的邏輯就是要透過科學的方法，來解釋人類生活世界的運作模式與人類行為的法則，進而對人類行為產生預測與控制的功能。研究者要對研究的現象加以推論、預測或控制，首先就必須確立人類社會現象是穩定、不變的，如此研究者方可透過科學的方法與步驟，來找出社會現象的因果脈絡，進而推論到研究之外的對象。換句話說，實證論相信人類社會現象有一真實存在的本質，只要研究者運用科學客觀與中立的方法和步驟，對研究現象進行有系統、有組織的資料收集過程，最後就可以找出這個真實的本質。

研究者如何確定研究過程所找到的是真理，而不是錯誤的解釋呢？就實證論而言，研究者對於社會現象的解釋，除了在邏輯上無任何矛盾之外，同時研究的結果也必須能被複製（replication）。這種邏輯的正確性與可以被複製，就是所謂的「精確性」（accurate）與「有效性」（valid）。精確性是指研究者要關心研究的結果，能不能駁斥誤謬、進而獲得真實的知識；而有效性是指研究者所獲得的知識，是否能進一步推論到類似的情境或對象（Smith, 1990）。

對實證論者而言，行為與社會科學研究的目的是在建構知識，而知識建構的過程裡，研究者必須本著追求真理的精神，一如自然科學研究者對知識的建構過程，強調研究的結果不會受到時、空等因素的限制。實證論主張因果邏輯推衍，所以研究者在整個研究過程，應將觀察的現象依其發生時間之先後順序，做因果關係的連結，並根據因果連結進一步解釋探究之社會現象。

什麼是好的研究證據呢？實證論強調研究者必須去除個人主觀偏見，以客觀、中立的態度，運用操作（manipulative）與控制（control）的科學研究方法，對觀察現象進行資料之收集，並根據理性的觀察事實得到一致性的結論。在實證論者的觀點，好的證據就是科學實驗方法（empirical experimentalism）所獲得的證據，因為在實證論者的眼中，唯有實驗研究法才是真正的科學研究方法（Guba, 1990）。

下述以研究典範三要素，說明實證論典範的基礎（Lincoln et al., 2011）：

（一）本體論

實證論典範主張實在論（realism），認為人類社會的生活世界中，存有一客觀、穩定與永恆不變的真理，而這些真理是可以透過科學邏輯的方式加以了解，所以真理是存在的，同時人類社會也只有一個永恆不變的真理。

（二）知識論

實證論典範強調研究者在研究過程，應該採取客觀、二元的（objectivist/dualist）立場，來探究社會現象的本質。所謂客觀、科學、中立的立場就是指研究者秉持著客觀、中立與不介入的態度，與研究對象保持相當距離，避免研究者因為個人價值的涉入而左右了研究過程，或因研究者個人偏見而影響研究結果。

（三）方法論

實證論典範主張研究者要了解社會現象之「真實」本質，就必須透過科學實驗的方法與對實驗情境進行操作（experimental manipulation），才能具體、精確的找出社會現象與現象之間的因果關係。

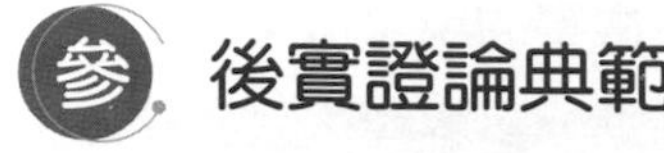

參、後實證論典範

自從 Comte 提出人類社會是可以用理性與科學方式來理解之後，對社會現象的解釋就逐漸遠離迷信、朝向合理的解釋。不過我們真的可以用理性的方式，來理解人類社會中非理性的行為嗎？針對這個問題，後實證論明顯的抱持與實證論截然不同的觀點。

後實證論（post-positivism）源起於 Karl Popper（1902-1994），而 Popper 所提出的「否證論」（falsificationism）可說是直接挑戰了傳統實證論主張的理性觀點。雖然，後實證論對社會現象的真實本質之信念與實證論大同小異；不過，後實證論並不認為科學研究只有一種理論或典範而已（Cook Campbell, 1979）。後實證論反對 Kuhn（1976）所提出的「不可共量」（incommensurability of theories）的觀點，同時對科學研究的界定也有著迥然不同的觀點。

後實證論對實證論的批判主要著重於「精確性」、「有效性」、「理論」與「觀察」等四部分。有關於後實證論對「精確性」與「有效性」的批判觀點，歸納如下（Smith, 1990, p. 170-172）：

1. 社會科學知識絕對沒有如阿基米得原理或基本教義存在，但這並不表示知識是相對存在的。
2. 人們所相信的真理與真實的真理之間仍有一段距離，也就是說，研究者透過研究過程所獲得的社會真相，與實在的真相之間仍存有一些距離。
3. 社會實在的存在能獨立於個人認知與理論架構之外，不受到個人知覺的影響與左右。
4. 研究者必須謹慎區分無誤謬、客觀與精確的研究，及主觀的、誤謬的、不精確的研究間之差異。

後實證論對「理論」（theory）與「觀察」（observation）兩者的關係之詮釋與批判，則可歸納如下（Guba, 1990; Hanson, 1958）：

1. 既然科學研究的目的是在建立社會世界的知識體系，那麼在進行科學研究的過程中，研究者無可避免的必須深入觀察人類社會之生活世界，可是實證論主張透過操作性邏輯的化約主義原則，來觀察這些現象與行為，這與科學研究的目標其實是互為矛盾關係的，因為研究者在研究過程中，將研究現象化約為可被觀察與測量的行為時，理論已經不再是中立的，反而成為主導研究者要觀察什麼。
2. 當研究者在觀察的過程中，個人的知識背景和視覺現象產生互動關係，往往會導致觀察的焦點模糊，所以後實證論者主張研究者對社會現象的研究，其實是無法擺脫個人知覺在研究過程所扮演的角色。

Karl Popper 在《科學發現的邏輯》（*The Logic of Scientific Discovery*）一書中對「否證論」有較為明確的說明：「主張擁有某種知識的說法是永遠無法加以證實的，也無法得到充分合理的解釋，所以我們所能做的就是透過拒絕來接受事實。」（Popper, 1968）對後實證論研究者而言，真實本質的真理是無法透過直接驗證的方式來證明，研究者往往只能透過否定的方式，間接證明真實本質的存在之事實。不過，這種透過否定的間接證明方式，充其量也只能說是研究結果非常接近真實的本質，但是我們永遠無法確定百分之百的真實的本質是什麼。

雖然，後實證論源起於對實證論研究典範的反省與批判，但是仍然保留著實證論研究典範對客觀、精確、預測及控制的重視。後實證論研究者認為無論是透過觀察或測量，其實都無法做到完全的客觀，但這並不表示後實證論鼓勵研究者放棄對研究的客觀與中立的追求，而是主張研究者必須清楚了解，在研究過程中，絕對的客觀與中立是不可能存在的，但是作為一名科學研究者，就必須努力以赴，讓這些可能對研究產生影響的難以抗拒之因素的影響力降到最低。換言之，後實證論研究者仍主張研究者在研究過程，應運用科學邏輯的觀點尋找出潛在可能影響社會行為的主要因素，並做出因果關係的推論，以便對社會現象與社會行為進行預測與控制（趙碧華、朱美珍譯，2000/2000）。

下列運用研究典範三要素，作為說明後實證論典範之基礎（Lincoln et al., 2011）：

（一）本體論

後實證論主張「批判實在論」（critical realism），認為社會現象真實的本質是存在人類社會世界中，可是人類社會世界是一種變動、多元的現象，研究者根本無法運用簡單的人類知覺與智慧，來了解或掌控這些社會現象的本質。雖然，研究者無法發現百分之百的社會現象的真實本質，但這並不表示社會現象的真實本質是不存在的，只是我們無法百分之百的還原這種社會現象的真實本質罷了。

（二）知識論

雖然，後實證論研究者主張研究無法探究社會現象的真實本質，不過仍舊相信研究者必須運用嚴謹的科學方式，以客觀、中立的立場來探討社會現象，才能使研究所獲得的結果最接近社會現象的真實本質，這就是後實證論所主張的修正式客觀（modified objectivity）。

（三）方法論

後實證論研究者主張研究者必須運用嚴謹的科學邏輯方式，但是由於社會科學與自然科學的本質並不完全相同，所以研究者無法對人類社會的生活世界進行操縱與控制；因此，研究者必須結合準（類）實驗方式與其他研究方法多管齊下，才能讓研究的結果愈接近社會現象的真實本質。

肆 建構論典範

對於質性研究的入門者而言，可能會發現在討論質性研究相關議題時，自然論（naturalism）、建構論（constructivism）、解釋論（interpretivism）

和詮釋學（hermeneutics）等四個名詞，經常會出現在相關脈絡中（張鼎國，1997）。雖然，這四個名詞表面意義不盡然相同，不過四者所強調的都是研究者必須在自然情境中，深入了解人類日常生活世界（the life world）中各種現象與行動之意義（朱柔若譯，1991/2000；陳向明，2002；Guba & Lincoln, 1998; Schwandt, 1998）。在本書中，筆者將採用大多數質性研究者使用的名詞——建構論，作為下列相關之討論。

質性研究之建構論典範融合了 Edmund Husserl 的現象學、Martin Heideggar 與 Hans-Georg Gadamer 的詮釋學，及符號互動論等哲學觀點。下列分別說明各種理論觀點如何被運用在質性研究過程中（Lincoln et al., 2011）。

一、現象學

Husserl（1859-1938）在其所提出的現象學（phenomenology）中，指出「理性」是人類文明與歷史發展的動力，但是人類的生活世界卻是理性所建構意義的起點；換句話說，人類的生活世界表面上看來是雜亂無章，但是確有其意義脈絡。從現象學的觀點而言，人類生活世界的意義是經由人與人在互動過程所共同創造出來的意義，所以要掌握其意義就必須透過動態過程深入了解其意義（陳伯璋，2000，頁 27）。不過 Husserl 批判目前科學知識的建構，其實已經脫離了其根源所在的日常的社會經驗（廖立文譯，1984/1988，頁 130）。

除了重視日常生活世界中的動態互動關係之外，現象學也強調對現象的了解應回歸事物的本質。Husserl 主張研究者只能以主體的立場去認識客觀的世界，唯有透過意識來理解日常生活世界之現象才有意義。要達成對日常生活經驗與行動之理解，研究者就必須要對個人的生活世界與生命經驗「存而不論」（reduction），亦即「放入括弧」（bracketing）或「懸置」（epoche）自己的感受、想法和經驗，讓事物本身自動呈現，目的在於還原現象的原貌，研究者再由現象中把握本質（鈕文英，2020）。這種對既有的知識存而不論的方法，有時也被稱為「現象學的還原」（phenomenological reduction）、「放入括弧」或「懸置」（陳伯璋，2000；廖立文譯，1984/1988）。

現象學研究強調研究者在研究資料收集與分析過程的「開放性」與「深思熟慮」。前者是指研究者覺察到自己的無知，開放接受多元面貌的可能，並且願意從中學習與了解；後者是指研究者對研究現象要在理解與反思中不斷來回，即便了解了，也需要開放心胸，並深思反思。

現象學資料分析過程包括三個步驟（鈕文英，2020，頁 528-530）：

（一）現象還原

是指研究者忠實且詳盡的描述研究參與者的敘述內容。

（二）想像變異

是指透過想像、擴散的觀點，與變化解釋此現象的視角，讓研究者避免僵化性思考，以尋求現象背後的意義。

（三）意義和本質的整合

是指資料分析過程應區分一般與獨特主題，在確認共同主題的資料過程，更歸納與區隔相同與變異性之資料；再根據主題內容進行脈絡化描述，最後撰寫統整的詮釋說明。

二、詮釋學

「詮釋學」（hermeneutics）一詞源自於希臘神話中眾神使者荷米斯（Hermes）之名。在希臘神話中荷米斯主要的職責是向人溝通神的慾望，也就是透過溝通過程，將模糊不清之意念加以清楚解釋之過程，所以詮釋隱含著溝通之意義（Blaikie, 1993）。不過，追溯詮釋哲學思想的源起，可以遠溯至德國社會學家 Max Weber（1864-1920）和哲學家 Wilhem Dilthey（1833-

1911）等人提出「了悟」（verstehen）之概念。在德文的字根中 verstehen 意指「理解」（understanding）或「頓悟」（insight）的意思。Weber 認為人類日常生活世界中有許多行為與現象是很難用客觀的準據來加以分析，要理解這些社會行動背後的意義，就必須藉由行動主體的立場與觀點，才能真正了解行動背後的意義。所以在研究情境中，研究者如果不能有「臨場感」，對研究對象的經驗感同身受，那麼研究過程所獲得的資料將會是浮面、沒有深刻的意義（陳伯璋，2000，頁 28）。

基本上，德國詮釋哲學家認為，科學本來就存在著兩個截然不同類型，包括：人文科學（Geisteswissenschaften）及自然科學（Naturwissenschaften）。無論是社會科學或人文科學，其終極目標都是在產生詮釋性的理解（interpretive understanding）行動背後的意義。相較於自然科學，人文科學研究的主要目的較偏重於探究日常生活中各種語言、行為、政治與其他現象之事實。人文科學相信人類不可能完全了解客觀事實，必須要從生活經驗中創造意義，而創造意義的過程其實就是詮釋的過程（廖世德譯，1990/2001）。因此，研究者必須從被研究者的內在觀點出發，在研究對象生活世界的脈絡中，了解生活情境所賦予的意義與價值；這種藉由主觀的詮釋過程，來了解行動之意義的方式，就稱之為「了悟」（朱柔若譯，1991/2000；Schwandt, 1998）。

人文與自然科學最主要的差異是什麼呢？Bernstein（1983）指出人文社會科學與自然科學最大的差異，在於人文社會科學已經逐漸從尋找因果法則的理性模式（a model of rationality），邁向重視了解（understanding）與解釋（interpretation）的實務理性模式（a model of practical rationality）。從 Bernstein 的觀點，這種科學研究典範的轉化，已經明顯的挑戰了實證主義科學典範對「知識」（knowledge）與「真理」（truth）的認知，這種轉換其實就是一種詮釋向度的復甦（a recovery of the hermeneutical dimension）的事實。

詮釋學的焦點也是「現象」，亦即個人的生活世界或生命經驗，強調研究者透過對話過程，建立在研究者與研究參與者互為主體的理解基礎，針對對話文本進行詮釋，透過理解為現象創造新的意義（鈕文英，2019）。由此可知，詮釋學研究取向具有下列四項特徵（鈕文英，2020，頁 547-549）：

（一）透過臨場感達到理解目的

透過臨場感、感同身受研究參與者的生命經驗，從研究參與者的立場與觀點了解意義。與現象學研究一樣，主要是透過訪談法收集資料，但詮釋學研究更重視臨場感，並主張研究者應該在開放性的自然情境中收集資料。

（二）透過對話產生互爲主體的理解

與現象學最大不同是透過對話，並以詮釋循環與理解作為對話的詮釋基礎。參與者不只是受訪者、敘說者，也是對話者，透過與研究者對話過程，產生共鳴與理解，理解的目的並不是在還原現象原貌，而是創造新的意義。

（三）運用研究者本身的先前理解

研究者先前的理解，是詮釋論研究過程，研究者詮釋資料的基礎，因為這些已經存在的背景、對事物的認識與觀點，都會影響研究者對於文本資料的詮釋。除此之外，更強調研究者可以運用先前理解和參與者對話，促成更深的了解，達到視域融合。

（四）藉由情境脈絡理解生命經驗的意義

詮釋學研究主張對於研究對象生命經驗意義的了解，不只是如現象學研究般還原生命經驗，更可以藉由已知生命經驗的對話，或擺置在較寬廣的時空脈絡，透過類比分析來理解。

三、符號互動論

符號互動論（symbolic interactionism）主要的代表人物為人類學家 George Herbert Mead 和 Herbert Blumer。符號互動論主張人類社會顯示出的流動、發展、創造性與變遷的特質，彷彿一如日常生活中之對話經驗，人類社會其實是由內、外在對話所構成的（廖立文譯，1984/1988）。人類日常生活世界既然是由對話關係所形成，而主體與主體之間的互動關係，無論是語言或行動，都是一種符號互動的過程，不過這種互動過程不全然是行動者主觀的投射，而是包含另一互動主體的回應所形成的過程（陳伯璋，2000）。

建構論典範（constructivist paradigm）之所以普遍被行為與社會科學界所接受，與 Egon Guba 及 Yvonna Lincoln 兩人的倡導有關。Guba 及 Lincoln 早期討論質性研究的方法論時，習慣以「自然的探究」（naturalistic inquiry）一詞稱之；但是到了 1989 年左右，就開始以「建構論」（constructivism）一詞取而代之。Guba 及 Lincoln 所主張的建構論，並不涉及特定的哲學理論，而是一種綜合自然論、解釋論與詮釋論三者之理論。換句話說，建構論典範主張沒有任何一種知識是永恆的真理，知識是需要被質疑、被反駁的，而真理也只是局限於對特定對象或在特定文化脈絡中才有其意義（Lincoln, 1990）。

Guba 與 Lincoln（1985, 1989）提出建構論研究典範主要的目的，是在取代傳統強調客觀、理性及經驗主義的實證科學研究典範。建構論主張人類日常生活之現象是個人主觀意念建構的產物，對於經驗意義的建構，完全取決於行動主體的主觀經驗與知覺；因此，社會現象的本質絕對不是一如實證論所主張的，只是一種真實世界的「再現經驗」（a direct representation of the real world），意義的建構過程已經隱含著多重建構的結果（Neimeyer, 1992），這種觀點被稱為是「相對實在論」（relative realism）（朱柔若譯，1991/2000；Guba & Lincoln, 1998; Schwandt, 1998）。

對建構論典範而言，研究者主要的目的不是在找出日常生活中各種現象或行動的真實本質，而是在說明與詮釋這些經驗和行動是如何被建構的。這種意義的建構過程主要是建立在研究者與研究對象，透過不斷對話與辯證過程來達成。從建構論觀點，「每個人對世界的理解以及對自我的理解，都是在符號以及詮釋中進行」（Abel, 1995；引自張鼎國，1997，頁 119）。詮釋對建構論典範而言，一如研究者是透過符號的呈現或對現象進行深厚描述

（thick description），從中勾勒出人類日常生活世界的圖像，並將行動轉化為讀者能夠理解的形式（余玉眉、田聖芳，1999）（參見圖 3-1）。

從上述的說明中，我們可以對建構論典範之「建構」的特質，綜合說明如下（Schwandt, 1998, p. 243-244）：

1. 建構是嘗試對生活經驗加以詮釋或理解。
2. 建構的本質取決於建構者本身所獲得的訊息。
3. 建構是一種廣泛分享並達到共識的經驗。
4. 建構必須有其意義，但這些意義可能是簡單、且不完整的。
5. 建構內涵的適當性，只有對此一特定典範才有意義，無法由其他典範加以衡量。
6. 建構經常會面臨挑戰與修正，當建構者覺察到新訊息與舊有建構有明顯衝突時，建構者就會修正原來的建構架構。

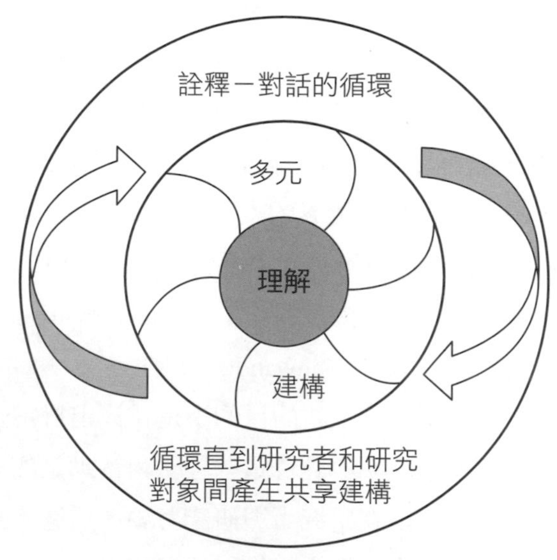

圖 3-1　建構主義的觀點

資料來源：修改自 Guba 與 Lincoln（1989, p. 165）。

雖然，建構論典範融合了現象學、詮釋學與符號互動論等三種理論觀點，不過詮釋學與現象學對於人類日常生活之經驗與行動的詮釋立場，卻有很大差異。詮釋學認為日常生活世界在每個個體出生之前就已經存在，在個體死後亦會繼續存在，所以每個人都是根據與他人的互動經驗所創造出來的意義體系，來詮釋或理解目前的現象或行動的意義（朱柔若譯，1991/2000）。詮釋論認為人類無法透過直接方式來認識日常生活世界，必須要透過已知的生活經驗（lived experience）或意義架構，來賦予目前生活經驗或行動適當之意義，此種詮釋行動或經驗的方法又稱之為「類比分析」（analogy）（廖世德譯，1990/2001）。所謂「類比分析」就是對研究現象與已存在的現象進行對照、分類與比較分析，用既有的知識架構或常識，來理解新的社會現象與行動，並賦予一定意義。更具體的說，為了創造現象之意義，我們必須將事件經驗的時間順序排列，逐漸建立自己和周遭世界的關聯，將過去、現在和未來發生事件的經驗串連，建立一份故事脈絡（Gergen & Gergen, 1984）。相反的，現象學卻主張研究者在研究過程應放棄既有的知識架構或常識，直接由社會互動脈絡所創造行動的意義中，來詮釋日常生活現象各種行動之意義（Schwandt, 1998）。

下列將建構論典範共有的哲學基礎，簡單歸納說明如下：

（一）本體論

主張相對實在論（relative realism），認為人類生活世界的意義是由多重主體經驗共同建構的結果。由於日常生活經驗與行動受到人類意識價值觀的影響，所以研究者主觀的興趣、情緒和價值，無可避免的會與研究對象產生互動關係，進而影響對經驗與行動的詮釋和理解（高敬文，1996；楊深坑，1986）。

（二）知識論

建構論認為社會現象真實的本質僅相對存在於不同情境脈絡中，所以研究者的任務不是去建構「一個」獨立於個人價值信念之外的客觀世界，而是應用對話與辯證的方式，與研究對象或行動主體產生對話關係，最後透過歸納、比較與對照過程獲得一致性。因此，在研究過程，研究者必須與研究對象或行動主體保持密切的互動關係，直到經驗與價值信念融入，所以這是一種主觀經驗（subjectivist）的再現。

（三）方法論

建構論典範重視研究者對日常生活經驗的研究，必須建立在自然的情境脈絡中，才能完全捕捉行動背後所隱含的意義。在整個研究過程，研究者本身就是最好的研究工具，理論的概念也是在研究過程中逐漸醞釀而成。由於建構論重視對人類日常生活經驗與行動意義的詮釋，所以研究者對於研究方法的選擇與運用，必須考量研究方法與策略本身是重視對現象的詮釋和辯證。

伍 批判論典範

批判論（constructivism）研究典範可說是科學研究典範的另類思考，為質性研究開啟了一扇鉅視之窗。對建構論研究者而言，研究過程是一種自我驗證的再現；但是對批判論研究者而言，研究不只是一種日常生活經驗的再現而已，同時也是社會主流意識的展現，所以批判論典範又被稱為是「意識型態導向的研究」（ideologically oriented inquiry）。

何謂「批判」呢？科學哲學所指涉的「批判」一詞隱含著雙層意義：（1）對科學哲學方法的內在批判（internal criticism）；及（2）對社會現象的本質之邏輯思維的懷疑（skepticism）。所謂內在方法論的批判是指任何科學哲學對其主張的論點，必須在理論、資料收集，及語言的論述三者間，取得內在邏輯推論的一致性；可是，在社會既存的邏輯思維中，研究者又必須採取高度的懷疑立場（Popkewitz, 1990）。舉例來說，Karl Marx 的「異化」（alienation）就是對資本主義勞動分工的批判，而女性主義者提出的婦女解放就是對父權社會中兩性權力不平等的挑戰。就研究的觀點而言，批判意味著研究者必須將研究議題，導向社會中之不義（injustice）的社會事實，並透過研究過程，解放壓迫意識與達到改革的途徑，這就是一種「充權」（empowerment）的過程。

一、批判論的流派

所謂批判論研究典範並非是指由單一理論所形成的典範，而是由許多理論觀點所建構之研究典範，這些理論包括：新馬克斯主義（Neo-Marxism）、女性主義（feminism）、充權理論（theory of empowerment）、後結構主義（poststructuralism）和後現代主義（postmodernism）等。批判論典範之理論，介紹如下（Lincoln et al., 2011）：

（一）法蘭克福學派

法蘭克福學派（Frankfurt School）創於 1923 年。在當時，歐洲社會正面臨第一次世界大戰的衝擊，德國在納粹政府控制之後，迫使許多馬克斯主義的社會學者流亡美國；戰後這些流亡學者陸續返歐，逐漸形成以馬克斯主義為核心而發展之社會理論流派。法蘭克福學派是馬克斯主義的延伸，所以又稱為「新馬克斯主義」。新馬克斯主義的幾位傑出人物代表，包括：Max Horkheimer、Theodor Adorno、Erich Fromm 和 Herbert Marcuse 等人。新馬克斯主義是屬於意識導向的研究，重視資本社會中被壓迫的社會成員的生活經驗。研究者希望藉由研究過程，喚醒弱勢族群的意識，由意識覺醒發展出集體的行動，以改善不利社會處境或挑戰既有的權力、制度結構，作為最後訴求的目標。

（二）結構主義與後結構主義

繼新馬克斯主義之後，則是法國結構主義（structuralism）與後結構主義（poststructuralism），這兩者也經常被歸類為批判論的陣營。後結構主義代表者如 Jacques Derrida 與 Michel Foucault 等人不認為社會現象的本質，是處於一種穩定的狀態，反而認為社會現象的本質是語言建構下的產物，既然社會事實是被建構出來的，那麼必然具有多變與不穩定的特質。

（三）女性主義

女性主義思潮興起於 1960 年代之後，女性主義可說是批判論的另一種類型。女性主義從壓迫（oppression）與剝削（discrimination）的觀點，探討婦女的生命經驗，從權力不平等的觀點導入有關性別議題的研究。不過在此要提醒讀者，女性主義科學研究典範是一個多元、複雜的觀點，不可將之視為是單一的理論觀點取向之研究典範。Sandra Harding（1986）在女性主義與科學兩者關係的論述過程中，將女性主義研究取向區分為三：女性主義實證論（feminist empiricism, FE）、以女性主義立場為主之知識論（feminist standpoint epistemology, FSE），及後現代女性主義（postmodern feminism, PF）。

雖然，女性主義實證論反對科學研究以男性觀點為主導的偏誤，不過主張研究仍應遵循實證論所強調的客觀與中立。相反的，以女性主義知識論為主之研究取向，則反對實證論強調的理性客觀之理念（the mainstream notion of scientific rationality），認為理性主義是披著客觀、中立的外衣，實則行使以男性為主，打壓女性主義科學的事實。因此，女性主義應該放棄這種中立、客觀的知識，從女性立場出發去探討女性生活經驗，並以解放取代傳統的價值意識型態。對後現代女性主義而言，以女性主義知識論為主之研究取向，的確是一種不錯的折衷觀點，比較能透視女性的生命經驗；不過後現代女性主義研究取向主張研究者應該揚棄所有的立場與觀點，才能真正的還原女性主體的生命經驗（McLennan, 1995, p. 392）。以女性主義知識論為主的研究取向，主要代表人物為 Sandra Harding，而後現代女性主義研究取向的代表人物，則包括 Linda Nicholson、Jane Flax 和 Susan Hekman 等人。

整體而言，批判論科學研究的典範，無論是新馬克斯主義為主或以女性主義為主之研究導向，在研究過程均非常重視研究者的「反思」（reflection）。同時，批判論研究取向對於既存在的社會制度或規範之權力結構，也存有高度的敏感，認為科學研究就是藉由研究過程，達到解構的目的。務實的說，就是期望透過研究過程，研究者與研究對象產生對話關係，透過對話的途徑（dialogic approach），進一步幫助這些被壓迫的弱勢族群，能將自己由錯誤的意識型態中逐步解放，並藉由意識覺醒（consciousness-raising）的過程，達到社會改革或社會變遷的目標（Guba, 1990）。

二、批判論典範之理念

在社會科學研究典範中，批判論代表著從鉅視的觀點，來省視社會行動的意義與關係。其主要之理念如下（陳伯璋，2000，頁 30-32）：

（一）意識型態的批判

Habermas 認為客觀知識必須經由理性批判的作用以及在理性溝通情境下，才能達成共識。不過，共識的形成往往卻隱含著缺乏對某些理所當然的想法或信念的反省與批判，批判論認為人類要追求公平的社會生活，理所當然的意識型態是需要被檢驗、被批判的。

（二）理論與實踐的關係

批判論認為理論和實踐是在理想的溝通情境下所建立的關係，理論都帶有理想的傾向，主要目的是將人類社會的日常生活世界化約為共通的經驗或共識；然而，通常在實際情境中，這種共同的生活經驗其實是不穩定的，使得我們所擁有的知識也只是一種相對的。這種理論與實踐產生的關聯，主要是建立在溝通情境中，透過溝通情境逐漸形成，所以其先決條件就是參與者都有溝通能力，且對遊戲規則有充分的了解。基本上，批判論強調在研究過程中，研究者應對溝通的情境進行分析，並在鉅視的社會脈絡下，對社會結構進行反思與批判，並透過集體行動的努力，使理論具有實踐的行動力。

（三）意義與結構的辯證關係

批判論認為要對意義及其內涵有所了解，才能進一步詮釋生活經驗和行動之意義，但意識型態又往往與社會結構交互影響；因此，研究者為了避免個人主觀的論斷，必須將意識放在歷史情境脈絡中，才能使知識形成共識或達到溝通的可能。在辯證過程，研究者必須具有高度敏感力，能敏感察覺到權力有可能汙染、扭曲了知識本身；因此，研究者必須高舉知識的良心，將權力對知識的干預揭露出來。

三、批判論典範之假設

以「批判」（critical）為名，意味著在研究過程，研究的著力點必須挑戰社會中一些不公義的事實，所以批判論研究取向經常被視為是一種社會改革或解放的研究途徑（Kincheloe & McLaren, 2000）。由於批判論主張社會事實是社會建構的結果，因此任何典範的形成也無可避免的反映了人類的價值；研究者對於研究典範的選擇也會進一步影響行為與社會科學研究過程中，研究者對研究議題的選擇、研究工具的運用、資料分析模式的運用、詮釋與結論（Guba, 1990）。批判論研究取向並不是指研究者運用某一固定理論來進行研究，而是研究者嘗試讓自己成為社會或文化批判主義者，透過研究的路徑，來達到社會改造的目標。

基本上，以批判論研究取向為主的研究，在整個研究過程會堅持下列幾項基本假設（Kincheloe & McLaren, 2000, p. 163）：

1. 人類所有的思想與意識都是一種權力關係的展現，而權力關係卻是由社會與文化共同建構的產品。

2. 社會事實永遠擺脫不了社會主流價值與意識型態的作用，因此權力關係是一種不穩定、不確定的現象。
3. 語言是個人意識等主體的核心。
4. 在當代社會中往往存在一些優勢團體，這些優勢團體常會對其他團體產生壓迫與剝削。
5. 主流研究取向往往複製了這種優勢壓迫弱勢的觀念。

批判論主張社會真實的本質是社會建構的結果，典範正反映了人類社會的價值。對批判論研究者而言，研究的主要目的是幫助被壓迫的族群能達到意識覺醒，最後透過集體行動來達到社會改變的目的。無論是建構論或實證論，研究過程所觀察或經驗的意義，其實只是一種自我驗證的再現；然而，對批判論而言，研究結果不只是真實世界的再現經驗而已，也是一種意識型態的展現。Kincheloe（1991）認為對於實證資料的分析與詮釋，不只會受到理論架構所限制，同時研究者主觀意識與假設，往往也會進一步影響資料的分析與詮釋，所以，研究結果不應該被視為是社會事實的再現而已。

雖然批判論不同意基礎論（foundationalism）所主張，研究結果不受時間限制，而是可以普遍被運用於所有情境，不過這並不表示批判論主張相對論（relativism）。基本上，批判論認為知識（knowledge）本身就是歷史文化建構的產物，社會真實的本質雖存在，但會因情境不同，而有不同意義。

批判論對主、客觀有完全不同的觀點。所謂「客觀」（objective）並非指外在、獨立的事實，而是指社會歷史發展過程中一種動態和變遷的事實，這些事實深深影響人類日常生活。「主觀」（subjective）則是指人們內在心理世界，由這些內在心理世界可以了解日常生活。批判論主張研究者應該透過對話的途徑，幫助參與研究者自錯誤的意識型態中解放出來，進而尋求改革真實社會世界的可能。

在研究過程，研究者應該如何區分哪些是有效（valid）、哪些是無效（invalid）的研究。批判詮釋論者認為，重視歷史的理論和能自我反省（self-reflection）的理論，就是好的、有效的理論（Smith, 1990），否則就不是好的理論。

下列運用研究典範三要素，作為說明批判論典範的基礎：

（一）本體論

批判論科學典範主張批判實在論（critical realism），認為人類世界中各種社會現象是處在一種不穩定的狀況，社會實在往往隨著時空背景不同而有不同的本質。

（二）知識論

強調主觀論（subjectivism），認為社會現象的探究過程其實就是一種主觀經驗與價值的反射過程，研究者在探討任何社會現象之前，必然已經有了清楚的價值輪廓，且應該採取鮮明的立場進入研究歷程。

（三）方法論

重視研究者與被研究對象的對話，透過主動對話過程，來達到意識覺醒，最後作為社會改革（social transformation）的泉源。研究者唯有透過研究過程與研究對象產生對話，才能扭轉被研究者在歷史文化社會脈絡下所產生的錯誤認知，進而從被壓抑的思想與被壓迫的經驗中解放，終而達到社會改革或社會變遷的目標。

陸、參與合作論典範

Heron 與 Reason（1997）將 Paulo Freire 的增能／解放式研究〔或稱之為參與式行動研究（participatory action research）〕、John Heron 的合作探究（cooperative inquiry），及 Argyris 與 Schön 的行動研究（action research）並列為三種參與式研究的形式（引自林香君，2015）。Freire 在《被壓迫者教育學》中，提出以對話引導意識，並落實實踐的教學觀，將教育理論與實踐、反省與行動合而為一，不僅提升了個體對社會實在的深層了解，更激發以批判方式參與社會實在的生成（施宜煌，2015）。Heron 的合作探究模式，強調研究者不能置身在被研究者處境之外，唯有投身其中，並與研究對象成為共同探究的夥伴，在彼此形成的對話關係中，運用敏銳的感官去覺察與體驗，才有可能理解與學習（侯秋玲，2006）。Argyris 與 Schön 的行動研究理論，視行動探究為描述與轉化社會世界的作用，也就是說經由當事人行動策略的改變，改造人類社會世界，進而帶動社會變革的可能性。Guba 與 Lincoln（2005）參考 Heron 與 Reason（1997）的概念後，稱之為「參與合作論典範」，並與實證論典範、後實證論典範、建構論典範以及批判論典範，形成五大社會科學研究典範。

有別於傳統社會科學的研究典範，參與合作論典範源於解決實際問題，強調受壓迫者主動、積極參與研究問題的界定、資料收集分析、解決問題的協同合作過程，又稱為整合研究、教育與社會—政治的行動過程（Reason & Bradbury, 2008）。參與合作論典範的研究具有雙重目標：（1）透過研究、教育與行動，生產對他者直接有用的知識與行動；（2）經由集體的自我反身探究，看穿權力如何被不當壟斷知識的生產與使用，讓受壓迫者能在更深的層級上得到力量（引自林香君，2015）。

參與合作論典範主張站在他者的立場，認為建構論典範過於強調真實皆為主觀建構的唯我論，明顯與為他者的社會科學立場相互矛盾（Heron, 1996）。參與合作論典範在本體論上主張「參與式的實在」（participative reality），更強調社會實在是由個體主觀心智透過積極參與，為歷史意識形塑設定的客觀世界所共創，所以既是主觀、也是客觀的事實（引自林香君，2015）。

參與合作論典範強調研究者應從與他者協同合作過程達到生產實踐知識的目標，迥然不同於建構論典範著重於詮釋世界，或批判論典範著重於批判表徵世界（Reason & Bradbury, 2008）。參與合作論典範強調，研究者應該由具批判性的主體，透過行動參與客觀世界的互動與合作，藉由問題解決拓展經驗，並創造知識，從實踐性的認識歷程共同建構知識內涵（引自林香君，

2015）。

下列運用研究典範三要素，作為說明參與式合作論典範的基礎（鈕文英，2020，頁 64-67）：

（一）本體論

參與合作論典範強調社會實在是由人們透過參與行動過程共同建構行動或生活經驗的意義，重視經驗知識在意義建構過程扮演的角色與價值。與建構論典範最大不同是，建構論重視心靈的建構，不重視經驗知識的建構。

（二）知識論

強調知識是透過研究者和參與者互動過程，共同建構而來。知識的類型包括：經驗的、感受的、命題的和實務的四種知識。雖然建構論典範也重視研究者和參與者的互動關係，但是參與合作論典範更強調，知識是研究者與參與者在互動過程共同建構。

（三）方法論

強調透過群體參與的合作行動過程，了解和重建現象的真實本質。相較於建構論典範只關心命題知識，僅在了解現象，參與合作論典範更強調透過合作過程，運用實務知識，了解社會現象之外，也要改變或重建社會現象。

柒 結論

任何一位從事行為與社會科學研究之研究者都不可忽略，在研究過程中，研究問題及研究策略是與研究典範息息相關的。無論從事量化研究或質性研究，研究者絕對不可將研究策略化為一種研究資料收集的工具而已；事實上，每個研究典範各有其不同的價值信念，這些對社會實在的信念，往往也會左右研究者用何種理論、以何種態度，來從事研究、與被研究者互動或詮釋研究的結果。在這一章中，主要說明質性研究的源起與發展，並進一步說明行為與社會科學研究中，幾個不同研究典範對本體論、知識論與方法論的異同。最後，說明行為與社會科學研究中另類的科學研究典範——詮釋論、批判論及參與合作論典範，運用於研究過程中，對社會實在本質的假定及對社會現象探討之立場有何異同。從本章探討行為與社會科學研究的典範中，讓讀者透過比較過程，深入了解建構論、批判論、參與合作論的研究取向，對行為與社會科學研究的終極關懷是極端不同的。

Chapter 4 多元測定——質性與量化研究整合的可能

近年來，雖然質性研究有漸受重視的發展趨勢，不過，仍舊面臨了許多來自內、外在的批判。外在批判的聲音主要是來自量化研究的陣營。如果依質性與量化研究論辯過程劃分，約可歸納為三個階段：（1）互相攻詰時期：質性與量化研究兩個陣營相互叫囂，並對彼此的方法提出嚴厲批判；（2）低盪時期：無論是質性或量化研究都不再堅持「非此即彼」的敵我分明立場，開始主張如何將兩種研究方法整合於研究過程；（3）辯論或對話時期：對於質性與量化研究的整合，提出較深刻的思考，認為兩者雖可合作，但必須以充分的對話和溝通作為基礎。

究竟質性與量化研究的爭議為何？1970 年代以降，行為與社會科學研究對質性與量化研究的爭論，約略可彙整如圖 4-1。從圖 4-1 中，我們可以看到 1970 年代，行為與社會科學界對於質性研究的理解，幾乎是建立在以量化為思考前提，來想像質性研究的內涵。雖然，Halfpenny 對質性與量化研究的對照式分析，是一種粗淺的分析方法，卻有助於質性研究的入門者，能在最短時間之內，對量化與質性研究有粗略的概念。

到底質性與量化研究的差異是什麼？兩者是否可以相容或不可共容？在行為與社會科學界中，有一派人士主張研究者可以透過整合質性與量化研究，來達到互補的作用；不過，也有另外一派人士主張兩者根本是不可共容的，因為兩者來自完全不同的世界觀。在本章中，首先將說明質性與量化研究兩者之間的相同與相異之處，其次進一步詮釋多元測定的概念，最後說明研究者如何整合質性與量化研究的策略運用。

圖 4-1　質性與量化研究之比較

 質性與量化研究的比較

在論及整合質性與量化研究的可能之前，我們應先就何謂質性與量化研究明確定義。當然，這並非簡單容易的事。Morales（1995, p. 40-41）在 Uses of qualitative/quantitative terms in social and educational research 一文中指出：「要清楚說明什麼是質性或量化研究並不容易。」研究者之所以無法輕易釐清什麼是質性或量化研究的原因有二：（1）大多數的行為與社會科學研究者，並沒有在文章中清楚界定質性（qualitative, Q）與量化（quantitative, C）的意涵；及（2）大多數行為與社會科學研究者對於質性與量化研究的運用，都顯得相當分歧。

那麼，質性與量化研究有何相同與相異之處呢？Tutty、Rothery 與 Grinnell（1996）提出六項評估指標，作為對質性與量化研究比較的基準。這六項評估指標如下（參見表 4-1）：

表 4-1 質性與量化研究之評估指標

評估指標	質性研究	量化研究
客觀性	否定絕對客觀事實的存在	相信客觀的社會事實必然存在
推論	研究結果不可推論到其他個案，每個研究現象或對象都是獨立的	研究結果可以推論到其他個案
化約主義	強調開放、分享	強調將研究現象依據理論簡化為變項假設，並透過標準化過程進行假設真偽檢驗
數字與文字的運用	研究結果是運用文字描述來呈現	研究結果是以數字表示
彈性	整個研究過程採取開放、彈性的立場	整個研究過程重視步驟之間環環相扣的關係，傾向線性的發展過程
理論的運用	理論是由研究過程與結果所建構出來	進行研究前，必須對理論有清楚的了解

指標一：客觀性（objectivity）

無論是量化或質性研究，研究者往往對自己所觀察的現象或事物，都宣稱是客觀的事實，並以此來反駁對方的論點與立場。

舉例說明

社會普遍認為那些長期遭受婚姻暴力的婦女，在接受相關單位安置在庇護中心之後，仍舊會選擇回到暴力的婚姻關係中，主要是因為這些婦女有被虐待狂（female masochism）。通常，量化研究會先接受這種假設，然後透過研究過程驗證它的真偽；但是質性研究者則認為研究者不該預設立場，真正的客觀應該是研究者運用更開放的胸襟，傾聽這些受暴婦女的感受、知覺、看法與意見，才有助於了解社會現象的真相。

指標二：推論（generalization）

量化研究主要的研究目的是對研究現象做推論，可是，質性研究卻認為每個研究現象或對象都是獨立的，研究結果無法推論到相似的研究現象或對象。

舉例說明

量化研究者會期待透過隨機抽樣與大樣本的研究過程，將婚暴研究結果推論到具有相同背景的婦女；但是，質性研究者只會針對少數受暴婦女，運用不同的方法深入了解受暴婦女的婚姻生活與經驗。

指標三：化約主義（reductionism）

化約主義是指研究者將複雜的概念簡化為變項測量的過程，並將結果以數字及統計的顯著度來呈現變項的關係。

舉例說明

研究者會將遭受婚姻暴力的婦女在遠離家庭後選擇重回暴力的婚姻關係，簡化為幾個變項之間的關係，提出變項關係組成簡單問題或命題假設。然而，質性研究者卻不主張運用標準化的測量工具，來限制研究對象的反應，而是用比較開放、分享的態度，來了解受暴婦女的經驗、這些經驗對受暴婦女的傷害，及受暴婦女對於這些經驗的感受與詮釋等。

指標四：數字與文字的運用（the use of numbers and words）

量化研究主要是透過數字與統計檢定結果來描述研究結果，而質性研究卻是運用文字來描述研究的結果。

舉例說明

量化研究者根據研究結果推論約有75%的受暴婦女，會選擇重回暴力的婚姻關係中，或經濟無法獨立自主的受暴婦女比經濟獨立自主的受暴婦女，更容易傾向選擇重回暴力的婚姻關係中；然而，質性研究者卻會透過研究過程，綜合說明擔心孩子、情感依附、親情壓力、經濟無法獨立自主、二度就業困難等，可能是阻礙受暴婦女無法遠離婚姻暴力關係的主因。

指標五：彈性（flexibility）

就整個研究過程而言，量化研究對於抽樣、研究設計、測量和資料分析等過程，都有嚴格明確的規定，且研究過程傾向線性的發展過程；不過，質性研究卻是採用比較彈性、開放的立場，研究過程在各個研究步驟來回修正，直到研究結束。

指標六：理論的運用（the use of theory）

量化研究主要是運用已存在的理論，從這些理論觀點發展出命題假設，並透過統計檢驗過程證明或否證理論的真實性；然而，質性研究卻不需要對研究的問題或假設提出嚴謹的界定，研究者通常是透過研究資料的收集過程，逐漸形成理論概念的建構。

Bogdan與Biklen（1982）、劉仲冬（2008）、黃麗鈴（2019）等人，從整體研究過程比較質性與量化研究特質的差異（參見表4-2）：

（一）典範

質性研究植基於相對主義，認為無單一的客觀實在，主張多元實在，強調研究者如何認知社會現象的真實本質，而不在乎無關的因素。量化研究主

表 4-2 質性與量化研究的比較

項目	質性研究	量化研究
典範	相對主義、強調多元與認知社會現象的本質、歸納邏輯的運用	單一客觀、強調變項間關係、研究過程採取中立立場、演繹邏輯的運用
理論與概念形成	重視意義、強調主體性、嘗試了解日常生活經驗與情境定義	重視理論假設的驗證、運用統計方法檢驗假設、實驗情境控制
研究計畫	對研究問題具有思辨、融入個人生活、實務與觀察經驗、相關領域搜尋資料後開始撰寫、不同方法論影響研究計畫撰寫格式、針對研究現象進行描述、計畫書並無特定格式、重視研究倫理與權力	研究計畫格式固定、研究焦點與研究過程需詳盡、文獻探討完整作為研究架構發展基礎、明確說明概念架構及研究假設、說明變項與變項間的關係
研究目標	深入探討生活世界與社會現象的經驗與意義、建構理論	透過統計檢定變項與變項之間的關係來驗證理論、橫斷面與縱貫面的追蹤研究
研究設計	開放與彈性、循環式研究設計	結構化、線性研究設計
樣本與抽樣	小樣本、立意抽樣	大樣本、隨機抽樣，及樣本的代表性
研究方法與資料	重視研究參與者的主體性、強調互動與融入，透過文件、訪談、觀察等研究方法收集資料	重視對研究情境的控制或透過調查、運用標準化工具收集資料，以統計方式檢驗變項與變項之間的關係或因果關係
脈絡化意義的理解	主張知識存在生活情境中、重視關係脈絡與情境的互動，深入了解與詮釋生活經驗、社會現象與行動的意義	主張去脈絡化的詮釋，透過橫斷面探討關係，並透過縱貫性時間序列探討個體在長時間的表現
與研究對象之關係	研究者與研究對象建立在平等、信任的基礎	研究者不介入研究對象的生活經驗，保持一定距離
研究工具	研究者本身是重要的研究工具	主要是透過介入活動設計，並運用標準化問卷與量表收集資料

表 4-2 質性與量化研究的比較（續）

項目	質性研究	量化研究
資料分析	透過歸納過程進行概念、主題分析，並透過持續對照與比較過程，建構對現象或經驗的描述與詮釋	透過演繹過程進行資料收集，並透過統計方式進行變項與變項的關係或因果關係的檢驗
運用的問題	歸納資料不易、無法推論、信度的問題	非自然情境的資料收集、抽樣影響推論、效度的問題

張單一實在，側重變項的控制及探索變項之間的關係，甚至進行預測，研究過程強調價值中立。

（二）理論與概念形成

質性研究較重視意義的理解及理論的建構，強調人的「主體性」，通常研究者不預設理論架構或假設；在研究過程主要是運用歸納方式，並透過「理解」來洞察行為或現象的意義，找出在自然情境下賦予的意義，讓理解能貼近社會生活或現象的真實。量化研究較重視理論假設的驗證，將探究的社會生活或現象化約為所要探討的研究變項，透過統計方法檢驗變項之間的關係或因果關係，進而預測；研究者對於實驗情境嚴格控制，避免無關干擾因素的影響。

（三）研究計畫

質性研究的計畫著重於對探究的社會生活或現象的描述，重視研究者本身的經驗融入與對探究現象的反思；因此，計畫書內涵無特定格式，受到研究者採取的研究取向或理論視角而有不同。由於質性研究較常涉及少數與弱勢族群的生活經驗或敏感性議題，因此非常重視研究過程涉及的倫理與權力議題。量化研究必須針對與研究議題有關的文獻進行充分的閱讀與理解，並能發展出明確的概念架構，再依概念架構建構標準化工具，進而檢驗變項與變項之間的關係；因此，計畫內涵須著重於文獻回顧、理論架構形成、變項與變項之間的檢驗，及研究方法與工具的設計等。

（四）研究目標

質性研究偏重於探索性或描述性議題的探討，透過多重方式探究社會生活與現象的意義。量化研究則強調變項與變項的關係或因果關係的檢驗，透過標準化工具的運用與變項的測量，對社會生活與現象進行某種程度的控制，再透過資料的統計分析過程，進行變項與變項關係的檢定或因果推論。

（五）研究設計

質性研究主張在研究過程應採取開放、彈性的態度；而研究者本身就是重要的研究工具，必須對探究的社會生活與現象具高度敏感度；且在研究過程，研究問題、資料收集與資料分析三者處於不斷修正的循環過程往前推進，最後再運用歸納、比較與對照方式進行資料分析。量化研究則是運用演繹方式進行相關資料的收集與檢驗，研究過程先有工具，而研究工具通常是量表、問卷，或實驗檢定的數值；在研究過程每個研究步驟都是既定的，屬於線性研究過程，透過統計方式檢驗變項與變項之間的關係，作為最後資料詮釋的根據。

（六）樣本與抽樣

質性研究主要運用立意抽樣或理論抽樣，針對少數研究對象進行完整、深入且豐富的資料收集，研究抽樣的目的主要是找到最適切、最能提供豐富資料來回答研究問題的對象。量化研究則是強調運用隨機抽樣，找到具有母群體代表性的樣本數，透過對大量樣本的資料收集過程，將研究結果推論到母群體。

（七）研究方法與資料

質性研究重視不同時空與情境脈絡，對被研究對象生活經驗的影響，所收集的資料偏重於敘述、文件、記錄、聲音、影像與圖片等；研究者不僅直接透過現象本身收集資料，也需要融入研究對象的關係脈絡與情境互動過程，創造對於觀察的社會生活與現象意義的了解與詮釋，再透過對話與反思過程，讓研究資料的詮釋與再現更貼近真實本質。量化研究則著重於透過實驗、類實驗，或調查方式探究社會生活與現象，並運用量表或問卷等標準化工具進行資料收集，進而將這些資料轉化為統計數字，並透過統計檢定其顯著性。

（八）脈絡化意義的理解

質性研究強調知識嵌在情境中，所以歷史與社會脈絡都會影響社會真實的呈現；因此，對於周遭社會世界的了解，不是透過直接觀察，而是透過關係脈絡與情境互動過程，創造出觀察現象的意義了解與詮釋，並透過不斷的對話理解，讓研究的詮釋與再現更貼近真實。在量化研究中，研究者除了探究某個時間點的資料收集，將此時間收集的資料，作為了解個體表現的變項；也會收集不同時間點個體表現的變化情形，作為探究長時間個體表現變化的縱貫性關係的檢定。

（九）與研究對象之關係

質性研究強調研究者與研究對象是建立在平等、信任的基礎，在整個研究過程，研究者必須取得研究對象的信賴，並有深入密切的互動。量化研究則是建立在以不介入被研究者生活經驗的立場，在整個研究過程，盡量和被研究者保持一定距離，避免研究者個人價值涉入研究過程，影響研究對象。

（十）研究工具

質性研究除了運用錄音機、錄影機、手機、相機或轉譯機等工具，協助收集與分析資料外，研究者本身其實就是最好的研究工具。量化研究主要的研究工具，則是問卷、量表、統計套裝軟體與電腦等，研究者本身應盡可能降低對研究現象的影響。

（十一）資料分析

質性研究主要是運用歸納、對照與比較的方式，由文本中逐漸萃取出主題、概念與模式，進而透過文字描述進行研究現象與生活經驗的詮釋。量化研究則是透過統計套裝軟體的運用，透過統計檢定，達成資料分析與詮釋的目標。

（十二）文本使用之問題

質性研究的資料分析相當耗時，很難運用在大樣本的資料分析過程。量化研究則是運用統計套裝軟體，進行變項與變項的檢定，比較能控制研究者介入所可能產生的困擾。

除此之外，Smith（1983）在 Quantitative versus qualitative research: An attempt to clarify the issue 一文中也指出，研究者可以透過三個層次來了解質性與量化研究的差異：（1）研究者與被研究者的關係；（2）在研究過程中事實（facts）與價值（values）的互動關係；（3）研究的目標。

綜合上述意見，可以看出質性與量化研究的差異，不僅是在資料收集方法上有所不同而已，更可回溯到兩者在知識論與方法論上的差異。由於兩者對社會現象真實本質的假設不同，也會影響研究者的理念與觀點，及研究者對資料收集的方法、分析與詮釋。

貳 多元測定之意義與其哲學基礎

在討論質性與量化研究整合的概念之前，讓我們先來了解什麼是「多元測定」及其所依恃之科學哲學理論基礎。

一、多元測定之意涵

什麼是「多元測定」（triangulation）呢？「多元測定」一詞源自於導航、軍事策略，及社會調查的術語，意指研究者由兩個不同角度測量相同物體之距離，由於測量者是站在不同角度測量，所以測量結果較能算出精確的距離。當研究者將多元測定的理念運用在整個研究過程，那麼就是指研究者同時運用一種以上的方法於研究過程。這種同時運用多種方法（multimethod）來進行資料收集的方式，又稱為「三角交叉檢定」（胡幼慧主編，2008；鈕文英，2020）。換句話說，多元測定是針對「同一個」現象或生活經驗，進行多重檢核的過程。

長期以來，行為與社會科學研究面臨研究發現的信心危機，而多元測定就是在這種情境下應運而生。基本上，多元測定的運用是假定沒有任何一種研究方法是絕對好或不好，每一種研究方法都有它的優點，也有其限制；既然沒有一種研究方法可以完全回答研究者所想要探究的問題，那麼多元測定將有助於互補不足（Blaikie, 1991; Burgess, 1984; Denzin, 2011; Marshall & Rossman, 1989; McClintock & Greene, 1985）。

不過，行為與社會科學界對於研究者應如何運用多元測定的策略，看法相當紛歧。狹義而言，多元測定是指研究方法與策略的運用而已。廣義而言，多元測定則是研究者同時採用兩種以上不同的理論觀點、研究方法、資料來源或調查，同時探究相同的社會現象，最後經由研究者運用交互檢定的方式，對探究的社會現象產生比較精確的認識與了解（Blaikie, 1991, p. 119）。

Fielding 與 Fielding（1986）不同意以數量多寡來界定多元測定的意義，他們認為研究者對於多元測定策略的運用，必須不斷反省在研究過程究竟應該運用多少理論或方法，才能確保研究者對社會真實本質獲得完全理解。截至目前為止，Fielding 等人的觀點，普遍獲得行為與社會科學社群的認同，大多數質性研究者都主張：多元測定是指研究者在整個研究過程，同時運用不同的資料收集方法、資料來源、研究對象或理論觀點，此種策略的運用將有助於降低線性思考所導致的偏誤或盲點，並增進研究結果的解釋效力（Berg, 1998; Blaikie, 1991）。

雖然，多元測定策略的運用，可以幫助研究者對研究現象有較深入的了解，不過絕對無法幫助研究者獲取「完全精確」或完全客觀的社會實在，這是運用多元測定的研究者不可不知的事實。雖然，行為與社會科學研究社群能接納多元測定的理念，但是，研究者必須切記多元測定的運用，必須建立在各種研究方法不能具有相同缺點的基礎，如此才能達到多元測定所想要達到的目標。

二、多元測定的哲學基礎

當研究者將質性與量化研究整合於同一研究時，就必須敏感察覺到其背後所隱含的，已不再是單一或原來的科學哲學思維了。通常，多元測定是建立在四項科學哲學思維基礎下（胡幼慧主編，2008；Brody, 1992）：

（一）找尋值得信賴的詮釋（seeking trustworthiness）

當研究法的設計不是在否證假設，而是在尋找值得信賴的資料時，那麼研究者便會盡可能的採用多種方法和資料來源，並且在研究過程中，透過不斷的反覆檢視，對研究結果獲得較佳的詮釋。

（二）直線思考 vs. 多元檢視（linearity vs. triangulation）

多元測定是取代傳統的線性邏輯思維（linearity）模式，透過多元交叉檢視的方式來解釋資料與現象。

（三）對現象深厚的描述（thick description）

揚棄過去以數字為主的統計分析方式，強調對研究現象由生理、心理到社會，進行全面式的解釋，並重視現象的時、空與文化歷史脈絡關係，企圖透過深厚描述過程來詮釋現象或行動背後的意義。

（四）研究者的反思（reflexivity）

多元測定非常重視研究者本身的自覺與反思，研究者必須對整個研究過程具有相當高的自我反省能力與批判精神，企圖透過不同視野和資料整合，找出更值得信賴的詮釋。

多元測定之類型

誠如 Ludwig Wittgenstein（1889-1951）對社會實在的描述：社會實在必須經由多重觀點與途徑才能發現，當研究者透過不同觀點或角度切入時，對社會現象往往會有更寬廣與深入的理解。多元測定的理念就是源自於這種相輔相成、以便還原社會現象本質的理念；然而，當研究者進行多元測定方法的運用時，不可以忽略各種研究方法是源自不同科學哲學的事實。

研究者到底應該如何運用多元測定的方法才適當呢？對行為與社會科學研究而言，「多元測定」一詞隱含著雙重意涵：單一多元測定及整合式多元測定策略之運用。那麼什麼是單一多元測定？什麼又是整合式的多元測定呢？以下逐一說明。

一、單一多元測定

單一多元測定（within methods triangulation）主張質性與量化研究是來自兩種不同的科學哲學邏輯的思維，兩者在本質上是互不相容的，所以研究者不可以將質性與量化研究的方法，整合在同一研究過程。研究者在研究過程中，必須運用單一的研究方法來進行相關研究資料的收集，以便深入了解被研究的社會現象。通常，這類型的多元測定又可分為四種類型（鈕文英，2020；黃麗鈴，2019；劉仲冬，2008；Berg, 1998; Creswell & Clark, 2017; Denzin, 2011; Lincoln & Guba, 1985; Teddlie & Tashakkori, 2009）：

（一）方法的多元測定

方法的多元測定（methods triangulation）是最常被運用在質性研究過程的策略。不同方法的多元測定是指在研究過程，針對同一現象、生活經驗或行為，透過不同方法收集資料；質性研究最常運用的是同時結合了深度訪談法（in-depth interviewing）與參與觀察法（participant observation），或深度訪談法、參與觀察法和文獻分析（document analysis），來進行資料收集的工作。為什麼質性研究者最常整合深度訪談和參與觀察法呢？參與觀察法主要是用來收集被研究行為的動態過程，而深度訪談法則是用來了解被研究者的內在世界。不過，參與觀察法最大的限制就是被觀察者行為的表現，往往容易受到觀察者的出現而受影響，同時觀察者也只能由被觀察者的外表行為來了解被觀察者，無法深入了解被觀察者的內心世界與想法。此時，深度訪談法的運用正可以彌補觀察法的不足。當然，訪談方法容易受訪談的情境如：受訪者個人的偏見、焦慮、記憶，或缺乏知覺等因素影響，導致收集資料有所偏頗。

舉例說明

若研究者想要探討家庭暴力防治中心社會工作人員與受暴婦女的互動經驗，此時研究者若只是結合參與觀察法及深度訪談法，可能無法完整呈現兩者的互動關係；若能輔以機構檔案文獻或個案服務記錄分析法，就可提升研究結果的可信性及解釋效度了。因此，研究者到底要整合哪些質性資料收集的方法於研究過程，完全視研究問題與目的而定。

（二）資料來源的多元測定

所謂資料來源的多元測定（data triangulation）是指研究者在整個研究過程，雖然是運用同一種研究方法來收集資料，不過卻盡可能從不同的時間、地點、對象，來收集與研究有關的資料。

舉例說明

研究者可以比較參與觀察法及深度訪談法所收集的資料，也可以比較研究對象在公開與私人場所呈現的資料；當然，更可以比較研究對象在不同時間點所表現的行為是否一致，或是比較不同的研究對象對相同事物的看法與觀點。

Patton（1990）提醒我們：不同資料來源的多元測定方式所收集之資料，往往對研究現象無法提供完整、一致的結果，所以研究者在整個研究過程，必須試圖去了解各種資料來源本身的限制與差異。

舉例說明

若研究者採用參與觀察法來探討教學情境與學生學習的關係，那麼在整個研究過程，可以由教師、同儕及參與者共同來評估教學的情境與學生學習的互動關係。另外，研究者可以透過深度訪談方式來探討社區居民自主，在研究過程中可以同時訪談對象居民、社區領導者與社團幹部，從訪談過程了解社區不同成員對於社區自主理念的了解與看法。

（三）分析者的多元測定

在質性研究的過程中，有時候研究者為了增加研究結果的解釋力，在資料分析過程會同時讓不同的資料分析者針對同一筆資料進行重複審查，再透過比對分析過程，此即為分析者的多元測定（analyst triangulation）。如此可降低資料收集過程裡由於單方觀察或詮釋所造成的偏誤，進一步提升研究結果的可信度。

舉例說明

研究者在資料分析過程，可以將初步分析的結果，邀請相關領域學者、專家進行文本分析確認，了解研究者與學者專家分析的一致性。或是研究者也可以邀請研究團隊成員或同儕，一起進行文本資料分析，並將分析結果進行一致性分析。

（四）理論觀點的多元測定

理論觀點的多元測定（theory-perspective triangulation）是指研究者同時運用不同的理論觀點或取向，切入整個研究過程對現象的觀察與資料收集，檢視建構和解釋的結果是否有差異。

舉例說明

研究者想要了解社會福利組織運作的動力，那麼即可以整合 Max Weber 的功能論與 Karl Marx 的衝突論，探討組織的動力現象。如果研究者想透過團體過程來幫助受暴婦女達到獨立生活，那麼便可以整合女性主義與充權理論的觀點，來進行研究現象的探討。

二、整合式多元測定

整合式多元測定（between or cross-method triangulation）主張，無論是質性或量化研究都各有其優缺點，研究者透過不同研究方法的運用，讓各種方法截長補短，使得研究的結果能更具有解釋的效度。但是，如何將質性與量化研究整合於研究過程，對研究者而言可是相當大的挑戰，研究者不僅對外要面對來自反對者的批判，對內更是要面臨如何整合的挑戰（黃麗鈴，2019；劉仲冬，2008；Marshall & Rossman, 1989）。

研究者在運用整合式的多元測定策略時，到底又應該以什麼為主或為輔呢？Patton（1990）認為「主、輔」之爭，其實應該考量研究的題材、問題及性質等因素，而不是任憑研究者個人的偏好來決定。研究者必須考量研究的問題與目的之後，對研究設計、資料收集與資料分析完整考量，才能靈活運用。Patton（1990）進一步提出整合式多元測定的運用模式（參見圖4-2）：

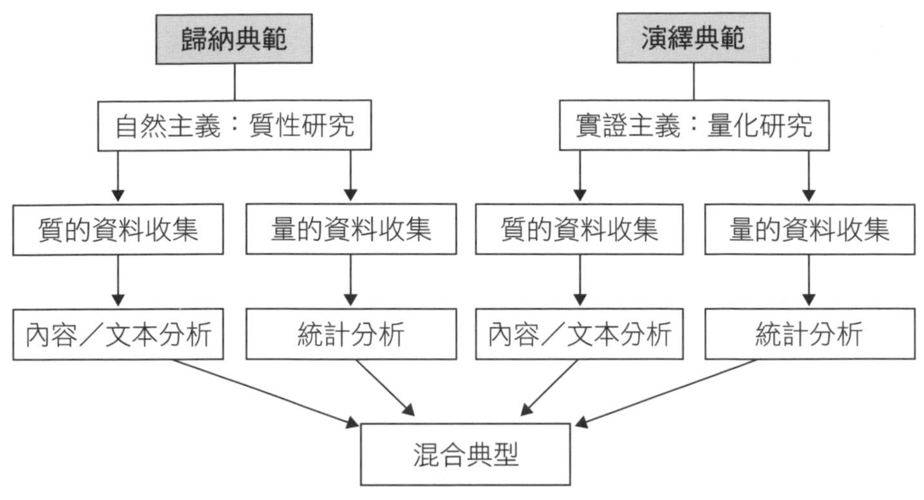

圖 4-2　整合式多元測定模式

（一）第一類

以量化研究的實驗研究設計為主，輔以質性研究之資料收集方式與內容分析。

（二）第二類

以量化研究的實驗研究設計為主，輔以質性研究之資料收集與量化研究之統計分析。

（三）第三類

以質性研究之自然研究設計為主，輔以質性研究之資料收集與量化研究之統計分析。

（四）第四類

以質性研究之自然探究設計為主，輔以量化研究之資料收集與統計分析。

肆 結論

在科學研究中興起的多元測定策略之運用，可說是著眼於解決當前行為與社會科學研究中，質性與量化研究兩極對立的事實，並且期待透過不同策略的整合運用過程，進一步發展出行為與社會科學合理、務實的研究策略。雖然，多元測定策略的運用，起源於減輕研究者因為單一研究方法的運用，導致研究的偏誤或盲點；不過，多元測定策略的運用也並非是萬靈丹，研究者仍須回歸到研究的問題、目的與本質等層次的思考。

經由本章的討論過程，見證到質性與量化研究兩者的差異，進而有助於對多元測定一詞的理解。狹義的說，多元測定是指研究者運用一種以上的方法或理論觀點，來對同一個研究進行相關資料收集、分析，或詮釋的過程，這就是所謂的「單一多元測定」。廣義而言，多元測定是指研究者將質性與量化研究方法，整合於同一研究過程，而這就是「整合式多元測定」。不過，提醒各位讀者在運用多元測定的策略——特別是運用「整合式多元測定」模式時，須考慮質性與量化研究方法對社會實在的假定是不同的，所以必須對質性與量化研究有深入的了解，並不斷的反省運用多元測定策略的主要理由，才能避免不恰當的運用多元測定的策略。研究者對於多元測定要有正確的認識，並不是所有的行為與社會科學研究都要運用多元測定來進行研究，若不是運用單一研究方式收集的資料就不可信，反而在運用多元測定進行研究時，必須評估這些多元理論觀點或研究方法的視框差異等，是否可能會造成的不一致現象。

Chapter 5 質性研究的信度與效度

從事質性研究的工作者，經常被問及的問題就是有關研究的信度與效度的問題。信度與效度的概念，主要是源自於實證論量化研究的傳統，由於量化研究的目的是找出社會現象或社會行為的共同法則（universalism），因此，測量工具本身的客觀與可信性，就成為相當重要的評估指標（胡幼慧、姚美華，2008）。若要從量化的觀點，來評論質性研究的可信度及推論程度，老實說，對質性研究是有欠公允的！即使是質性研究陣營的人，對於信、效度的回應，立場也不同。因此，在這一章將要說明質性研究是如何回應實證論研究取向的批判，又如何從質性研究的立場來闡釋信、效度意涵，及質性研究如何面對信、效度問題及其策略。

 質性研究的回應

質性研究經常被批評為印象的、主觀的，是充滿意識型態的研究方式，甚至被譏諷為一種不夠嚴謹的研究（高敬文，1996；Erickson, 1984）。這些質疑主要來自量化研究取向，在量化研究者的眼中，質性研究是一種不夠嚴謹，也不夠客觀的研究取向。所謂「嚴謹」（rigor）與「客觀」（objective）兩者所關心的，就是研究者在整個研究過程，是否能對研究的現象或行為產生精確、無偏誤的測量，及關係到對研究測量工具的信度考量與測量結果效度的考量。

對於量化研究陣營的批評，Smith（1990）在 Alternative research paradigms and the problem of criteria 一文中，提出了一個具哲學思考的議題：「一個研究者在研究過程到底要做與能做些什麼，才能確保研究的結果是精確的（accurate），研究的結果不會扭曲對社會事實的描述？」「何種評估準據（criteria），才能幫助研究者，對研究進行合理的判斷它是有效的或無效的研究？」（p. 168）Smith 關心的其實就是一個研究者在何種情況下才能對研究結果產生信賴，而這些信賴又是透過何種方式才能達成。Smith 也對研究的精確性做了進一步闡釋：「精確的研究過程所產生的知識，並不一定真正能對社會科學知識的發展有實質的貢獻；相反的，不夠精確的研究過程所產生的知識，卻有可能對社會科學知識的發展產生很大的貢獻。」（p. 169）

從上述有關量化研究對於研究品質高低好壞評斷的論點，會發現這些觀點，其實都是建立在研究過程中測量方法是否有效與精確的基礎。有效的研究（valid studies）是指研究過程，研究者運用精確的測量工具來收集資料；而無效的研究（inept studies）則是指研究過程所使用的測量工具是有瑕疵的，既不客觀，也不精確。Chisholm（1973）對此提出質疑：

> 要了解研究是否找到社會現象真實的本質，就必須先要有精確的步驟，來確定什麼是真實或錯誤的本質。但是，要評斷研究者所運用的研究步驟是好的，或不好的，就必須要先知道研究結果是否真的成功區分了真實的或錯誤的本質。說實在的，研究者很難說自己的研究是否成功，除非研究者能夠預先知道什麼是真的、什麼是假的。（p. 3）

從上述說明，可以看出 Chisholm 對什麼是「最適當」的評估指標（goodness criteria），仍存有許多疑問。量化研究取向所主張的評估指標，到底是什麼呢？根據 Guba（1990）的觀察，行為與社會科學研究評估指標所關心的，是研究過程對研究測量與研究結果的真實性、應用性、一致性與中立性等考量。Guba（1981）根據這四項對研究「信賴程度」的評估指標，發展出量化與質性研究的比較基礎（參見圖 5-1）。當這四項評估的指標轉化為量化研究的語言時，關心的就是內在效度、外在效度、信度與客觀性；但是當轉化為質性研究的語言時，就成為可信性（credibility）、可遷移性（transferability）、可靠性（dependability）與可確認性（confirmability）（參見表 5-1）。有關這四項「信賴程度」的評估指標在質性研究中所指涉為何，在本章中將陸續說明（王文科、王智弘，2010；阮光勛，2014；廖珮妏，2015；Bashir, Afzal, & Azeem, 2008; Carpenter & Suto, 2008）。

質性研究者對於量化研究的批評，反應不一。Heshusius（1990）將這些回應歸納為四大類：（1）不需要評估準據；（2）可以有評估準據，但是不要清楚界定或固定化；（3）需要有評估準據；（4）專家本質等四種立場，我們可以進一步將這四大類放置在橫座標兩端，呈現連續狀況。根據胡幼慧與姚美華（2008）的觀察，發現質性研究對這種批評的反應也呈現兩極化現象，有些質性研究者會參考量化研究所使用的語言，再根據質性研究的特性與目標，發展出迥異於量化研究的評估標準；但也有些質性研究者會創

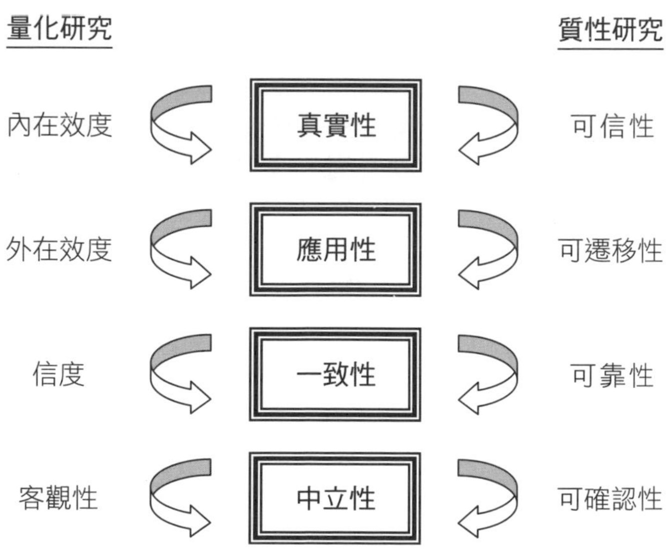

圖 5-1　質性與量化研究信賴程度之比較

立迴然不同於量化研究的概念與語言，甚至發展出對量化研究知識論的批判。前者主要以扎根理論（grounded theory）為代表，而後者則是以詮釋論（interpretivism）為代表。

表 5-1 質性與量化研究對「信賴程度」的評估依據

研究取向／評估指標	質性研究	量化研究
真實性	**可信性：** 研究結果是可信的，亦即研究者收集資料的真實程度，評斷內在效度。	**內在效度：** 控制不相關變項可能對研究結果產生影響。
應用性	**可遷移性：** 研究的普遍性，亦即研究所收集之資料，對於被研究對象的感受與經驗可以有效的轉換成文字的陳述，並可應用到其他團體或情境脈絡，評斷外在效度。	**外在效度：** 研究結果可以推論到外在現實世界的可能性。
一致性	**可靠性：** 研究發現與收集資料是否相稱；亦即研究者在資料收集過程是否運用有效的資料收集策略收集到可靠的資料，且資料收集過程是合乎邏輯，並可以提供證據證明，評斷信度。	**信度：** 測量工具測量的結果，可以不斷的被重複測量，且具有一致性，穩定度相當高。
中立性	**可確認性：** 發現與解釋並非來自研究者的想像，而是清楚的與資料連結，且研究重心在於對研究倫理的重建，從研究倫理的重建與研究過程獲得值得信賴的資料，評斷客觀性。	**客觀性：** 研究過程對於研究資料的收集，不會因研究者個人主觀價值評斷而扭曲了社會事實的真相。

除此之外，Marshall（1990）從歷史演進的脈絡（historical context），整理質性研究者對量化研究的回應，歸納如下：

1. 假如社會實在只有一種，而且可以透過正確的方法來獲得，那麼最適當的評估準據，就是去分析方法正確與否。
2. 假設價值可以與研究過程區隔開來，那麼最適當的評估準據就是研究者在研究過程，可以將自己的詮釋與個人價值區隔開來。
3. 假設好的研究必須要是能夠幫助被研究者，從歷史脈絡看到其所經歷的事件對他們的意義，那麼最適當的評估準據，就是研究者選擇如何幫助被研究者對目前情境與過去及未來進行連結關係。
4. 假設研究是一種研究者透過研究過程，不斷發現自己與真實本質的反思過程，那麼最適當的評估準據，就是根據研究者在研究過程的反省與思考能力而定。
5. 假設研究是去發現事實，那麼一個好的研究就是客觀的，而最適當的評估準據是根據研究者在研究過程的客觀程度而定。
6. 假設沒有絕對的真實存在，但是一個好的研究是建立在適當的運用好的研究方法，而好的研究方法則是建立在研究者是誠實、開放的。因此，最適當的評估準據，是建立在研究者是否盡量尋找可能的解釋，或是從負面立場來看研究結果等。

作者無意對特定的立場深入論述或批判，本章主要目的是不斷找出質性研究可以接受的立場與共通的語言，提供質性研究的初學者參考。因此，綜合上述觀點，並融入 Marshall（1990）在 Goodness criteria 一文中提出的評估指標，作為本節歸納說明：

1. 研究方法的陳述是否清楚到得以讓讀者了解與判斷其適當性。
2. 有無說明研究的可能假設及自我反省可能的偏誤。
3. 在資料收集與資料分析過程，有無避免個人價值的涉入。
4. 對於研究發現是否以可被了解的形式，輔以圖表與證據，說明研究發現與社會現象或生活經驗真實本質的關聯。

5. 是否清楚闡釋研究的問題和回答這些問題。
6. 是否清楚說明研究和先前研究的關聯。
7. 研究報告是否以其他研究者可以接受的形式來呈現。
8. 研究的證據是否企圖尋找其他可能的解釋，或從對立立場來說明研究的發現。
9. 研究報告是否敏感察覺研究推論上的限制。
10. 問題的發現是否來自實務主動或經驗過程，而不是來自圖書資訊的收集而已。
11. 在整個研究過程研究者是否做了全面的觀察。
12. 是否以合理方式來保存與分析資料。
13. 研究方法本身是否有檢視資料品質的機制。
14. 在進行田野資料收集過程是否有進行田野筆記。
15. 文本意義是否運用跨文化觀點（cross-cultural perspectives），具有高度的文化敏感度。
16. 研究者本身的敏感度如何。
17. 被研究對象是否可以透過研究過程，獲得一些有形與無形的幫助。
18. 資料收集的策略是否適當和充分。
19. 研究結果是否可以建構出完整的圖像（big picture）。
20. 研究者是否從歷史脈絡中，了解被研究現象所具有的意義。

貳 質性研究的信度考量

量化研究對於質性研究的批判，主要是著重於研究過程的信、效度議題，然而，透過如此單一的量化研究立場來批判質性研究，有欠公允。因此，讓我們深入了解，到底質性研究者是如何看待研究的信度及回應相關的議題。

一、量化研究的觀點

什麼是「信度」（reliability）呢？一般而言，「信度」涉及研究指標的「可信賴程度」（dependability），也就是測量工具不會有太多的隨機誤差。理論上，如果測量的指標或工具是可以信賴的，那麼研究者在不同時間點，針對同一個受試者重複進行測量的結果應會是相同的。換言之，信度是指測量工具的可重複性及測量結果的一致性（consistency of measurement）（朱柔若譯，1996/1996；李美華等譯，1998/1998；高敬文，1996；簡春安、鄒平儀，2016；Bashir et al., 2008; Bauer & Gaskell, 2000; Neuman, 1997）。

基本上，量化研究者對於信度的評估，往往是透過下列兩種形式進行（參見圖 5-2）（朱柔若譯，1996/1996，頁 125-127；Herzog, 1996; Neuman, 1997, p. 138-139）：

圖 5-2　信度評估的類型

（一）穩定信度

穩定信度（stability reliability）是指研究者運用同一種測量工具，針對相同對象在不同時間點進行測量，以便了解這兩者之間測量結果的相關性，所以它是一種偏重測量工具穩定性的評估方式（朱柔若譯，1996/1996；Herzog, 1996）。在信度評估的方式中，有三種是以評估穩定度為主：

1. 再測信度

再測信度（test-retest reliability）或稱重測信度，是指研究者運用測量工具，針對同一研究對象，在兩個不同時間點進行評估，再觀察這兩個評估的關聯。當然，再測信度潛在的問題是受試者在第二次接受測驗時，可能會受到第一次作答記憶的影響。

2. 複本信度

第二個測量穩定度的評估方式則是複本信度（equivalence reliability）。複本信度是指研究者運用兩種不同卻相等的方法來測量同一變項，再觀察兩個測量結果的相關程度。不過，難以確定複本之間是否相等，是影響複本信度的主因。

3. 代表信度

代表信度（representative reliability）是指將同一測量工具，運用到不同研究的人口族群，以便觀察測量工具是否可以測量出相同的結果。通常，研究者只要將不同人口群測量的結果，交互比較分析就可以了。目前，最常被運用於研究過程的方式，就是交互記錄者信度（interrater or intercoder reliability）。

（二）內部一致性信度

內部一致性信度（internal-consistency reliability）是指研究者在同一時間點使用複本來測量變項，然後，再將同一變項的各個問題分成幾個量表分數，最後再計算這些量表分數的相關係數，這就是內部一致信度。在信度的評估方式中，有兩種是以評估內部一致性為主（朱柔若譯，1996/1996；

Herzog, 1996）：

1. 折半信度

第一種經常被用來評估內在一致性的方法就是折半信度（split-half reliability），也就是研究者將測量同一個變項的量表，對半區分，然後再計算兩者的相關係數。通常，研究者可以採用前後半、奇偶數，或隨機對半方式進行。

2. α 係數信度

目前較常被運用於測量研究之內部一致性信度的方式是 α 係數的評量，α 係數信度（coefficient alpha reliability）評估方式著重於計算所有個別的，或是可以配對的問題之相關值的平均數。

二、質性研究的觀點

在質性研究中，研究者本身就是重要的研究工具，所以在研究過程，如何提升研究者的嚴謹性，是進行質性研究的重要課題（阮光勛，2014；簡春安、鄒平儀，2016）。質性研究陣營對實證論量化研究者有關信度的批判，主要的回應是來自扎根理論研究者。扎根理論研究者是如何解決質性研究的信度問題呢？從量化研究而言，信度的目的在於解釋（explaining），所以信度是指研究結果可以被複製的程度或測量程序的可重複性。從質性研究而言，信度的目的在於產生理解（understanding），所以測量的概念，在質性研究應轉換為資料收集方式的可靠性（dependability）。

對質性研究而言，信度隱含著雙重意涵：外在和內在信度（Bashir et al., 2008; Bauer & Gaskell, 2000）。所謂「外在信度」（external reliability）是指：研究者在研究過程，如何透過對研究者地位的澄清、報導人（key informant）的選擇、社會情境的深入分析、概念與前提的澄清與確認，及收集與分析資料的方法等，做妥善的處理，以提高研究的信度。「內在信度」（internal reliability）則是指：當研究者在研究過程同時運用數位觀察員，對同一現象或行為進行觀察，然後，再從觀察結果的一致程度，說明研究值得信賴的程度（高敬文，1996）。

Patton（2001）指出，質性研究者可以透過三個問題釐清研究結果是否值得信賴（引自 Bashir et al., 2008, p. 39）：

1. 使用哪些技術和方法確保資料收集的完整性、有效性和準確性？
2. 研究者的經驗和資格方面，會帶給研究什麼樣的衝擊？
3. 哪些假設讓研究不易理解？

就質性研究而言，研究者究竟可以透過哪些測量方式，來了解研究的信賴程度呢？Kirk 與 Miller（1988）提出三種質性研究信度測量的方式（引自胡幼慧、姚美華，2008，頁 118）：

1. 狂想信度（quixotic reliability）

對不同研究對象，持續採取同一種方式來回應，避免不同回應可能影響研究結果。

2. 歷史信度（diachronic reliability）

在不同時間點所測得的結果之間的相似性。

3. 同步信度（synchronic reliability）

同一時間內產生相似的研究結果。

Padgett（2008）、Carpenter 與 Suto（2008）也強調，質性研究者在研究過程，可以透過下列幾種策略增加研究的可信賴性（引自阮光勛，2014，頁 96-98）：

1. 延長投入

有助於改善反應性與反應者的偏誤，如參與者說謊或保留資訊，讓研究者與參與者之間的信任關係得以發展，減低參與者欺騙的動機與機會。但是延長投入並不容易，折衷辦法是增加訪談次數，讓研究者看出參與者是否說出實情。

2. 反面個案分析

有助於降低研究者偏誤，強調研究者有責任進行自我反省，提高研究本身的公平性，如對不同觀點給予相同關注，避免偏袒與不平衡的詮釋。

3. 三角測量

有助於改善反應性、研究者偏誤，和反應者偏誤問題。

4. 成員檢驗

透過研究參與者的協助，尋求澄清意義的過程，有助於釐清陳述是否正確、尊重參與者的知識與經驗，並降低研究者與參與者之間的權力不平衡。

5. 同儕的徵詢與支持

有助於減少研究者偏誤，並增加研究過程的外部信賴。

6. 審核

有助於降低研究者偏誤，資料分析過程將原始資料及田野筆記編碼與分析時，必須進行備忘錄。

7. 深厚描述

對研究情境、方法、參與者、研究進行的過程進行深厚描述。

王文科與王智弘（2010）彙整歸納出下列七種方式，作為提高質性研究可靠性的策略：

1. 重疊法（overlapping methods）

使用兩種以上方法，讓一種較弱的方法可用較強的方法來補強。

2. 三角測定（triangulation）

運用資料或方法的三角測定，以確證獲得類似的結果。

3. 外部的審核機制（external audit trail）

由外部的審核者檢查執行資料收集、分析和詮釋的過程，確認採用的研究步驟是可信賴的，並檢查研究發現是否合乎邏輯，且是來自研究過程所收集的資料。

4. 複製邏輯（replication logic）

在多個場所收集資料或多個研究對象，必須檢視資料收集的一致性，判定該項研究是否具可靠性。當研究發現依據次數愈多，研究發現就愈具可靠性，而根據研究發現做成的結論，研究者做成的結論也愈有信心。

5. 逐步複製（stepwise replication）

將研究資料交由兩位學者專家或研究團隊成員，各自進行文本分析，再將分析結果進行比較一致性，作為可靠性的檢驗。

6. 編碼—再編碼／評定者內部一致（code-recode/intra-rater agreement）

研究者將資料進行初步編碼，針對資料進行初步分析後，再回來檢視原有編碼的適切性，重新進行編碼，並比較兩組編碼的一致性。

7. 評定者間／觀察者間一致

（inter-rater agreement/inter-observer agreement）

研究者隨機選取一份謄本，交給一位同僚，由他依照研究者確定的編碼系統，進行編碼；另一位編碼者則可自由的添加自己認定的編碼系統做編碼工作，當後者編碼完成之後，與原先的編碼比較，了解兩位編碼者編碼是否相同。

不過，Guba（1981）認為任何有關研究信度的探討，都應該回歸到科學哲學典範的討論才有意義，而不應該一味的從研究過程中測量工具運用的層次來討論。因為質性研究所關切的問題，並不是哪一種研究假定是真的，而是哪些研究假定最適合（fit）研究問題的探究（p. 77）。所以對於量化研究所主張的測量一致性的要求，Guba 認為不是用嚴謹控制、固定不變的方法來達成，而是除了要維持研究的穩定性之外，也應該注意可追蹤的變化，並透過詳實的記載與陳述，及提供合理的解釋，以提高研究的可靠性（參見圖 5-3）。在此所謂的可靠性，其實就是量化研究者所關心的內在信度；研究者如何在研究過程中取得可靠的資料，質性研究者必須清楚加以說明，作為判斷資料可靠性的準據（胡幼慧、姚美華，2008）。

除此之外，有些質性研究者也認為，研究者可以透過其他策略運用，來增加研究結果的內在信度。這些策略包括：（1）重視對事件的描述與組合；（2）使用低推論性描述；（3）利用錄音、錄影、相機等機器，幫助記錄。

Guba（1981）在 Criteria for assessing the trustworthiness of naturalistic inquiries 一文中，進一步提出幫助質性研究提高信賴程度的技術（參見圖 5-3）。

研究受下列因素影響			
多因子交互作用所形成的複雜環境	研究情境的獨特性質	研究工具變動不拘	研究者的偏好

產生下列結果			
無法正確了解與詮釋	無法比較	不穩定	偏見

必須考慮下列策略之運用【研究進行中】			
1. 長期參與 2. 持續觀察 3. 同儕簡報 4. 多元測定 5. 參照適切的資料 6. 參與者的查核	1. 收集豐富描述的資料 2. 採用理論取樣或特定目的取樣	1. 使用重疊的方法 2. 採取逐步印證法 3. 留下稽核的紀錄	無

必須考慮下列策略之運用【研究完成後】			
1. 建立結構確證 2. 確立適切的參照 3. 參與者的再查核	對情境做豐富的描述	對研究過程進行可靠的稽核	對研究結果進行稽核

使研究具有下列特性			
可信性	可遷移性	可靠性	可確認性

圖 5-3　提高質性研究可信賴程度的策略

資料來源：參考自趙碧華、朱美珍譯（2000/2000，頁 198）。

 質性研究的效度考量

在本章最後，筆者將著重於質性研究者對有關效度批評的回應，及說明質性研究中效度的意涵、類型與運用。

一、量化研究的觀點

信度是關心被測量的變項是否精確的被測量，而效度則關心測量到的變項是否是研究者所想要測量的內容（朱柔若譯，2000/2000；趙碧華、朱美珍、鍾道詮譯，2010/2013；簡春安、鄒平儀，2016；Herzog, 1996）。換句話說，「效度」（validity）是指研究工具可以測量到正確答案的程度，或是測量工具本身是否可以正確的反映研究者所要探討的概念之真實意義（胡幼慧、姚美華，2008；趙碧華等譯，2010/2013；Bauer & Gaskell, 2000）。從上述的定義中，我們可以知道效度重視的是研究工具本身是否能「真實」（true）與「正確」（correct）的測量到測量目標的內涵。當研究者在討論真實性與正確性兩個概念時，其實就涉及「測量效度」（measurement validity）的概念了。

效度的測量，主要是評估研究內涵的建構和測量指標相互吻合的程度（the degree of fit between a construct and indicators），當測量工具的內容與測量指標相互吻合的程度愈高，那麼測量工具的效度也愈高。對大多數的研究者而言，測量效度比測量信度更難達成，當研究者宣稱研究所使用的測量工具是有效時，不代表此項測量工具對所有的研究都有效，充其量只能說這項測量工具對特定的研究或研究的目的是有效而已（趙碧華等譯，2010/2013）。

量化研究對於研究效度的評估，主要有兩大類型（參見圖 5-4）（朱柔若譯，1996/1996；趙碧華等譯，2010/2013；Herzog, 1996; Neuman, 1997）：

圖 5-4 效度評估的類型

（一）資料判斷法（informed judgement）

經常運用來判斷資料之建構效度的方式有二：

1. 表面效度

在量化研究評定效度的方法中，表面效度（face validity）是最基本的形式。表面效度的判定是研究者從測量工具的表面觀之，如果認為這項測量工具看起來是研究者想要的建構內容，那麼該項測量工具就具有表面效度。

不過，表面效度測量的結果，不一定與研究的概念一致；所以，研究者在運用表面效度時，最好可以採用具有共識的概念為主。

2. 內容效度

內容效度（content validity）可以說是表面效度的另一種形式，關心的是測量工具的內涵是否完全依照研究理念架構而設計，以及研究理念是否完全呈現在測量工具中。在實際操作過程中，內容效度檢定涉及三個步驟：（1）研究者必須說明概念建構之意義；（2）研究者必須要將所有研究的定義領域，都含括在內容建構中；（3）研究者必須根據內容建構發展出足以包含所有定義的指標。

雖然內容效度是表面效度的另一種形式，實際運用於效度評估過程卻有些差別。如果研究測量的工具只包含一個變項，那麼就比較適合運用表面效度；如果研究測量工具同時包含數個變項，內容效度就比表面效度更適合了。

（二）實證法（empirical evidence）

根據實證資料證據的收集判定建構效度的方式中，最常被運用於研究過程的方法有二：

1. 效標效度

效標效度（criterion validity）是研究者運用既存的且標準化的測量工具，稱之為效標，作為研究者在建構測量工具的內容時的參考基準。研究者透過對照比較過程，經由驗證研究測量工具所測量的內容與效標的關聯，來了解測量工具的效標效度之高低程度。

2. 建構效度

對許多量化研究而言，最基本的是建構效度（construct validity），而「建構」就是指科學理論中的一個概念而言。當研究者運用不同的測量指標，對測量工具進行評估時，當這些測量指標所測量的結果一致性愈高，那麼研究的建構效度就愈高。換句話說，建構效度是指研究的任何發現，關聯到研究測量工具的結果，是否一如理論對該建構所做的預測一樣。

二、扎根理論 vs. 詮釋論的觀點

什麼是「效度」呢？對質性研究而言，效度就是指研究者透過研究過程獲得正確答案的程度（胡幼慧、姚美華，2008）。那什麼是「正確的答案」呢？對質性研究而言，正確的答案就是指研究者所設想、精練或測試的命題，都能夠吻合日常生活的情境（高敬文，1996）。Lincoln 與 Guba

（1985）指出，質性研究的效度就是指可靠性、穩定性、一致性、可預測性與正確性。

從扎根理論的觀點而言，「效度」包含了兩個意涵：內在效度與外在效度。「內在效度」（internal validity）又稱為「可信性」（credibility），是指研究者在研究過程收集到的資料的真實程度，及真正觀察到所希望觀察的；亦即研究者是否能準確表達參與者所思、所感和所為，及影響的過程（阮光勛，2014）。提升質性研究可信性的策略，請參見表 5-2（王文科、王智弘，2010，頁 39-40）。

表 5-2 提升質性研究內在效度的策略

證據效度	策略
結構確證本位的證據	資料多元測定 方法多元測定
一致本位的證據	同僚探詢 研究者多元測定
指涉或詮釋適當性本位的證據	成員查核（參與者回饋） 低推論描述、深厚的描述
學理適當性本位的證據	延長在研究場所參與的時間 學理多元測定 科際多元測定
控制偏見本位的證據	自我反思 負向個案分析

「外在效度」（external validity）又稱為「可遷移性」（transferability），是指研究者可以將研究對象表達的感受與經驗，有效的描述、轉譯成文本資料，並透過深厚描述與詮釋過程，將被研究對象的感受與經驗，透過文字、圖表與意義的交互運用過程達到再現的目標。量化研究的外在效度是由研究者做概括推論，而質性研究的外在效度則是由使用者作概括推論（王文科、王智弘，2010；胡幼慧、姚美華，2008；徐宗國譯，1990/1998；簡春安、鄒平儀，2016）。

Kirk 與 Miller（1988）將質性研究的效度測量，分為三種類型（引自胡幼慧、姚美華，2008，頁 119）：

1. 明顯效度（apparent validity）

研究的測量工具與觀察的現象非常吻合，並能夠提供有效的資料。

2. 工具效度（instrumental validity）

運用研究測量工具所獲得的資料，與某一項被證實有效的工具所測量的結果相似。

3. 理論效度（theoretical validity）

研究所收集的資料能與研究所運用的理論架構相互呼應。

然而，詮釋論質性研究者對實證論效度的概念，提出許多批判。詮釋論的質性研究者認為：知識與真理本身都是社會建構的產物，所以知識建構過程，本身就隱含許多價值與權力的運作；因此，對於研究者宣稱測量到正確的事實，應保留批判的態度。Altheide 與 Johnson（1994）提出對質性研究效度概念的反省與思考（引自胡幼慧、姚美華，2008，頁 120-121）：

1. 效度是文化

傳統質性研究者是以自己的文化觀點來解釋其他文化，所以其文化觀點經常被包裝在效度的詞彙中，而未被檢視。

2. 效度是意識型態

當研究者用自我的文化觀點檢視研究現象時，已經隱含有文化觀點中的權力、合法性、主宰與服從的假設。

3. 效度是性別思考

研究者習慣用文化傳統中視為理所當然的性別思考，去探究研究的現象。

4. 效度是充權

研究者有義務在研究過程幫助被研究對象或群體，提升其福祉。

5. 效度是語言

當研究者在運用語言時，已隱含著其所處文化社會中既定的價值。

6. 效度是標準

研究者透過研究過程發展出權威與合法的過程。

胡幼慧與姚美華（2008）也點出 Altheide 與 Johnson 對質性研究效度之思考，其實是觸及質性研究的倫理議題。Hammersley 與 Atkinson（1990）也提出質性研究效度的看法，認為效度就是反思的過程。質性研究者在研究過程應該反省、思考哪些與研究效度有關的議題？第一，被研究對象與大環境社會的互動關係；第二，被研究者與研究者的關係；第三，研究者所採取的立場與資料解釋之關聯；第四，讀者在閱讀研究報告的角色；第五，研究者在書寫報告中的語彙與權威（胡幼慧、姚美華，2008，頁 121）。

三、質性研究的策略運用

針對質性研究的效度問題，Campbell（1988）和 Putnam（1990）指出：

> 我們需要的是將這些研究結論與日常生活現象相比較，利用這些現象證明自己錯誤的可能有多少。通常，效度的關鍵概念，是對效度的威脅……所以效度經常都是由許多用來排除威脅的策略所組成。
> （引自高熏芳、林盈助、王向葵譯，1996/2001，頁 132）

在研究過程中，有哪些因素可能會威脅到質性研究的效度？ Maxwell（2008）認為任何一種質性研究的類型，對質性研究都會潛藏著一些威脅。這些威脅包括：

（一）對描述性質性研究的威脅

對描述性質性研究的威脅，來自資料本身是錯誤的或不完整的；因此，如果研究者在研究過程能夠輔以錄音、錄影等視訊設備，協助研究者收集較完整的資料，並透過文本逐字轉譯的過程，或許可以進一步幫助研究者處理這種潛在對描述性研究的效度之威脅。

（二）對闡釋性質性研究的威脅

對於闡釋性質性研究的威脅，主要來自研究者在整個資料收集的過程，並未深入理解被研究對象的觀點與感受，將研究者本身的意識型態與觀點，強加諸於資料的分析與闡釋過程。因此，如果研究者要避免對研究闡釋所造成對研究效度的威脅，就必須要以嚴謹的、系統化的方式，來理解被研究對象對事件本身的感受與看法，而不是將研究者熟悉的語言或個人主觀想法，套入被研究對象的語言與行為之反應。

（三）對理論性研究的威脅

對於理論性研究效度的威脅，主要來自研究者本身因忽略或未收集相互矛盾的資料與研究對象，導致在研究過程對資料的詮釋，完全忽略了其他可能對研究的解釋或原因。

除此之外，根據 Goetz 與 LeCompte（1981）的觀察，可能影響質性研究的內在效度之原因，包括：研究情境的歷史與發展、觀察者的效應、樣本選擇適當與否及流失問題，以及名實不符合的研究結論等。可能影響質性研究外在效度的原因，則包括：可能受到選擇的手續、情境、歷史與構念等因素影響，對研究的外在效度產生極大的威脅。王文科與王智弘（2010）則歸納為下列幾項：選樣效應（selection effect）、場景效應（setting effect）、臨時事故效應（history effect）、反應性——研究本身的效應（reactivity: the effect of the research itself）。

Maxwell（2012）指出質性研究結論面臨的效度威脅，其實是難以估計的。其中，最常被提到的兩種對質性研究效度的威脅有二，包括：研究者的偏見及對研究場景的反應。所謂「研究者的偏見」是指研究者本身的觀點，可能影響研究結論的效度。這種對研究結論效度的威脅主要來自：（1）研究者對於研究的詮釋所選用的資料，以研究者本身已經知道的或先入為主的想法為基礎；（2）研究者對於研究結果的詮釋，會刻意選擇一些特別突出的資料，作為詮釋的基礎。對於質性研究而言，要消除研究者的偏見並不容易，或欲建立標準化的思想模式，更是不可能。因此，要解決這種潛在可能威脅到研究結論效度的策略，就是研究者必須反思個人主觀觀點，如何影響研究過程以及對研究結果的詮釋（高熏芳等譯，1996/2001，頁 136-137）。

所謂「研究者對研究場景的反應」，則是指研究者在資料收集過程，因研究者本身對研究場域或被研究對象的反應，導致影響研究的效度。Maxwell（1992）並不認為質性研究的目的，是要去消除這種因對場域或對象反應的影響，而是研究者必須深入了解這些反應如何影響被研究者的反應，及如何影響研究的結論（引自高熏芳等譯，1996/2001）。

四、質性研究效度的檢核

雖然，策略的運用並不一定能保證研究者都能達成研究效度，但是，研究者仍可以透過對研究的檢核過程，排除對研究效度的威脅，並增進研究結論的可信度。再次提醒諸位研究者，這些策略並不是用來確認研究的結論是否正確，或檢查是否有可能影響研究結論效度因素的存在，而是要找出可能威脅研究結論效度的證據。有關對於質性研究效度的檢核，請參見圖 5-5（王文科、王智弘，2010；高熏芳等譯，1996/2001，頁 138-145）：

（一）MO 法

MO 法（Modus Operandi）是 Scriven 在 1974 年所提出的。它是指研究者將影響效度的因素視為是事件，而不是將知識視為是變數來處理，所以研究者必須針對研究問題，找出這些因素是否存在，及是否影響研究現象。當然，使用 MO 法最大的問題是要如何找出應排除可能的替代性解釋。

（二）找出矛盾的證據及負面案例

找出矛盾證據與負面案例，是判別結論有無錯誤的主要方法，某些無法

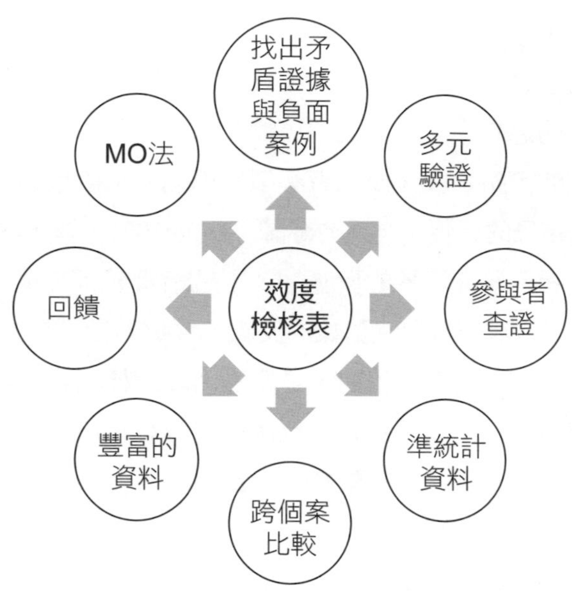

圖 5-5　質性研究效度的檢核表

特別解釋的，可能就有重要的缺失。此一策略就是研究者必須嚴格檢查是否有矛盾性的資料，用以評估這些資料對修改或保留結論是否有所幫助。

（三）多元驗證

運用多種研究對象、資料來源、方法與理論觀點，來收集相關的資料，如此可以減少因為使用單一研究方法，所產生的系統化偏誤，並增加在其他研究情境的適用性。

（四）回饋

請教對研究對象或場域熟悉的人或完全陌生的人，相信他們所提供的意見會是很有價值的，此種方法對於辨識研究者本身的偏見或預設立場，是非常有效的方法。

（五）參與者查證

有系統的向研究參與者徵求有關資料與結論之意見，這就是所謂的參與者查證；不過，參與者查證只能視為是一種用來確認效度的證據而已。

（六）豐富的資料

是指對資料的細節詳盡的收集與呈現，將收集的資料用來比較已知情境和可能可被遷移的其他情境兩者的關係，而非只是重點式記錄而已。如此可用來測試研究者所發展的理論，是否可以遷移至其他可能的情境脈絡的適切性，而非是因為支持研究者本身的觀點而已。

（七）準統計資料

許多質性研究結論都含有些許量化研究的影子，準統計一詞只是用來代表研究中所使用的簡單數字結果。準統計資料是用來幫助研究者利用量化來測試，並支持研究結論。

（八）跨個案比較

所謂跨個案比較是研究者運用多重場域的研究，或研究者針對兩個以上研究個案進行比較分析；若研究結果一致，將增加研究發現可遷移至其他場景或脈絡的可能性。

質性研究者在研究過程，可以透過哪些策略來提高研究的效度呢？Bashir 等人（2008）提出下列幾種策略：

1. 長期且持續的融入研究情境

確保研究發現與參與者的實際狀況相符。

2. 多元測定法

在資料收集和分析時運用多元測定法。

3. 參與者語言逐字記錄

4. 低推論描述

對人和情況精準、詳細的描述。

5. 運用資訊設備記錄資料

使用錄音檔、照片或錄影等資料。

6. 參與者為研究者

使用參與者的日記紀錄佐證。

7. 成員檢查

和參與者在資料收集過程中進行非正式的檢查。

8. 參與者審查

請參與者回顧研究者對訪談的整合，確保陳述的準確性。

9. 反面或差異資料

積極搜尋紀錄、分析和報告中反面或有差異的資料。

肆 結論

在質性研究發展的歷程，面臨最大的挑戰主要來自實證論量化研究對測量的信度與效度的質疑。量化研究對質性研究測量信度與效度的質疑，也讓質性研究在科學研究的領域中被邊緣化。面對量化研究者有關「不嚴謹」、「不客觀」與「不科學」的批判，質性研究者也提出了一系列的回應。我們可以從質性研究者的回應中，看到質性研究者對於研究信度與效度的論述立場，其實是相當多元的。

質性研究者對於信度問題的探討，主要來自扎根理論質性研究者的觀點。扎根理論認為任何一位質性研究者，都必須要透過對研究的內在與外在信度，進行檢驗與評估，才能確定研究的結果是值得信賴的。但是，對於質性研究效度問題的討論，扎根理論與詮釋論立場卻不同。扎根理論認為質性研究的效度可以透過內、外在效度來進行評估；亦即研究者可以透過研究過程所收集到的資料之真實程度，及研究者對研究現象之經驗與感受，透過深厚描述與詮釋過程達到的真實性程度來評定。不過，詮釋論質性研究者卻認為，知識與真理本身都是社會建構的產物，所以知識建構的過程，本身就隱含了許多價值與權力的運作，研究者很難確定研究的結果就是真正的事實。相信透過本章的介紹，能幫助讀者對質性研究有關信、效度的爭論有進一步的了解，同時更有助於實際研究的運用。

Chapter 6 質性研究之研究設計

在前面五章中，已經陸續討論質性研究的意義、典範、多元測定，與信、效度等議題，緊接著要進入質性研究的實作層次。所謂質性研究的實作層次，就是幫助研究者如何將初期對現象好奇、感興趣的問題，發展成質性研究的解答過程，解答是需要透過一系列過程達成，而這一系列過程就是質性研究的研究設計。許多人經常會問：「質性研究也需要研究設計嗎？」對於這種疑惑其實是不難了解的。雖然，質性研究大都是運用在開放式或探索式研究問題，不過，這並不表示質性研究者就不需要對研究過程做系統規劃。相反的，質性研究一如量化研究，研究者必須有系統的思考研究問題，選擇研究的對象與場域，才能對研究的問題提供適切的回答。例如：運用何種資料收集的方法，才能收集到完整、豐富的資料，並對研究結果提出合理的詮釋？如何處理研究涉及的倫理議題？而研究過程所需要花費的時間、人力與金錢，應如何預先設定與取得？質性研究設計是建立在一種比較開放與彈性原則的基礎上，整個研究過程，不僅強調研究者與被研究對象的互動關係，也非常重視研究倫理的落實（黃瑞琴，1999）。

從事質性研究的初學者，在進入質性研究的設計之前，不妨停下來思考一下：為什麼要運用質性研究來進行研究？是因為對質性研究的好奇？或是因為研究的主題適合質性研究？質性研究者必須了解到，從事質性研究是一項連續的過程，包括：知識論、方法論與研究方法等，研究過程每個步驟都是相互配合，而非獨立不相關的。對質性研究有了基本認識之後，再進入質性研究的研究設計階段，才能真正掌握質性研究的精神。在這一章中，首先，先介紹行為與社會科學研究設計的類型；進而，界定質性研究設計過程應重視的要素與內涵；最後，說明質性研究設計的不同階段及其內涵。

 研究設計之類型

此一部分將著重於探討研究者如何將模糊的概念，發展成適當的、具體的研究主題。當研究者決定研究主題後，就必須進一步思考要運用哪些認識論架構（methodological framework）來回答研究問題，而認識論的選擇也將會影響研究方法的選擇（有關認識論的討論，請參考第三章〈質性研究的典範〉）。

一、研究主題的來源

無論是量化或質性研究，任何研究計畫的發展必然是由一些概括式的想法，逐漸發展成明確的研究主題。研究主題的概念，源自研究者對於日常社會現象的觀察或好奇、實務經驗的累積、文獻參酌、理論與實務的斷裂、媒體報導、統計資料與人口趨勢，以及其他。以下分別舉例說明：

（一）社會現象的好奇與觀察

研究者可以從社會現象或社會發展趨勢中，引發對研究議題的好奇，進而發展成研究主題。

舉例說明

全球化帶動人口跨境遷移趨勢，許多女性移工長期在不同國家移動，但是這些在不同國家移動的女性移工，在多重文化生活經驗中如何建構自我主體？對家庭經濟的貢獻是否也翻轉了女性移工在家庭中的地位？又對婚姻關係的權力運作產生什麼樣的衝擊？

婦女團體經常會透過培力方案幫助弱勢婦女邁向經濟獨立，然而 Covid-19 卻對弱勢婦女的經濟獨立帶來巨大衝擊，衝擊為何？婦女團體與弱勢婦女又如何因應？

（二）實務經驗的好奇與發現

研究者可以從實務工作經驗的累積與觀察，引發對研究議題的好奇或疑惑，進而發展成研究主題。

舉例說明

高齡、少子化的社會，雙老家庭照顧成為值得關注的社會議題，雙老家庭照顧的日常生活如何運作？第一線實務工作者在評估雙老家庭照顧需求的困境與難題為何？第一線實務工作者如何連結社會資源協助雙老家庭照顧？

（三）國內外相關文獻的閱讀

研究者可以從閱讀國內外相關文獻中，引發對研究議題的思索與好奇，進而發展成研究主題。

舉例說明

婦產科醫學通常會透過賀爾蒙補充療法舒緩女性更年期的症狀與不適，但是相關文獻也顯示，賀爾蒙補充與乳癌有高度相關；那麼更年期婦女又該如何面對自己的更年期不適症狀？那些抗拒賀爾蒙補充療法，卻又面對更年期不適症狀的婦女又該如何調適？

（四）理論與實務的斷裂

研究者可以從理論與實務連結的矛盾與斷裂中，引發對研究議題的思索與好奇，進而發展成研究主題。

舉例說明

雖然藥物對愛滋病治療療效已經醫學證實，歐美國家也積極推動 U=U 的概念（Undertectable=Untransmittable，即「測不到病毒＝不具傳染力」），降低主流社會對感染者的排除，但是台灣社會對於愛滋感染者的烙印仍嚴重，民眾對於愛滋病的認識局限在舊有觀念。如何連結新知識理論與社會教育的推動，降低對感染者的烙印及改善感染者的社會處境？

（五）媒體報導或新聞披露

研究者可以透過媒體報導或新聞事件中，引發對研究議題的關心與好奇，進而發展成研究主題。

舉例說明

台灣媒體偶爾報導家庭看護工遭受雇主不當對待的訊息，卻因為職場的特殊性，很少有研究或報導幫助我們了解這些現象。可以透過安置機構的協助，深入了解外籍看護工遭受雇主虐待的情境與經驗，這些受暴經驗又凸顯權力關係如何在日常生活中運作？當外籍家庭看護工遭受雇主虐待後，如何向外尋求協助？求助過程與相關資源網絡的互動經驗為何？

（六）統計資料與人口發展趨勢

研究者可以透過人口或各項統計資料的發展趨勢，引發對研究議題的疑惑與好奇，進而發展成研究主題。

舉例說明

根據衛生福利部委託研究報告，過去十年，我國親密伴侶暴力樣態的發展，肢體暴力下降，經濟暴力與性暴力卻明顯上升；何以在更重視婦女人權與性別平權的時代，婦女遭受性暴力的盛行率會呈現上升趨勢？遭受親密伴侶性暴力的婦女如何詮釋自己遭受伴侶性暴力的經驗？

要將概念發展成清楚的研究問題，研究者需要思考理念（idea）與理論（theory）之間究竟有何關係？首先，讓我們來看看行為與社會科學社群如何界定「理論」一詞。理論經常被視為是一系統的、邏輯的命題，這些命題主要是用來解釋概念與概念組的關係，理論不僅可以用來解釋社會現象，同時也可以用來預測相關事件（Berg, 1998）。

雖然，行為與社會科學社群對於理論有了明確的定義，不過，對於到底是理論先於研究或是研究先於理論，卻有相當不同的立場。例如：Karl Popper（1968）就主張理論應先於研究（theory-before-research）（參見圖 6-1）；可是，Robert Merton（1967）卻認為研究應先於理論（research-before-theory）（參見圖 6-1）。這兩種觀點正代表著量化與質性研究的邏輯思維。

量化研究者主張所有的研究都必須是根據理論邏輯思維而來，理論提供給研究者命題與命題的關係；研究者再從命題關係中，發展出變項的界定與操作性定義，再從資料收集與統計分析過程中，來驗證假設的真偽。質性研究者則主張所有的理論建構都是由研究過程發展而來，也就是研究者必須由實際經驗與現象研究的過程，逐漸形成明確的概念，最後再根據這些概念建構成理論。

二、認識論與研究設計

當研究者選定了研究主題後，需進一步思考將運用何種認識論回答研究問題，而認識論的抉擇也會影響研究者對於研究方法的選擇。所謂認識論，

圖 6-1 理論與研究之關係

是指「一種特定研究取向背後的原則，有別於資料收集的方法」（Dew, 2007, p. 433；引自 Liamputtong, 2009, p. 3）。對質性研究而言，在研究設計規劃時，研究者必須要清楚指出運用何種認識論，因為認識論將會影響研究方法的選擇。許多時候，質性研究者不會特別指出運用何種認識論，只是說明運用何種資料收集方法，若研究者能夠對於認識論與質性研究的關係有更清楚的了解，將有助於增加對資料收集與詮釋的洞察力，而不是依據個人主觀立場詮釋資料。

質性研究者經常運用的認識論，包括下列幾種（Liamputtong, 2009, p. 3-11）：

（一）民族誌

民族誌（ethnography）源自於文化人類學的傳統，也逐漸成為社會學與心理學的研究取向之一。民族誌關注重點是「文化」，早期認為文化是原始的生活經驗，後來則強調在地的、直接的生活經驗。民族誌強調以局內人

（insiders）視角，長期涉入探究的情境脈絡中，全貌式探討日常生活經驗，並以深厚描述（thick description）方式描繪現象的文化意涵。民族誌最常運用的方法是田野工作（fieldworks），亦即研究者融入被研究者的生活脈絡，透過參與觀察來收集資料，以便了解這些行動或實務在文化脈絡中的意義。

（二）現象學

在認識論中以現象學最為普遍，現象學關注被研究者如何思考與看待自己的生活經驗；換句話說，所有的經驗或行動都是有意義的，所以現象學的研究者探究的目的，就是了解人們有哪些生活經驗，又如何理解或詮釋自己的生活經驗。現象學對於生活經驗的理解，必須建立在被研究者生活脈絡，研究者須避免預判，而是要像被研究者一樣融入情境，以便能從被研究者的視角理解現象與經驗的意義。深度訪談法經常被運用在以現象學為基礎的資料收集過程，了解被研究者對於生活情境的描述與看法。

（三）符號互動論

強調探究被研究者的行動之主體意義建構，而所有的主體意義建構都是源自於與他人互動過程，而非只是單純來自外部情境。Patton（2002, p. 112）認為：「要辨別個人如何看待、理解和解釋他們的生活世界的唯一方法，就是以開放的心態，透過密切接觸與直接互動過程，才能理解探究的現象對被研究者的意義。」深度訪談或焦點團體訪談法，經常被運用在以符號互動論為基礎的資料收集過程。

（四）詮釋學

重視從社會文化脈絡來了解行動、事件或經驗的意義，並強調行動、現象或經驗意義的理解，必須根植在這些行動或經驗的社會文化脈絡。Smith（1989；引自 Liamputtong, 2009, p. 7）主張，詮釋取向的質性研究有兩項特性，包括：

1. 語言是理解的根本，因為只有透過語言說或不說，才能幫助我們理解行動或經驗的意義。
2. 對於行動與經驗意義的理解，無法孤立於歷史文化脈絡之外，這些歷史文化脈絡提供了理解行動與經驗意義的基礎。

因此，資料收集方法以寫作行動為主，包括：日記、報告、訪談文本、文獻、報紙、雜誌、政府白皮書、政策、健康紀錄、回憶錄等，只要是非介入式資料收集方法都適合，在詮釋資料過程，研究者必須融入自己的觀點。

（五）女性主義方法論（feminist methodology）

研究焦點不只是以女性為研究對象，而是研究結果必須要與女性的福祉有關，透過研究過程了解女性的生活經驗，並展現女性的聲音與觀點。重視研究者的反思（reflexivity），強調反思可以強化研究者的洞察力。經常使用的資料收集方法包括：深度訪談法、焦點團體訪談法、民族誌、敘事研究、口述歷史等。

（六）後現代主義

拒絕單一社會實在論，強調社會現象的真實本質是多重、而非單一的。研究者嘗試透過被研究者對於生活經驗描述的相同與相異之處，解構這些生活經驗的意涵。後現代主義取向探討的議題較聚焦、範圍也較小，研究者經常會運用多重資料收集方式，探究不同對象的主體認同差異。

三、研究設計的類型

在討論研究設計的類型之前，先讓我們來了解什麼是「研究設計」（research design）。「研究設計」就是研究者將研究問題發展成有效的行動計畫，並找到研究問題的解答之過程；換句話說，研究設計是研究者如何透過有目標的計畫與作業程序，來回答研究問題的過程。無論是量化或質性研究，研究者在研究設計中均需要說明研究問題、樣本的選擇、資料的收集、分析，及報告撰寫等幾個步驟與過程。不過，對於研究設計的步驟，質性與量化研究的觀點截然不同。

對質性研究者而言，「設計」一詞所隱含的意涵過度條理。大多數的質性研究者在進行研究的過程，並非像量化研究一般的井然有序。這並不表示質性研究不需要研究問題或假設，相反的，如果研究者對於研究問題的焦點比較清楚，那麼研究的成功率也會較高（Tutty et al., 1996）。就質性研究而言，不同理論觀點的研究者，對於研究設計所採取的立場其實是非常不同的。舉例來說，扎根理論研究者，對於研究設計採取比較有條理的方式進行；相較之下，詮釋論研究者，則是採用比較開放、彈性的方式來進行研究。整體而言，質性研究的研究設計是比較開放、彈性的方式。

行為與社會科學研究社群對於研究設計的類型，習慣以其邏輯思維來進行，基本上，可區分為兩種類型：線性研究設計與迴遞式研究設計。

（一）線性研究設計

線性研究設計是將科學哲學中的演繹邏輯運用到研究過程，所以整個研究設計是由理論、命題、操作性定義、測量工具發展、資料收集、資料分析，到假設檢定等幾個步驟，逐步推演而成。基本上，線性研究設計認為「所見即所得」（what you see is what you get），所以研究者必須運用一套清楚方式，以保障研究品質與成效的好壞。量化研究就是根據線性式邏輯思維，來進行整個研究過程。

（二）迴遞式或彈性研究設計

迴遞式（recursiveness）或彈性（flexibility）研究設計是將科學哲學中的歸納邏輯運用到研究過程，所以整個研究設計是由問題陳述、資料收集、分析、詮釋，到理論建構等幾個步驟，逐步發展而成。雖然，在整個研究過程，研究者仍依循著明確清晰的步驟來進行研究，不過，與線性研究設計最大的不同是，研究者在進行研究過程，會在幾個研究步驟中來來回回反覆進行。基本上，迴遞式研究設計認為研究者透過研究過程，所見只是零散的所得（what you see is only loosely what you get），所以研究者必須找到豐富、厚實的資料，才能說服他人相信研究的結果是確實可信的。如何重新建構被研究現象的真實本質，則是迴遞式研究設計考量的重點。質性研究就是根據迴遞式邏輯思維，來進行整個研究過程的。

總而言之，質性研究與量化研究，無論是在理論性思維或實際操作層次上，都呈現相當大的差異。由於這些差異，使得兩者各有其研究焦點，而研究者也會從不同理論立場，運用不同的方法，對研究現象進行探究。通常，質性研究對於整個研究過程的設計，都會盡量在自然情境下，來進行現象的探究。

貳 質性研究設計的要素

研究設計既然是研究者對自己感興趣的問題，透過實作活動來獲得解答的過程，那麼在從問題到解答的整個過程，必然包含許多要素與步驟。不過，在此仍要提醒讀者：研究設計只是研究過程的一個環節而已，任何研究設計的探討都必須回歸到理論層次及研究問題與目的的考量（Richards & Morse, 2012）。假如研究者在進行研究設計之前，都能先思考一下研究目的，將有助於發展明確且適當的研究設計。

一、質性研究的目的

到底質性研究的主要目的是什麼呢？ Richards 與 Morse（2012）強調，研究問題、研究目的與方法論必須是相互連結、相互關聯，並貫穿整個研究過程。舉例來說，運用論述分析與運用扎根理論分析，對於研究問題與研究目的的陳述是不同的。論述分析來自批判典範，重視研究過程，研究者對於「語言」背後隱含的權力關係與意識型態的剖析與詮釋；因此，研究者對於研究問題的提出與研究目的，都必須對語言隱含的權力關係具備高度敏感。扎根理論分析則是來自建構典範，重視研究過程，研究者如何從龐雜的資料逐步建構理論概念，而這些理論概念的建構也必須扎根在社會文化脈絡的基礎。

Creswell 與 Poth（2017, p. 65）指出，研究者可以從質性研究的目標，思考研究的目的。基本上，質性研究目標有三：

1. 賦予個人權力，得以運用自己的觀點與看法，分享個人的生活經驗。
2. 透過較彈性或脈絡性的描述或詮釋，呈現研究的結果，不受限於正式的學術報告形式。
3. 使用質性研究釐清量化研究的發現。

從上述研究目標、質性研究本質與方法論的不同，歸納質性研究的目的為下列幾項（高熏芳等譯，1996/2001，頁 26-27；鈕文英，2019；Bryman, 2001; Lampard & Pole, 2002）：

（一）理解主體經驗的意義

質性研究者所關心的不只是具體事件或行為本身而已，同時也會對社會現象或行為的意義感到好奇。雖然，許多時候質性研究被譏之為「軟性的」科學研究；事實上，質性研究往往也是根據經驗資料，從研究對象的主體經驗，理解研究對象的社會世界，並融入研究對象社會文化脈絡加以詮釋。

（二）了解特定的情境

質性研究者經常會對研究現象的情境，甚至是這些情境與社會現象／行動的互動關係產生好奇。質性研究主張任何社會行動都不能自研究對象的生活情境與社會文化脈絡抽離，才不至於扭曲社會行動之意義；因而對於研究對象生活經驗的脈絡必須有系統的詮釋，並連結到與行為或行動的互動關係。

（三）建構理論

質性研究者除了對社會現象進行探索之外，研究焦點其實並不局限於探索性的議題，許多時候研究者也會進一步透過社會現象的探究，進一步建構理論思維。對質性研究者而言，理論概念的建構是在資料收集過程逐漸形成，研究者是運用歸納方法，從資料中萃取有意義的主軸概念。

（四）剖析歷程

質性研究者非常重視被研究的現象、事件，或行為的發生過程，並從事件發生先後次序中，串連事件與事件的關係，最後建構出事件或現象的完整圖像。除此之外，質性研究主張社會現象是不斷變動，也處於不確定狀態，所以研究者必須敏感察覺到任何社會現象都是錯綜複雜的，因此探究行為或事件的發展歷程，也是質性研究的主要目的之一。

（五）改變弱勢者處境或社會不公平

除了上述四項研究目的之外，質性研究者不僅會透過研究過程，深入了解弱勢者被壓迫處境或關注權力的運作如何形成社會不公平的社會事實，進而透過研究過程挑戰這些權力壓迫與改變社會不公平的事實。尤其是來自批判典範的研究取向，更強調透過研究過程達到改變社會的重要性。

二、質性研究設計的類型

從本章第一部分對於研究設計類型的說明，我們可以了解質性研究是運用歸納邏輯，來發展研究設計的內涵；Maxwell（1996）將之視為「互動取向」的研究設計。對質性研究者而言，研究設計的內涵必須重視互動概念。所謂「互動」，不只是意味著研究過程的互動，也意味著研究者與研究場域及研究問題的互動。除了互動取向的研究設計之外，質性研究往往因研究者所採取的理論觀點不同，而會發展出不同的研究過程。下列介紹四種最常見的質性研究設計類型：

（一）扎根理論的研究設計

扎根理論強調對於理論概念的建構必須建立在系統化資料分析的過程，所以資料的豐富與資料的飽和非常重要。因此，扎根理論的研究設計，強調資料收集與資料分析是不斷循環的過程，透過來回反覆過程建構理論的主軸概念（參見圖 6-2）。

研究者透過閱讀文獻增進理論觸覺

		步驟1	步驟1	步驟2	步驟2	步驟3	步驟3			
確定研究主題及研究目的	設計研究對象取樣方式及收集資料的輔助工具	開放取樣 選取研究對象和收集資料	開放與主軸譯碼 分析與檢核資料	關聯和變異取樣 選取研究對象和收集資料	開放與主軸譯碼 分析和檢核資料	區辨取樣 資料收集	選擇性譯碼 分析和檢核資料	資料收集及分析至理論飽和並建立理論模式	撰寫研究論文初稿	檢視研究論文初稿後修改並定稿

圖 6-2　扎根理論之研究設計

資料來源：鈕文英（2020，頁 576-599）。

（二）互動取向的研究設計

互動取向的研究設計，就是將研究設計過程各個要素做彈性的安排，所以整個研究設計過程各項要素之間是互動、相互關聯的，而非線性的關係；在研究過程，這些因素會因為研究情境變動而改變（林欣蓉、陳學志、廖崑閔、蔡雅齡，2019）。基本上，互動取向的研究設計包括下列五個要素（參見圖 6-3）（高熏芳等譯，1996/2001，頁 5-7；陳劍涵譯，2013/2018）：

1. 目的

在此項研究中，最主要的研究目的是什麼？研究者希望透過本研究來闡釋什麼議題？為什麼？

2. 概念性情境

研究者透過文獻或初步的探討，發展出概念性架構，並釐清哪些研究現象可以運用此一概念性架構作為延伸？這些現象可以從什麼理論、概念，或先前研究的發現獲得啟發？可以運用哪些文獻或個人經驗來了解探究的議題？

3. 研究問題

研究者想要透過研究過程了解研究場域或研究對象的什麼？是不是因為對研究現象不了解所以才要進一步透過研究來了解？研究者企圖透過研究要回答哪些問題？問題與問題之間彼此的關聯為何？

4. 方法

研究者將透過什麼方法或技巧，來收集和分析資料？這些方法與技巧如何形成整合式策略？研究方法的選用是否考慮研究者與被研究者的關係？如何選擇研究場域及取樣策略？資料收集與分析的方式如何？

5. 效度

在整個研究過程，哪些因素可能會進一步影響研究結論的正確性？研究者如何處理這些潛在、可能的影響因素？研究結果與結論可能有哪些錯誤？

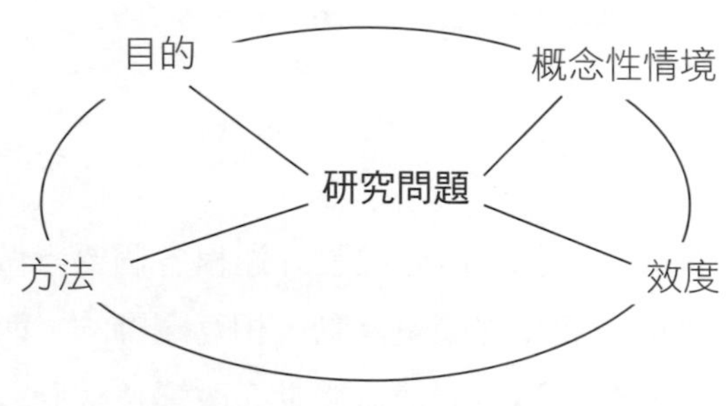

圖 6-3　互動取向之研究設計

是否存在其他另類解釋的可能？

除了這五個要素之外，還有許多因素也可能會影響研究的結論，例如：研究能力、資源、對問題的敏感度、研究場域，及資料收集方式等因素。所以，在整個研究設計過程，研究者都應該將這些可能影響研究結論的因素，納入研究設計過程中考量。

如圖 6-3，在互動取向的研究設計中，上半部（包括：研究問題、目的及概念性情境）都是屬於概念性的元素，當研究問題和研究目的有明確關係後，研究者進一步使用已知、被使用的理論或知識，作為詮釋這些社會現象的支持基礎。下半部（包括：研究問題、方法及效度）則屬於操作性的元素，彼此緊密結合。研究過程中，研究者所使用的研究方法必須是可以回答研究問題，且須具備一定程度的效度（Maxwell, 2012）。互動取向的研究設計，上述五個元素必須是相互連結且具一致性，這些相容與一致是指研究過程實際運作的連結與一致，而不是指邏輯一致性（陳劍涵譯，2013/2018；Maxwell, 2012）。

（三）批判取向的研究設計

批判典範之典型代表包括新馬克斯主義、唯物主義（materialism）、女性主義、充權理論、後結構理論、反壓迫（anti-oppression）理論等。批判典範關心的焦點著重於社會權力的分配及不平等現象的探討，希望藉由對過去歷史的解釋，改變或調整被研究者原先錯誤的認知與意識型態。基本上，批判典範反對價值中立（value freedom）的立場，認為既然科學典範是由人類心理意象建構而成，那麼典範也反射人類的價值觀。因此，研究者在整個研究過程，無論是研究問題的選擇、研究工具的使用、研究結果的詮釋等，都深深受到研究者個人主觀概念的影響。批判典範最大的特色是強調，研究者在整個過程必須與研究對象保持密切互動與對話，這是行為與社會科學追求了解社會真實的本質必要的一環。

批判典範在實際研究過程的運用，可簡單以圖 6-4 表示（Miller & Crabtree, 1992, p. 11）。

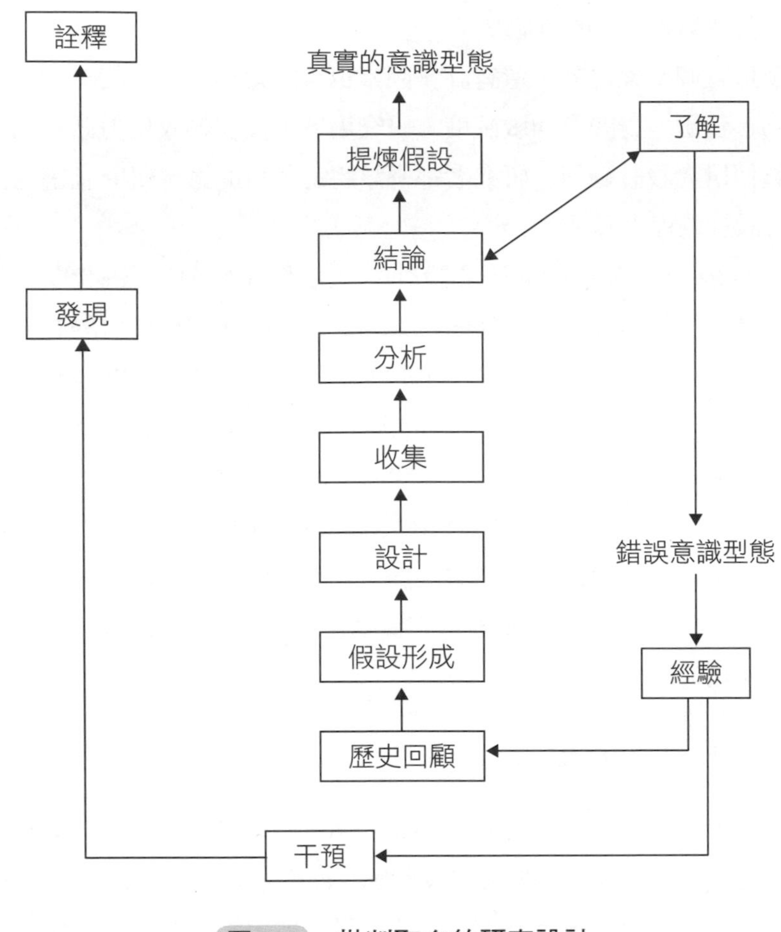

圖 6-4　批判取向的研究設計

（四）建構取向的研究設計

建構典範相信社會實在僅僅存在人類想像建構的架構中，而理論僅是提供窺探與了解社會實在的一扇窗而已，換句話說，理論某些時候是獨立於社會實在之外。建構主義關心焦點著重於如何幫助人類維持特有的文化生活，從不斷的互動與溝通過程尋求生活的意義。建構主義認為行為與社會科學是無法達到自然科學價值中立，任何研究都是受研究者或研究對象互動影響。既然社會實在僅存在研究對象的心理意象中，那麼主觀了解就成為研究者可以理解研究對象心理狀態的唯一方式了。

建構主義主張行為與社會科學研究的目的既不是用來預測社會實在，也不是用來改變人類所處的世界，研究基本功能是用來重建研究對象曾經經驗的生活世界。建構典範的運用可簡單以 Shiva 的建構循環圖表示，如圖 6-5（Miller & Crabtree, 1992, p. 10）。

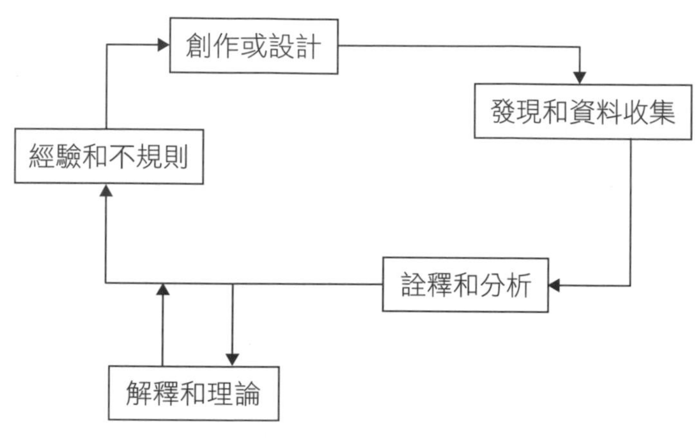

圖 6-5 建構取向的研究設計

質性研究是建立在每個行動都有其意義的假定，所以了解質性研究的程序和了解理論，其實是同等重要的。因此，質性研究在整個研究設計過程，研究者應該考慮四個層次的問題：

1. 建立研究者的角色

質性研究者在進入研究場域之前，必須思考如何與研究對象建立關係，並獲得研究對象的信賴，才能增加資料收集的豐富性與可靠性。

2. 發展有用及有效的資料收集方法

研究者必須思考哪些資料是有意義的，透過何種資料收集方式才能收集到這些有用、有意義的資料。

3. 研究者的主觀了解與客觀資料的建構

當研究者進入研究場域之後，必須不斷反省思考自我的立場與研究對象的關係，同時思考應收集哪些資料，才能呈現豐富、完整的圖像。

4. 分析資料和發展學說

研究者對於所收集到的資料，應透過歸納、比較、對照與分類等步驟，經由反覆進行過程將資料由繁化簡，最後建構研究的理論概念。

參 質性研究設計的步驟

在決定進行質性研究時，必須要做好心理準備，因為質性研究有可能在資源極有限，卻又耗時、耗力的情況下進行；因此，仔細小心的規劃，可說是確保有效完成研究的不二法門。既然，研究設計是研究者從最初設定要探究的問題，到這些研究問題獲得解答的過程，那麼從那一點（研究問題）到這一點（研究結果）間，研究者必須先釐清自己到底想要了解什麼。

雖然，質性研究並不一定需要像量化研究一一闡述研究問題或精確交代研究假設，但是仍需要清楚說明研究的焦點是什麼；因為，研究焦點是引導研究發展的方向，研究焦點清楚與否往往會進一步左右研究的成效。Janesick（1994）在 The dance of qualitative research design: Metaphor, methodolotry, and meaning 一文中就指出：任何從事質性研究之研究者，在研究設計過程必須先問自己：「我想要透過這項研究知道或了解什麼？」當這個問題獲得某種程度的澄清之後，再進一步選擇適當的研究方法及進行整個研究工作。

一般而言，研究者從問題形成到研究問題解答過程，大致包括了數個步驟：研究問題與焦點、研究主題可能涉及的範圍、確定分析單位、研究資料收集與分析，以及研究結果之解釋等。不過，質性研究步驟應分為幾個階段往往因人而異。舉例來說，Tutty 等人（1996）在 *Qualitative Research for Social Workers* 一書中，就將質性研究的研究設計分為：（1）界定問題領域；（2）研究問題界定；（3）決定實地研究相關之工作；（4）發展研究概念圖像；（5）尋找督導者；（6）決定需要的資源；（7）選擇研究場域；（8）研究倫理的考量；（9）撰寫研究計畫書；（10）獲得贊助機構的經費贊助等十個步驟。

Silverman（1985）認為質性研究的研究設計應包括：（1）開始研究；（2）文獻回顧；（3）界定研究問題；（4）實地進行研究；（5）找出對理論與實務的意義；（6）進一步資料收集等六個階段。Maxwell（1996）則由互動取向觀點闡釋質性研究的研究設計，他認為研究者在研究設計部分至少應該說明：（1）為什麼要進行此研究；（2）發展概念性的情境；（3）研究者想要透過研究來了解什麼；（4）如何著手進行研究；（5）研究過程可能犯錯的問題；（6）研究結果如何呈現等六個步驟。Creswell 與 Poth（2017, p. 75）也是從互動取向觀點，將質性研究設計的步驟歸納為八個步驟，包括：（1）確認理論視角與詮釋架構；（2）檢視研究主題與相關文獻的關聯；（3）尋找待探索的研究問題或議題；（4）收集不同形式資料；（5）分析資料與歸納及詮釋意義；（6）資料再現；（7）研究發現的討論；（8）檢驗詮釋效度。

本文無意探討這些分類孰優孰劣，而是希望透過討論過程，進一步幫助質性研究的入門者了解，從研究問題到解答過程需要思考哪些問題和經歷哪些階段，在這些階段中研究者會面對哪些問題，及應如何處理這些問題。在此，筆者將質性研究之研究設計區分成六個階段（參見圖 6-6）：

一、階段一：研究問題的形成

基本上，質性研究問題發展和形成，與量化研究迥然不同。量化研究問題的發展是由檢驗操作性假設開始；然而，質性研究會盡量避免做假設性檢定，而是由嘗試性的假設或問題，作為引導整個研究發展的過程。因此，在整個研究過程中，研究者的自由度與彈性非常高。

一般而言，質性研究探究的問題，比較強調是在自然情境中，研究者能夠對研究的社會現象進行全貌式了解（holistic understanding）。質性研究者所要探究的研究問題，其實就是研究者想要透過研究過程去了解什麼，研究問題的界定常會受到研究者的風格左右，所以研究者本身往往也是研究工具。

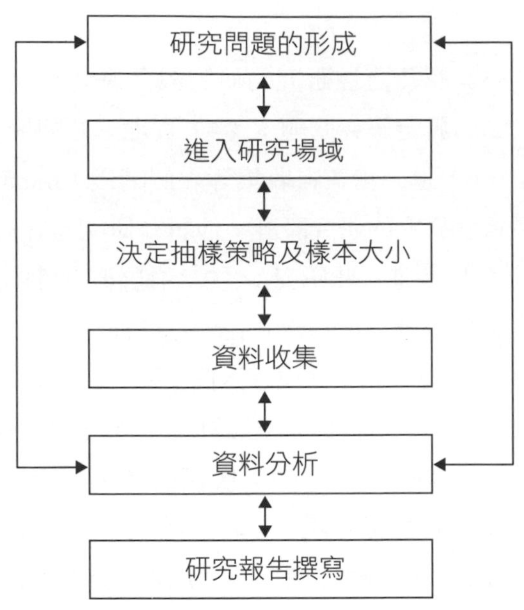

圖 6-6　質性研究設計之階段

對質性研究而言，研究者不需要在研究開始就詳細條列式陳述研究的問題，除非研究者對研究目的與研究場域，都已經非常熟悉；通常，研究者可以透過資料收集過程，不斷修正自己的研究問題，讓問題逐漸明確化。雖然，質性研究者也需要對相關理論或文獻完整了解，不過，研究者在發展問題的過程，卻是需要避免受到這些「預設問題」或個人偏好的影響。

研究問題對於整個研究設計，具有兩種功能：

（一）協助研究者將焦點擺在研究上

如果研究問題太廣泛或太分歧，對於整個研究的進行，將會帶來莫大的困擾；反之，如果問題太過狹隘，又可能讓研究者忽略研究目的或研究情境中一些重要的因素。

（二）提供研究者進行研究的指南

研究問題也是引導研究者進一步思考，如何運用研究方法來進行資料收集與分析，才能適當且有效的回答研究者所關注的問題。

許多人用上寬下窄的「漏斗」，來比喻質性研究的研究問題如何從醞釀到形成的過程。質性研究問題的形成大都開始於模糊的概念或理念，當研究者進入研究現象的場域，透過觀察與實際接觸過程，藉由不斷的辨別、澄清、磋商和修訂過程，最後才能發展出清晰、具體的研究問題。在進入研究場域之後，研究者可能發現自己的興趣與研究場域不合，或是研究場域不如預想的情形；此時，研究者可能會選擇離開觀察場域。研究者也有可能發現，在研究場域中有其他因素對了解觀察現象或行為更為重要，進而修訂研究初期預設的研究問題。簡單的說，質性研究者對研究問題的形成，必須保持著開放、彈性的態度，在對研究現象有了初步了解之後，再進一步評估問題的可行性。

舉例說明

研究理念：研究者想要透過研究過程來了解「中學生網咖行為的現象」。首先，研究者可以透過相關文獻的回顧與網咖實地觀察的經驗，進一步澄清與修訂研究理念，逐步發展成明確的研究問題。

問題描述：研究者在研究過程必須對研究問題進行描述，再由問題描述逐步發展出一到數個研究問題。以上述例子而言，研究者可以如此描述：「本研究主要的研究目的是在探討中學生從事網咖行為之經驗與意涵」。

研究問題：最後，研究者再根據研究問題的描述發展出數個研究問題：

1. 為什麼中學生會喜歡網咖？
2. 中學生實際參與網咖的經驗為何？
3. 中學生如何詮釋網咖經驗的意義？

然而，Silverman（2000）也指出，質性研究者在發展研究問題時，須避免下列幾種狀況（引自藍毓仁譯，2003/2008，頁 51）：

1. 簡化歸納主義（simplistic individualism）

研究者往往會陷入研究情境脈絡中，期望概念與想法能透過深入接觸、互動過程而浮現。

2. 廚房水槽（kitchen sinker）

對於研究問題的描述與思考，將所有經驗與觀察全部放入研究問題中，並未有任何抉擇，導致研究問題雜亂無章。

3. 大理論家（grand theorist）

引用理論，但是卻不清楚這些理論與研究現象的關聯，需提醒這些新的理論概念在研究過程扮演的角色。

二、階段二：進入研究場域

緊接著研究問題之後，要討論的是有關研究場域（field）的議題。對質性研究而言，「研究場域」通常不是指有形的空間場所，而是偏重於研究歷程的心理狀態（張英陣校閱，1998/2000；Padgett, 1998）。對早期的人類學家而言，研究者經常需要花很長時間融入某一個特定偏遠地區或村莊，以便能深入了解當地的文化與生活經驗。舉例來說，人類學家 Margaret Mead 曾深入新幾內亞群島，對部落族群進行觀察，最後根據田野觀察記錄歸納出性別氣質的詮釋觀點。對許多行為與社會科學研究者而言，在研究過程要確定明確的研究場域範圍不是容易的事，例如：社會工作人員想要深入了解女性乳癌患者的身體自主與醫病互動之關係，那麼研究場域可能包括乳房外科門診或病房的觀察，同時也可能包括在不同時間與地點，對女性乳癌病患進行訪談。基本上，研究場域的分辨，主要是根據資料收集的方法來決定，所以質性研究對於研究場域的選擇，往往是需要具備相當高的機動性。

到底研究問題與研究場域兩者之間的關係如何？黃瑞琴（1999，頁 40-41）認為兩者關係可依其次序區分為兩種取向：

（一）從研究問題到研究場域

當研究者在進入研究場域之前，對於研究的問題已經有了一些概念或理解。研究者再根據這些概念或理解，來選擇適當的研究場所。不過，對於兩者適當與否則是採取開放態度，如若預擬問題並不適合該場域，可能需要另闢其他途徑。

（二）從研究場域到研究問題

研究者並不是由研究問題的界定，來尋找適當的研究場域；而是在日常生活或工作經驗中，因參與某個場域而衍生出研究興趣或問題。

無論是第一種取向或第二種取向，在質性研究進行過程，研究問題與研究場域兩者其實是相輔相成的，研究者必須保持高度的開放性，讓兩者的配合發展到最適當的程度。

通常要深入研究場域進行觀察或資料收集工作是非常耗時的，如何獲得研究對象的信任，往往成為研究者是否能順利進入研究場域的關鍵。基本上，研究者在進入研究場域之前，必須嘗試從多種管道了解不同觀點與資料；同時，研究者也應該尊重研究對象的權利，盡可能用真誠、誠實與開放的態度進行溝通，才能獲得研究對象的信任與合作。整體來說，質性研究不像量化研究一樣，有一定的標準化程序，可作為選擇研究場域與研究對象的參考，不過在實地的經驗累積過程，仍有一些經驗可作為參考的指引。可參考的指導方針如下（黃瑞琴，1999，頁 53-57；Berg, 1998; Tutty et al., 1996）：

（一）進入研究場域的評估

研究者在進入某個研究場域時，必須要先了解研究者與研究場域的關係、研究場域的性質，及研究對象的屬性為何。

1. 研究者和研究場域的關係

如果研究者已經是研究場域的一份子，當然很容易進入研究場域，如：醫院社會工作人員對急診自殺病患行為的研究，或是矯正學校輔導員對院內學員互動的觀察之研究。雖然，研究者在熟習的研究場域中進行研究，可減少磋商的麻煩，不過，也因為研究者對研究場域太熟悉，而降低了敏感度，使得研究結果不具有洞察力。在這種情況下，研究者必須試圖將研究距離拉遠。相反的，如果研究者是研究場域的局外人，那麼在進入研究場域過程，就必須思考如何拉近與研究場域的距離，試圖和研究對象建立密切的信任關係。所以說，無論是局內人或局外人，各有其利弊得失，所以研究者必須仔細評估與研究場域之關係。

2. 研究場域的性質

質性研究經常是在公眾場域，如：公園、機場或海邊，及半公眾場所，如：門診、病房、學校教室、社會福利機構、住宅或家中等場域，進行資料收集之工作。研究者進入公眾場域進行研究，當然是不需要與人協商，不過，當研究者進入半公眾場域進行研究時，是需要獲得相關人士的同意。此時，如果研究的議題與社會主流價值有衝突（如：幫派行為或犯罪行為），研究者較不被允許進入這些場域進行研究；相反的，如果只是一般行為或現象的觀察，則比較容易被允許進入研究場域，進行資料收集之工作。

3. 研究對象的屬性

研究者和研究對象的屬性，如：性別、年齡、種族或社會階級等，也都可能影響研究者進入研究場域的難易度。例如：如果要研究更年期婦女的生命經驗，那麼社區中或門診的更年期婦女，恐怕比較不願意接受男性研究者的訪問，接受女性研究者的訪問意願反而會比較高。雖然研究者必須意識到研究對象的屬性可能的影響，但是也不要過度自我設限，研究者仍舊可以依據自己的研究興趣，嘗試擴展研究對象的屬性。

（二）進入研究場域的策略

要想成功進入研究場域，研究者就必須要運用常識，並發揮創造力與溝通力。Bogdan 與 Biklen（1982）認為研究者在商議進入研究場域的過程，必須遵守三個原則：堅持到最後、彈性運用不同方式，和有創意的接近研究對象。在進入研究場域過程，研究者可以善用下列兩個策略：

1. 公開的策略

如果研究者已經是研究場域的一份子，如果想要公開的進行研究，就必須要表明自己的研究意圖，獲得研究對象的合作。如果研究者是外來者，那麼如何公開自己是研究者的身分，下列策略運用可供參考：

（1）如果研究者所選擇的研究場域是公眾場所，且隨意接觸出現的成員，那麼就不需要介紹自己是研究人員或解釋研究目的。

（2）如果研究者所選擇的研究場域是私人場所，那麼研究者就必須要透過中間人介紹，或徵得研究對象的同意，才能進入研究場域，所以必須適度說明研究的目的。

許多時候研究者都是進入半公開的研究場域，如：學校、監獄、醫院、辦公室等進行研究，所以通常都會依賴關鍵人引導進入研究場域，這就是研究場域的守門員（gatekeeper）（張英陣校閱，1998/2000）。通常研究的守門員（如：醫院的醫師、學校的校長或老師、社區的耆老，或機構的主管等），這些守門員可能控制研究者接觸研究對象與場域，所以徵得守門員的同意，對研究的進展將會有莫大助益（Tutty et al., 1996）。在與守門員接觸時，研究者必須表明身分，並且告知研究目標及可能的風險，並盡量獲得守門員的信任。

在質性研究過程，研究者在研究場域的自我表述，應秉持著「坦白，但要模糊」的原則。所謂「坦白，但要模糊」的原則就是指研究者在自我表述過程，應該對研究者在研究過程所採取的立場為何進行自我揭露，但自我揭露的程度則是自行決定。

2. 暗中的策略

所謂公開或暗中，並不是指其研究場域，而是研究者對於研究身分的曝光程度而言。當研究者在公眾場所或半公眾場所，像偵探一般進行研究時，就稱為「暗中策略」。雖然質性研究大多屬於隱密性較高的議題，不過大多數研究者傾向主張採用「公開策略」接近研究場域與研究對象。

三、階段三：決定抽樣策略及樣本大小

對量化研究而言，抽樣策略的運用是在確保研究樣本的「代表性」（representativeness），所以研究者通常都會運用非隨機抽樣中的立意抽樣，來進行研究對象的選擇；不過，質性研究者在研究過程對於抽樣策略的運用，是根據研究目的不同而有不同結果。質性研究抽樣策略的運用，主要目的是在達到深入收集豐富的資訊內容為目的，所以其所選擇的研究對象數目都不多；簡單的說，其抽樣策略運用可說是「深而不廣」，主要建立在能提供深度和多元資料為準。

當然，並非質性研究都不需要抽樣架構（sampling frame）；相反的，質性研究者可以根據研究的人、事、時、地或物等特質來進行分類，最後再根據研究目的，進行研究樣本的抽選。通常，質性研究者都會根據問題的特性、相關理論的需要，及研究資料的豐富性等原則，來選擇研究對象與決定樣本數，這就是所謂的「理論抽樣」（theoretical sampling），或是根據研究目的，選擇最適當、最能提供豐富資訊的樣本，這就是所謂的「有目的的抽樣」（purposive sampling）（徐宗國譯，1990/1998；張英陣校閱，1998/2000）。

什麼是「理論抽樣」呢？顧名思義，理論抽樣就是指抽樣基礎與發展的理論中，已證實具有理論相關性的概念。所謂「已證實具有理論相關性的概念」就是指：在資料分析過程，有些概念會一再出現或明顯消失，或做過資料分析之後，有些範疇概念逐漸浮現（徐宗國譯，1990/1998，頁 198）。由此可見，資料分析是引導理論性抽樣的基礎。不同的資料分析策略，也將會

影響理論抽樣運用的特色。如果研究者所強調的是資料範疇的稠密度與飽和度，那麼可能會運用累積性策略選擇研究樣本。

舉例說明

例 1： 研究者想要深入了解已婚受暴婦女的生命經驗，那麼在資料收集過程，如果某些理論概念浮現，研究者可以藉由第二位、第三位研究對象資料收集過程，由資料的飽和度來決定樣本大小。相反的，如果研究者著重研究資料的歧異與過程，那麼研究者運用之抽樣策略，則是偏重於從未出現的特殊個案或探究之現象。

例 2： 研究者想要理解少年矯正學校中不同類型之少年犯的生命經驗，那麼對於研究對象的選擇與研究樣本大小，將以研究對象的特殊性與差異性作為選擇考量之基礎。

無論研究者採用第一種或第二種抽樣策略，在整個研究過程都必須要有計畫的進行，同時在研究過程研究者對於研究對象及研究樣本之大小，必須保持最大的彈性。

除了上述理論抽樣及有目的的抽樣之外，研究者可以根據研究目的不同的需要，發展出不同的抽樣策略與樣本組合（Kuzel, 1992；引自胡幼慧、姚美華，2008，頁 124；Ritchie & Lewis, 2003, p. 83），參見表 6-1。

確定抽樣方式之後，接下來研究者必須思考研究樣本數大小的問題。通常質性研究的樣本數大小往往取決於研究的類型，由於質性研究重（品）質、不重（數）量，研究樣本數不必太大，主要以研究主題的資訊是否「飽和」（saturated）為考量原則；尤其是對扎根理論研究者而言，概念建構是否來自資料飽和，相當重要。對量化研究者而言，研究者已經知道母群體分布的特性，所以可以運用一些抽樣準據，抽取具有代表性的樣本，這種樣本代表性是建立在每個樣本單位均有相同機會被選擇的原則，進而可以透過研究結果推論到母群體。不過，由於質性研究是運用理論性抽樣或有目的抽樣，所以研究者往往會面臨「代表性」的問題，且研究者也不應該將研究結果

表 6-1 質性研究抽樣策略之類型

抽樣策略類型	目的
最大變異數策略	尋找研究現象的變異模式；加入差異大的現象，可以跨越各種不同現象或個體的主題。
同質性策略	研究目的非常聚焦、單純；在特定情境中對某些社會過程進行詳實調查。
關鍵性策略	主要在尋找邏輯推論；選擇的個案顯示現象或情境方式引人注目，或在研究過程具有重要地位，可供關鍵性的認識。
理論策略	找尋理論建構之內涵；從理論概念中找出最適切的個案及呈現個案的差異性，增加理論比較的可能。
符合或不符合個案之策略	深一層次分析尋找變異之個案。
滾雪球策略	由知情熟悉人士進而推薦可提供豐富資訊的人。
極端個案策略	主要以探討不尋常個案為目的；檢視例外或極端現象或個案，可加強對現象的了解。
典型個案策略	主要在探討一般狀況；可以透過正常或平均的個案，針對特點詳實分析。
深入性策略	主要目的在尋找特殊個案能提供深入性的分析；對最具代表主題現象的個案進行檢視，深入了解現象之意義。
具政治意涵之個案	可以取得所預知資訊，但同時也可以避免不要之結果。
隨機策略	當立意抽樣所選擇之樣本仍然過大，此時可進一步使用隨機抽樣。
分層策略	從主團體中再區隔次團體，針對次團體收集相關資訊；選擇特定現象呈現變異的團體，每個團體內具有高異質性的群體。
符合標準策略	針對符合各種標準者確保其品質。
機會策略	隨著機會引導而發展。
混合策略	同時運用三角檢定或彈性原則，以達到多元需要之目的。
方便策略	研究者為了節省時間、金錢而使用此一策略。

推論到研究現象的母群體。

四、階段四：資料收集

當研究者已經決定好研究單元，進一步要思考的就是如何著手進行資料的收集。對質性研究者而言，進入研究場域可以收集的資料的確是相當多，不過哪些資料是重要且需要收集的，對研究者（特別是入門者）而言，可說是一大考驗了（Tutty et al., 1996, p. 51）。許多人可能誤認為質性研究的資料收集方式，就只有深度訪談法（in-depth interview）而已，事實上，質性研究資料收集的方法可說是相當多元。務實的說，由於研究者在進行深度訪談過程，必須與研究場域及對象產生互動關係，而透過這種互動過程進行有關現象之觀察。研究者為了增加資料收集的精確性，在整個研究過程可能以錄影或錄音方式加以詳實記錄；然後，再將這些記錄進行轉譯分析。所以 Miller 與 Crabtree （1992）就將質性研究之資料收集方式區分為「訪談」、「觀察」和「文本」三種方式。

到底研究問題與資料收集方法有什麼關聯？ Maxwell（1996）指出：兩者之間不僅沒有任何相似性，也沒有演繹關係的存在。對質性研究者而言，資料收集方法只是用來回答研究問題的手段而已，而不是一種研究問題的邏輯性轉換（高熏芳等譯，1996/2001，頁 110-111）。所以無論研究者是運用深度訪談或參與觀察法，都必須要盡可能的設想資料收集的方法，可能會對研究情境或研究者產生什麼影響？被研究者將會如何理解研究問題，及可能對研究問題產生什麼反應？換句話說，質性研究者必須面對如何確保研究結果與詮釋是值得信賴的。

任何質性研究者都必須要誠懇面對上述問題，並思考如何提高研究資料的可信度與研究結果的真實性。研究者也可以彈性運用下列幾種策略，來提升研究資料與研究結果的可信度（王文科、王智弘，2010；Ary, Jacobs, & Sorensen, 2010; Bauer & Gaskell, 2000; Creswell & Poth, 2017; Gay, Mills, & Airasian, 2009）：

1. 三角測定

運用不同的資料收集方式或來源，收集與研究問題有關資料，讓研究的結果能呈現較完整圖像，並能提供複核資料作用。

2. 自我反思

在資料收集過程，研究者必須不斷反省所選擇的資料收集方法，可能對研究場域或對象產生什麼樣的衝擊或影響，及不斷反省自己所見與所思，避免偏見或本位的證據，影響研究結果的詮釋。

3. 否定證據

研究者必須透過辯證法不斷提醒自己，是否有否定的證據足以推翻自己目前的假設或所建構的概念。這種方式也是用來降低研究者偏見的策略，負向個案可以幫助檢查矛盾或不一致的資料，讓研究者得以修正假設或結果的詮釋。

4. 延長資料收集時間

延長資料觀察與收集的時間，讓研究者可以發展出對研究資料較適切的解釋。

5. 同儕諮詢

透過專業同儕的諮詢與討論，增加對資料的洞察力。

6. 成員查核

透過研究參與者對於研究結果詮釋的回饋，提供評述意見，確認研究結果詮釋的適切性。

五、階段五：資料分析

質性研究必須決定如何進行資料分析，但是，質性研究的資料分析是獨立於其他步驟的。讀者千萬要記得，質性研究的資料分析工作，絕不可以留待研究最後階段才進行，否則堆積如山的資料將使分析工作益形困難。通常有經驗的質性研究者，都會在完成每一筆訪談及觀察工作之後，就對資料進行分析工作。雖然，許多質性研究者認為資料分析應獨立於其他步驟，不過對質性研究而言，資料分析是關鍵，且關係著其他階段的設計。

質性研究資料分析往往隨著研究者運用的典範不同或個人風格不同而有異，Miller 與 Crabtree（1992）將質性研究的資料分析分為：統計式分析（quasi-statistical analysis）、編輯邏輯分析（editing analysis）、樣板式（template analysis）、融入／結晶式之分析（immersion/crystalization analysis）等四大類型（引自胡幼慧、姚美華，2008）。

在質性分析的階段，第一步研究者要將不同方式所收集到的相關資料，轉譯成文本資料，以便研究者進行下一步的資料分析工作。然後，再運用備忘錄、譯碼、語意分類策略及情境策略，交互運用於分析工作上。所謂「備忘錄」是研究者在資料分析時，應該不時撰寫備忘錄，備忘錄不僅能幫助研究者捕捉分析時之想法，同時也可以進一步刺激思考。所謂「譯碼分析」是研究者打破既有的規則，將資料重新分類，以便在不同類別中可以進行比較，從而發展出理論概念。「情境策略」則是根據情境來了解資料，並將資料中相關要素給予串連，最後發展出一整體的關係（高熏芳等譯，1996/2001）。

六、階段六：研究報告撰寫

質性研究報告不要留到最後階段才開始構想；基本上，質性研究的資料分析和收集，可以說是同時進行的工作。質性研究之所以引人入勝，主要是因為研究者有機會成為一位有創意的人；不過，創意除了來自研究者本身對質性研究濃厚的興趣之外，同時也必須根據經驗資料為基礎來發展其創意。

質性研究報告的撰寫，不像量化研究充滿數字和資料，報告正確性的重要往往遠超過易讀性。相較於量化研究，質性研究報告的撰寫，可以被比喻為一種創作過程，研究者如何撰寫一份有趣的研究報告，讓讀者不僅讀起來有趣，又符合實際經驗，同時也具有理論與實務貢獻，無疑是對研究者研究功力的大考驗。

肆、結論

質性研究的研究設計彷彿是一座橋，在研究問題與研究結論間，架起一座溝通的橋梁；而這道溝通橋梁，往往是決定研究品質及研究結論的可信度與真實性的關鍵。有別於量化研究取向的研究設計，質性研究者在整個研究過程中，採取較開放、具彈性的方式，在幾個研究步驟中來回穿梭，直到研究者深刻的感受到資料已經飽和了，對研究的現象也有了全貌式理解為止。在這一章中，我們有機會對質性與量化研究設計的理論類型，進一步做比較與釐清，進而透過互動式觀點，說明目前經常運用於質性研究過程之三種類型。最後，筆者再進一步綜合整理質性研究的觀點，說明質性研究設計的步驟，及研究者在不同步驟可能面臨的問題和可能的處理策略。

Chapter 7

深度訪談法

討論質性研究方法時，許多人都會自然而然就想到深度訪談法（in-depth interview）。不可諱言的，深度訪談法是質性研究中較常被用來進行資料收集的方法；不過，這並不表示質性研究方法就只有深度訪談法而已。許多研究者在選擇研究方法時，經常都會將研究方法窄化為資料收集的方法；事實上，每個研究方法背後都隱含著特定的哲學思維。研究者在選擇研究方法，以便對研究的現象進行探究時，都必須將研究問題與研究方法的哲學思維緊緊扣連，否則就會讓讀者質疑：為什麼要用質性研究方法而不是量化研究方法？或為什麼要用深度訪談法而不是參與觀察法？在本章中，首先，將簡單介紹訪談法的發展歷史；其次，說明深度訪談法的意義與特質；進而，從訪談法的多元類型，說明如何將深度訪談法運用於質性研究的資料收集過程；最後，深入探討深度訪談法在實務運用的議題與考量。

壹、訪談法的歷史發展

「訪談」（interview）絕對不是二十世紀工業科技時代的產品，它的存在可以追溯到古埃及時代。在古埃及時代，當局者就懂得運用訪談來進行有關人口調查（Babbie, 1998）。然而，訪談成為行為與社會科學研究中社會調查（social survey）的主要資料收集的工具，卻是在十九世紀後期以後的事了。Charles Booth 在 1886 年運用結構式訪談，對倫敦區域的勞工進行經濟與生活現況的調查；之後，更有許多研究者開始追隨 Booth 的腳步，陸續運用結構式訪談來進行研究資料之收集，這才真正奠定了訪談法在行為與社會科學研究中的地位。

1920 年初期，美國社會學家在芝加哥都會區域，開始人類學的區域研究。在當時，芝加哥學派的社會學者主要是結合觀察、文件檔案與訪談三種方法，來進行都會區域生態的研究（Fontana & Frey, 1998, p. 48-49）。到了二次世界大戰期間，訪談法進一步被大量運用在臨床診斷與諮商輔導的工作，當時美軍雇用了許多社會學者，透過訪談法來了解在前線作戰軍人的心理健康與情緒狀態（Fontana & Frey, 1998; Neuman, 1997）。二次世界大戰結束之後，這種強調深度訪談的研究方法也逐漸被淡忘了，反而是以量化為主的調查研究方式，快速的取代了訪談法成為社會學主流研究方法。約莫到了 1980 年左右，這種質性研究導向的深度訪談法，因緣際會之下才再度被行為與社會科學研究社群接受（Liamputtong, 2009）。

通常，人類學的民族誌是結合訪談及參與觀察法，對所探究的社會文化現象進行資料收集的工作。深度訪談法在行為與社會科學研究的發展歷程，能從被接受到被拒絕，最後又回到廣泛運用的事實，人類學家可說是提供了最大的貢獻。然而，1990 年代左右，由於受到了後現代思潮的影響，使得人類學的研究取向明顯有了很大的轉折。人類學家在進行研究過程，也開始理解到研究者與研究對象的互動關係，可能進一步影響研究對象的行為反應或甚至對行為的詮釋，所以開始對研究者的角色有許多反省思考，並對研究資料的再現方式有不同的觀點（Fontana & Frey, 1998; Marcus & Fischer, 1986）。

貳 訪談的意義與特質

在日常生活中，最常被用來了解周遭世界的方法，就是觀察、聆聽和接觸，而訪談就是在創造一種情境，讓研究者可以透過口語雙向溝通過程，輔以聆聽與觀察，共同建構出社會現象的本質與行動的意義，進而透過詮釋過程，將被研究的現象與行動還原再現。在日常生活中，談話的形式無所不在；然而，不一定所有的談話形式都是具有特定目的，舉例來說，與鄰居相遇的閒談，可能就是漫無目的的談話而已。

一、訪談的意義

「訪談」到底是什麼呢？訪談是由英文 interview 翻譯而來。就助人專業而言，「訪談」就是「會談」，或稱為「協談」、「面談」或「晤談」，所謂會談就是針對特定目的所進行面對面的交互談話（face to face interview）的方式，在這裡所指涉的談話與日常生活中的閒談是有明顯的區別（潘淑滿、蔡青墉、楊榮宗，2000）。根據《社會工作辭典》（蔡漢賢主編，2000，頁572）的定義：「會談是指社會工作專業服務的一種具體程序，透過社會工作者與案主之間面對面的語言和非語言之溝通，表現其專業服務活動。」換句話說，會談是一種有特定目的的談話，而談話的目標必須是參與訪談過程的人都可以接受的。參與訪談的人透過口語與非口語的溝通方式，彼此之間相互交換思想與態度。

Crabtree 與 Miller（1999）強調質性研究的訪談是一種「對話之旅」，在對話過程中，研究者（或訪問者）與受訪者是一種夥伴關係，透過語言與非語言的溝通和情感的交流，達到對話的目的。所謂「夥伴關係」是指：在訪談過程中，研究者（或訪問者）與受訪者是基於「平等」的立場，積極參與談話溝通，在整個對話過程中藉由雙向的互動，達到共同建構現象或行動的意義（黃惠雯、童琬芬、梁文蓁、林兆衛譯，1999/2002；鈕文英，2020；Holstein & Gubrium, 1995）。因此，質性研究的訪談，又稱之為「深度訪談法」。

基本上，質性研究的訪談是一種有目的的談話過程，在訪談過程，研究者與受訪者基於平等關係，並透過積極傾聽與提問，針對探究議題的經驗與觀點進行雙向交流及互動，透過談話過程，研究者（訪問者）進一步了解受訪者對問題或事件的認知、看法、感受與意見；雖然訪談過程是根據訪談大綱提問，但是強調開放與彈性，所以研究者可以視訪談情況進行提問的調整（范麗娟，1994；鈕文英，2019；黃瑞琴，1999；Berg, 1998; Fontana & Frey, 1998）。

如果訪談是一種對話之旅，那麼對話過程必然是由特定的情境脈絡所建構而成。基本上，任何一個情境脈絡，必然是由不同的人、事、時、地、物等五個因素組合而成。所謂「時、地、物」是代表訪談過程的情境脈絡，這些情境脈絡包括有形與無形的物理環境。所謂「人」是表示參與訪談過程相關的人物，通常包括研究者（或訪問者）與受訪者。所謂「事」則是指訪談過程的訊息傳遞內涵，通常訪談過程的訊息傳遞包括語言和非語言兩種訊息符號的傳遞。

雖然，質性研究的訪談與助人專業的會談，兩者之間頗為相似，但是，仍有必要做進一步的釐清，以免造成質性研究初學者的困惑。大致而言，從事臨床工作者如：社會工作師、精神科醫生、心理師、諮商師或輔導員等，大都會是良好優秀的訪談者；不過，質性研究的訪談遠比助人專業的會談要來得開放（openness）。Dobbert（1982）就指出：「因為研究者的目標是在發現現象或行為的模式，而不是為問題尋求答案，所以研究者不能像會談者一樣，將訪談的內容直接導向問題本身……問題不是如何與受訪者談話，而是如何傾聽受訪者的談話內容。」（引自 Gilchrist, 1992, p. 80）

通常，在助人專業的會談過程，助人工作者往往是會談的關鍵人物，由助人工作者主導談話內容，透過會談過程來詢問問題，並經由案主所提供的答案及其他訊息，作為綜合判斷的依據。不過，質性研究的訪談卻比較強調「聽」（listening）的重要性。換句話說，雖然「問問題」的談話技巧很重要，但是一個好的訪談者不僅要懂得問問題，更要能扮演一位好的傾聽者，傾聽受訪者的回答。

在此，絕無意貶低「問問題」在質性研究訪談過程中的重要性，不過，助人工作者與質性研究者對訪談的問問題，的確有著明顯的不同。助人專業工作者是透過會談過程的問問題，來達到收集有關資料，作為疾病診斷或問題評估的依據。然而，質性研究者卻是透過訪談過程的問問題，來幫助自己對受訪者所處的社會文化情境有深入的理解，對研究的現象或行動有較全貌式的了解。行為的模式是在資料收集之後，從資料歸納、對照過程，逐漸浮現出行為的模式，而不是研究者預先設定好的（郭昭吟、尹賢琪、李宜昌，2016；Kristensen & Ravn, 2015）。

簡言之，訪談法是質性研究最主要的資料收集方法，基本上，深度訪談法就是研究者運用口語敘述的形式，針對特定對象收集與研究有關的資料，以便對研究的現象或行動有全貌式了解。在訪談過程中，研究者必須創造出一種自然的情境，讓受訪者在一種被尊重與平等的互動關係中，進行雙向式溝通與對話；而研究者必須本著開放的態度與彈性的原則，讓受訪者能夠針對研究議題，充分表達自己的看法、意見與感受。一位好的訪談者，不僅要像助人工作者一樣懂得問恰當的問題，同時也要懂得傾聽，從傾聽過程收集豐富的資料，以便作為研究現象或行動的再現。

二、訪談的特質

訪談的本質是假設每個人對於自己的生活世界都具有基本知識，可以透過口語敘述方式展現，訪談的目的就是要從受訪者的角度，聚焦在訪談議題，透過對話過程獲得豐富資訊（Liamputtong, 2009）。Taylor（2005）更進一步指出，質性研究的深度訪談就是透過局內人觀點，探索自己的或熟悉的生活經驗，並運用參與者的話語，捕捉日常生活社會世界的觀點、感受與經驗，整個訪談過程涉及意義創造。

綜合上述對於訪談的定義，歸納質性研究的訪談法具有下列幾項特色：

（一）有目的的談話

質性研究的訪談與一般閒談或談話不同，它是研究者根據某一特定研究目的，所進行的語言與非語言的溝通過程，透過溝通過程來收集相關資料，以便探究研究的現象或行動之意義。

（二）雙向交流的過程

訪談是訪談者與受訪者根據某一特定議題，進行語言與非語言雙向交流的過程；在訪談過程中，訪問者與受訪者透過不斷的互動，共同建構出對研究現象或行動意義的詮釋。

（三）平等的互動關係

質性研究的訪談工作大多是在一種自然情境中進行，與助人工作的會談最大的不同是，質性研究者與受訪者的關係是建立在一種平等的基礎。由於訪問者並沒有握有決定受訪者權益的權力，所以在整個訪談過程中，受訪者可以根據個人意願決定接受或不接受訪談，同時也可以根據自由意願決定表露多寡。

（四）彈性的原則

質性研究的訪談工作非常重視彈性原則，強調研究者在整個訪談過程中，必須根據訪談的實際狀況，對訪談的問題、形式或地點做彈性調整。

（五）積極的傾聽

當研究者透過訪談方式來進行資料收集的過程，聽是要比說來得更為重要。所謂「聽」就是「傾聽」，傾聽是指研究者積極融入受訪者的經驗中，感同身受同理受訪者的感覺。對質性研究而言，訪問者在訪問過程所提的問題，一來只是一種引導談話的潤滑劑，二來則是要幫助訪問者能夠深入了解受訪者的社會文化背景，絕對不是為了獲取答案而提問題，反而是用心的傾聽受訪者在談話過程中，到底說了什麼內容及如何表達，才是訪問者應該關心的重點。

（六）了解個人感受、經驗與認知

研究者透過訪談方式來進行資料收集的過程，可以透過訪談來了解受訪者個人的感受、經驗，及對特定事件的認知。

三、訪談的考量

既然，訪談法是質性研究過程最常用來收集資料的方法，那麼訪談的運用也必須考量一些因素（林金定、嚴嘉楓、陳美花，2005；林意玲，2003；郭昭吟等人，2016）：

（一）研究者是否運用受訪者熟悉的語言來進行訪問工作？

舉例說明

研究者前往其他國家收集資料或以移工／移民為受訪者時，若研究者和受訪者使用語言不同，訪談過程最好要有通譯隨行，但是訪談前，須與通譯充分溝通，了解研究目的與訪談問題，請通譯準確翻譯，翻譯過程不要加入自己的情緒、評論或意見。另外，若受訪者平日是以閩南語為溝通媒介，那麼研究者或訪員也需要具備閩南語溝通能力。

（二）訪談的內容是否爲受訪者所熟悉的主題？

舉例說明

質性研究受訪人數通常不是很多，邀請受訪者時，必須思考誰是最適合回答研究議題的受訪者，誰能提供適切的、豐富的資訊；除此之外，也須考量訪談問題是否為受訪者所熟悉的主題。訪談時，盡量以受訪者熟悉的主題為主，透過直接互動、溝通方式收集資料，避免從相關人間接收集資料方式獲得資訊。

（三）研究者是否以適合受訪者溝通的形式來進行訪談？

舉例說明

訪談形式很多元，包括：面對面、電話或線上訪談等，研究者最好是運用面對面訪談進行相關資料收集，但因應情境而有彈性考量。對於熟識的受訪者，或許也可以變通採取線上或電話訪談；對於較不熟識的受訪者，還是建議運用面對面訪談收集資料。訪談過程，問問題的原則，可以透過下列幾種方式詢問，包括：為什麼？何以見得？如何能證明？有什麼證據或數據？為什麼會有這種感覺或發生什麼事讓你有這種感覺？這個事件還可以問誰？等等。

（四）訪談情境是否影響受訪者的回答（如有所保留或轉移話題）？

舉例說明

訪談時，受訪者的情緒可能會受到環境或突發事故影響，影響回答意願，所以研究者必須能掌控現場氣氛，傾聽也變得非常重要。訪談過程必須專注傾聽才能聽到別人聽不到的聲音，並聽到弦外之音，例如，受訪者經常會說那不是我說的，而是某某人說的，這些其實都是間接說明受訪者的看法與意見。因此，訪談過程中研究者要專注傾聽，同時也要邊聽邊記錄重點，才能歸納問題，並聽出哪些問題可以繼續追問，不輕易滿足於受訪者的答案，要不斷從大問題問出小問題。

參、訪談法的類型與問問題類型

談話是日常生活中最普遍的人際互動形式。當然，談話可以是隨興的，也可以是正式的；談話可以是以結構方式進行，也可以是以非結構方式進行；談話可以是面對面的，也可以不用透過面對面（如：電話或線上）的方式來進行；談話可以是兩個人的對話，也可以是兩個人以上的對話關係；談話可以是談過去經驗，也可以是談眼前或當下的經驗，所以訪談的類型，往往因為研究目的、訪談人數或方式，呈現多元的形式（鈕文英，2020；Bainbridge, 1989; Patton, 2002）。

一、訪談法的類型

在討論完訪談的定義與特質之後，讓我們進一步討論訪談法在行為與社會科學研究的運用類型。基本上，我們可以根據訪談法運用的嚴謹度與運用情境兩項指標，作為分類的參考依據，將訪談法分為下列幾個類型：

（一）訪談問題的嚴謹度

行為與社會科學研究習慣將訪談法依據訪談問題設計的嚴謹度，劃分為三種類型（Babbie, 1995; Berg, 1998; Fontana & Frey, 1998; Liamputtong, 2009; Tuttyet al., 1996）：

1. 結構式訪談

「結構式訪談」（structured interview）又稱為「標準化訪談」（standardized interview）或「正式訪談」（formal interview）。結構式訪談是指研究者在訪談過程，運用一系列預先設定的結構式問題，進行資料收集的工作。結構式訪談主要是建立在受訪者在訪談過程，接受類似的問題情境之刺激，使得研究者所收集的資料不會太偏離主題（Babbie, 1995; Tutty et al., 1996）。簡單的說，結構式訪談是研究者以預先設計好的問題，去了解受訪者的想法、意見和態度，並透過這種預先安排好的結構式問題及訪談標準化程序，降低可能的偏誤。

對結構式訪談而言，所有的受訪者都必須接受同樣的問題詢問，詢問問題的順序也是相同的；因此，整個結構式訪談在訪談過程，其彈性相當低。當研究者打算運用結構式訪談時，應該注意下列幾項提醒（Fontana & Frey,

1998, p. 52）：

（1）解釋研究目的時，不要太過冗長，盡量使用標準化解釋。

（2）訪談時，不要偏離研究範圍的介紹或改變問題次序。

（3）訪談時，不要因他人干擾而中斷，或訪問進行一半，改由他人替代回答問題。

（4）對於受訪者的回答，不要提供任何建議和表示同意或不同意。

（5）當受訪者對於訪問的問題有疑義時，不要過度解釋問題的意義，只需要重複問題或適度澄清即可。

（6）不要隨意增加回答的類別或改變文字次序。

當然，研究者也可以透過對下列因素的考量，逐步建構理想的結構式訪談。首先，訪談過程應注意受訪者的行為反應，盡量減少社會期待（socially desirable）對受訪者行為反應可能的影響。其次，應由研究問題與目的來考量訪問的類型，到底是採用面對面訪談或採用電話訪談來收集資料較為適當，對於訪問問題的內容與次序也應該做適度的安排。最後，訪談過程也要盡量避免因訪問的問題、問話技巧或人為因素，影響訪談的結果（Fontana & Frey, 1998, p. 53）。

下列以結構式訪談運用在「減重」研究為例，說明研究者如何建構訪談的問題（Berg, 1998, p. 60）：

（1）你什麼時候開始一天的進餐活動？

（2）每一天開始進餐時，都吃些或喝些什麼？

（3）第二次進餐約略是在什麼時候？

（4）第二次進餐時，吃些或喝些什麼？

（5）第三次進餐大約是在什麼時候？

（6）第三次進餐時，都吃些或喝些什麼？

（7）你一星期大概吃多少蛋？肉？蔬菜？麵包？甜點？水果？或喝多少牛奶與果汁？

（8）在兩餐之間，通常都吃些什麼？

對於較沒有訪談經驗的研究者而言，結構式訪談是一種相當實用的資料收集方式。透過結構式訪談，研究者不僅可以幫助自己練習訪談技巧，同時也可以作為未來發展開放式訪談之基礎。不過，結構式訪談也有缺點，當訪談者發現問題與受訪者無關時，仍必須花時間詢問，無法將這些問題自動跳過或刪除（Tutty et al., 1996）。

2. 無結構式訪談

「無結構式訪談」（unstructured interview）又稱為「非標準化訪談」（unstandardized interview）或「開放式訪談」。研究者在進行訪談過程，毋須預先設計一套標準化訪談大綱作為訪談的引導指南。結構式訪談主要的目的是強調研究者如何收集到具正確性的資料；然而，無結構式訪談卻重視如何在自然情境中，了解複雜現象或行為背後的意義（Fontana & Frey, 1998）。

無結構式訪談主要是建立在下列幾項假設：

（1）研究者無法正確掌握應詢問哪些問題，所以無法預先發展出完整的訪談問題。

（2）即使是相同的問題，每位研究者也相信受訪者對其意義都可能有不同的理解。

（3）在研究過程中，研究者可以單獨運用無結構式訪談，來進行研究資料的收集，也可以結合其他資料收集方法。當研究者對於受訪者的生活型態、宗教信仰、種族文化或習俗等不熟悉，或想進一步了解受訪者的認知與態度時，無結構式訪談是一種頗為適合的資料收集方式（Berg, 1998; Douglas, 1985; Tutty et al., 1996）。

3. 半結構式訪談

「半結構式訪談」（semi-structured interview）又稱為「半標準化訪談」（semi-standardized interview）或「引導式訪談」（guided interview）。半結構式訪談是介於結構式與非結構式訪談之間的一種資料收集方式，研究者在訪談進行之前，必須根據研究的問題與目的，設計訪談的大綱，作為訪談指引方針。不過，在整個訪談進行過程，訪談者不一定需要根據訪談大綱的順序來進行訪問工作。通常，訪談者也可以依實際狀況，對訪談問題的順序做彈性調整（Berg, 1998, p. 61-62）。

半結構式訪談假設：雖然訪談的問題相同，但由於受訪者對於問題本身的認知及個人生活經驗不同，往往導致受訪者的反應會有很大差異。半結構式訪談大綱不太像結構式訪談大綱，需要對每個討論議題預先設計非常清楚的問題，反而是以半開放方式詢問問題。對研究者而言，半結構式訪談大綱的設計只是為了要讓訪問進行得更流暢，所以在引導式問題後緊接著開放說明式問題，用以詢問受訪者的感受、認知與內在想法。

舉例說明

研究者想要了解青少年使用搖頭丸的經驗，那麼半結構式訪談大綱的設計如下：

引導式的問題：請問你曾經使用過搖頭丸嗎？
（如果受訪者有使用搖頭丸的經驗，那麼訪談者接著可以詢問）

開放說明式的問題：是不是可以告訴我那一次使用搖頭丸的經驗？

與上述兩種訪談法相較，半結構式訪談具有下列幾項優點（Tutty et al., 1996）：

（1）對特定議題往往可以採取較為開放的態度來進行資料收集工作，當研究者運用半結構式訪談來收集資料時，經常會有意外的收穫。

（2）當受訪者在訪談過程受到較少限制時，往往會採取較開放的態度來反思自己的經驗。

（3）當研究者的動機是要深入了解個人生活經驗或將訪談資料進行比較時，半結構式訪談可說是非常適合運用的方式。

（二）訪談的情境

上述是運用訪談問題的嚴謹度對訪談法加以分類。其中，半結構或無結構式的訪談，常被運用在質性研究的資料收集過程，所以質性研究的訪談又稱為「開放式訪談」或「深度訪談」。對於深度訪談法，研究者往往又可以依據訪談的情境區分為兩種類型（黃瑞琴，1999；趙碧華、朱美珍譯，2000/2000；Jorgensen, 1989; Patton, 1990）：

1. 非正式訪談

「非正式訪談」（informal interview）比較接近日常生活中的談話，通常訪談者和受訪者是在隨意、自由、開放與非指示性的情境中，來進行談話。非正式訪談經常被用在田野研究的資料收集過程，由於訪談者和受訪者有較好的互動關係，且不需要特定的文字或語意，就能掌握大致上的內容。在非正式訪談進行過程，主要由受訪者主導談話方向，訪談者只需要以表情或簡單語言反應表現出對談話內容感到興趣即可，所以訪談者需要學習如何做一個好聽眾，在訪談過程隨時表現出感興趣的樣子。在訪談過程中，訪談者可以運用下列問句作為對談話內容的回應：「怎麼會是這樣呢？」「是怎麼做到的呢？」「你的意思是這樣嗎？」

研究者在進行質性研究的初期，經常會透過非正式的談話和受訪者建立友善的關係，這些初期所收集的資料，有時候對後來的研究會有相當重要的影響，所以訪談者必須隨時問問題、聽答案，並解釋質疑的地方，如此不僅可以用來對先前問題進一步深入探討，同時也可以讓受訪者感到被傾聽與受尊重。當然，當談話內容已經偏離主題太遠時，訪談者可以有技巧地將談話方向引導到與詢問內容有關的內容。

2. 正式訪談

「正式訪談」（formal interview）是指研究者在進行訪問過程，並沒有以固定的問題作為訪談指引，每個問題都可以依受訪者特色或訪談當時的情境，彈性運用與調整。在訪談過程，訪談者宜盡量避免因引導或暗示，對受訪者產生影響；應盡量讓受訪者在自然的情境中，充分表達其看法與意見

（余玉眉、田聖芳、蔣欣欣主編，1991）。

雖然，質性研究允許受訪者用習慣用語來表達自己的觀點，且訪談過程也是多變化的，不過，沒有計畫的訪談往往會給人有種隨意的感覺，所以質性研究的訪談通常還是會經過事前的設計。簡單的說，開放式訪談雖然比非正式訪談多一點的結構，但整個訪談過程仍舊強調開放態度與彈性運用原則。

在進行正式訪問的過程，研究者應注意下列幾項工作：

（1）在訪問前，清楚正確的把預定訪問的內容寫下來。

（2）問題的用字遣辭、訪問的限制、哪些需要高技巧的訪問方法、哪些需要彈性等，都需要一一記錄。

隨著訪談過程的發展，研究者逐漸和受訪者建立較熟悉的關係，或對研究的問題有較明確的概念之後，訪談方式就會漸趨於正式。當研究焦點與研究目的較為明確時，研究者就可以依循特定的問題大綱，進行特定問題的資料收集。當然，研究經費與時間也是影響訪談內容和形式考量的主要因素。

二、問問題的類型

在運用半結構式訪談進行資料收集過程，研究者可以運用不同問題類型，進行資料收集。Patton（2015）將訪談問題區分為六種，研究者可以透過這六種問題，收集受訪者在不同時間點（過去、現在及未來）的感受、反應、觀點、認知與態度等，包括：（1）經驗或行為問題；（2）觀點或價值問題；（3）感受問題；（4）知識問題；（5）感覺問題；（6）背景問題（引自鈕文英，2020，頁 213）。

Liamputtong（2009, p. 46-49）更進一步指出，研究者可以依據研究過程的需要，使用不同問問題的類型：

（一）開放性問題（introductory/opening questions）

此類型問題允許受訪者在最大範圍內表達意見。

舉例說明

請您告訴我，作為一位母親的日常生活經驗。請您描述一下，貧窮的生活經驗？可否描述您成為單親母親的生活經驗？請以您自己的語言，描述您最近生病的感受。

（二）追問問題（follow-up questions）

主要目的是讓受訪者能說更多剛剛所表達的，讓受訪者能更深入闡釋自己的說法。

舉例說明

您剛剛是說，您曾經在看醫生過程有些不愉快的經驗？那現在呢？或是，之前您曾提及您不想要生小孩，可不可以談一談有關這件事？

（三）試探性問題（probing questions）

為促進受訪者進一步討論，以便讓研究者對於探究的問題有更清晰的認識。

舉例說明

剛才您談及的部分，可以多說些嗎？有關這件事，可不可以舉例說明？也可以運用一般試探性問題，如：發生什麼事？這件事情是什麼時候發生的？是怎麼發生的？

（四）特定問題（specifying questions）

主要是了解受訪者對於特定問題的回應。

舉例說明

這件事，您自己有親身經驗過嗎？

（五）直接問題（direct questions）

透過直接問題釐清某些問題或模稜兩可的回答，這類型問題大都是在訪談後期，當受訪者已經表達自己的意見、經驗或看法後，研究者針對重點進一步釐清。

舉例說明

您曾經經歷過社區居民對您的歧視嗎？什麼讓您不再按照自己的方式照顧寶寶？

（六）間接問題（indirect questions）

訪問過程，透過第三者了解被研究者對於事件的看法、經驗或反應等。

舉例說明

您認為社區居民會如何看待婚姻暴力的問題？您認為與您有相同處境的人也會遭遇同樣的經驗嗎？您覺得為什麼您的經驗和其他人不同？

（七）結構化問題（structuring questions）

這類型問題是幫助受訪者準備進入下一個問題，研究者應該向受訪者說明前一個問題主題已差不多完成，研究者可以摘要受訪者前面的回應。

舉例說明

現在我要進入下一個問題。或有關照顧寶寶的部分，我們談得差不多了，現在我想要談談實際養育的問題。

（八）詮釋問題（interpreting questions）

研究者問問題也可能是為了能進一步釐清對於探究議題的詮釋的適切性。

舉例說明

您覺得受到社區居民的歧視嗎？您對寶寶生病的擔心和您對丈夫的擔心是一樣的，對嗎？

（九）沉默（silence）

善用沉默的技巧，讓受訪者有足夠的時間思考，並持續談話。

肆 深度訪談法的運用

當質性研究者在透過深度訪談方式來收集資料時，研究者在訪談過程必須創造一種接近自然的情境，讓受訪者在無拘束的情境下，敞開心胸說明自己內在的想法與感受，如此才能達到質性研究的目的。完整的質性研究訪談是由一系列的步驟組合而成，這些步驟包括（高熏芳等譯，1996/2001；黃惠雯等譯，1999/2002；Crabtree & Miller, 1999; Maxwell, 1996）：

（一）發展研究主題階段

研究者必須從文獻、文化脈絡與自我反省中，勾勒研究的主題。

（二）研究設計階段

研究者必須建立抽樣策略與訪談原則，並考量研究倫理相關之議題。

（三）訪談工作之預備階段

研究者必須熟悉受訪者的語言及文化背景，透過聯繫協調取得進入研究場域的管道，並透過自我練習過程學習如何自我揭露。

（四）訪談進行階段

訪談是資料收集的主體，所以研究者必須熟悉受訪者的語言及文化，同時在訪談過程也必須要保有相當高的敏感度與察覺能力，並善用良好的訪談技巧，才能收集到豐富的敘述性資料。

既然，深度訪談是一種有目的的談話方式，要成為一位好的質性研究者，除了要具備良好的訪談技巧之外，也要在不斷嘗試錯誤中反省與學習。一個完整的訪談過程至少需要包括三個步驟：事前準備工作、訪談工作，及訪談資料的分析與詮釋。每個步驟需要準備的工作與處理的問題，包括：

一、事前準備工作

通常，在一項訪談工作進行前，研究者需要準備的工作事項包括（Padgett, 1998, p. 59-63）：

（一）確定研究者的角色與立場

訪談者有如一隻尋找獵物的老鷹，在訪談過程中會運用各種方式，盡量從受訪者那裡獲得豐富資訊。不過，這並不意味著訪談過程，研究者與受訪者是處於不對等的立場；相反的，Crabtree 與 Miller（1999）認為訪談是一種特殊的「夥伴關係」，研究者與受訪者透過溝通過程，共同建構出一種「對話」之旅。在這裡所謂「夥伴關係」，其實意味著在訪談過程中，研究者

（或訪問者）及受訪者雙方是積極參與訪談，建構現象、事件或經驗的意義的人（黃惠雯等譯，1999/2002）。

雖然，質性研究社群大多同意訪談者與受訪者是一種夥伴關係。但是，由於訪談的目的是在獲得特定現象意義的了解，在訪談過程訪談者也可能對受訪者提供情緒的支持，所以 Hutchinson 與 Wilson（1994）等人也建議，研究者（訪談者）還是應將自己定位在研究者的角色，在訪談過程扮演互補的角色，透過引導與催化技巧的運用，幫助受訪者在自然的情境中，敞開心胸、充分表達自己的內在感受與看法。

（二）決定訪談的類型與對象

深度訪談法並非質性研究的萬靈丹，訪談法對某些研究議題而言可能是非常適當，但對其他議題則並不一定那麼適合。任何一位研究者在選擇資料收集的方法時，都需要思考哪一種資料收集的方法，最適合回答研究問題。舉例來說，如果研究者想要了解被研究者的吸毒行為與頻率，那麼問卷調查可能會比訪談法適合；如果研究者想要了解被研究者在吸毒的經驗及社會烙印（stigma）感受，那麼深度訪談可能是比較恰當的資料收集方式。因此，再次提醒，資料收集方式的選擇，必須同時考慮研究者在訪談過程提出什麼問題，和這些問題會以什麼樣的形式來呈現。在確定資料收集的方式之後，接著研究者必須思考誰來接受訪談才適合（Berg, 1998, p. 64）。對質性研究而言，受訪者的挑選應該是根據研究問題及資訊的豐富等原則，來決定抽樣的方式，而不是運用隨機抽樣來找尋最具代表性的樣本。

（三）發展訪談大綱

質性研究的訪談大綱之設計是根據研究本質與目的，通常，訪談大綱的發展會包括幾個步驟：

步驟一：

大多數的學者（如 Berg, 1998）都認為質性研究者，應先列出與研究相關的領域，再根據這些領域依序發展出問題系列。舉例來說，研究者想要了解寄養家庭參與寄養服務的動機、經驗與看法，那麼研究者可以從文獻回顧與實務經驗，逐步發展出訪談的範疇（categories）。這些範疇可能包括：

1. 社會人口資料。
2. 與寄養工作經驗有關之問題。
3. 與機構互動之關係。
4. 家人涉入寄養工作的狀況。
5. 寄養工作對家人關係的影響。

步驟二：

接著研究者再根據上述五個範疇，逐步發展出訪談問題系列。舉例來說，在社會人口範疇之下，研究者可以列出有關家庭社會經濟地位、家庭人口數、家庭宗教信仰等問題。在與寄養工作經驗有關之範疇，研究者可以根據研究需要而詢問：「當時你會參加寄養服務最主要的原因是什麼？」「你曾經為了參與寄養工作，而做什麼樣的準備？」「哪一類型的寄養兒童是你比較可以或不可以接受的？」這些問題只是幫助訪談者在訪談過程，能收集到更為周延、更為適切的資料罷了。

步驟三：

當訪談的問題大致確定之後，研究者必須進一步思考訪談問題的次序、內容與句型等問題。通常，在設計訪談大綱過程，研究者必須依據受訪者的社會文化背景、教育程度，甚或年齡等因素，作為建構與修飾問題的依據；雖然如此，但是問題的描述也不能偏離研究問題的焦點。Berg（1998, p. 65-68）認為只有讓訪談大綱包含四種問題類型，才能讓研究者收集到最豐富、完整、多元的資料，這四種類型的問題包括：

1. 基本問題（essential question）

指研究最主要的核心問題，這些問題可能被擺在一起，也可能分散在訪談過程中；不過，無論研究者如何安排問題的次序，主要的目的都是在收集完整豐富資料，讓所欲探究的現象能夠清楚浮現。

2. 額外的問題（extra question）

是指這些問題與基本問題是有關的，不過訪問時使用的語言是與基本問題有些不一樣，通常會使用額外的問題，都是為了了解使用問句語言不同是否會影響受訪者的回答，或是用來檢驗受訪者回覆內容的一致性。

3. 丟棄式問題（throw-away question）

在開始進行訪談之際，經常會運用一些丟棄式問題。所謂丟棄式問題就是一些不是很重要的問題，無法透過這些問題的詢問，發展出對研究現象的了解；但是丟棄式問題經常都是被用在訪問之初，訪談者透過詢問受訪者一些社會人口資料或其他不相關的資料，作為進一步發展訪談關係的媒介。

4. 試探性問題（probing question）

此類問題主要的目的是在幫助訪談者，能收集到更完整、豐富的訊息，也就是問題本身是開放式的，有時候甚至是一種轉折問句，可引導受訪者進一步深入描述說明。

步驟四：

研究者在發展訪談大綱時，應進一步評估問題的內容與形式，可能對受訪者的回答產生什麼影響。通常，有四類型問題的影響最為嚴重，研究者應該仔細評估可能的影響為何（Berg, 1998, p. 69-70）：

1. 情感性的問題（affectively worded question）

情感性問題主要是在引導受訪者的情緒反應，雖然大多時候受訪者的情緒反應都偏向於負面的，不過研究者在設計問題時，應盡量避免可能引起受訪者負面感受的用詞，改用其他替代性用語替代之。舉例來說，詢問美國人「為什麼要這樣做？」是頗具有批判與指責之意的，所以研究者如果能以「怎麼不這麼做？」取代，則可能大大降低受訪者的防衛心。大多數學者都認為對於情感性的問題，應該盡量以中立的問題來詢問，不要讓受訪者感覺到問題已經存有明顯的價值判斷；特別是對那些社會中頗具爭議的行為，研究者在組織問題時更應該避免價值涉入。Kinsey、Pomeroy 與 Martin（1948）

就曾以「自慰」為例，作為說明情感性問句的實例說明。如果訪問者直接詢問受訪者：「你有沒有自慰的習慣？」那麼受訪者大都會習慣性的回答：「沒有。」這主要是因為社會大眾對自慰一詞，有許多負面的評價。可是如果訪問的問題改為：「你一星期自慰幾次？」受訪者往往都比較願意回答他們的親身經驗（Berg, 1998, p. 69）。因此，研究者在設計訪談大綱時，對於問句的用詞應盡量降低可能引起受訪者防衛或敵意的用詞。

2. 雙重束縛的問題（double-barreled question）

研究者在設計訪談大綱時，應盡量避免同一個問題要受訪者回答兩個議題。舉例來說，訪問者詢問受訪者：「你曾經吸食過幾次大麻？你是不是只有吃過搖頭丸而已？」如果這兩個議題都是研究者關心的議題，那麼研究者最好將問題加以區隔。

3. 複雜的問題（complex question）

談話不只是一種語言溝通的過程而已，談話同時也包含在互動脈絡中說與聽的藝術。當訪問者的問題太冗長時，受訪者可能因無法完全理解問題的含意，而只能抓到一部分問題來回答。所以對複雜的問題，研究者在設計問題時，應盡可能簡短、清晰，讓受訪者能夠針對問題有效的回答。

4. 提問題的順序（question sequencing）

在訪談過程中提問題的順序，很明顯的會影響到資料收集的結果。通常，溫和的或沒有威脅性的問題，如：社會人口問題都會被安排在訪問之初。由於這些問題對受訪者而言，是簡單而沒有威脅性的，可以幫助訪談者用來發展良好的溝通關係。當關係建立之後，再進一步詢問較為敏感、隱私或複雜的問題。

基本上，質性研究的訪談大綱，都是由密切相關的定義與開放式的問題所組成。訪談大綱問題設計是由自傳性的問題開始，這些問題需要簡短、結構式及直接的答案，不過，卻可以達到七種功能：（1）建立訪談風格；（2）建立關係；（3）喚起記憶；（4）建立溝通的橋梁；（5）分配權限給受訪者；（6）提供分析脈絡資料；（7）為主題式研究問題編織談話脈絡（黃惠雯等譯，1999/2002，頁 104）。通常，初步引導式談話約 1 至 20 分鐘，但是主要的目的卻是試圖引出對於人、行為、時間、目標、期望、動機和經驗的理解與感受（Crabtree & Miller, 1999）。

（四）預備訪談

一旦選擇好訪談對象與設計好訪談大綱，在進行訪談工作之前，研究者必須盡量認識訪談的情境與受訪者，並對訪談角色進行揣摩與練習。在到達訪談場域之前，研究者更需要再一次檢查訪談所需之設備，包括：訪談大綱、錄音機、知情同意書、記錄工具和其他。

二、正式訪談工作

一旦開始進行訪談工作，研究者必須努力讓訪談進行流暢，並讓受訪者保持敘述故事的能力。在訪談過程，研究者可以透過傾聽、同理、客觀、幽默、表達感興趣、尊重、語言與非語言的回應、摘要、引導、澄清與問問題等，幫助整個訪談進行。質性研究訪談工作像是一種對話之旅，目標是在尋找對社會現象或行為的意義更深層的理解。雖然，在整個訪談過程，研究者積極、熱情的投入對話過程，不過研究者必須懂得把自己放在一邊，一如現象學所言「放入括弧」，先讓自己存而不論，如此才能真實的體驗現象的經驗與意涵。

Gordon（1975）認為好的質性研究訪談工作者，必須降低一些會阻礙提供資訊意願與動機的因素，對訪談可能造成的影響與限制。這些因素包括：（1）對抗時間的要求；（2）自我威脅；（3）禮貌；（4）痛苦事件的回憶（引自黃惠雯等譯，1999/2002，頁 110）。並不是所有的訪談工作都能順利進行，研究者必須要能夠靈活運用不同技巧，來回應不同形式的抗拒。例如：如果受訪者迴避問題或對問題沉默以對，那麼研究者可以委婉改變主題或反省式探討。如果受訪者正在回想模糊的經驗、感受或記憶時，研究者可以運用鼓勵的方式，讓談話更順暢。

在訪談過程，研究者必須做簡短的田野摘要記錄。這些記錄必須包括：

對受訪者的觀察、對周遭情境的觀察、對訪談內容與過程的觀察。當正式訪談結束、且研究者停止錄音之後，需維持約五分鐘左右的後續訪談接觸，這時研究者可以警覺是否有新的資訊出現。

三、訪談資料分析與詮釋

（一）訪談資料分析

對質性研究而言，研究者是最主要的研究工具，不過在資料收集過程，研究者往往會對訪談進行全程錄音工作。通常，在訪談工作進行之前，研究者必須對受訪者說明錄音的必要性及研究倫理的考量，在取得受訪者的同意之後，才能對訪談進行全程錄音。對質性研究者而言，研究過程所收集到的任何資料，都必須轉化為文本資料，才能進一步作為資料分析與詮釋。換句話說，任何透過訪談過程所收集的錄音檔，都必須透過轉譯過程，才能將錄音檔轉化為文本逐字稿；然後，再透過研究者本人或輔以電腦軟體的運用，進一步對文本資料進行資料的分析與詮釋。

這裡必須要提醒從事質性研究的工作者，任何資料分析的工作，絕對不可以等到資料收集完畢之後，才開始著手進行分析。質性研究是採取迴遞式研究設計方式（請參考第六章〈質性研究之研究設計〉），資料收集與資料分析往往是同時進行的；因此，研究者必須在進行研究之初，就清楚界定到底要用何種資料收集與分析的策略，來進行相關資料的收集與分析。通常，質性研究的資料分析策略有三種：

1. 分類分析法（categorization）：是指研究者根據資料的類別屬性，對研究所收集之資料加以分類。
2. 描述分析法（condensation）：是指研究者主要是運用文本資料，對研究的現象之本質進行有系統的描述。
3. 敘說分析法（narrative）：指研究者對研究資料的分析與詮釋，是根據研究現象與現象間之關係的脈絡，作為資料分析的基礎。

訪談錄音檔的轉譯工作是一件勞力密集的工作，相當耗時與耗力。一般而言，一個小時的訪談錄音檔，約需要用六到八小時左右的時間來進行轉譯，所以研究者可以據此預估，在資料收集的過程可能需要耗費的時間是多少。雖然，許多研究者本身未必是訪談者，而訪談者也未必是逐字稿的轉譯者，這些因素往往都可能影響研究結果的可信度與可靠度；所以，如果可以，研究者最好能夠親自進行訪談與逐字稿轉譯的工作，才能掌握資料的收集是否已經到了飽和程度。

至於，訪談錄音是否要進行逐字轉譯或摘要式的轉譯，當然是取決於研究目的和研究經費的多寡。不過，摘要式轉譯在資料轉譯過程中，往往因為逐字稿轉譯者對問題的認知與重要性的判斷不同，導致許多重要的訊息流失；因此，我建議研究者應該盡量採取逐字轉譯的方式。

（二）訪談資料詮釋

Kvale（1996）認為將深度訪談法運用於研究過程，應包括下列幾項程序：（1）尋找研究主題（thematizing）；（2）研究設計（designing）；（3）訪談（interviewing）；（4）轉譯（transcribing）；（5）分析（analyzing）；（6）意義化（verifying）；（7）報告撰寫（reporting）等七個步驟。對質性研究而言，這七個步驟並非獨立進行，而是不斷反覆進行的。深度訪談法既然是訪問者與受訪者透過雙向互動過程，達到對研究現象的意義建構的過程，那麼深度訪談法就好比是旅行，當旅人進入每一個旅站時，就會和旅站的人物風光產生互動關係。在互動關係中，旅人以自己的價值觀，融入了當地的社會文化觀點，重新理解這些旅站風光，所以旅人對旅站的了解與詮釋，其實是兩者互動之後所創造出來的成品。而質性研究者對訪談文本資料的詮釋，一如旅人對旅站風光的理解與詮釋。

伍 結論

深度訪談法經常被等同於質性研究方法，事實上，質性研究的資料收集方法是非常多元的。到底研究者應該如何才能為研究選擇適當的研究方法呢？這恐怕需要研究者本身仔細思考：「在這個研究中，我想要探討什麼樣的社會現象？」「在這個研究中，我想要回答什麼樣的問題？」「這個研究的研究動機與研究目的是什麼？」除此之外，研究者在選擇研究方法時，也需要考量研究對象的可近性，及研究經費的多寡與研究期間的長短。

通常，當研究者想要深入了解被研究者的內在世界，或被研究對象對事件的看法、感覺、認知或意見時，那麼質性研究的深度訪談就是頗為適當的資料收集方法。深度訪談法可被界定為：在自然情境下，研究者與被研究者透過雙向溝通的互動過程，收集有關口語與非口語的訊息，以便深入式全面理解研究的現象。許多質性研究者將深度訪談法視為是一種對話的歷程，在這種雙向交流的互動過程中，研究者與被研究者是建立在一種平等的夥伴關係，並透過積極傾聽和融入，與被研究者的經驗世界產生互動關係，才能深入理解被研究的現象。

雖然，深度訪談法是質性研究方法中，最廣泛被運用來作為資料收集的方法，不過，要做好優質的深度訪談工作，卻也非容易之事。其實，「談話」本身就是融合了個人特質、價值取向、態度與生活經驗。「談話」是一種綜合展現，需要研究者對研究現象有某種程度的了解，也需要研究者對研究對象有所熟悉，更需要研究者以開放、同理和積極傾聽的態度來參與談話過程，所以要扮演一位良好的談話者，確實是不那麼容易的事。在訪談過程中，研究者必須要敏感察覺這些可能影響研究品質與結果的因素，並且透過不斷的自我反省與批判，讓研究的結果與研究的詮釋是值得信賴的（trustworthiness）。當然，質性研究的入門者，也可以透過參與相關研究的過程，及增加自己在日常生活中對周遭事物的敏感度與觀察力，提升自我對深度訪談的了解與運用的能力。

Chapter 8 焦點團體訪談法

在第七章中，已經為大家介紹了質性研究方法中，最常被運用於資料收集的方法——深度訪談法；緊接著，在這一章中，要介紹另一種訪談法的運用方式，那就是焦點團體訪談法。焦點團體訪談法被運用在行為與社會科學研究的領域，大約有七十年之久了。初期，焦點團體訪談法主要是運用在市場行銷領域的研究；後來，逐漸被運用在其他行為與社會科學如：教育、社會工作、婦女健康與護理等領域的研究。在本章中，首先，將先界定焦點團體訪談法的意義與特質；其次，依團體訪談法實際運用分類；進而，說明團體訪談法運用之技巧與適用情境；最後，提醒研究者在分析焦點團體訪談文本資料時應注意事項。

壹、焦點團體訪談法之意義與特性

「焦點團體訪談法」（focus group interview）又稱為「焦點團體法」（focus group）或「焦點訪談法」（focused interview），行為與社會科學習慣以「焦點團體」取代「焦點團體訪談法」。到底什麼是焦點團體訪談法？焦點團體訪談法又具有哪些特質？以下將逐一說明。

一、焦點團體訪談法之意義

什麼是「焦點團體訪談法」呢？就字面意義解釋，焦點團體訪談法就是研究者將訪談法的技巧，運用在團體的情境，並透過團體互動（interaction）與討論（discussion）的過程，來達到研究資料收集的目的（胡幼慧，1996；張英陣、彭淑華，1996；劉唯玉，1991；Morgan, 1997）。Krueger 與 Casey（2009）指出：「焦點團體是運用訪談來收集資料，有別於個人訪談，主要差異在於訪談人數，同時受訪者超過一人，大多數情況至少需四人。」（引自鈕文英，2020，頁 220）Ryan、Sheedi、White 與 Watkins（2015）指出，焦點團體訪談法是透過催化團體成員互動與討論的過程，收集團體成員對於特定議題的意見、信念、看法與態度，同時也經常被運用來探討對於產品或服務品質的回饋與意見。

Berg（1998）認為焦點團體訪談法主要是研究者透過團體訪談的方式，同時針對數位受訪者進行訪談；在整個訪談過程中，研究者主要是扮演中介者、引導者與調節者（moderator）的角色，催化團體成員透過互動與討論過程，以便收集團體成員的談話內容。焦點團體能在短時間內針對探究的議題收集大量語言及非語言資料，除了個人觀點之外，也能透過與參與者互動交流過程產生不同觀點。換句話說，焦點團體也具有參與觀察特性，在團體訪談過程同時可以觀察參與者的互動；和參與觀察法（詳見第十二章）最大不同，在於焦點團體是針對特定議題討論，但參與觀察法是在自然情境中進行社會互動與現象發展的觀察（魏惠娟，2004）。

Carey（1994）在 The group effect in focus groups: Planning, implementing, and interpreting focus group research 一文中，對焦點團體訪談法也提出相當明確的定義，強調焦點團體訪談法是：「由一位主持人扮演中介者或緩衝者的角色，在非正式的情境中，透過半結構的團體討論方式，針對預先被設定的議題進行討論，以便收集與研究目的有關之資料。雖然，在焦點團體互動過程中，可能會提供資訊或社會支持，但是，焦點團體最主要的目的，並不是在提供團體成員教育或情緒性支持；相反的，焦點團體主要的目的在收集與

議題有關的個人經驗或信念。」（p. 226-227）

雖然，Carey 已經提供相當明確的概念，不過從上述定義中，我們仍然無法清楚理解焦點團體的形式與內涵為何。Stewart 與 Shamdasani（1990）兩人在《焦點團體：理論與實務》（*Focus Group: Theory and Practice*）一書中對焦點團體的詮釋，進一步釐清了上述不足之處，他們指出：「焦點團體其實就是指一種團體訪談的方式，焦點團體通常都是由大約八到十二位的受訪者所組成，這些成員在團體中，往往在團體主持人的催化之下，針對特定議題，進行約一至二小時的互動式討論。」（p. 10）

從上述幾位國內、外學者對焦點團體訪談法的定義中，我們可以歸納出焦點團體訪談法與深度訪談法最大的差異，在於前者是以小團體成員彼此之間的互動與討論，共同激發出來的意見，作為研究資料收集的方式；後者研究資料的來源，主要是來自一對一的談話內容與互動關係。雖然焦點團體訪談法已被廣泛運用於行為與社會科學研究領域，但是 Greenbaum（1998）也注意到，對許多研究者而言，「焦點團體訪談」一詞往往具有不同的意涵。

綜合上述，焦點團體訪談法是指研究者將深度訪談法運用於小團體的過程。在焦點團體進行過程，團體主持人未必是研究者本身，主持人必須要具備有豐富的團體動力知識與主持團體的經驗，並對研究議題有充分的了解，才能扮演好團體主持人的角色。在焦點團體進行的過程中，主持人扮演的角色是調節者，也是催化者，催化團體成員針對團體討論的議題，充分表達自己的看法與意見。在焦點團體中收集到的資料，是團體成員互動與腦力激盪的結果，而非個人之意見或觀點。

二、焦點團體訪談法之特性與優缺點

（一）焦點團體訪談法的特性

國內外學者根據焦點團體訪談法的定義，歸納出焦點團體訪談法具有下列特性：

1. Vaughn、Schumm 與 Sinagub（1996）

（1）焦點團體訪談法的團體是由非正式的團體成員所組合而成的組合體。

（2）在團體中，主持人的角色主要是要求參與團體的成員，必須針對預先設定的議題，表達他個人的觀點與意見。

（3）通常焦點團體訪談法的團體，往往都是由八到十二人不等的成員所組合而成。

（4）團體互動過程，主要是由一位受過團體動力訓練的主持人，針對研究之議題，負起引導團體成員互動與討論的責任。

（5）在焦點團體討論過程，主持人主要的功能是激發參與團體的成員之觀點，並透過團體互動過程表達其感覺、態度與想法，以便能夠從團體互動過程，獲得團體成員的主觀經驗與意見。

（6）焦點團體訪談法在團體中所討論的內容，是無法產生量化的資訊，或將研究結果進一步推論到母群體。

2. Krueger 與 Casey（2009；引自鈕文英，2020，頁 221）

（1）參與者人數必須是一位以上，最少四位；以五到十人為最佳，最多不要超過十二人。

（2）研究者促使參與者們互相對話互動，收集資料之內容為團體互動建構的觀點、看法、知識。

（3）焦點團體訪談為具有團體動力的工具，不僅觀察到個別參與者口語及非口語表達，也可觀察參與者之間的互動行為。

（4）主持人主要角色是催化參與者交流與討論。

（5）焦點團體訪談次數並無標準，而是以資料飽和為主，若只是以焦點團體為研究唯一資料收集方法，至少需要三至四次焦點團體。

3. Johnson 與 Johnson（2008；引自鈕文英，2020，頁 220-221）

（1）團體是有目標的。

（2）參與者具有團體感。

（3）團體具有動機，藉由團體滿足個人需求。

（4）團體互動關係為 N（N－1）／2；N 為團體人數，因此人數愈多，成員的互動關係愈複雜。

4. 胡幼慧主編（2008，頁 186-188）

（1）焦點團體訪談法最大的特色是研究者可以觀察並與團體互動，進行資料收集。

（2）在團體互動過程，主持人可以透過催化成員參與討論，並促進「即興反應」的效果，參與者可以自由使用習慣的詞彙表達自我經驗。

（3）相較於深度訪談法，焦點團體的團體動力，往往是研究者無法主導或完全控制的，所以透過團體動力過程獲取的資料也較混亂。

許多時候，單就焦點團體訪談法本身的定義來歸納特性時，會讓經驗較少的研究者無法理解。因此，筆者進一步運用對比方式，說明焦點團體訪談法的特性。

如果將焦點團體訪談法與前一章的深度訪談法相較，我們可以說深度訪談法是研究者運用訪談的技巧，與一位受訪者，透過面對面的方式進行訪談資料收集；而焦點團體訪談法卻是研究者運用訪談的技巧，同時與數位參與者，透過團體互動過程，來達到訪談資料收集的目的。焦點團體訪談法與深度訪談法最大的不同是研究者可以在短時間之內，針對焦點團體討論的議題，收集到大量語言與非語言的資料（周雅容，1997；胡慧嫈，1998；Merton, Fiske, & Kendall, 1990; Morgan, 1997）。舉例來說，如果研究者針對研究議題舉行兩次焦點團體，每次焦點團體大約由八人組成，那麼研究者就可以在兩次焦點團體中，收集並觀察到十六位受訪者的語言及非語言的資料。

焦點團體訪談法的另一個特色是，資料來源主要來自團體成員互動與討論過程，並不是個人意見或觀點的陳述而已。因此，研究者透過成員參與團體討論過程，收集到成員對議題的意見、經驗與看法等口語資訊，同時也可以透過觀察，收集到團體成員的非口語資訊。

除此之外，焦點團體訪談法非常重視團體成員的差異，透過團體互動與討論過程，不僅要了解團體成員對於議題具有高度共識之意見外，也透過焦點團體互動過程，收集到成員之間具有的不同觀點、看法或意見（Morgan, 1997, p. 15）。

對於焦點團體成員的邀請，到底要以異質性或同質性的團體成員為主呢？通常，團體內成員應該選擇同質性愈高，愈能激起團體成員的對話與討論；而團體間（不同團體）則要選擇差異性愈高，愈能提高收集資料的代表性（劉鶴群，2012）。

舉例說明

研究者想要透過焦點團體訪談法，收集我國親密關係暴力防治網絡中，第一線工作人員提供不同類型被害人服務的經驗與困境，則需要考量服務網絡對於本籍、新住民、原住民三種族群的服務網絡，可能略有不同，也需要考量對於同志親密關係暴力服務網絡也略有不同。因此，在焦點團體參與成員邀請的規劃上，應該區分不同族群及同性戀與異性戀的焦點團體。團體內成員盡量同質，不同團體間，則須具異質性，以達到團體內充分討論與對話，而不同團體間因差異大，可獲得較多元資訊的目標。

（二）焦點團體訪談法之優缺點

1. 優點

相較於深度訪談法，焦點團體訪談法具有下列優點（胡幼慧，1996；鈕文英，2020；Morgan, 1997）：

（1）省時且容易進行

深度訪談法是一對一、面對面的訪談方式，而焦點團體訪談法則是將訪談技巧運用在小團體的互動過程，是一對多的訪談方式，所以在短時間之內，研究者可以收集到較廣泛的訊息。

（2）透過團體討論特定議題

深度訪談法在同一時間，只能收集到一位受訪者的意見、看法與感覺；焦點團體訪談法卻可以透過團體互動與討論過程，在同一時間點之內，收集到多位受訪者對某一議題的意見、觀點與反應。

（3）團體互動激發多元觀點

對於屬於公共議題或具有高度爭議性的議題，比較不適合運用深度訪談法來收集資料；另一方面，由於焦點團體訪談成員匿名性較低，研究者必須盡可能降低因議題屬性導致成員在團體互動過程引發不必要的人際張力關係，可以透過團體互動過程讓成員對議題有更深入的討論。

雖然焦點團體訪談法具有上述幾項優點，並不表示焦點團體訪談法優於深度訪談法。研究者在決定應該運用何種訪談法收集資料時，必須考量研究問題的本質與研究目的。由於焦點團體訪談法的運用，建立在「即興的」與「洞察的」基礎，所以主持人對於研究議題的熟悉度、對團體動力的敏感度與洞察力，都會影響資料收集的品質和豐富與否（Morgan, 1997, p. 13）。在實務上，要成為一位好的訪談者並非難事，但是要成為一位好的、適合的焦點團體主持人，並非容易之事。

2. 缺點

若與深度訪談法相較，焦點團體訪談法則有下列幾項缺點（胡幼慧，1996，頁 226-227）：

（1）焦點團體成員之間的互動與討論情境，是在研究者安排的情境下進行，和自然情境下的互動仍有些不同。

（2）焦點團體討論的方向，也是在研究者的設計與控制之下進行，所以參與成員的回應，某種程度也是受到限制的回應。

（3）不同焦點團體間收集的資料差異性大，很多時候研究者不容易進行團體之間資料的比較。

（4）成員在團體中的對話及語言與非語言的運用，也會受到團體情境影響，透過焦點團體訪問收集的資料，也具有某種程度的不確定性。

貳 焦點團體訪談法之類型和比較

就像一般所通稱，「焦點團體訪談法」指涉的只是一種通稱概念而已；實際上，研究者往往會根據研究目的與研究對象的特質，將焦點團體訪談法彈性運用於資料收集過程，所以焦點團體訪談法本身具有多重類型。一般而言，會依據團體組成成員的多寡，將焦點團體訪談法分類為完全團體、迷你（小）團體，和電話或線上團體等三種類型。這三種類型是相似的，彼此之間也具有共通性，但由於類型不同，彼此之間，某種程度上也有不同之處。

一、焦點團體訪談的類型

在運用焦點團體訪談法時，會因為研究的問題與目的、研究者擁有的資源多寡，以及團體進行的形式，選擇焦點團體訪談法運用之類型。研究者可以根據上述條件，將焦點團體訪談法區分為三種類型：

（一）完全團體

完全團體（full group）是指參與焦點團體的成員，大約是由八到十二人組成。參與成員的篩選，主要是根據焦點團體探討的議題而定，在有經驗的主持人引導下進行焦點團體訪談。每一次焦點團體進行時間，持續約六十到一百二十分鐘不等，視研究的主題及參與者的特質而定。

（二）迷你團體

迷你團體（mini group）與完全團體，無論是團體形式或團體進行步驟和過程，都非常相近似；兩者最大的差異，在於參與焦點團體的成員之數目。基本上，迷你團體的成員數目約在四到六人左右，而完全團體的成員數目可能在八至十二人左右。

（三）電話或線上團體

顧名思義，電話或線上團體（telephone or internet group）是指焦點團體訪談法的進行，不是透過面對面的方式，而是透過電話溝通或線上會議的方式。在視訊發達的時代，雖然成員之間的空間距離可能很遠，但是透過資訊媒介的運用，可以縮短空間的距離。在資訊科技文明時代，研究者也可以規劃，讓團體主持人同時與在不同地區或國家的團體成員，針對某一項特定議題進行多邊溝通與討論。通常電話焦點團體訪談法的進行，大約可從三十分鐘到一百二十分鐘不等（Greenbaum, 1998, p. 2）。近兩年，受到新冠肺炎疫情影響，為避免資料收集延宕，愈來愈多研究者採用線上焦點團體訪談收集資料；然而，運用線上焦點團體訪談最大的缺點，是研究者無法觀察到團體成員的互動及非口語反應。

二、焦點團體訪談的異同之處

對焦點團體訪談法的類型有了初步的概念之後，讓我們進一步比較說明上述三種類型之間的異同之處。

（一）相同之處

根據 Greenbaum（1998）的觀察，三種焦點團體訪談類型之間具有下列三項共通點：

1. 預先設定團體討論之議題

無論是完全團體、迷你團體、電話或線上團體，在焦點團體討論進行之前，研究者必須根據研究目的與問題，預先設定團體討論的議題與步驟；然後，再運用團體動力與技巧，幫助團體成員充分參與團體互動過程，並表達自己的看法與意見。

2. 參與成員具有高同質性

參與焦點團體的成員必須具有相當高的同質性，到底研究者在選樣過程應以什麼為篩選基準呢？研究者必須先仔細評估研究的問題與研究的目的為何，才能擬定出參與焦點團體對象篩選要件。但是焦點團體實際運作過程，通常都需要支付參與成員的出席費用或禮物，在選擇成員時仍必須務實考量，才能獲得高品質、豐富的訊息。

對於參與焦點團體的成員，應該是由具同質性高或異質性高的成員組成，行為與社會科學研究社群一直存在著爭議（Barbour, 2007; Schattner, Shmerling, & Murphy, 1993）。基本上，同質性高的團體因為具有共同經驗與背景，研究者可以藉著分享過程激發意見交流，相似的經驗與情境也容易讓參與者產生安全感，但是同質性高的團體也容易產生團體式思考的危險。

異質性高的團體可以藉由參與者，帶來更多樣貌的情境，而參與者不同的經驗與觀點，亦可以激發成員之間從不同角度與觀點，激發豐富討論的內容。但是異質性高的團體，往往因為參與成員社會地位不同，可能形成在團體中權力不平衡，或因為團體討論過程不同意見而產生衝突，這些都可能破壞團體運作（黃惠雯等譯，1999/2002，頁 124）。

3. 錄音器材輔助資料收集

無論何種類型的焦點團體訪談法，在進行焦點團體過程，都必須要採取全程錄音方式；可能的話，在徵得參與團體成員同意之後，也可以採取錄影與錄音同步進行的方式。不過，大多數研究者都是運用現有討論室進行焦點團體訪談，這些空間與設備大都不符合標準的焦點團體空間與設備，較少具有錄影功能，加上有些焦點團體訪談議題具有隱私性，團體成員也有其考量，不易採全程錄影方式進行。

（二）相異之處

完全團體、迷你團體、電話或線上焦點團體訪談法之間，也有不同之處。基本上，三者之間最大差別有二（Greenbaum, 1998, p. 3-4）：

1. 完全團體 vs. 迷你團體

完全與迷你焦點團體訪談法，最主要的差異是參與團體討論的成員數目不同。完全焦點團體的參與成員是三種類型中最多的一種，而迷你焦點團體的參與成員則是最少。許多研究者比較喜歡運用迷你團體，來進行焦點團體訪談資料收集，因為參與成員人數不多，每個成員在團體中都可以較深入的與其他成員互動。

舉例來說，如果研究者進行由十人組成的焦點團體討論，持續約一百分鐘左右；那麼在一次的焦點團體訪談過程，每個成員約只有十分鐘的機會，能夠表達自己對於議題討論的看法與意見。若該次焦點團體訪談規劃討論三個議題，那麼每位參與成員針對每個議題，共約有三分鐘左右可以表達自己的看法與意見。換句話說，互動時間較少，表達意見的時間也較短，研究者所能收集到的意見與看法資料也可能較少。因此，許多研究者為了增加資料收集的豐富性與多元性，會採取降低人數方式，增加參與成員在焦點團體中討論次數的策略。

2. 完全團體與迷你團體 vs. 電話或線上團體

完全和迷你焦點團體與電話或線上焦點團體最大的不同，在於電話或線上焦點團體訪談大都被運用在因團體參與者居住於不同縣市、地區或國家，或因為社會情境不允許面對面訪談（如受新冠疫情影響），卻又必須透過會議來討論議題與收集資料；在諸多現實因素考量下，透過電話或線上等變通方式進行資料收集。電話或線上焦點團體，與完全或迷你焦點團體進行的形式，最大的差別除了空間位置之外，在電話或線上焦點團體的主持人扮演的角色，比較像是訪談者或引導討論者的角色。由於研究者很難透過電話或線上進行對於參與團體的成員之間互動的觀察，所以電話或線上焦點團體的進行，在時間的安排上會較短些，尤其是電話焦點團體，通常都會在兩小時內完成，有時甚至會以三十分鐘為限。雖然電話或線上焦點團體訪談法有上述缺點，但是與其他兩種類型的焦點團體比較，卻是一種較經濟又實惠的資料收集方法。

上述三種焦點團體類型的比較，有助讀者進一步了解什麼是焦點團體訪談法及其運用之特性與限制。在此仍要提醒讀者，任何資料收集方法的選擇與決定，必須回歸到研究問題的本質與研究目的。除此之外，研究計畫擁有的研究資源多寡、研究期間長短，及研究對象的特質與屬性等，也會成為研究者綜合評量的參考依據。

 焦點團體訪談法的適用情境

有許多研究者認為，既然焦點團體訪談法是質性研究的資料收集方法之一，那麼大概只有探索性的研究議題，才適合運用焦點團體訪談法，然而 Merton 等人（1990）卻持相反意見。Merton 等人認為思考性的研究議題，反而比較適合焦點團體訪談法。到底是探索性或思考性的研究議題，比較適合焦點團體訪談法？說實在的，很難提供一個鐵律讓大家作為資料收集方法抉擇的依據；相信研究者對焦點團體訪談法的認識愈多、了解愈深，愈能幫助研究者選擇適合的研究方法。

一、適合運用焦點團體訪談的情境

既然焦點團體訪談法是質性研究資料收集的方法之一，或許可以進一步由研究的目的，判定是否適合運用焦點團體訪談法進行相關資料收集。一般而言，運用焦點團體訪談法的目的有四（Vaughn et al., 1996, p. 5-7）：

1. 研究目的是在解釋刺激與影響之間的關係，藉由目標群體自己的解釋，肯定事件或行為背後的原因。
2. 當刺激與反應都不如研究者的預期時，那麼研究者就可以進一步運用焦點團體訪談法進行相關原因的了解與解釋。
3. 焦點團體訪談法也可以用來作為對研究結果的再確認工作。
4. 焦點團體訪談法可以提供量化研究資料無法提供的資料，幫助研究者對研究現象或行動，做深入式的了解。

鈕文英（2020，頁 221）整理焦點團體訪談相關文獻，歸納較適合焦點

團體訪談的情境有四：

1. 當研究結果與研究者預期不同，需深入了解原因。
2. 研究者想再確認研究結果。
3. 以行動方案方式讓參與者達到改變。
4. 深入理解某個群體經歷的歷程或觀點時，檢視不同場域或群體可能存在觀點或看法的差異。

劉鶴群（2012）認為，當研究者探究人們對某些議題的認知或看法，及這些看法或認知具有社會意義的過程時，可以透過焦點團體法收集完整結構與豐富的資料，加上在焦點團體訪談過程，參與成員得以運用自己的語言與陳述，透過團體動力過程，收集到其他方法難以獲得的資料。

要提醒研究者，在選擇研究策略時，仍舊要回到不同研究典範背後的科學哲學思考層次，也要考量研究問題的本質，及研究者為什麼要進行此項研究？並不是所有的社會現象、行為或事件的探究，都適合運用焦點團體訪談法收集資料。唯有當研究者想要透過研究過程，來了解團體成員對某一現象或議題的看法時，才能藉由團體互動與討論過程，激發彼此之間的想法。

以下進一步提供幾項指標，作為研究者在選擇焦點團體訪談法時之判定參考（Greenbaum, 1998; Morgan, 1997; Stewart & Shamdasani, 1990）：

參考準據 1：當研究目的是為了釐清某一觀點或社會議題的看法。

參考準據 2：當研究目的是希望透過資料收集過程，逐漸產生研究假設。

參考準據 3：當研究目的想要針對實驗研究或調查研究收集到的量化資料，進一步深入的探究或解釋時。

參考準據 4：當研究目的所關心的社會現象、行為或議題，是屬於新的、未開發的領域。

參考準據 5：當研究目的是希望透過資料收集，發展下一階段訪談或問卷調查之問卷內容。

參考準據 6：當研究目的是期望透過研究過程，刺激新想法或獲得新知識。

參考準據 7：當研究目的是想要透過研究過程，對新的服務方案、處遇模式或新產品進行診斷，以便發現潛在的問題時。

除了上述七項指標外，Krueger 與 Casey（2014）也將適用焦點團體訪談法之情境，歸納為二：

情境 1：當研究者與被研究對象，因文化、階層、背景、語言或生活習慣等，有很大的差異與距離時。

情境 2：當研究的議題是在探討行為、動機、態度等社會心理歷程，但卻又缺乏共通的方式來表達說明時。

針對上述「情境 1」，Ryan 等人（2015）在 Respecting the culture: Undertaking focus groups in Oman 一文中指出，許多人對於特定文化或族群都有刻板印象，但是當研究者在運用焦點團體訪談收集資料時，無論對於團體成員的安排或團體互動討論過程，都會忽略將族群、文化、宗教和性別的差異，納入團體成員邀請或互動的考量。

胡慧嫈（1998）在〈焦點團體法對促進社會工作專業研究實務性之探究〉一文中指出，有三個類型的議題，適合社會工作人員運用焦點團體訪談法來進行現象之探究，包括：

類型 1：爭議性的服務方法、態度或處遇方法

當研究者在進行一些爭議性比較大的服務方式或處遇模式之探究時，或許焦點團體訪談法是一種頗為適合用來進行資料收集的方式。

舉例說明

當研究者研究的目的，是為了要替各縣市政府建構一個合理、有效的新住民家庭服務模式，那麼研究者可以邀請目前在政府與民間社會福利機構，從事新住民家庭服務的主管、督導與社會工作人員，透過參與焦點團體過程，讓成員透過雙向互動及溝通過程，達到腦力激盪與交互辯證過程，逐漸讓成員對該縣市新住民家庭服務模式形成共識，據此作為建構該縣市新住民家庭服務工作運作模式之參考。

舉例說明

近年來，我國女性愛滋感染者快速成長。過去女性感染者主要是因為共用針頭而感染，今日愈來愈多女性感染者是因為異性戀性行為而感染。在提供相關服務過程中，發現本籍與外國籍女性感染者對於愛滋烙印與求助的態度不同；因此，研究者想要透過研究過程，探討不同國籍背景女性愛滋感染者求助與使用正式資源的經驗，提升未來社會工作專業人員對於不同性別愛滋感染者烙印與求助的了解，以便建構具有性別敏感的愛滋防治網絡與工作模式。那麼研究者可以邀請提供愛滋感染者相關服務的公部門或民間團體的工作人員，進行焦點團體訪談法，從團體過程中釐清，阻礙不同感染途徑的女性愛滋感染者的求助及資源使用的原因和經驗。

類型 2：新興次專業領域的發展，未獲得普遍的認同時

因社會變遷過程衍生的社會問題與需求，發展出新的服務方案或處遇模式，卻未取得專業社群的共識時，此時焦點團體訪談法可說是適合運用於資料收集的方法。

舉例說明

個案管理已普遍運用於早期療育的推動，是否因社會文化背景或區域資源不同，導致實務工作者在運用個案管理過程有明顯差異或衍生其他問題？此時，研究者可以透過焦點團體訪談法，了解實務工作者實際運用的經驗與看法。

類型 3：心路歷程的探討

當研究目的是探討服務對象的內在心理歷程，以便作為實務工作者設計一套符合服務對象的處遇計畫時，那麼焦點團體訪談法也是適合的方法。

舉例說明

當研究者想要進一步了解乳癌病友，在手術前與手術後的心路歷程，以便能發展出實務工作介入的服務或工作模式時，研究者可以邀請處於不同治療階段的病患，透過團體互動與討論過程，發展出較符合人性化、全方位的服務模式。

二、不適合運用焦點團體訪談的情境

當研究者面對的研究情境是下列幾種情形時，建議研究者最好不要選擇焦點團體訪談法：

1. 當團體成員之間有明顯的意見衝突時，研究者不可以將焦點團體訪談法視為是解決團體成員衝突，或作為改變團體成員的態度之策略。
2. 當研究的議題涉及個人隱私或敏感議題時，研究者不可以運用焦點團體訪談法，作為討論個人隱私或敏感議題之策略。
3. 當研究議題的討論可能超出參與成員的實際生活經驗時，參與者無法透過團體的互動提供充分資訊，則研究者也不適合運用焦點團體訪談法。

雖然焦點團體訪談法已經廣泛運用在行為與社會科學各領域研究，但被誤用的情況也屢見不鮮。許多研究者將焦點團體訪談法，視為是解決資訊不足或滿足資訊的萬靈丹（panacea）；事實上，研究者是否可以透過焦點團體訪談過程，收集到豐富的、有價值的資料，受到內、外在及主、客觀因素的影響。

根據 Greenbaum（1998）的觀察，焦點團體訪談法經常被誤用的情況，包括：

1. 將焦點團體訪談視為是量化研究的廉價替代方式。
2. 將焦點團體訪談用來推論合理價格或新產品接受度之推估。
3. 錯誤認為透過多次焦點團體訪談資料的收集過程，就可以累積結果作為推論。

4. 誤認為參與焦點團體訪談的成員之代表性要夠，故研究者為了增加焦點團體參與成員的代表性，會在不同地方進行焦點團體訪談；事實上，代表焦點團體的成員，不必然是區域的代表。
5. 研究者或主持人未充分做好事前準備工作，或選用沒有足夠經驗的主持人，導致焦點團體訪談收集到的資料是不充分的資料。
6. 研究者在焦點團體的互動過程中，由於過度偏頗的重視少數幾位參與成員的意見，忽略了團體所有成員互動的重要性。

肆 焦點團體訪談法之運用步驟

對行為與社會科學研究而言，資料收集方法與策略選擇適當與否，往往左右了研究的品質與結果。當研究者對資料收集方法選擇適當，將會為研究結果帶來許多好處；反之，只是徒勞無功而已。當任何一位研究者想要運用焦點團體訪談法來進行資料收集的工作時，必須了解到研究資料的收集、研究設計，與團體參與成員之間是息息相關的。

研究者在運用焦點團體訪談法進行相關資料收集的過程，必須經歷幾個步驟（參見圖 8-1）。彙整國內外學者的觀點，逐步說明各步驟內涵與應注意事項（鈕文英，2020; Carey, 1994; Johnson & Johnson, 2008）：

一、準備階段

在焦點團體訪談進行之前，研究者應準備的工作包括：仔細研究主題、發展焦點團體訪談大綱、篩選參與團體的成員、安排訪談的情境，及主持人事前的自我準備等（黃惠雯等譯，1999/2002；Carey, 1994）：

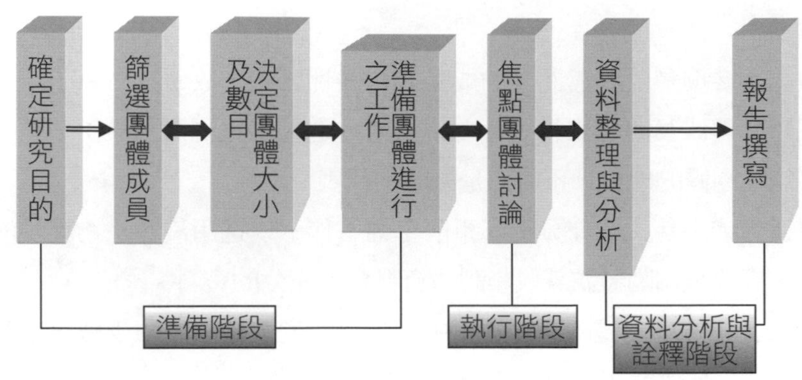

圖 8-1 焦點團體訪談法運用之步驟

（一）形成明確的研究問題

當研究者運用焦點團體來收集資料時，必須有清楚、明確的研究問題，讓研究問題引導發展焦點團體的訪談方向。一般而言，研究者會從研究問題中，發展出三到四個問題，作為焦點團體討論議題設計之基礎。

（二）篩選團體的參與成員

研究者對於參與焦點團體訪談的成員之篩選，必須考慮下列幾個問題：

1. 同質或異質

到底研究者應該篩選同質性高或異質性高的成員，來參加焦點團體的討論？在選擇焦點團體的參與成員之前，就必須針對研究問題與研究目的，做全面性的思考。

2. 相容或不相容

在選擇焦點團體訪談的參與成員時，應考慮參與者對團體討論的議題，是否可以提供豐富的說明與訊息之外，同時也應該考量團體互動過程，會不會導致成員彼此之間的不適。

3. 團體大小

基本上，焦點團體訪談是一種面對面的團體（face-to-face group），所以團體成員太多，往往會造成參與者無法充分參與討論，使部分成員在團體中倍覺虛度光陰（social loafing）。但是，如果團體太小又會影響資料收集的廣度和變異性，就研究經費考量也非常不實際。通常，研究者為了能在「充分參與」、「廣度」與「深度」三者之間取得平衡，往往會將團體參與成員之數目設定在六至十二人，但以五到十人為佳（鈕文英，2020；Morgan, 1997）。

4. 團體次數

研究到底要進行多少次的焦點團體訪談才恰當呢？對此，並無明確定論。有的研究者在一個研究中，只運用了一至二次焦點團體；不過，也有的研究者會運用十至二十次焦點團體訪談，來收集與研究相關之資料。當然，次數多寡並無一定準則，不過，如果研究者是以焦點團體訪談法為該研究的唯一資料收集方式，那麼恐怕至少得進行三至五次的焦點團體訪談，才能達到資料飽和的狀況（黃惠雯等譯，1999/2002；鈕文英，2020）。

5. 團體長度

焦點團體需要持續一至二小時，假如焦點團體的時間少於三十分鐘，有可能無法讓參與成員深入討論研究議題；如果焦點團體時間超過兩小時，對於參與團體的成員與主持人而言，都可能因為時間過久，造成成員精神疲乏而無法集中注意力。

（三）安排團體討論的情境

在正式進行焦點團體訪談之前，研究者必須考量與準備之事項如下：

1. 準備茶點

在焦點團體訪談進行之前，研究者除了需準備茶水之外，也應該準備適當的點心或水果，這些都是幫助團體能積極參與團體的討論與成員之間的暖身互動。

2. 座位安排

座位的安排必須考量，讓團體成員能夠透過面對面方式來進行溝通討論。比較理想的座位安排形式包括（胡幼慧，1996）：

（1）長條式：在討論室中，準備一張長條形的討論桌；然後，主持人坐在長邊的中間位置，以便能引導成員的互動與討論（參見圖 8-2）。

圖 8-2　長條式

（2）圓形式：在討論室中，準備一張圓形的討論桌；然後，主持人與成員並肩而坐，以便讓每個成員都能密切互動，並參與討論（參見圖 8-3）。

圖 8-3　圓形式

（3）半圓式：在討論室中，準備一張半圓或 U 字形的討論桌；然後，主持人坐在「頭」的部位，這種安排有利於主持人的觀察和控制全局，同時也方便錄音工作進行（參見圖 8-4）。

圖 8-4　半圓式

研究者要避免讓位置的安排成為直線式，團體成員排成一排排的，一如教室授課的形式。除此之外，位置的安排也要盡量避免主持人落單、分散於團體外的座位，如此容易形成小團體各自對話的情況。

3. 準備錄音設備

錄音設備的安置應盡量避免對參與者造成干擾，當主持人做完簡單介紹之後，應進一步徵求團體參與成員的同意及了解錄音的目的後，才可以進行錄音記錄的工作。

4. 主持人心情的調適與準備

主持人是焦點團體訪談的關鍵，所以在焦點團體訪談進行之前，除了應熟悉討論的議題與進行的步驟之外，在團體討論過程，主持人也應盡可能保持中立與冷靜。

二、執行階段

對焦點團體訪談法而言，主持人的技巧往往是團體運作和資料收集的關鍵。在焦點團體進行過程，主持人首要的任務就是建立團體參與者的互信關係（establishing trust）；其次，必須向所有參與者說明研究的目的為何、參與者名單如何產生，及團體討論所收集到的資料將如何運用等；最後，在團體討論與互動過程，必須透過不斷的鼓勵，激勵參與者針對議題討論與回應。焦點團體的主持人必須切記，主持人絕不是評論者，所以團體訪談過程應盡量保持中立的角色與立場（鈕文英，2020；Carey, 1994; Johnson & Johnson, 2008）。

（一）主持人的特質

由於焦點團體主持人的素質，將關係著資料收集的品質與研究成效，所以在實施焦點團體之前，必須找尋適當的主持人。在焦點團體進行過程，需要處理一些行政或突發事項（如參與成員未到的聯繫、簽署出席或知情同意書、餐點安排、引導入座等），建議應設有一至二位主持與協同主持人相互搭配，才能不受突發事項中斷或干擾（明金蓮等人，2017）。通常，有下列幾項特質的人，會比較適合擔任主持人（梁惠茹、賴維淑，2020；Vaughn et al., 1996, p. 126）：

1. 有興趣傾聽別人談話，避免講太多話或只想表達自己的觀點。
2. 坦承自己的觀點可能有偏見，同時富有高度幽默感。
3. 清楚討論的議題，並具高度敏感度及同理心，能適時引導團體成員分享，或離題時能適時拉回主題。
4. 能掌握團體討論的議題，並有效的引導討論或控制團體互動情境。
5. 能運用參與成員熟悉的語言討論議題，並適時的輔以圖形、圖畫或投影片，來加強團體成員的討論。
6. 熟悉團體互動的技巧與動力關係。

（二）引導團體討論時應注意事項

如果在焦點團體互動與討論過程，發生下列狀況，主持人都應能適時處理與反應（Morgan, 1997; Johnson & Johnson, 2008）：

1. 在團體討論開始階段，主持人須向參與成員說明團體目標及過程，並幫助成員相互認識。
2. 主持人需運用催化技巧（moderating technique），促進團體成員討論與對話，對受壓抑成員適時的鼓勵，並轉化為對團體的支持與讚許。
3. 由於團體成員的個性與社會地位不同，這些都容易造成團體中的「領導者效應」（leader effect），使得少數人容易占據發言空間，反而讓其他成員坐冷板凳成了聽眾。主持人必須在不傷及成員的尊嚴下，促使團體成員表達意見。
4. 透過催化技巧的運用，鼓勵沒說話的團體成員發言，並觀察其行為和語言上的線索（cues），才不致造成勉強與尷尬等場面；若參與成員不想分享，不可勉強成員回答，要以引導方式或私下詢問方式。
5. 呈現冷場時，主持人不應太過緊張，應視此為一種具有意義的情感表示，適度運用技巧來轉移場面。
6. 受訪者往往會反轉角色，詢問主持人問題，如果這些問題只是在澄清研究目的，研究者可直接回答；但如果這些問題是一種避免表達自身感受的轉移注意力策略，則研究者應運用技巧如：重述、澄清受訪者的感受，或反問其他成員，以引導討論。

7. 當團體成員具有凝聚力時，主持人可以聚焦在較敏感或複雜議題的討論。
8. 團體結束時，主持人可以總結討論的經驗，感謝成員參與，並說明後續研究安排等。

（三）焦點團體討論之原則

焦點團體議題討論的順序，應考量下列幾項原則：

1. 透過簡單的自我介紹暖身，使參與者都能相互認識，對於成員的介紹應以姓名為主，可以省略彼此的頭銜（若團體成員較陌生，研究團隊可以製作名牌放在討論桌上）。
2. 如果討論過程出現一些術語，主持人應先界定這些術語，使得參與者的討論都有共同知識基礎。
3. 焦點團體必須以開放方式，並由輕鬆簡單的話題開始；緊接著，導入較為困難的問題，當大家都感覺到比較自在之後，再進一步詢問有關個人意見。
4. 每項議題在大家充分討論之後，主持人必須綜合參與者的意見與看法。

三、分析與詮釋階段

焦點團體訪談法與其他質性研究之資料分析方法的過程是大同小異的，研究者在對焦點團體訪談過程收集到之資料，進行資料分析的過程，必須切記下列（林金定等人，2005；鈕文英，2020；Greenbaum, 1998, p. 233）：

1. 焦點團體的資料分析與詮釋，必須從參與團體成員的觀點出發，深入了解團體成員對議題的看法與意見。

2. 資料分析不能剔除脈絡情境的內涵，必須將團體情境中的社會心理互動狀況，融入資料分析過程。

（一）原則一：資料分析與詮釋的原則

焦點團體訪談法所收集的資料，在進行資料分析與詮釋是頗為嚴謹的，研究者在資料分析過程必須遵守下列幾項原則：

1. 焦點團體資料分析單元是以每一次的焦點團體為主，而不是團體中的個人。
2. 透過團體資料分析方式，以確保資料的可信性與可靠性，並避免個人偏見的影響。
3. 詮釋過程是與資料收集同時進行。

除此之外，提醒研究者在詮釋焦點團體訪談的文本資料時，也應注意下列事項（林金定等人，2005，頁 132；范明林、吳軍、馬丹丹，2018，頁 239）：

1. 文本轉譯必須由研究者獨立檢視，先找出和研究相關的部分，分辨出「事」與主題的連結，再由主題和「內容」有關聯部分進行初步概念化定義，並編碼。
2. 與研究團隊討論編碼檢驗的結果是否相同。
3. 每項主題必須呈現飽和狀態，直到沒有新的主題後，才能停止資料收集。
4. 檢視焦點團體內和焦點團體之間是否有異同之處。

（二）原則二：不同類型議題的資料分析與詮釋

焦點團體訪談之資料分析過程，往往因為議題性質不同而有所不同（Greenbaum, 1998, p. 233-234）：

1. 推論性的問題（generalization）

由於每次焦點團體的互動與討論過程，所激發出的內涵與回應不盡然相同；所以大多數的質性研究者都主張，團體與團體所獲得的資料，是不能比較的。不過，Krueger（1988）卻建議，當焦點團體成員與情境是相似時，那麼研究者可以對所收集資料，做某種程度的推論。

2. 運用訪談大綱（guideline）**的問題**

通常，研究者都是由研究問題與目的來決定資料分析與詮釋的方法，這些方法可以從廣泛的概念，到細微的逐字稿分析（analysis of transcripts）。如果研究者是想對一般性的廣泛概念做分析，那麼就不需要對資料內容進行細微的分析；如果，焦點團體訪談所收集之資料，是研究者唯一收集的資料時，那麼就必須對所收集資料進行詳實的分析。訪談大綱提供研究者進行資料分析時，作為最初類型或結構之參考；當研究者對文本逐字稿進行資料分析過程，必須提醒自己如何將有關非語言的訊息整合在資料分析過程。

（三）原則三：資料分析方法之考量

焦點團體訪談的資料分析方法大約可以分為：摘要式（summary）分析及系統登錄式（coding）分析等兩種形式。系統登錄式的內容分析是可以直接引用（quote）團體參與成員的言詞；研究者在運用登錄式內容分析時，對於資料的選擇需要先詳細檢視一、兩個團體的轉錄資料；再根據這些發展出假設和分類架構（coding）；最後，從冗長的轉錄資料中根據分類架構分類後，以便選取合適的引用句（quotation）來表達（presentation）內容。由於互動的動態是討論的層面，因此在選取「引用句」時，最好能呈現出挑選的對話動態。

研究者在反覆檢視資料中，可以進一步發展「比較」的架構，及挑選出最終的論點。在發展假設、分類和歸納，挑選引用句表達，以進行比較分析及導出質性結論時，原有的假設、訪談指引的架構均有助於文章的組成。Wells（1974）所提出的「剪刀和分裝」（scissor and sort）技巧便是按此法將大量資料剪裁、分類和拼圖的分析創作技巧，也有研究者以不同的色筆來凸顯複雜的概念、分類和表達內容，作為最後繕寫報告的基礎工作（引自胡幼慧，1996，頁236）。

伍 焦點團體訪談法的主持技術

在歷經了六、七十年的變遷，許多焦點團體訪談的主持人在經驗累積過程，也不斷的更新帶領團體的技術，改善焦點團體訪談運用在行為與社會科學研究過程的品質。經常被運用在焦點團體訪談之技術，包括：

一、投射技術

投射技術（projective technique）主要是透過特定刺激，喚起團體成員表達個人的想法、感受與意見；常見的投射技術有六種（Greenbaum, 1998, p. 119-134）：

（一）人格連結（personality association）

主持人針對議題選定一張或一組圖片或照片，運用圖片刺激團體成員說出他們的想法與感受，這種技術不僅適合運用於成人，也適用於兒童。

（二）情境連結（situational association）

主持人運用圖片或照片，刺激團體成員說出想法與感受，但圖片的選用著重於情境，而不是人物。

（三）被限制的關係（forced relationship）

主持人要求團體成員根據討論的議題，在許多的影像或比喻中，找出個人認為最接近的一個，如：汽車、顏色，或動物等。

（四）填充句（sentence completion）

主持人在團體過程中，先呈現一組未完成的句子，邀請成員依序完成這些句子，當成員難以用談話方式溝通時，主持人可以考慮使用填充句。

（五）圖示法（expressive drawing）

主持人必須事前準備圖畫紙與彩色筆，邀請成員針對內在的感受及想法，透過畫圖表示。

（六）擬人法（anthropomorphization）

主持人說完簡短故事之後，邀請成員根據感受與看法，說出這個故事與哪一類型的生命體相似，並且對這個生命體描述其特性及名字。

二、探測性的技術

與投射技術最大的不同是抽象程度不同，探測性技術（probing technique）比較容易運用在焦點團體過程，主要是用來刺激成員，針對討論主題表達個人看法或感受。經常運用的技巧有下列三項（Greenbaum, 1998, p. 135-142）：

（一）概念構圖（conceptual mapping）

主持人可邀請成員針對討論的主題，依序分類記錄在棋盤式的紙上，並根據個人概念加以分類。

（二）態度量表（attitudinal scaling）

主持人在討論一項議題之後，可以進一步邀請成員針對議題的兩極化概念，表達自己內在的感受或意見。

（三）階梯表（laddering）

主持人運用漸進方式，對議題抽絲剝繭的進行討論，直到適合邏輯的答案出現，那麼主持人就可以停止繼續追蹤；如果主持人認為這不是真正的答案，那麼則需進一步追蹤問題。

三、控制的技術

焦點團體最大的好處就是主持人可以透過控制技術（control technique）的運用，在控制式的情境中，觀察成員互動的情況；不過，團體成員在團體互動過程，展現的反應、意見或想法是否失真，也是值得考量的問題。

陸 焦點團體訪談法的發展趨勢

焦點團體訪談法的運用，可追溯到 1950 年代後期。初期，主要是被運用在食品市場的研究，而 1941 年哥倫比亞大學廣播研究室負責人 Paul Lazarsfeld 邀請 Robert Merton 協助，共同評估聽眾對於戰時廣播節目的回應。但是，焦點團體訪談法被廣泛運用在質性研究資料收集過程，已經是 1960 年代以後的事了（Greenbaum, 1998, p. 167）。

早期，由於市場調查受到相當重視，所以焦點團體經常被用來檢視社會大眾對於傳播媒體的反應；後來，焦點團體訪談法逐漸被運用在了解顧客對於新產品或市場策略的反應。由於焦點團體訪談法在資料收集過程，可以了解受訪者的反應及觀點，因此，行為與社會科學界也將之視為是知識建構的方法之一（胡幼慧，1996）。

在 1970 年代，參與焦點團體訪談的成員，往往都是與特定團體或教會團體接觸而得；當時，並沒有什麼專業的焦點團體空間設備。時至今日，參與焦點團體的成員組成，不僅是研究者根據研究需要所設定的適當人選，同時焦點團體訪談的情境設備與訪談的過程，也有許多改變。Greenbaum（1998）根據焦點團體過程涉入部分，綜合歸納為八個層次（p. 169-177）：

一、容積的增加

受到專業組織成立及市場研究的影響，逐漸由量化研究導向，轉為質性研究導向之影響，焦點團體訪談法之運用有日益增多的趨勢。

二、主持人角色的轉變

早期焦點團體的主持人必須是研究者，而現在卻不一定是研究者本身，主要是希望透過團體互動過程，對團體成員討論的內容具有更敏感的洞察力。

三、執行過程的改變

焦點團體訪談法執行過程也有許多明顯的改變，例如：除了焦點團體時段的選擇更有彈性，焦點團體的時間逐漸被縮短，焦點團體進行的情境受到視訊設備的改善，也呈現多元焦點團體發展趨勢。

四、催化技巧的改變

主持人的催化技巧有明顯的改變，例如：除了重視焦點團體訪談進行過程訪談大綱的運用，更重視團體成員的互動關係，並在焦點團體進行過程輔以外來的刺激，以便催化團體成員的反應。

五、參與者角色的擴大

在整個焦點團體訪談運作的過程中，參與團體成員的涉入程度也愈來愈深入。

六、成本不斷增加

由於愈來愈多的組織、團體成立焦點團體，而設備也愈來愈受到重視，所以焦點團體的成本明顯的增加許多。

七、科技的運用

隨著資訊科技時代的進步，使得焦點團體訪談法在科技技術運用方面，也有明顯的改變，例如：將個人電腦、視訊設備或衛星網絡等，運用在焦點團體訪談過程。

八、設備較佳

無論是進行焦點團體的情境、設備，都明顯較以前改善許多。

由於焦點團體訪談法日益受重視的發展趨勢，使得研究社群開始重視焦點團體訪談之技術與主持人之角色，加上資訊科技文明的發展，使得焦點團體訪談法無論是其內涵或技術，都有了明顯的變遷。

柒 結論

所謂焦點團體訪談法，就是將質性研究的深度訪談方法，運用在小團體的情境中，透過團體互動與討論過程，收集參與團體討論的成員之口語及非口語訊息。焦點團體訪談法源於市場調查，後來逐漸被運用在行為與社會科學研究領域。由於焦點團體訪談法的運用，研究者可以在短短時間之內，針對某一特定議題，經由團體成員的互動與討論，激發多元觀點，不只可以節省時間，運用的形式與過程也容易；同時，研究者也可以在短時間收集到豐富、多元的意見與資訊，所以焦點團體訪談法之運用有日益增多的趨勢。本章對焦點團體訪談法之適用情境，有許多的討論與說明，但也提醒研究者，焦點團體訪談法並非萬靈丹，無論在研究議題的選擇或運用過程，都有許多的考量與限制。提醒研究者在選擇研究資料收集方法時，仍需回歸研究問題的本質與研究的目的為何。當然，研究者在運用焦點團體訪談法前，也應該熟悉焦點團體訪談法之本質、適用情境，與運用原則等；更應該理解到焦點團體訪談過程應準備之工作、應注意事項，以及主持人應具有之特質與技術等，都可能是影響研究品質的主因。

Chapter 9 口述史研究法

在第七、八章中，分別討論了訪談法在個人與團體的運用；緊接著，在本章，將要介紹訪談法在研究領域之運用的另一種類型——口述史研究法。就字面意義而言，口述史研究法包括了「口述」與「歷史」雙重意義；實際上，研究者到底如何才能將訪談的理念，與歷史事件融入在同一研究中呢？這是本章所要探討的重點。首先，將界定口述史研究法之意義及其與歷史研究法之間的差異；其次，經由口述史研究法之意義，說明口述史研究法在行為與社會科學研究之價值與特性；最後，從實際運用於研究的歷程與原則，說明實際運用的限制及資料分析與詮釋之方式。

 壹、口述史研究法的意義

什麼是「口述史研究法」呢？就字面意義而言，「口述史」（oral history）一詞隱含著「口述」與「歷史」雙重意義。基本上，「口述」是一種相對於文字的概念，是指一個或一群人透過口語敘述的方式，來說明其生活經驗與生命故事（life story）。那麼「歷史」（history）指涉為何呢？通常，「歷史」一詞隱含著過去式，包括逝去的年代（bygone eras）或過去的事件（past events）。許多時候，我們很習慣將事件發生的歷程，運用時間序列方式加以整理，由古鑑今，進而了解事件的因果關係。然而，未必所有對歷史事件的整理，都可稱之為歷史研究法。所謂「歷史學研究」是指研究者運用文字，

來描述、說明和詮釋過去的事件、事實或現象等（Berg, 1998, p. 198; Shopes, 2011）。換言之，歷史研究不只是一種懷舊方式，同時也是一種運用系統方法，了解過去的人、事、物，與現在的人、事、物之關聯的方法（江文瑜，1996）。

人類對歷史的記憶，主要是根據文件檔案或口頭報告的證據，作為對過去事件的了解。通常文件檔案的證據（documentary evidence）包括事件發生當時所留下的任何物品記錄，如日記、信件、會議記錄或報導等；而口頭證據（reported evidence）則必須透過當時或事後回溯方式，讓事件關鍵人（informant）透過口語敘述的方式，逐一記錄下來，這些就是口述史主要的資料來源（Seldon & Pappworth, 1983, p. 4）。

由於口述史最常運用訪談法來收集相關資料，導致許多人會將口述史與生活史混淆。通常生活史研究法是運用在當地或社區中，記錄受訪者的家庭生活、教育、宗教信仰、政治和工作經驗等，透過訪談過程了解個人生活經驗與社會歷史事件或社會議題的互動關係。

從上述的說明中我們可以看出，口述史研究法隱含著研究者透過口語敘述的方式，取得被研究者親身經歷之歷史事件或生命經驗之訊息。除此之外，D. A. Ritchie（1997）對「口述史」也提出了更完整的詮釋：「口述史研究方法是一種研究者運用錄音訪談的方式，收集口傳記憶及具有歷史意義的個人觀點；也就是訪談者向受訪者提出問題，並且以錄音或錄影的方式記錄下彼此的對答。」（引自翁秀琪，2000，頁 13）Seldon 與 Pappworth（1983）認為口述史就是透過口語溝通的方式，透過回溯式對歷史事件進行口語訊息交流的過程，所以口述史不只是歷史而已，同時也是訪談過去事件的資訊與證據之一。換句話說，口述史研究方法就是運用訪談方式，收集受訪者對特定歷史事件的觀點或經驗，或是受訪者本人在某一歷史事件中的親身經歷及其生活經歷與重要故事，並給予詮釋（劉春銀，2010）。

范明林等人（2018）認為口述史研究方法須具備下列三項要素：

（一）要素一：親歷者或當事人

口述史是親歷者敘述的歷史，親歷者可能是歷史事件主角、參與者，或是知情者。由於探討的歷史事件、人物相關程度不同，對歷史事件、人物了解的程度也就不同，敘述的歷史價值也會呈現高低之別，全面性和真實性也有差異。

（二）要素二：歷史

親歷者的敘述必須是歷史，而非任何事都可以稱之為口述史；當然，歷史的概念是變動的，跨度也未必需要統一，可長可短。

（三）要素三：敘述

口述史包含口述與筆述，兩者只是使用方式和工具不同而已，實質相同。

對文化人類學而言，口述史是一種透過對話（dialogue）方式，來收集過去事件相關資料的一種方法（Brettell, 1998, p. 528）。Tuchman（1998）在 Historical social science: Methodologies, methods, and meanings 一文中，對「口述史」一詞有精闢的論述。Tuchman 認為歷史不只是過去事件而已，過去事件與目前日常生活往往有著強烈的關聯；歷史不只是戰爭、經濟蕭條或政治轉型等這些社會事實而已，歷史更應該是活生生的生活史（life history）。當我們在談論歷史的時候，其實很難將現在與過去斬斷關係，現在和過去存著某種的緊張關係，而這些關係正是建構出集體感情與記憶的要素。

不過，Allen 與 Montell（1981）在 *From Memory to History* 一書中，對於口述史是一種資料收集的方法或是一種知識的主體，有不同的見解。Allen 等人指出口述史的界定，通常有兩種形式：有些人會將口述史視為是對過去資料的收集方法，但也有人會將口述史視為是一種知識的主體。Allen 等人反對將口述史視為是一種單純的資料收集方法，而主張將之視為一種知識主體建構的概念（p. 23）。

人類社會對歷史事件的記錄，通常都是以文字、影像和口語三種形式流傳。一般來說，文字檔案（written document）的證據比較豐富與多元，包括：信件、日記、詩詞、自傳或檔案資料等；不過，資料的品質好壞與檔案的完整性，卻是影響研究品質的主因。關於影像或圖片（video, film and photograph）檔案，主要是以無聲音、圖像（image）資料為主，如光碟、影片、照片或圖片等。這些無聲的影像資料，不僅真真實實的記錄了人類日常生活的真實圖像，同時在資訊科技文明的時代，更是凸顯了影像資料的重要性（Loizos, 2000）。相較於文字與影像檔案，雖然口語資料的檔案可以讓研究者迴避了文字或影像資料的不足或缺陷，但口語資料的保存及運用，仍有實務上的限制。

大多數的研究者（Fontana & Frey, 1998; Tuchman, 1998）都主張，口述史的運用通常都需要與其他研究方法搭配，才能對研究現象或事件做出較為正確的詮釋。舉例來說，研究者若想要了解「政黨」的演進史，那麼可以透過報紙來找尋與此政黨發展有關之報導或照片；然後，再進一步以這些照片，訪問與事件有關之人士，以了解這些人對照片中所顯現的影像之記憶與經驗。當然，口述史研究法可說是一種被動式的回憶（passive memories），而非主動式的回憶（non-active memories）的研究方式。

Loizos（2000）將這種運用舊有的影像或圖片，刺激受訪者透過回憶過去生活事件與經驗的方式，稱之為「微歷史研究」（micro-historical research）。Loizos 認為這種微歷史的研究方法，適合運用在家庭史（family history）相關主題的研究。在家庭史的研究中，研究者可以訪問家庭中的每位成員，透過家庭相簿的回顧過程，找出一些與家庭發展階段密切關聯的關鍵照片；然後，再針對這些照片，逐一進行訪談討論。不可否認的，每位受訪者可能受到記憶能力的限制，回憶過程可能對原始經驗產生扭曲或誤解。當然，由於口述史的運用，必須是受訪當事人親身經歷或聽聞事件，所以口述史的運用往往只能推論到約百年的歷史，無法深入更遠古以前之事件（Berg, 1998）。Neuman（1997）在 Historical comparative research 一文中，對此一論點有更進一步的剖析，Neuman 認為口述史是一種回憶式（recollection）資料收集方式，研究者運用非結構式訪談（unstructured interview），了解受訪者的過去生活事件或日常生活經驗。

綜合上述所言，口述史研究法就是研究者運用訪談方式，針對某一個人或某一群人，對過去社會事件的經驗或看法的描述與詮釋。通常，口述史研究方法的運用是結合了半結構或非結構的訪談方式，針對社會上被壓迫或被遺忘的弱勢族群，以及過去特定社會事件或生活經驗，進行相關資料收集的過程。就口述史的本質而言，它頗適合運用於俗民的日常生活經驗。雖然，口述史可以單獨運用在資料收集過程，不過，大多數學者與專家都建議，最好是與其他研究方法合併使用，才能降低口述史本身在研究運用的缺點與限制，及提升研究的品質與研究結果的可信度。

 貳 口述史研究法的發展與特性

對口述史研究方法有了初步的認識之後，筆者將引導大家進一步從口述史的發展過程，進而了解口述史研究法的特質。

一、口述史研究法的歷史發展

在人類社會未有文字記載之前，口述傳說就已普遍存在人類社會日常生活經驗中。在傳統社會，許多特定事件、風俗或典故，往往只是留在社區耆老的記憶中；然而，這些豐富訊息與生活經驗的累積，卻沒有任何文字記載流傳。隨著文字的興起，使得口語傳說方式逐漸式微，文字記載取而代之成為人類生活經驗與智慧結晶的傳承（Allen & Montell, 1981）。在人類社會尚無文字的遠古時代，所有事物如：時間、領地、交易、言語、季節、節慶或技術等，都必須依賴口頭傳說的方式，才能達到經驗傳承的目的。

Jan Vansina（1985）根據自己在非洲的口述史研究結果撰寫成 *Oral Tradition as History* 一書，書中將非洲的口語傳說分為五種類型：公式俗套、

地名與人名、故事、詩歌和法律與評論。這五種類型分別散落在非洲不同的部落中，舉例來說，官方詩歌與歷史故事，就出現在具有較高度政治組織的社會。事實上，不只是在非洲部落才有口語傳說的型態，在許多社會都存在著口頭證據，這些口頭傳說的證據世世代代傳承，建立了初民社會較可靠的體系。在當時，這些擔任口語傳說的人，往往也都擔任宮廷中的要職，舉例來說，盧安達（Rwanda）有家譜官（genealogist）、記憶官（memorialist）、讚頌官（rhapsodist）和祕書官（abiiru），分別負責不同類型的口語傳播。家譜官必須記住歷代國王與王后的名單，記憶官必須記得各個統治時期的最重要事件，讚頌官必須保存對歷代國王的頌辭，而祕書官則保存歷代王朝的祕密（Thompson, 1999）。

在許多鄉村社會中，口語傳說也是經驗傳承主要的方式，例如：西非的一位說書人 Alex Haley，就是透過對口語傳說的整理，重新描述自己祖先的經驗；後來，Haley 將這些資料彙整，並寫成半虛構式小說《根：一個美國家庭的傳奇》（*Roots*），贏得巨大聲名（覃方明、渠東、張旅平，1999）。在 1990 年代，水晶唱片公司也曾經運用了口述史方法，對許多原住民部落，透過口語述說方式進行歌謠的採集錄音，為原住民的音樂與歌謠，留下美麗的見證與紀錄。蔡篤堅（2001）也曾運用口述史研究方法，並結合了照片影像，對九二一災後重建區中的集集居民與工作夥伴，進行社區集體記憶和社區認同之重建工作。

雖然，口述史源自久遠以前，不過，自 1940 年代左右，Allan Nevins 在芝加哥大學才開始運用口述史研究方法，對社會事件進行有系統的資料收集（Fontana & Frey, 1998, p. 61）。許多歷史事件已存有豐富文字檔案資料，但是研究者仍舊會運用口述史方法，透過見證人的經驗與詮釋，進一步理解歷史事件的全貌。最著名的莫過於對二次大戰期間德國納粹集體殘殺猶太人的經驗，透過參與者與倖存者的口語敘述，更進一步還原了當時的歷史真相（Seldon & Pappworth, 1983）。

近年，在行為與社會科學研究領域，口述史研究方法有日益受到重視的發展趨勢，更結合資訊科技，透過錄音、錄影器材收集，並運用電腦儲存、剪輯等，讓口述史運用不再局限於專家與學者（許雪姬，2014）。原本口述史研究方法是歷史研究學者的專屬，隨著時代進步，愈來愈多的行為與社會科學研究學者，也開始將口述史研究方法運用於過往事件之探究。如：Erikson（1978）曾經將口述史與其他研究方法結合，對一處遭受洪水侵襲的村落之居民進行研究；Terkel（1970）也曾運用口述史研究方法，訪談實際經歷過 1930 年代美國經濟大蕭條時代，見證人的日常生活經驗。在台灣，口述史的運用，早期以訪問黨政軍要人、社會精英為主，自 1990 年代以後，則逐漸朝向事件、地區、行政與階層，進而探討婦女、族群、環保、災害等議題的發展；而訪談、記錄的方法與媒介，也因新器材（如影像工具）的引進，而有不同於傳統形式的表現。

口述史研究法運用在女性主義研究，是另一種發展的趨勢。部分女性主義者批評，人類歷史研究太過以男性為中心，忽略了女性的觀點；所以建議應將口述史運用來了解不同社會文化的婦女之生命經驗，以女性觀點與經驗，來詮釋人類歷史的經驗（Fontana & Frey, 1998, p. 61）。

二、口述史研究方法之特性

從口述史研究方法的定義到其歷史發展之歷程的介紹中，想必讀者對何謂口述史研究方法，有了進一步的了解。幾乎所有的研究者都知道，透過口語敘述方式所收集到的訊息或證據，截然不同於書面檔案所收集到的證據。從上述口述史研究方法的定義與歷史發展，綜合歸納出口述史研究方法具有下列八項特質（Allen & Montell, 1981）：

（一）揚棄標準的年代史觀念

口述史並非按照傳統的編年史方式，來進行歷史事件之研究。通常，受訪者是根據個人的記憶，敘說歷史事件發生的始末與個人親身的經驗。對這些歷史事件的記憶，不是根據時間先後，而是根據相關現象或事件的脈絡，逐步建構而成。也就是說，口述史研究法在資料收集的過程，對於主題事件的建構是混雜的，而非根據時間先後順序漸次發展（參見圖 9-1）。

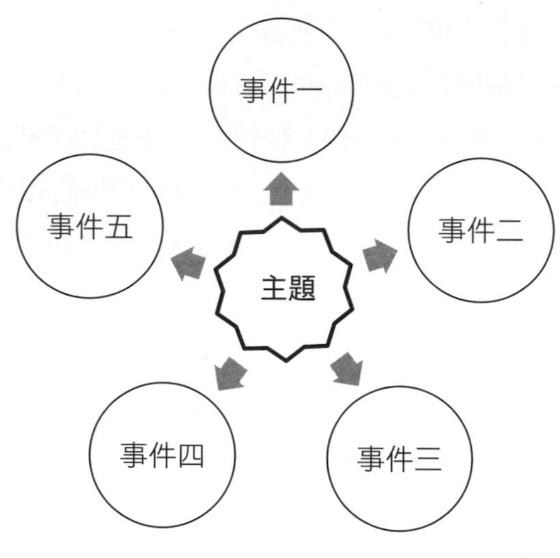

圖 9-1　口述史之主題事件建構模式

（二）以情緒連結爲原則

當受訪的關鍵人物在對過去歷史事件進行回憶式描述時，往往涉入個人對過去歷史事件的強烈情感連結。

（三）口語敘述的分類

即便經歷同樣歷史事件的一群人，當他們在對過去歷史事件進行描述時，所表達的內容或呈現的方式，仍可能不盡相同；這並不表示每個人對事件本身的了解是片段或不完整的，而是事件本身對每個人的意義是不同的。

（四）融入視覺想像

當受訪關鍵人在對歷史事件描述的過程，訪問者往往在融入式的傾聽過程，對事件會產生活潑鮮明的圖像。

（五）縮短時間距離

在對過去歷史事件的描述過程，受訪關鍵人經常會自動刪除掉一些有關但不是很重要的事件，直接切入關鍵事件的回憶中；如此不僅可以縮短歷史洪流的距離，同時也能幫助我們進一步釐清事件的因果關係。

（六）關鍵人物的替代性

對口述史研究而言，發生什麼事往往比事件的關係人來得重要，因而，有些與歷史事件關係人有關，但卻無關緊要的特質，經常會被忽略。

（七）敘述要素的變遷

透過受訪關鍵人的口語敘述過程，可以幫助我們釐清某些重要特性，可能在不同事件或不同時間點，產生遞變的事實。

（八）口語敘述的模式

研究者往往可以根據受訪關鍵人對事件的描述過程，歸納出不同類型的口語敘述。

傳統的歷史研究方法主要是以文獻檔案資料為主，所以是一種不會說話的歷史；然而，口述史研究方法則是運用訪談方式，收集受訪關鍵人對歷史事件的觀點或經驗之詮釋，所以是一種活的、會說話的歷史。當然，若與傳統歷史研究方法相較，口述史研究方法具有下列五項特質（江文瑜，1996；蔡篤堅，2001；Berg, 1998）：

1. 研究者可以透過訪談過程，收集到豐富的社會脈絡的背景訊息，而不是透過單向方式，去了解被研究現象的社會背景。
2. 研究者可以透過互動過程，讓受訪關鍵人直接針對問題回答，研究者可以據此深入了解受訪關鍵人的內在世界與生命經驗。

3. 突破傳統上歷史研究方法取自文字資料的限制，進一步將歷史研究的取材，擴展至俗民生活經驗的口語敘述資料。
4. 提供社會大眾對未被報導或未受重視的歷史事件，如：地震、水災、自然災害或族群衝突等事件，表達個人看法與詮釋觀點的機會。
5. 過去對於歷史事件的詮釋，主要是掌握在歷史學者或專家的手中；然而，口述史研究法卻是將歷史的詮釋權回歸俗民社會，讓社會大眾對於日常生活息息相關的社會事件，都可以扮演參與者與解釋者的角色。

口述史研究法的運用，解構了歷史研究的權力結構，讓社會上沒有聲音的弱勢者如：少數族群、婦女、沒有書寫能力者或邊緣份子，有機會將自我經驗透過自我觀點呈現，對傳統歷史研究的權力結構，可說是做了徹底的改造。

三、口述史研究法的優缺點

當然，我們也不至於認為口述史研究方法是完美無缺的。Seldon 與 Pappworth（1983）特別指出，要運用口述史研究方法的研究者，必須對口述史研究方法有充分的了解，並重新思考研究的問題與目的為何，才不致發生誤用的現象。許多學者將口述史研究方法的優、缺點，綜合歸納如下（江文瑜，1996，頁 265-266；Berg, 1998; Tuchman, 1998）：

（一）優點

1. 弱勢者的發聲機會

口述史研究方法最適合運用在弱勢者、較少使用文字者，或生活空間較局限於私領域者的研究對象，這些研究對象包括：老人、女性、勞工階級，或政經地位較低的族群。由於這些弱勢者缺乏參與主流社會的機會，因而沒有機會用自己的觀點，為自己的生活經驗或歷史，留下最佳見證。

2. 彌補文字歷史資料之不足

人類社會中有許多的歷史事件或經驗，其實都無法充分運用文字或影像記錄，口述史正好可以彌補文字歷史不足的缺點。除此之外，口述史可以進一步還原日常生活中，曾經發生過不幸卻沒有記載的事件，並透過俗民眼光，讓這些歷史事件再現。

3. 一種動態生命歷程的再現

口述史資料之收集，除了外在的事實（facts）訊息之外，同時也包括內在的感覺（inner feelings）。透過內、外在資訊的收集，正可以反映出個人生命歷史的變遷過程及內在心路歷程的軌跡。

4. 事件詮釋的觀點

研究者可以針對某特定主題，設計出以特定人口族群為主之口述史研究方法，並透過對口述史之資料的歸納、整理、分析與比較過程，發展出對歷史事件的詮釋觀點。

5. 挑戰主流詮釋觀點

傳統歷史研究的詮釋主導權掌握在歷史學者或專家手中，然而，口述史研究方法卻是將歷史詮釋權回歸社會大眾的手中，如此可以用來挑戰主流歷史的詮釋觀點。

6. 雙向互動的經驗

在傳統的歷史研究中，研究者與被研究事件中的關鍵人物，沒有任何互動關係；然而，口述史研究過程，研究者與受訪關鍵人卻有著密切的互動關係，甚至因研究過程而建立厚實的情誼。

（二）缺點

雖然，口述史研究方法具有上述六項優點，不過，在行為與社會科學研究領域中，它的運用並非是無往不利的。研究者在運用過程，仍舊必須考量下列幾項因素：

1. 缺乏團體互動的經驗

口述史研究方法是運用一對一的訪談方式，對歷史事件之關鍵人，進行訪談資料的收集工作。由於缺乏團體成員之間的互動與刺激，所以很難激盪出受訪關鍵人一些潛在、深刻的想法。

2. 耗費時間

由於口述史研究方法是運用一對一的訪談方式，對歷史事件之關鍵進行訪談資料的收集工作，所以每一筆口述史資料的收集，無論從訪談前、訪談時，或到訪談後的過程，其實都是相當耗費時日的。

3. 記憶影響品質

如果研究者是採用以某個族群為主體的口述史研究方法，資料收集的內容與品質，往往會受到口述者本身記憶的影響，反而增加了研究者在對資料進行比對分析時的困難。

參 口述史研究過程的步驟

通常，一個完整的口述史研究過程，都會包括訪談前、訪談時與訪談後等三個發展歷程。下列逐一說明這三個口述史研究過程的步驟，及各個步驟應注意事項（江文瑜，1996，頁 252-265；范明林等人，2018；游鑑明，2000；Shopes, 2011）：

一、訪談前之階段

（一）準備工作

在正式訪談前，最重要的準備工作有兩項，包括：了解受訪者，以及思考研究題目。

1. 了解受訪者

在開始訪談之前，要了解受訪者的情況，如個人的年齡、身分、生活經歷、家庭情況、工作情況、人際交往，及生活環境和社會環境等，研究者可以透過文獻閱讀獲得。

2. 選擇研究主題

在研究剛開始的時候，研究者對研究通常都只有模糊的概念，所以必須要透過相關知識的收集與整理釐清研究概念。當然，研究者可以透過熟悉的網絡找出一、兩位與研究主題有關的關鍵人，進行探索性的訪談；從這些初步訪談所獲得的訊息中，再進一步釐清研究的焦點。

（二）確定研究的類型

在準備工作的階段，研究者必須進一步思考：這個研究需要什麼樣的口述史資料，到底是以單一或是以一群人為對象？通常，以單一研究對象為主的口述史研究，都是以被研究者的傳記、自傳或回憶錄的形式來呈現。以某一族群或團體為研究對象之口述史研究，則主要著重於對特定歷史事件收集資料，以便讓歷史真相再現。

（三）發展初步的研究題目和問題

在資料整理告一個段落之後，研究者可以著手設計初步的研究題目及訪談問題。當然，這些都只是研究的粗略準則，往往會隨著研究進行過程而做彈性調整。在設計問題之初，不要設計太多特定問題，也不要將預設想法放進問題中，以免限制受訪者的想像力。問題應兼顧外在事實陳述、內在情感探索與觀點表白。開始的問題，應該是大概準則，可以隨時更改。

（四）重視使用的語言

研究者必須敏感察覺語言是一種權力的表徵，所以即使是和受訪者使用相同語言，研究者也要敏感察覺，不同社會階層、年齡、族群或性別等族群，對於語彙使用、發音及說話方式，都可能有很大的差異，所以應盡量尋求縮短語言差異所導致的隔閡之可能。

二、訪談階段

在進行口述史研究資料收集的過程，訪問者是否接受過訪談相關的訓練，往往會進一步影響資料收集的完整性與可信度。所以，在資料收集的訪談過程，應注意下列幾項：

（一）重視訪談時的互動關係

在訪談過程，訪問者應盡可能讓受訪關鍵人自由地表達意見，不可以為了要收集研究的資訊而打斷受訪關鍵人的說話。當研究者與受訪關鍵人由於社會階級因素，使得訪談工作是處在一種權力不對稱的關係時，研究者應該要用誠懇的態度來表達興趣，以降低彼此之間的距離。

（二）積極的傾聽

在口述史資料收集過程，訪談者的訪問技巧往往會直接影響到收集資料的正確性與品質，所以研究者除了應該積極學習訪談技巧之外，同時也應該注意到傾聽的重要性，仔細傾聽受訪關鍵人的口語與非口語的行為意涵。

（三）避免第三者的干擾

在口述史訪談進行過程，應盡量避免第三者在場所產生的干擾；不過，也有研究者認為，如果受訪者是家中的長輩或手足時，家庭成員的參與反而可以糾正錯誤的記憶。

（四）非口語資料的收集

通常，照片被視為是影像的語言，研究者往往能藉由照片喚起受訪者的記憶，而書信或日記則是個人內在的表白，如果研究者能取得受訪者的同意，那麼將有助於研究資料的彙整。

三、訪談後之階段

在口述史研究資料收集之後，研究者並非就高枕無憂，等待著資料分析與詮釋；在此時，研究者除了需要將口語資料轉譯為文本資料之外，同時也需要在資料詮釋之前，進一步求證資料的真實性。

（一）資料的整理與求證

口述史訪問結束之後，研究者緊接著必須對所收集之資料，進行分析與詮釋工作。但是在訪談資料整理前，需先對資料內容進行整體性評估，評估準據包括：

1. 涉及具有時代背景的歷史事件是否與敘述一致？
2. 某些詞語含義在不同的歷史背景、時代或環境是否改變？
3. 訪談前後是否有一致性？如果內容出現矛盾，矛盾於何處產生？

受訪者的口語敘述內容矛盾時，研究者必須判斷矛盾原因及尋求因應方法，參見表 9-1。

表 9-1　判斷口述內容矛盾原因及因應之道

原因	因應
記憶模糊	再三求證，包括重新訪談，或詢問周遭的第三者，直到矛盾處得到解決。
社會變遷造成不同時代對同一件事情的看法不同	再一次確定時代變遷所造成的價值觀改變是否具有普遍性。
受訪者對自己的觀點不斷修正	確認受訪者在談話中不斷修正觀點，是由於受訪者的個人特徵還是受訪者處於某種外在因素影響。

資料來源：本表為作者自製，參考自范明林等人（2018）。

通常，口述史資料的整理有兩種方式：

1. 一問一答的資料整理方式

一問一答的資料整理方式，具有三種優點：

（1）保留口語的形式。

（2）容易回溯言談情形，方便於言談分析（discourse analysis）或文本分析（text analysis）的進行。

（3）容易透過文本分析來驗證談話的邏輯。

然而，一問一答的資料整理方式，往往因為言談句子不完整，加上語意不連貫，所以並不適合運用在自傳、傳記或回憶錄的書寫形式。

2. 按照生命史或生活史的整理方式

按照生命史或生活史的整理方式，正好可以彌補一對一整理方式的缺點；然而，前者所擁有的優點，卻也正好是後者的缺點。

（二）口語資料轉換爲文字資料

從口語資料轉換為文字符號資料過程，往往會造成許多訊息的流失。口語敘述的語言形式，可以顯示出社會階級、人與人關係，以及對語言、對自我和對世界的看法，可是當口語資料轉化為文字之後，言談訊息會大量減少，反而轉化為一種較正式的訊息。研究者在此階段應注意小心求證，以避免口語訊息的流失，這是口述史研究者必須要注意之事項。

（三）歷史事件的詮釋

資料分析與詮釋是口述史研究最後步驟。當研究者針對收集的歷史事件資料進行文本分析，應賦予歷史事件新的意義與詮釋觀點。整個口述史訪談過程，資料的內涵是訪談者與受訪關鍵人透過互動過程，共同建構出來的產品。因此，研究者可根據訪談資料，進行言談與文本分析，對資料進行詮釋。對資料的詮釋過程，應該考量詮釋與受訪者的本意是否一致，而非只是套用理論理解。在條件允許下，應該讓受訪者檢視最後的詮釋，確認是否與其言語本意一致。

建議運用口述史研究方法的初學者，不妨利用家中長輩的資源，幫助自己練習如何透過口語敘述方式，來達到資料收集的目的。不妨從家庭相簿中，找出幾張家中長輩的照片；然後，再運用訪談方式，邀請家中長輩針對照片回憶童年、青春期、中年及老年等生命歷程的生活經驗。在訪談過程中，或許可以藉著錄音或錄影的記錄，作為事後自我訓練的工具。

 口述史研究之資料分析

在口述史研究的資料分析過程，研究者又該如何善用言談分析方法與策略，來幫助自己進行資料分析呢？首先，讓我們簡單介紹何謂言談分析；其次，再說明言談分析的實務運用。

一、何謂言談分析

Gill（2000）在 Discourse analysis 一文中指出，「言談分析」（discourse analysis）主要是以社會建構論為基礎，對行為與社會科學研究進行批判與反省。什麼是「言談」（discourse）呢？「言談」一詞意指透過對話、訪談或寫作方式，所獲得的任何有關談話形式之資料。而「言談分析」一詞，則是包括言談分析和詮釋兩個部分。

基本上，言談分析假設言談是獲得資料的主要方式，所以言談分析本身具有下列幾項特質：

1. 對日常生活中視為理所當然之事，採取批判與反省的立場，從懷疑的角度，來觀察平常人認為沒有問題的事件或現象。
2. 可協助研究者體認到日常生活世界中一些習以為常的歷史文化，其實是具有其特殊性的。
3. 主張日常生活的經驗與知識，往往都是社會建構下的產物。

4. 堅信知識的建構和行動的主體必須是一體的，知識可以由行動主體共同建構，所以言談分析本身就具有行動功能導向。

二、言談分析的實務運用

介紹完言談分析之後，我們究竟要如何運用言談分析呢？Gill（2000, p. 177-181）提出五個運用言談分析之步驟：

（一）詢問不同的問題

當然，言談分析不是用來取代傳統的文本或統計分析。言談分析主要是批判典範的轉移，強調社會事實經常是隱藏在文字或語言的背後；所以，研究者在收集資料的過程，經常會詢問不同的問題。舉例來說，對於素食者，一般研究者可能會關心這些素食者為什麼會放棄吃葷；不過，言談分析者會關心的是：如何決定吃素的行為？素食者又是如何從吃素經驗中，建立自我認同？

（二）逐字稿的轉譯

除非研究者是分析現有的文獻檔案，否則任何言談分析都必須要將訪談錄音檔轉譯成文本逐字稿。文本逐字稿的整理不可以用摘要或精華萃取方式，而是要盡可能記錄下所有言談資料，包括重複說話的內容，或深呼吸聲等。

（三）懷疑的態度

當文本逐字稿完成之際，通常就是口述史開始分析的時候。研究者必須要對視為理所當然的事物，採取高度懷疑的態度；因為，言談分析是需要研究者不斷對自我假設提出質疑，並抱著懷疑的心情，來發展整個資料的分析。

（四）譯碼

言談分析的訣竅，就是讓研究者沉浸在收集的資料中，一遍又一遍的閱讀文本逐字稿，直到自己完全熟悉資料的意涵為止。研究者在閱讀文本逐字稿的過程，可以從研究的問題中發展出譯碼架構；然後，再根據預設的譯碼架構，作為分析逐字稿與修改架構的參考。

（五）分析言談

言談分析分成兩個階段：找出資料的一致與變異之模式，然後形成具體的假設。

伍 結論

近年來，口述史已經逐漸成為人類社會創造集體記憶的另類方式；相較於傳統的歷史研究方法，口述史是一般社會大眾，針對過去歷史事件，進行口語與非口語訊息的交流和互動的過程。口述史研究方法本身不只是一種資料收集的方式而已，它同時也是一種知識建構的過程，讓社會中的弱勢族群有機會以自己的語言與觀點，為自己的生活經驗進行詮釋。然而，並非所有的歷史事件都可以運用口述史研究方法來進行相關資料的收集，再加上口述史研究方法的運用自有其優點與限制，所以提醒研究者在選擇使用口述史研究法時，仍必須審慎考量，避免因不恰當的運用而影響研究的品質與可信度。

Chapter 10

行動研究法

過去，研究工作一直都被視為是學術領域的專利，研究者企圖透過研究過程，找出各種社會現象與社會行為的普遍法則，再根據這些法則對社會現象與行為，產生預測和控制的功能。然而，由於學術理論與實務運用兩者之間的落差，使得研究結果的推論與運用價值備受懷疑。研究果真是學術社群的專利？實務工作者無法透過自我反省，發展具有實踐行動的研究嗎？在這一章中，要為大家介紹一種研究過程同時兼具知識建構與行動實踐（praxis）的研究方法——行動研究法。首先，說明什麼是行動研究法及其意涵；再從行動研究法的意涵，進一步說明行動研究法具有哪些特性；接著，闡釋行動研究的理論觀點及實施程序；最後，援以實例說明行動研究的價值。

壹、行動研究法的意義與特性

近年來，「行動研究」（action research）一詞，對行為與社會科學研究社群已經不再是陌生的名詞了。那麼到底什麼是「行動研究」呢？顧名思義，行動研究是一種具有行動實踐的研究方法。但是，哪些研究具有行動實踐，哪些又不具有行動實踐呢？在此，我們透過深入淺出的方式說明行動研究法的意義，並進一步說明行動研究之特性。

一、行動研究法之意義

何謂「行動研究」？基本上，行動研究法是屬於參與式研究典範，強調研究過程中，研究者與參與者透過參與式民主過程，藉由合作、觀察、反思與轉化，發展對實務具有實用的知識。行動研究目的是在尋找可能解決的方法，達到改變不公平社會關係或問題的目標（葉莉莉，2010；Hendricks, 2006）。

就字面意義而言，「行動研究」一詞隱含「行動」與「研究」雙重意義，意味著實務行動與研究行動兩者是整合一起的。許多學者（呂俊甫，1993；鈕文英，2020；葉莉莉，2010；Elliott, 1998; McNiff, 1995）指出，行動研究法是一種由下往上（bottom-up）的研究取向，強調以實務工作者的需求與立場出發，對實務工作者的工作情境與內涵進行反省與批判，並結合研究過程與步驟，找出解決或改變實務困境與問題的解決方案或行動策略。行動研究的目標，不只是在對研究的現象、經驗、事件或行為進行詮釋而已，也要進一步達到改變研究現象或問題的目標，結合了理論與實踐行動。換句話說，行動研究法是以解決實務問題為導向，重視實務工作者的參與研究，研究過程重視研究者與參與者民主參與及協同合作過程，透過有目的、有計畫的資料收集方式，尋求立即解決問題或不利的處境。

行動研究法又如何同時結合理論與實踐行動呢？ Hart 與 Bond（1995）認為，行動研究法既整合理論與研究，又強調將研究發現運用在實務改革的價值（引自賴秀芬、郭淑珍，1996，頁 239）。黃政傑（1999）也指出行動研究最重要的價值，在於研究者就是實務工作者，研究動機源自實務工作者在實務工作過程遭遇到的問題或困難，為了找出適當的解決策略與方法，透過研究過程對工作內涵進行反省，並藉由研究發現，找出問題解決的有效策略。因為理論知識生產過程，納入了實務工作者的參與，因此，縮短了理論與運用兩者之間的落差（歐用生，1996）。

在行動研究過程中，實務工作者可能是主要的研究人員，也可能是參與研究的成員。無論何者，在研究過程都必須建立在平等參與原則，積極參與研究工作的規劃與行動。在行動研究過程，研究者扮演「觸媒」的角色，透過各種策略與方法，幫助所有參與成員對問題形成明確界定，並能對問題進行反省思考。對實務工作者而言，行動研究法一詞也隱含著「意識覺醒」（consciousness-raising）與「充權」（empowerment）作用。

綜合上述，所謂「行動研究」是一種來自實務工作者對自身工作的反省與思考，透過研究過程尋找較適當的解決策略。就實踐行動層次而言，行動研究包含：規劃、行動與行動結果的事實發現等，透過不斷循環與修正過程達到目標（參見圖 10-1）。不過，對於實務工作者在整個研究過程，應該扮演什麼樣的角色與功能，並未明確規範。

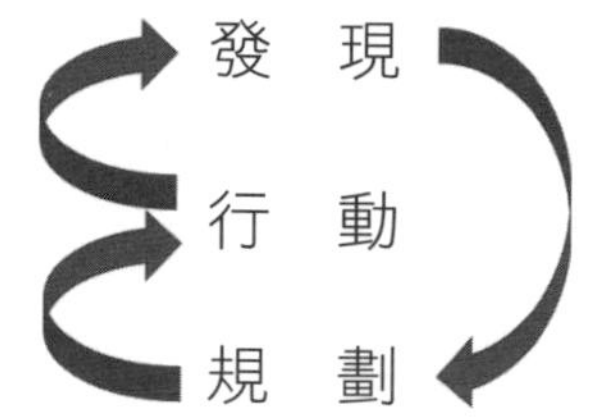

圖 10-1　行動研究之循環過程

實務工作者在行動研究過程應扮演何種角色與功能？ Holter 與 Schwartz-Barcott（1993）強調，行動研究重視「民主參與」與「理論發展」並行的理念，且知識生產必須和參與行動緊密結合。在整個研究過程中，研究者與行動者的協同合作，必須是建立在平等原則，共同參與研究過程每個階段，讓理論知識的建構，扎根在實際生活及實務經驗的實踐。

所謂「民主參與」，就是指研究者與被研究者是在一種無階級或無剝削關係情況下，共同參與研究過程，才能讓知識的生產對實務產生實質改變。這種民主參與的研究，就是一種參與式合作研究（participatory/collaborative research）（Reinharz, 1992）。透過研究者與行動者共同參與研究過程，不僅可以消除研究者與被研究者因角色不同產生的隔閡，也能進一步打破研究者與行動者因權力不對稱產生的緊張關係。

總而言之，行動研究法與建構典範的方法論不同，更重視被研究者共同參與研究過程，強調研究結果能被運用於實務實踐過程的價值；同時，行動研究法也要求參與研究行動者必須對實務工作進行批判式思考，讓行動者能從意識覺醒，達到充權與改變的目標。

二、行動研究之特性

行動研究法屬於批判研究典範，強調由下往上的歸納邏輯思維，引導整個研究的發展，形成迴遞式研究設計的內涵，使得整個研究進行過程不斷對問題或情境進行診斷與界定，並調整介入行動（蔡清田，2000a）。從許多學者對於行動研究法的定義中，大致可以歸納出行動研究法具有下列幾項特質（蔡清田，2000a，2000b；賴秀芬、郭淑珍，1996；Holter & Schwartz-Barcott, 1993; Stringer, 1996）：

（一）以實務問題爲導向

行動研究法的運用主要是在促進實務工作者，對於己身處境或工作的反省，所以行動研究法的運用，必須是實務工作者為了尋求實務問題的解決、找出更有效的工作方法，或參與者對於自身面對的處境不滿時，所進行的一種研究方式。

（二）重視實務工作者的參與

行動研究法主張任何理論知識的生產，必須與實踐行動結合才有意義；為達到此目標，實務工作者必須成為研究的主體，參與整個研究過程，確保知識生產與行動實踐能徹底結合。

（三）從事研究與運用研究結果者爲同一人

行動研究法打破傳統知識生產與實踐行動分立的互動模式，強調知識生產必須與日常生活的行動緊密結合，才是研究的價值與真義。換句話說，實務工作者或遭受不平等待遇者本身是參與研究的成員，致力於改善實務問題或不平等的處境或社會關係，也必然會將研究成果運用在改善實務工作或不公平的處境，這種研究方法明顯彌補了傳統知識生產與實務運用兩者之間分立的缺失。

（四）研究場域爲實務工作場域

既然行動研究法強調實務工作者對工作現況的反省與批判，期望透過研究行動策略的運用，找到有效解決的方法；因此，行動研究法的進行必須是在實務工作場域進行，從做中想與做中學，達到改善或改變的目標。

（五）民主參與的精神

行動研究法強調實務工作者參與研究過程的重要性，實務工作者並非是參與者而已，而是協同研究者，在協同參與研究過程，所有的研究成員是一種夥伴關係，在民主參與及平等合作的原則下，參與整個研究過程。

（六）立即解決問題的功能

行動研究法最主要的價值在於建立在務實的精神，落實研究的實踐行動力，讓研究結果對實務現況具有立即、及時性的解決能力。

（七）研究過程具彈性

既然行動研究法是一種務實的策略，研究計畫的發展必須根據研究者的反省與思考，隨時修正內容、步驟或方法，才能提升研究品質，並確保研究結果適合運用於實務的需要。

（八）研究結果的適用性受到限制

既然行動研究法是根據特定對象面對的問題所發展的研究策略，研究結果也必然只適用於該情境，無法推論到其他情境。

（九）批判與建構雙重功能

行動研究法鼓勵實務工作者不斷從實務工作中發現問題，並透過對現況的反省與批判，找出有效的問題解決策略與方法，所以不只對現況具有批判的功能，也具有提升實務工作品質與效能的功能，兼具批判與建構雙重功能。

行動研究法的理論基礎與特性

「行動研究」一詞，源自於社會心理學家 Kurt Lewin（1890-1947）。約莫在 1930 年代末期，有部分社會心理學者與教育學者，開始對行動研究產生濃厚興趣；後來，Collier、Lewin、Corey 與 Elliott 等人陸續在美、英與澳洲等國，積極的倡導與推廣，才逐漸被運用在教育、組織管理與社區工作等專業領域（鈕文英，2020；蔡清田，2000a；賴秀芬、郭淑珍，1996）。雖然，行動研究法在行為與社會科學研究領域沉寂一段時間，後來，許多實務工作者發現學術圈對於理論知識的生產，往往無法提供實務工作者有效的問題解決的策略，期待透過參與研究過程來彌補知識生產與運用的落差，使得行動研究法再度崛起。

一、行動研究的科學哲學基礎

到底行動研究法是一種科學哲學的典範，或只是一種研究策略的運用呢？對此，行為與社會科學研究社群有許多爭論。而行動研究法應該像其他研究方法一樣，是用來描述實務工作的歷程與結果呢？還是要以改變為訴求？行為與社會科學研究社群對於這些問題的回應相當分歧。一般而言，行動研究經常以下列三種形式呈現（歐用生，1996；蔡清田，2000a，2000b）：

（一）科學技術形式的行動研究

由 Lewin 在 1940 至 1950 年間，於美國麻省理工學院所創。當時，Lewin 採用科學技術形式的行動研究，將行動研究視為自我發展的手段，協助實務工作者獲得科學方法和技術，使之成為有能力的實務工作者，作為改進實務工作的參考，但 Lewin 並不關心工作的目的與本質為何。許多人批判科學技術形式的行動研究太過重視控制與預測，反而忽略了社會文化脈絡與社會結構對實務工作者可能產生的影響，同時也忽略了行動研究背後的倫理內涵（蔡清田，2000b，頁 310）。

（二）實務道德形式的行動研究

實務道德形式的行動研究始於英國教育課程設計革新方案，主要在提升實務工作者對教育目的與方法的專業判斷。這種行動研究形式不僅重視實務工作者的能力提升，同時也檢視實務工作者的意圖、價值與行動，重點不是工具理性，而是在實務困境中追求專業自主（蔡清田，2000a，頁 31）。

（三）批判解放形式的行動研究

批判解放形式的行動研究，又稱為批判取向行動研究，其特點是要求參與者採取主動、積極的立場，投入爭取更公平、正義、民主的實踐型態。在整個研究過程，實務工作者必須不斷對自我進行反省，並對現有的社會制度與社會結構進行理性的批判，進而透過參與研究過程，達到充權目標（歐用生，1996）。

Lather（1986）在 Research as praxis 一文中，將行動研究與批判民族誌，歸納為實踐取向研究典範（praxis-oriented research paradigm）。Lather 認為「實踐」一詞，是指理論與實踐之間的辯證張力（dialectical tension）（夏林清，1996a）。什麼是實踐的張力呢？舉例來說，當一位在庇護中心從事少年性交易防治工作的社工人員，對短期保護性個案所提供的服務，逐漸成為例行性工作，久而久之，就會忘記要因個案個別需求差異，提供不同的服務方案。在 Lather 的眼中，這一位資深社會工作人員是不具有實踐特性的。如果從事質性研究的工作者，慣於運用某一種特定研究方式來收集研究資料，但是，對於研究過程所看到的問題卻視若無睹，從 Lather 的眼光，這位研究者也是一位缺乏實踐的研究者。因此，「實踐張力」就是指研究者或實務工作者，必須要具有勇於挑戰傳統，並努力追求跳脫舊有框架的精神。

1980 年代，實踐取向研究獨樹一格，主要是受到批判民族誌與行動研究兩股力量的影響，但是這兩者無論在理論觀點或在行動策略，都有很大差異。批判民族誌結合批判社會理論（critical social theory）與民族誌方法（ethnographic methods），對社會結構與個體的主體性展開批判，最終焦點是要將個體從各種壓迫形式中解放（夏林清，1996a）。行動研究則是認同實踐取向研究的知識與方法，重視實踐更甚於主體批判，透過研究過程，逐步發展研究者與被研究者共同參與研究過程的方法與策略。行動研究法的代表人物 Chris Argyris（Argyris, Putnam, & Smith, 1985）認為，行動研究法是一種介入既存在的社會關係，進行社會正義（social justice）實踐的研究方法。

蔡清田（2000a）在《教育行動研究》一書中，將行動研究的理論基礎歸納為二：

（一）實務反省的理論基礎

實務反省的理論基礎主張，行動研究是對實務工作反省，屬於「反省理性」，而非「工具理性」的科學哲學思維。在行動研究過程，實務工作者會對分析診斷、選擇方案、尋求合作、執行與實施，及評鑑等五個不同實務行動，進行不同層次的反省思考。在研究過程，會因為不同階段而有不同的實務行動反省，在不同階段的反省思考，也會發展出不同的行動模式（參見圖 10-2）。

實務行動領域		實務反省領域
評　　鑑	⇔	評鑑回饋
執行實施	⇔	監控反省
尋求合作	⇔	協同省思
選擇方案	⇔	慎思熟慮
分析診斷	⇔	分析診斷

圖 10-2 行動研究的實務反省理論基礎

（二）批判解放的理論基礎

批判解放的理論基礎，除了對實務工作進行反省思考之外，也強調將實務工作者的實務行動，轉化為改進品質、制度或解決問題的有效策略行動。換句話說，批判解放行動研究除了採用詮釋觀點外，更融合了馬克斯主義對組織階級權力的批判，透過研究過程幫助實務工作者從既有的權力不平等關係中解放（夏林清、鄭村祺，1989；蔡清田，2000a，2000b；Argyris et al., 1985; Elliott, 1998）。

二、行動研究法的特性

在 1970 至 1980 年之間，Argyris 與 Schon 經由觀察、訪談與自我反映，發展描述行動策略與學習路徑的理論，將之運用於個人、團體及組織層面的分析，形成「行動的理論」（theory of action）（Argyris & Schon, 1974, 1978；引自夏林清，1996a）；但是，在 1980 年代中期以後，兩人各自分別發展了屬於自己的理論路徑。Argyris 強調協助實務工作者發現無效的行動策略，透過反覆練習過程學習有效的行動策略，這就是所謂的「協同研究」（collaborative inquiry）的對話方法，稱之為「推理歷程」（reasoning process）；而 Schon 則偏重反映思考（reflective thinking）的理論與方法。

Argyris 與 Schon 將行動研究理論，歸納為下列兩項特質：

（一）描述與轉化既存人類行爲與社會世界的作用

行動理論是描述與分析人類行動中因果邏輯的理論，因此行動研究的行動策略，必須是由實際情境中因果邏輯關係推論出來，同時發展出「學習路徑」理論。「學習路徑」理論的作用，除了在於辨識潛藏於行動中的因果機制之外，也在引導實務工作者辨識潛在可能的因素。換句話說，期待經由當事人行動策略的改變，改造人際行為世界，進而帶動社會既存現況變革的可能性（Argyris, 1985）。

（二）創造公開反映、批判及重建的行動法則與規範

協同探究方法和行動理論兩者，具有不可分割的命運。行動理論是精確描述行動邏輯的架構，而協同探究則是介入情境中持續進行的行動，提升實務工作者的意識覺醒，以發展出具體、有效的行動策略。

雖然行動研究法主要目的是為了改善實務問題，但是知識建構和運用則是次要目的（Greenwood, 1994；引自楊瑞珍、陳美燕、黃璉華，2001，頁245）。Rolfe（1998）強調行動研究法具備下列四項特質：

1. 以解決實務問題為訴求。
2. 透過研究來直接改善狀況。
3. 經由實務工作研究者的形式對於個人的學識或理論有增進作用。
4. 以循環的過程，從一個循環引導到下一個循環。

Flicker 等人（2007）將行動研究歸納出下列七個特質：

1. 目的是改變不合理、不公正、令人不滿的實務做法或社會結構。
2. 視參與者是有能力、具反思力，且能參與整個研究過程。

3. 對應的是現實問題，重視產生問題的情境脈絡。
4. 採取的措施能整合並反映在地社群的價值與信念。
5. 是由研究者與參與者一起合作生產知識的過程。
6. 重視社群的異質經驗，認為這些經驗可以充實研究過程。
7. 強調對行動進行反思可以建構出新的意義。

參、行動研究法之類型

行動研究法無論是理論或方法論的發展，都已經逐漸由科學理性的管理觀點，發展到強調結構改變與社會衝突的模式。Hart 與 Bond（1995）將行動研究歸納為四類型（引自賴秀芬、郭淑珍，1996）：

一、實驗型態

早期較偏重於實驗類型的行動研究，所謂實驗型態（experiment type）的行動研究主要是以科學方法來探討社會問題，由研究過程來引導實務改變，此種型態被視為是一種理性的活動。

二、組織型態

組織型態（organization type）強調將行動研究應用在組織的問題解決方面，希望透過研究，克服、改變或創造具有生產力的工作關係，在整個行動研究過程，重視研究者與參與者共同確定問題，並透過找出可能的原因，進而找出可行的改變措施，所以是一種相互合作的方式。

三、專業型態

專業型態（professional type）著重於實務機構為了反映新專業的抱負，或進一步促進與其他專業相同之地位，所以透過行動研究作為發展實務之基礎。

四、充權型態

充權型態（empowering type）此種行動研究的形式與社區發展的方式緊密結合，主要以反壓迫為訴求，為社會弱勢群體爭取權益，其目標除了結合理論與實務解決問題之外，同時也在協助參與者透過問題確認、共識形成，達到合作階段。

雖然，這四種類型是相互獨立，卻不一定都是獨立存在。研究者隨著行動研究發展階段不同，可以從某一種類型轉移到另一種類型，所以類型與類型之間，彷彿螺旋般循環（參見圖 10-3）。

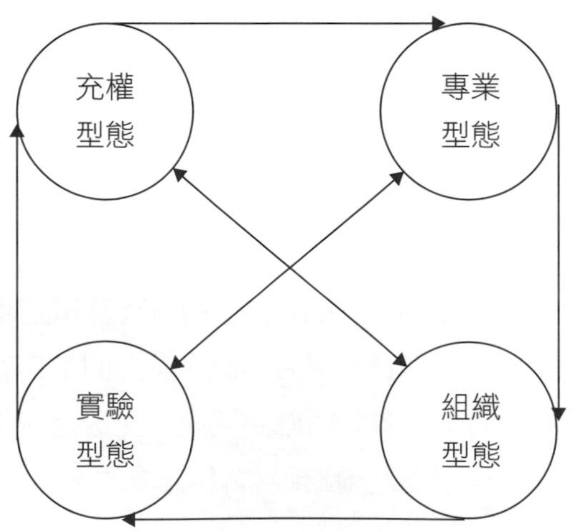

圖 10-3　行動研究之類型與互動關係

 行動研究法運用之條件與原則

許多質性研究的入門者都會問：「什麼時候可以用行動研究法？」「我適不適合用行動研究法？」的確，並非每位實務工作者都適合運用行動研究法，也不是每位實務工作者都能成為很好的行動研究者。那麼，到底行動研究法在實務運用過程中會有什麼條件限制呢？研究者在運用過程又該注意什麼呢？有哪些原則可以提供研究者參考呢？以下將逐一介紹。

一、行動研究運用應注意事項

行動研究法本身就具有實踐的特質，它是一種實務工作者深思熟慮之後所採取的行動，具有對實務問題力求改進的功能。同時，行動研究本身是由一套環環相扣的系統步驟建構而成的研究方法，這套系統包括：規劃、行動、觀察、反省與再規劃等步驟。所以，實務工作者在進行行動研究之前，必須具備三項要件（蔡清田，2000a）：

1. 行動策略必須和行為與社會科學計畫有關。
2. 行動研究必須配合研究過程的規劃、行動、觀察與反省等，不斷循環重複，彼此之間須相互關聯。
3. 行動研究必須是與行動有關的實務工作者參與，隨著研究進展不斷擴充。

二、行動研究者需具備之條件

並非每位實務工作者都需要或可以成為優秀的行動研究者，實務工作者若想成為行動研究者，除了要具備實務工作應具備的專業知識與能力以外，也應該不斷擴增知識，讓自己具備研究的觀點、態度與技巧，才能成為一位優秀的行動研究者。應具備之條件包括：

（一）專業知識之成長

實務工作者可以透過不同方式與途徑，獲得專業知識的擴展：

1. 不斷從社會情境脈絡中反省思考自己的專業工作，而不只是單向式提供專業服務而已。
2. 把握機會參與各種專業活動，如研討會、研習會、座談會、在職訓練活動等。
3. 不斷將所學理論知識，轉化為實務工作的策略與方法。
4. 關心專業的發展和理論的運用。

（二）研究態度和技能

實務工作者要成為一位行動研究者，仍須具備研究的態度和技能。在第一線的實務工作者，必須願意對自己的工作方法和技能有反省與批判能力，才能透過行動研究改善實務工作的問題。

行動研究者必須具備良好的研究態度，包括：

1. 要具有改善實務問題的研究熱誠。
2. 要具有敏銳的觀察力，可以敏感察覺實務工作的難題與困境。
3. 要具有自我批判的觀點，可以對實務工作進行反省式的思考。

三、行動研究運用之原則

由於行為與社會科學社群對於行動研究的界定不完全相同，行動研究的類型也因時、因地、因人而有所不同，很難歸納一致的實施原則。Flicker 等人（2007）歸納為七項原則，包括：社區主導、能力培養、多種方法、資料共有、產生社會行動、社區相關，及過程導向（引自葉莉莉，2010）。Hart 與 Bond（1995）則歸納為七項實施原則（引自賴秀芬、郭淑珍，1996，頁 246-247）：

（一）教育爲基礎

早期行動研究者是以理性社會管理、再教育、增加參與者自尊的形式出現；隨著時間轉變，行動研究已經逐漸由喚起自覺及意識，取代了過去教育的功能。

（二）重視團體的成員

對行動研究者而言，接近團體是相當重要的，尤其居於組織型態的外在研究者，須獲得或依賴強勢團體贊助才能進入組織，如此一來卻會破壞與弱勢團體合作的關係。因此，行動研究者應注重研究過程，而不能過度強調工作導向（task-orientated），或只是為了達到學術目的而已。

（三）以問題爲焦點

對行動研究而言，有問題代表有改變的需要。行動研究對問題的敏感（problem-sensing），主要是以問題為焦點（problem-focused）。研究者會以立即、直接的方式，參與整個問題情境，並透過參與者參與過程發現問題，並促進成員主動參與，共同解決問題，以改善真實現象。

（四）改變的介入

Lewin 認為團體若沒有外在介入，往往不會產生任何改變。對行動研究而言，藉由行動研究的介入有幾種形式，包括：建立同盟、開放溝通、重組議題等，這些介入可以改變所關注的問題，並有啟發其他改變的效果。

（五）追求改進和參與的目的

行動研究主要的目的在於改善專業實務情境或服務內涵，同時鼓勵研究情境之實務工作者，能積極參與這些改變過程。基本上，改變的意義不是由研究者所界定，特別當研究者是外來者時；改變的意義必須由參與者、決策者與研究者共同界定。

（六）研究、行動與評估是一種循環過程

行動研究不是一種線性研究的過程，而是由研究、行動與評估三者構成一連串、不斷循環的研究過程。對行動研究而言，評估與行動及研究一樣，扮演同等重要角色。如果一項行動研究沒有評估，就無法對研究問題或進度充分掌握；如果一項行動研究沒有評估，那麼在實務工作干預過程，可能會出現錯誤的決定而不自知。

（七）建立融入參與者的研究關係

在行動研究過程，研究者必須盡可能讓實務工作者參與研究過程。依參與者參與程度不同，可分為三種模式：

1. **合作模式**（partnership model）

   屬於專家與非專家的合作關係，傳統上區分為施予幫助及接受幫助者。

2. **支持模式**（supportive model）

   非專家與實務工作者有相同的權利，專家扮演外在角色（external roles）。

3. **分離模式**（separatist model）

   排除專家而由實務工作者相互提供支持，直接融入一改變情境的參與。

Stringer（1996）在 *Action Research: A Handbook for Practitioners* 一書中，提及社區行動研究的價值，建立在三個價值假設之基礎：

（一）改變社會文化生活型態

社區行動研究尋求改變個人和社會的互動關係與情境，企圖透過行動研究過程，建立非競爭與非剝削的互動關係。

（二）重視人類福祉

社區行動研究關注任何行動策略之運用，以及對於社區居民生活福祉的影響。

（三）研究者的角色

在社區行動研究中，研究者不再是以專家自居，而是資源提供者而已，在整個行動研究過程，研究者往往扮演催化者或諮商者的角色。

基於這三項行動研究之價值假設，發展出行動研究之工作原則。Stringer（1996）認為社區行動研究之工作原則（working principles）有三：

（一）建立關係的原則

個人與社會的關係往往會影響個人的生活經驗與生活品質，所以行動研究必須以維持正向的、良性的工作關係為主。在行動研究中，所謂良性的關係包括（Stringer, 1996, p. 26）：

1. 促進所有參與成員有平等的感覺。
2. 維持參與成員的和諧。
3. 當參與成員之間有衝突時，應妥善、開放的解決。
4. 接受參與成員不同的看法與意見。
5. 鼓勵建立彼此合作的關係。
6. 敏感察覺參與成員的感受。

（二）建立溝通的原則

當研究者將所有參與成員聚集一起討論行動計畫時，那麼團體的溝通形式與本質，將成為影響工作效率的關鍵。行動研究需要建立一種足以幫助參與者發展和諧溝通關係的溝通方式；誠如 Habermas（1978）所言，有效的溝通是建立在了解（understanding）、信任（trust）、誠實（sincerity）和適當（appropriateness）等基礎。對行動研究而言，什麼是有效的溝通原則呢？有效的溝通，包括（Stringer, 1996, p. 29）：

1. 傾聽。
2. 接納與回應。
3. 了解說話之意義。
4. 真誠與值得信賴。
5. 以符合社會文化的行為方式表現。
6. 適度提供建議與忠告。

（三）民主參與的原則

不斷的鼓勵社區居民或與行動有關之當事人，透過參與整個行動研究的過程，了解自身所處之情境與問題。並透過集體思考過程，來尋求可行的解決方案，進而透過有系統的實踐過程，有效的解決問題。有效的行動研究之參與原則，包括（Stringer, p. 32）：

1. 盡可能讓成員積極參與重要的工作。
2. 盡可能讓成員執行重要的任務。
3. 當成員參與行動過程應給予支持。
4. 鼓勵成員發展可以運用自身力量來完成的計畫與行動。
5. 盡可能與所有參與成員討論，而不是與成員代表或機構代表討論。

伍 行動研究法之實施程序

行動研究是一種具有實踐特質的科學研究典範，強調知識生產與實務運用必須結合。在整個研究過程，研究者必須依據一系列的程序及步驟，來進行研究歷程。研究者一方面透過研究來解決實務的問題，一方面也透過實踐過程不斷對實務現況進行反省式的思考（Mckernan, 1991）。

行動研究是一種提供實務工作問題解決的行動方案，在進行整個研究過程時，研究者必須依循一定之程序反覆進行；而每個循環可能同時包括：

（1）了解和分析實務工作困境與問題；（2）有系統的研擬行動策略以改善實務現況與困境；（3）執行行動方案策略與評估成效；（4）澄清新產生之問題或情境，並進入下一個循環（蔡清田，2000a，頁 80）。

既然行動研究是一種對實務工作系統化的探究過程，那麼進行行動研究應該包括哪些步驟與歷程呢？綜合多位學者意見，彙整如下（呂俊甫，1993，頁 124；蔡清田，2000a，頁 80-87）（參見圖 10-4）：

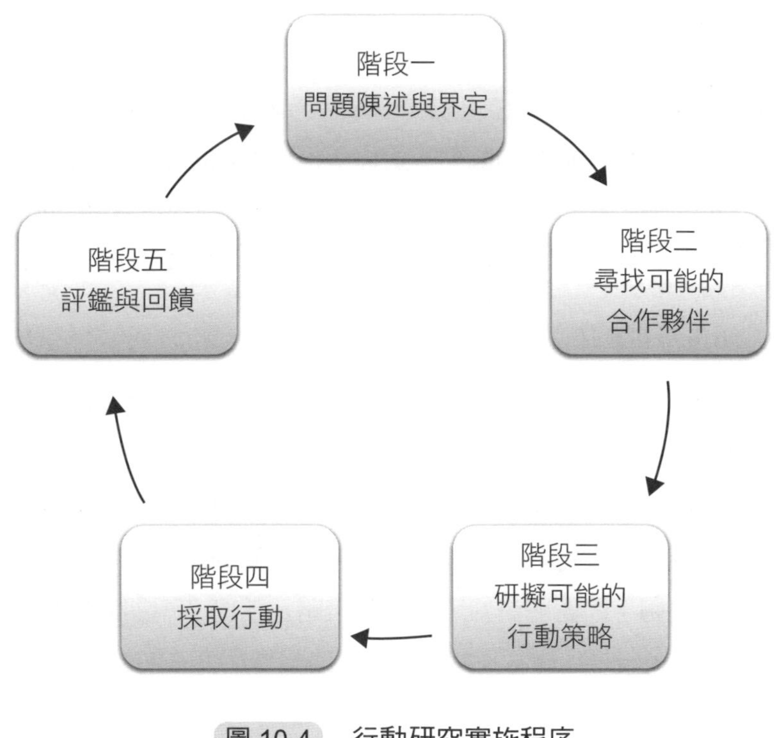

圖 10-4　行動研究實施程序

階段一：問題陳述與界定

行動研究者首先應確定要研究的問題為何，並具體指出研究的焦點與目的。換句話說，實務工作者必須具體陳述實務工作遭遇的困境與問題，並從問題中釐清研究焦點為何。在此一階段，實務工作者可藉由外來專家的力量，幫助自己釐清問題情境與背景，在釐清研究問題的過程，要不斷反問自己：

1. 所遭遇之問題情境是什麼？
2. 這些問題主要的焦點為何？
3. 為什麼我要關心此一問題？它對我的工作有何重要性？
4. 對於這些問題我又可以做什麼貢獻？

階段二：尋找可能的合作夥伴

可以與有關人士，如案主、同仁、學者，或值得信賴的人等，共同討論或協商，並邀請他們從批判的觀點，對你所提出的問題解決的行動研究之草案，提供不同意見。在行動研究的草案中，必須說明協同合作的夥伴是誰？協同夥伴在行動研究中所扮演的角色與可能的貢獻是什麼？

階段三：研擬可能的行動策略

對於實務工作所發生之問題與困境進行規劃，並發展可能的行動策略。對於行動研究之規劃必須有清楚的實施步驟，以便確保在規定時間前完成行動。但是，行動研究之規劃也必須要具有彈性，使得方案進行與問題解決，能夠不斷持續進行。在行動研究規劃過程，有幾個問題可以進一步幫助研究者釐清計畫之規劃：問題解決的可能行動策略是什麼？短期的行動策略是什麼？中期的行動策略是什麼？長期的行動策略又是什麼？

階段四：採取行動

結合相關之資源與人力，開始實施問題解決的行動策略，並發展出具體、有效的評鑑方式，對行動策略的實施成效進行監控作用。在此一階段，研究者必須自省：所收集的資料與證據為何？這些證據與資料的內容是什麼？這些資料與證據和研究的目的又有什麼關聯？

階段五：評鑑與回饋

最後一個步驟是對行動研究進行批判式的反省與評鑑，這是協助實務工作者了解行動策略，對實務工作的影響與效能的方式。當行動策略未達到問題解決的成效時，研究者可以重新循環上述幾個步驟，力求問題解決。不過，研究者必須思考：

1. 你如何確定行動結果符合研究目的？
2. 你根據哪些指標來判定行動策略是有效的？
3. 確定所關注的問題都已經解決了嗎？如果尚未解決，那麼，失敗的原因是什麼呢？

 行動研究法之運用

行動研究是在 1940 年代中期之後，才開始被運用於行為與社會科學研究；之後，雖然曾經沉寂一陣子，但是，近年來卻被廣泛運用於教育、組織研究、社區發展等三個領域（夏林清，1996b；蔡清田，2000a；Hart & Bond, 1995; Stringer, 1996）。下列援引實例，說明行動研究在行為與社會科學研究之運用：

一、教育領域之行動研究

在一項國科會研究計畫中，蔡清田針對中正大學教育學程之課程發展進行行動研究。在整個研究過程，研究者交互運用問卷調查法與深度訪談法，針對教育學程相關教師與學生進行行動研究，以了解課程規劃、課程革新、課程設計、課程實施，與課程評鑑等相關問題，作為教育學程課程發展的改進參考（引自蔡清田，2000a）。

整個研究過程分為三個階段，包括：（1）第一階段以文件分析為主：收集教育部有關教育學程師資設立標準，與科目學分等相關法令及規定，以及中正大學教育學程規劃設計之資料；（2）第二階段以問卷調查為主：以八十六學年度修習教育學程的學生為調查對象，了解學生對教育學程課程發展之意見；（3）第三階段以深度訪談為主：對課程規劃人員、授課教師、行政人員與選課學生，進行相關資料之收集。綜合三種資料分析之結果，研究者發現中正大學由於師資陣容堅強，且教授專長所涵蓋的領域，包括理工、人文、社會與管理科學等專業領域，因此，頗能據此發展出具有前瞻性的師資培育課程，建立綜合大學師資培育的特色。

二、組織領域之行動研究

解嚴後的台灣勞工抗爭運動，經常是社會觀察家與行動研究者所關注的領域。夏林清與鄭村祺（1989）以遠東化纖勞工在 1989 年的罷工運動，作為行動研究的主體，深入了解站在第一線的男女勞工，在面對尖銳的勞資衝突經驗，是如何思想、感受及行動？個別勞工在參與罷工行動的邏輯與動機又是什麼？

由於罷工事件往往會引發複雜的社會過程，工人罷工行動主要是由工人罷工、資方反擊，與官方打壓等三種形式，共同建構成發動罷工、刺激衝突，到抗爭停止等變化過程。所以，在這一項研究中，研究者將整個罷工行動分為三個階段，包括：（1）工會舉行說明會，到會員投票支持罷工，最後工會宣布罷工；（2）宣布罷工到復工前夕，與資方及警方對抗的抗爭階段；（3）工會改選前的廠內鎮壓階段。研究者運用深度訪談，針對九位女性勞工進行行動過程之探究。

受訪的九位女性在參與罷工的行動之初，其動機並不是那麼嚴肅，彷彿只是從生產性活動中獲得暫時的舒緩。透過罷工的集體行動中，逐漸獲得新的集體認同意識，罷工不僅改變了受訪者既有的社會關係，同時也開始對既有的社會關係有了重新反省的機會。在罷工過程看到一小群女性勞工站在第一線與警方對峙，並堅持不入廠工作；在罷工結束後，選擇離開的工人及被管理階層嚴厲訓斥的工人多為女性。研究者觀察到這兩個看似矛盾，卻同時加在女性勞工的身上，這種現象說明了資本主義與父權體制雙重壓迫的經驗。從罷工的經驗中，女性勞工深化了對自己、對工人與對勞資關係的認識，但也更深深的體認到弱勢女性所承擔與面對的壓力。

有人說，1995 至 2000 年是台灣婦女運動的豐收時期，因為與女性權益有關的政策及法案在此一時期中紛紛通過，而許多學者也開始投入相關領域之研究。鄭麗珍與陳毓文（1998）在〈發展台北市兒童及少年性交易防治工作模式〉研究中，運用行動研究法，從服務提供者（工作人員）與服務使用者（不幸少女）的觀點，來了解建構適當的防治工作模式之可能。在整個研究過程，研究者與被研究者共同合作，來進行整個研究之行動。整個研究過程在資料建構與行動評估過程來回穿梭。在資料建構階段，研究者主要運用深度訪談與焦點團體法，進行相關資料之收集；在行動評估階段，研究者主要是在發展新的、合理的工作模式，並透過評估行動了解工作模式之適當性。

三、社區領域之行動研究

以社區為主體之行動研究，源自於人類學與社會問題解決的實務工作傳統。不過，由於社區的行動研究，經常被人與政治的基進主義聯想在一起，使得社區行動在 1960 年代之後沉寂了一陣子（Stringer, 1996, p. 9）。近年來，這種想法已逐漸改變；目前社區行動研究被視為是研究者透過研究過程，來改變家庭、社區或組織生活品質的一種方式。社區行動研究往往源於社區、組織或一群人對於社區現況的不滿足，期待透過研究行動過程進一步了解自身生活之社會現況，並尋求解決的策略，以改變不利的生活情境。在社區行動的過程，必須整合實務工作者、機構工作者、案主群和社區成員，共同發展出可以了解社區問題現況與有效的解決策略行動（Stringer, 1996）。

潘淑滿等人（2000）曾經在 1997 至 1998 年間，運用行動研究法在高雄地區兩個社區，進行有關社區自治與居民自主理念的探討。在整整一年的研究過程，從初期社區的篩選與接觸；到融入社區中，鼓勵居民積極參與社區公共事務；到最後實際投入社區行動過程，看到了都會型社區在落實草根自主精神的限制與可行性。雖然，在都會型社區中要落實草根自主之精神，的確有其時空背景與環境因素之限制。不過，在短短一年的社區行動研究過程中，也讓我們看到社區要擺脫過去的奴性文化，並非不可為。

黃源協（1999）則以彰化縣鹿港鎮老人及身心障礙者服務方案為主題，運用行動研究法推動福利社區化實驗計畫，研究過程透過不斷的觀察、思考和行動，有系統的收集相關資訊，並對所處情境做出有力解釋，對面臨的問題規劃解決方式，最後對執行中方案進行評估與修正，同時歸納相關經驗，有助於推動福利社區化政策的建議。

李育岑等人（2016）也是運用行動研究法，在美城社區推動老人健康促進，透過與社區民眾協同參與活躍老化計畫的過程，經由一連串的觀察、資料收集、分析、鼓勵社區民眾參與，進行改善社區問題及生活環境的不斷循環過程，對執行計畫進行評估與修正，有效促進社區老人健康。

柒 結論

本章主要在探討批判理論研究典範中，以問題解決與實踐行動為主之行動研究法。顧名思義，行動研究法隱含著實務行動與研究雙重意義，也就是說，研究本身主要的目的是結合實務工作者透過參與研究過程，對實務工作進行反省思考與批判，並進而對實務工作的問題達到解決的目的，所以行動研究法是一種結合理論知識生產過程於實際行動建構的研究策略。不過，正因為行動研究法本身所具有的問題解決特性，使得行動研究結果的推論效果大打折扣。

雖然，行動研究法在行為與社會科學研究領域有日益增多的趨勢，但是，行為與社會科學研究社群對於行動研究法的運用，仍呈現兩極的態度。其中，有一派人士主張行動研究法應著重於問題現象的描述；不過，另一派人士卻認為行動研究的終極關懷，必須落實在對現況的不滿及尋求改變的可能。在這一章中，已進一步幫助讀者對這些論點做了簡單的釐清。無論是採取何種理論觀點，研究者都必須謹記，在研究過程中，觀察（look）、思考（think）與行動（action）三者環環相扣，研究者必須善用建立關係、重視溝通及參與行動等三個原則，來進行行動研究。

Chapter 11

個案研究法

行為與社會科學研究的書籍中，都是將個案研究法（case study method）視為質性研究方法之一，卻少有作者進一步說明個案研究法的內涵。最主要是因為研究者在進行個案研究過程，往往需要綜合運用各種研究方法，進行資料收集的工作，才能對研究現象進行全貌式了解。雖然，行為與社會科學並未對個案研究給予太多關注，但是，臨床或實務工作者如：醫師、護理師、社會工作師及心理師而言，個案研究卻關係著專業發展與服務品質。在本章中，首先將介紹個案研究法的意義，其次說明個案研究法的理論基礎及特性與類型，進而說明運用個案研究之步驟和資料收集應注意事項。

壹 個案研究法之意義

在探討個案研究法的意義之前，讓我們先來了解什麼是「個案」（case）。其實，每個人對「個案」一詞都耳熟能詳，但要對它下一個比較明確的定義，並不是那麼容易。所謂「個案」，就是一個具有時間或空間界限的系統，通常是指一個對象而非過程。當然，這個對象可能是一個個體，也可以是一個群體（如：家庭或團體）、機構（如：學校、辦公室、工廠或醫院），或一個地點或社區（如：城鎮、部落或專業社群）、政府、國家、特殊事件、活動、政策或方案等，具有特定、描述和啟發性等三項特徵（鈕文英，2019，頁 397；Gillham, 2000, p. 1）。研究者如何確定被我們研究的對象是一個個案呢？可以由兩個因素來判斷：第一，個案必須是指一個有界限的系統；第二，這個系統存在著某種行為類型，也可以藉由這些行為類型，進一步了解系統的特性（林佩璇，2000，頁 242）。

一、個案研究的定義

對「個案」一詞有了初步的了解之後，那麼，什麼是「個案研究」（case study）呢？歸納有關個案研究的定義，說明如下：

1. 根據《社會工作辭典》（蔡漢賢主編，2000）的定義，「個案研究」是指：「以某一個社會單元作為一個整體所從事的研究，而所從事研究之單元可能是一個人、一個家庭、一個個體、一個機關、一個社區、一個地區或一個國家。」不過，並非個案研究的對象只能是一個，研究者視研究問題與目的，作為單一個案（single-case）或多重個案（multiple-case）選擇的參考依據（Yin, 1989, p. 13）。
2. Merriam（1998）採取比較開放的態度，認為只要是對一個有界限的系統如：方案、機構、個體、家庭、社區或村落等，做全貌式的描述和分析，就是所謂的個案研究。
3. Yin（1989）主張，只要研究者運用多元資料來源，深入探討真實生活情境的社會現象，就是所謂的個案研究。根據 Yin 的觀察，個案研究經常被視為是研究者對研究策略的選擇過程；甚至，許多教科書中也不將個案研究視為是一種正式的研究方法。最常出現的是，在討論探索式研究時，作者往往會用數行不等的文字，蜻蜓點水般的交代個案研究，甚或將個案研究等同於人類學的民族誌或參與觀察法。為了釐清大多數人對個案研究的迷思，Yin（1989）在《個案研究》（*Case Study Research*）一書中，將個案研究定義為：「研究者透過多重資料來源，對當前真實生活脈絡的各種現象，所做的一種探究的方式。」（p. 23）

4. 謝至恩（2004）強調，個人和群體都可作為個案研究之對象，由於個案研究以自然環境中發生的事件為探究對象，無論研究主題、方法、資料收集，都保有相當彈性。然而，因為非隨機抽樣，且樣本數少，經常被批評為缺乏嚴謹性（頁 94-97）。
5. Pattion（2008）指出，個案研究以個別途徑檢視單一的個人、家庭、團體、組織、社區或社會（引自李政賢譯，2013/2016，頁 649）。
6. 舒琅（2018）認為，個案研究可幫助研究者深入探討特定個案，在特定情境脈絡下的生活情境樣態，描繪其現象與本質，讓讀者對個案能有更清楚的理解（頁 111）。

綜合歸納上述幾位學者之觀點，不難發現個案研究具有歸納整合、經驗理解、獨特性、厚實描述、啟發作用，和自然類推的特性。

二、個案研究的目的

林佩璇（2000）認為，個案研究主要的目的，是在探討一個個案在特定情境脈絡下的活動性質，了解它的獨特性和複雜性。對個案研究者而言，研究的興趣在於了解過程，而不在結果；在於了解脈絡，而非一個特定變項（頁 240）。Feagin、Orum 與 Sjoberg（1991）強調，「個案研究」一詞必須以質性研究的觀點來理解方能掌握其精髓之處，他們三人對個案研究的定義是指運用質性研究的方法，針對單一社會現象，進行深度及全面式探討過程（p. 2）。

由於個案研究法為一種個別的、深度的、描繪的，且偏向質的一種研究方法，期望對個案深入的了解，來探究其與全體的相同與相異點。因此，我們可以說個案研究法，是一種探索及分析社會單位生活過程的方法，以事實的收集、精密診斷、適當處理、正確記錄為步驟。其所指單位，不一定以個人為限，可以擴展至家庭、機構、文化團體，甚至整個社區。其研究範圍則自形成背景、發展過程到組織內容做全面的、詳盡的、深入的研究。所採資料，原始的與次級的均無不可，惟必須依賴歸納、分析、問卷、會談來定取捨。由於具有詳盡深入的功效，所以能提出具體而又有效的處理方法，是行為與社會科學研究方法的一種。

個案研究與個案工作方法（case work）有些相似，目的卻不同。由於個案研究屬於深度研究方法，在資料收集投入之人力與時間都相當耗費，這也是運用個案研究法最大困難之處（蔡漢賢主編，2000）。

貳 個案研究法之理論基礎

從上述對個案與個案研究法的定義中，我們可以發現個案研究經常被用來與質性研究相提並論。到底個案研究與質性研究，又有著什麼樣的關聯呢？回溯個案研究的淵源，大約始於十九世紀中期，法國社會學家 Le Play 對工人階級的家庭型態所進行的研究，及後來人類學家 Bronislaw Malinowski 在特羅布里恩群島（Trobriand Islands）所進行的田野研究（Hamel, Dufour, & Fortin, 1993）。在二十世紀初，美國社會學芝加哥學派才進一步將個案研究運用於對工業化和都市移民相關問題的探討，主張研究者應該進入研究的現象場域（田野），運用個案研究對問題進行主觀與全面式理解。

無論就歷史發展歷程或理論哲學思維，個案研究的確都與人類學及社會學有著密不可分的關係。下列深入說明個案研究與兩者的互動關係（林佩璇，2000；黃惠雯等譯，1999/2002；Feagin et al., 1991; Hamel et al., 1993）。

一、人類學民族誌

一般而言，我們習慣將民族誌稱為田野研究（field research）。所謂「民族誌」是指研究者從被研究對象的觀點，來了解被研究對象的文化、生活，和其世界觀（劉仲冬，1996，頁 174；Feagin et al., 1991, p. 4）。人類學民族誌主要源自於人類學家 Malinowski 在特羅布里恩群島的研究；對 Malinowski

而言，文化（culture）是一種由日常生活中的行為模式、信念和儀式，建構出對當地社會生活樣態的了解。Malinowski 的觀點與社會學俗民方法論（ethnomethodology）的主張不謀而合（林佩璇，2000；廖立文譯，1984/1988）。

就傳統社會學理論觀點而言，俗民方法論主張社會建構是從不同個體的經驗中建立而成，由於文化是日常生活知識建構的產物，所以知識本身其實是不穩定的。許多社會學家將俗民方法論的主張，視為是社會學的異類思想。俗民方法論關切的是，人類是經由什麼來構成其對人類社會問題的認知。從俗民方法論觀點，人類是經由日常生活的互動過程，試圖建構對社會結構的知覺。通常，對社會結構的認知主要是經由兩種層次：（1）「表層」（surface）規則：指被視為理所當然的社會生活規範；（2）「詮釋性」（interpretive）或「深層」（deep）規則：對普遍被視為理所當然的規則，重新加以詮釋。

二、社會學芝加哥學派

在十九世紀末到二十世紀初，有許多社會工作人員與社會學家，運用個案研究探究美國都會地區中，移民社區的失業、貧窮和犯罪之現況。芝加哥學派以 William I. Thomas 和 Robert Park 為代表，兩者所倡導的個案研究，主要是結合了次級檔案資料與田野研究方法。不過，Park 鼓勵學生對社會現象的了解，應該要超越官方文件檔案資料，直接拿著地圖和筆記走入田野，透過走街方式，直接接觸被研究的對象，這種研究方式不僅可以了解社區的生活空間，同時也可以透過訪談方式，深入了解社區中貧窮與犯罪的現象（Hamel et al., 1993, p. 113-114）。

在二十世紀初期，芝加哥就成為美國個案研究的重鎮。芝加哥學派所關心的是都市化與移民的社會問題，芝加哥學派社會學家將都市化與工業化變遷過程，視為是都市生態學的重整過程。研究者要了解都市變遷中各項社會問題的意義，就必須將問題擺在生態脈絡中加以了解，才能還原其意義。

George H. Mead 就主張研究者應透過觀察和訪談方式，深入社區了解社會生活的現況，並透過綜合歸納的方式，對社會問題給予深入的解釋（Hamel et al., 1993）。

參 個案研究法的特質與類型

根據上述個案研究之定義與其理論基礎之說明，綜合歸納個案研究法的特質與運用之類型如下：

一、個案研究法之特質

從上述有關個案研究法的定義與理論基礎中，綜合歸納個案研究法之特性如下（Feagin et al., 1991, p. 7-17）：

（一）在自然情境下探究問題

個案研究法與其他研究方法最大的不同，在於研究者能夠進入研究對象的生活場域，在不干擾研究對象的自然情境下，進行有關研究現象或行動的觀察，並透過豐富資料的收集過程，對研究現象進行概念建構的過程。

（二）深入式研究

個案研究法主要是運用全方位的研究策略，針對單一研究對象，透過多重方式來進行有關研究現象或行動意義的了解，所以在整個研究過程中，研究者不僅要深入探究被研究對象的生活複雜面，同時也要進一步深入了解其內在信念與行動的互動關係。

（三）重視脈絡觀點

個案研究法的運用主要是能夠讓研究者，對某一特定現象的發展歷程與生活模式，進行長時期的檢視。研究者可以從歷史發展脈絡的觀點，深入了解觀察的現象與政治、經濟、社會文化變遷等的關聯。

（四）建構理論

個案研究法主要是運用歸納邏輯思維來進行研究，在研究過程所收集到的豐富資料，研究者會運用歸納、比較、對照的方式進行資料分析，最後發展出新理念或新思維，並作為建構理論的基礎。

林佩璇（2000）在〈個案研究及其在教育研究上的應用〉一文中，也將個案研究法歸納出六項特色（頁 243-244）：

（一）整體性

基本上，個案研究法反對量化研究的化約主義，希望從較為完整的情境脈絡中，充分掌握研究的現象；同時，個案研究的主要研究目的，不是在案例之間或現象之間的相互比較，而是在對研究對象進行通盤的了解。

（二）經驗理解

個案研究法反對研究者運用客觀、中立的立場來進行研究，強調研究者在整個研究過程，必須充分了解研究現象的複雜關係，同時也必須要深入了解被研究現象或行動背後所隱藏的意義與價值，研究者必須站在被研究者的立場，深入同理被研究現象與行動之意義，並將研究所收集的訊息與理解之意義傳達給讀者。

（三）獨特性

個案研究法非常重視每個個案的獨特特質，強調每個被研究的現象或行動都有其獨特性，所以研究者必須深入了解被研究情境、事件、方案和現象，背後所呈現之意義為何，而不主張將研究現象推論到其他情境。

（四）豐富描述

個案研究法不同於其他量化研究方法，對於研究結果的呈現，主要是透過深厚描述（thick description）的方式，對研究現象的意義加以描述與詮釋，而非經由統計數據來呈現現象之意義。

（五）啓發作用

個案研究法是透過研究過程來闡明研究的現象，除了擴展讀者對研究現象的了解與洞察之外，同時也發展出對社會現象及問題的敏銳觀察力。

（六）自然類推

個案研究法強調研究結果是將個人的經驗，融入對研究現象或行為的理解，並對日常生活中習以為常的習慣，重新理解、重新詮釋，進而對已經存在的通則進行修正。

基本上，個案研究法主張每位研究對象都是一個獨特個體，每個獨特個體都有獨特特質，而個案研究法就是要透過多面向的方式，深入了解被研究對象的經驗世界。通常，研究者必須是在自然的情境下，對被研究對象採取全貌式、深入的了解，並透過深厚的描述過程，再現被研究者的生活經驗。

二、個案研究法的類型

行為與社會科學研究方法是相當多元的，每一種研究方法本身都有其優點與缺點。對於具有豐富經驗的研究者而言，要為研究選擇一種適當的研究方法，可能不是很困難的事；對於一位初入門者或新手而言，到底應該選擇哪一種研究方法來進行資料收集，這可是一項很大的挑戰了。

（一）個案研究法判定的參考指標

Yin（1989）在《個案研究》一書中，提出三個參考準據，作為研究者判定參考。這三個參考準據包括：研究問題的類型、對研究行為或事件的控制力，及研究事件是現在或過去式。下列逐一說明這三項指標：

指標一：研究問題的類型

通常，我們可以將研究問題劃分為：誰（who）、什麼（what）、什麼地方（where）、如何（how），和為什麼（why）等幾種研究問題的類型。首先，研究者必須要仔細辨識研究的問題，到底是屬於上述哪一種研究類型。一般而言，「什麼」的問題，是比較適合運用探索性的研究策略，而「如何」與「為什麼」的問題，卻是比較適合運用解釋性或描述性的研究策略。

指標二：對行為與事件的控制力

其次，研究者必須思考自己對研究現象或行為的控制程度如何。雖然歷史、個案或實驗研究方法，同時都適用於「如何」和「為什麼」的研究問題，不過，三者因為對研究現象的控制力不同，而在運用上有相當大的差異。通常，歷史研究法是運用在非控制性的過去事件的研究；個案研究法則較偏重於對當前事件的研究，但強調研究者不能對研究現象或行為有任何操控行為；實驗研究法不僅強調對當前現象或行為進行研究，同時研究者也必須對研究現象進行操控，並透過精確、系統化的研究過程，來了解研究的成效。

指標三：著重於實際發生或歷史事件

最後，研究者可以進一步根據被研究現象或行為是屬於當前或過去事件，作為研究方法選擇判斷之基礎。通常，個案研究法是被運用在對目前正在發生的事件或行為的探究，如果被研究的現象或行為是屬於過去歷史事件或行為，那麼研究者就比較不適合運用個案研究方法來進行相關資料之收集了。

如果進一步將這三項指標與各種研究方法交織分析，那麼可以歸納出哪些情境比較適合運用個案研究方法，來進行研究資料的收集工作（參見表

11-1）。從表 11-1 中可以看出，當研究者探討的問題比較著重在自然情境，探討研究的現象、事件或行為，在當下或實際上是「如何」或「為什麼」發生時，就比較適合運用個案研究方法來進行研究資料收集的工作。當然，並非所有的「如何」與「為什麼」的問題，都是適合運用個案研究法。舉例來說，同樣是「如何」與「為什麼」的問題，如果研究是強調對研究情境的控制，那麼可能比較適合運用實驗法；而同樣是「如何」與「為什麼」的問題，但是研究目的著重於對過去事件或現象的探究，那麼歷史研究法可能比個案研究方法，更適合用來收集研究資料，以便回答研究問題。

表 11-1　研究策略選擇之參考指標

研究策略	研究問題的類型	對研究行為的控制或操作	著重於實際發生
實驗法	如何、為什麼	是	是
調查法	誰、什麼、哪裡、多少	否	是
檔案分析法	誰、什麼、什麼地方、多少	否	是／否
歷史研究法	如何、為什麼	否	否
個案研究法	如何、為什麼	否	是

除此之外，研究者亦可依據研究個案的數量、研究目的，或兩者交織，作為選擇個案研究類型的判定標準：

（二）以研究對象之數量區分

許多從事質性研究工作者，都會依據研究個案之數量，將個案研究法進一步區分為單一個案研究與多重個案研究兩種類型。讀者可能會質疑：個案研究明明是以單一個案為研究主體，又何以有多重個案呢？下文將進一步說明單一與多重個案研究的定義，讀者可以進一步了解，如何將兩種策略運用於個案研究過程。

1. 單一個案研究

所謂「單一個案研究」（single case study）是指在整個研究過程中，研究者主要是針對一個個體、家庭、團體或社區，進行與研究有關資料收集的工作。研究者在進行資料收集之前，就必須要思考到底要進行單一或多重個案之研究。當研究的目的是著重於單一個案，且研究者僅針對單一個案進行研究時，就稱之為單一個案研究。在進行單一個案研究時，研究者應該盡量降低可能的錯誤詮釋，並讓個案相關資料的收集能達到最大程度。

通常，研究者會採取單一個案研究類型的原因，包括（尚榮安譯，1994/2001，頁 82-84；Yin, 1989, p. 40-41）：

（1）關鍵個案（critical case）

藉由關鍵性個案確認、挑戰或擴充理論，或探究是否有其他解釋更為相關。這類型個案研究可以滿足所有條件，並且支持理論的前提假設。

（2）極端或獨特個案（unique case）

例如因傷害或失能較為少見，故任何單一個案皆值得記錄分析。這類型個案研究主要是呈現出一些獨特性，可讓研究者詳盡了解個案的本質。

（3）啟示性個案（revelatory case）

透過觀察和分析過往無法接觸之普遍現象，揭露其本質。此類型個案研究可透露出許多訊息，並且可以提供研究者深入觀察和分析。

單一個案研究又可依其是否有次要分析單元，而區分為兩種類型：

（1）全方位個案研究（holistic case study）

主要從理論觀點出發，從全方位的觀點來了解個案本質，因而個案本身就是分析單元，而整個研究過程並無次要的分析單元。全方位的個案研究有助於全貌式了解個案，主要缺點有二：

①個案研究主要的目的是建立在抽象層次的理解，往往缺乏對具體資料清楚的測量。

②研究的本質往往隨著研究過程而改變，使得原來的研究設計，未必能回答研究問題。

（2）深度式個案研究（embedded case study）

個案研究的主要目的不在回答全面或廣泛的問題，而是著重於分析次單元層次時，則適合運用深度式個案研究方法。

2. 多重個案研究

所謂「多重個案研究」（multiple case study）則是指在整個研究過程中，研究者同時針對幾個個體、家庭、團體或社區，進行與研究有關資料收集的工作。當研究者同時針對二個或二個以上的個案進行研究，就稱之為多重個案研究。相較於單一個案研究，多重個案研究有其優、缺點。單一個案研究對於研究對象的選擇，主要是建立在獨特性、關鍵性或啟示性等選擇原則的基礎；當研究者在進行多重個案研究時，往往需要耗費更多的時間，收集更廣泛的資料，也經常為研究者所輕忽。多重個案研究對於研究對象的選擇主要是建立在可替代性（replication）的原則，但是千萬不可以將替代原則視為是一種抽樣邏輯（sampling logic）。

到底，研究者應該運用單一或是多重個案研究方法來收集研究資料呢？最主要還是取決於研究問題與研究目的。如果研究目的主要是針對單一個案進行深入式了解，那麼就以單一研究對象為主；如果研究目的是著重於個案之間的比較，那麼研究者就必須選擇多重個案進行資料收集工作。

在個案研究設計過程，研究者可依據研究是屬於單一或多重個案研究設計，及資料分析時是採單一或多重分析單位，進一步將個案研究設計類型分為四種（參見表 11-2）：

1. 類型一

為最常被運用的個案研究設計，這種類型的分析單位是屬於整體單位，諸如：一名學生、一個班級。

2. 類型二

為單一個案設計，分析單位則是多重的，例如：一所學校為研究個案，

表 11-2 個案研究設計類型

	單一個案設計	多重個案設計
單一分析單位（整體單位）	類型一	類型三
多重分析單位（次單位）	類型二	類型四

資料來源：引自張鈞弼、刑志彬、吳怡珍（2019，頁 36）。

而幾個班級是分析單位。

3. 類型三與類型四

研究設計有多重的個案（一個以上），研究者過程中必須重複同樣的研究步驟，使各個個案進行對照，做出比較。然而，這兩種類型的研究設計國內較少使用，因為與單一個案設計相較，其所花的經費與時間多。

（三）以研究目的區分

除了以研究對象之數量作為個案研究法的分類之外，也可以根據研究的目的，將個案研究方法區分為三種類型：本質型、工具型，及集體型個案研究（Stake, 1994）。下列逐一說明這三種個案研究法的特性與目的：

1. 本質型個案研究

當研究者想要對特定的研究對象，進行較深入與完整的了解時，比較適合運用本質型個案研究（intrinsic case study）來收集資料。此種方式的主要研究目的，不在於發展出理論的建構，而是深入了解研究現象的本質；因此，不適合運用在對一般社會現象的探討，反而較適合運用於對特定現象或特殊事件之了解。

2. 工具型個案研究

對於工具型個案研究（instrumental case study）而言，研究者主要是透過特定案例的研究過程，深入了解議題或現象本身的意義。換句話說，個案本身不是研究興趣之所在，案例往往只是扮演支持性角色，在研究過程中催化研究者能進一步了解現象，所以個案選擇的決定基準，在於必須是有助於研究者進一步深入了解現象本身。

3. 集體型個案研究

集體型個案研究（collective case study）強調研究者必須運用多重個案研究，透過對多重個案的比較分析過程，深入了解研究現象本身的異同之處，如此才能還原研究現象的本質。

（四）以研究目的與個案數量交叉區分

有關個案研究對象之數量，已在上述討論說明，在此不再贅言。除了個案研究數量之外，Yin（1989）建議，研究者可以將研究問題的類型，交叉作為個案研究方法選擇之考量。研究問題的類型包括：

1. 探索型的個案研究（exploratory case study）

研究的目的主要是著重於對問題的界定，或是決定研究步驟的可行性。探索型的個案研究，常被用來作為先驅性的研究（pilot study）。

2. 描述型的個案研究（descriptive case study）

研究目的主要是對研究現象的脈絡，進行詳盡的、完整的探討。

3. 解釋型的個案研究（explanatory case study）

研究的目的主要是針對研究資料，進行因果關係的確認與解釋。

如果我們以個案研究數量與研究問題類型，交互參考作為研究者選擇個案研究方法之參考，那麼可以進一步將個案研究法分為六種類型（Yin, 1993）（參見表 11-3）。

表 11-3　個案研究法之類型

目的 數量	探索型	描述型	解釋型
單一個案	探索型單一個案研究	描述型單一個案研究	解釋型單一個案研究
多重個案	探索型多重個案研究	描述型多重個案研究	解釋型多重個案研究

 個案研究法之研究設計

就行為與社會科學研究而言，每一種研究方法在研究設計過程，都有其應注意事項與內涵。對任何一位研究者而言，要為個案研究發展出一個適當的研究設計內涵，並不是容易之事；主要是因為在行為與社會科學研究領域中，個案研究方法的運用仍未普及。

本書的第六章，已經對質性研究的研究設計，做了完整詳實的介紹。從第六章中，大家約略也可以了解，「研究設計」就是一項工作計畫（work plan），透過這項工作計畫，引導研究者如何收集資料、分析資料及詮釋資料。「研究設計」是一種行動計畫（action plan），研究者從研究開始的研究問題，透過相關文獻與資料收集的過程，逐漸發展成具體的結論，並作為研究者回答研究問題的依據。

就質性研究而言，無論研究者採取何種研究策略，在整個研究設計過程，均須包括：研究問題、研究假設、資料收集、資料分析單元、研究結果的資料詮釋邏輯，和研究報告撰寫等六項要素。這六項研究設計之要素，如何運用於個案研究過程呢？以下逐一說明（林佩璇，2000；張鈞弼等人，2019；黃惠雯等譯，1999/2002；Yin, 1989, 1993）：

一、研究問題

研究者在著手進行研究設計之前，應思考研究問題（study's questions）是屬於何種類型的問題。研究者透過研究，企圖回答的究竟是如何、為什麼，還是什麼的問題？一般而言，有關「如何」及「為什麼」的研究問題，比較適合用個案研究方法。對許多研究者而言，研究過程最困難的部分，莫過於如何將研究主題（或議題）逐步發展成明確、可行的研究問題。一個好的問題，往往是研究成功與否的關鍵，因為好的、清楚的、明確的問題，將提供給研究者一個明確的方向，引導研究設計之進行。

我們可以將研究主題到研究問題的發展過程，比喻為一種聚焦的過程，但是，研究者又如何從粗略的研究概念，逐步發展成一到數個不等的研究問題呢？研究者可以透過相關研究報告或文獻的閱讀，進一步幫助自己釐清研究的焦點；研究者也可以透過接觸研究現象的方式，進一步幫助自己對研究主題產生較為清晰的輪廓；當然，研究者還可以透過和同儕交換意見的過程，進一步釐清研究問題的重點。

二、研究假設

當研究者釐清了研究問題，讓研究的方向更形聚焦之後，就必須針對研究問題發展出研究假設（study propositions）。雖然，研究假設與研究主題的範圍有關，不過，並非所有的研究都需要有研究假設。通常，探索型的個案研究只需要描述研究的目的就可以了，不需要進一步針對研究問題提出假設。一般而言，個案研究所關心的是個案的獨特性和複雜性，所以研究假設的提出，往往會減少對個案所處的情境脈絡的了解，所以大多數個案研究者都會建議，以研究議題（issues）來取代研究假設。在這個階段，研究者要學習懂得辨識並選擇適切的研究案例。

三、資料收集

對個案研究而言，所有與研究有關的資料收集工作，都必須是在研究問題提出之後，才能夠著手進行。這種研究問題與資料收集直線發展的方式，非常適合新手，這種方式往往可以幫助新的研究者，避免在研究過程過度失焦；相反的，對於資深的研究者而言，這種直線式發展路徑，並不見得適用。一位有豐富研究經驗的研究者，往往會用先前已經知道的知識，幫助自己規劃研究設計與資料收集工作，同時在研究過程中，都會以比較開放的態度，來面對研究的現象及接受研究過程中各種可能發生的情況。

四、資料分析單元

在資料收集之後，個案研究者如何進行相關資料的分析工作呢？首先，研究者必須界定資料分析的單元（unit of analysis）為何，才開始著手進行資料分析的工作。往往，資料分析單元，是與個案研究者如何界定「個案」有著密切關聯。有部分研究者對於「個案」可以輕易界定之，然而，也有些研究者卻無法輕鬆界定個案。

當研究者在面臨不知如何界定研究資料分析的單元時，那麼，建議研究者回頭省視當初研究的問題為何，或許可以幫助研究者進一步決定分析單元。一般而言，本質型個案研究的分析單元會是研究個案本身，而且資料分析進行前，就已經決定了資料分析的單元。由於工具型個案研究，研究者的興趣往往不在個案本身，所以研究者不會以個案為研究資料分析的單元。對於集體型個案研究而言，研究者主要是透過多重個案研究過程，深入比較不同特質個案的相同與相異之處，所以研究者必須找出具有代表性的個案。

五、研究結果的資料詮釋邏輯

從事個案研究過程，研究者在面對經由訪談、觀察，或文件等不同資料收集方式，所收集到的龐雜資料時，往往會有力不從心的無力感。到底研究者如何才能有效整合這些不同型態與來源的資料呢？最常被運用於個案研究過程的資料分析方式，是「類型配對」（pattern-matching）中的「時間序列模型」（time-series pattern）。

什麼是時間序列模型的資料分析方式呢？研究者在進行個案資料分析與詮釋的過程，可先對被研究對象之特性或發生之事件，進行描述性說明。其次，研究者再針對研究過程，自我的反省與檢討進行反覆分析過程。最後，研究者再根據配對結果，對研究資料進行詮釋。研究者在對研究資料進行詮釋過程，應盡量做好對照式分析，依據資料的差異性作為區隔類型的基礎，並盡量找出足夠資料，作為輔佐詮釋的參考。

六、研究報告撰寫

在撰寫研究報告過程，研究者首先必須釐清「誰是讀者」？讀者是誰，往往影響研究者如何下筆撰寫研究報告。Stake（1995）提出十六項問題，作為研究者自我檢定之參考（引自林佩璇，2000，頁 255-256）：

1. 報告撰寫的方式是否容易閱讀？
2. 報告內容是否一致完整？
3. 報告是否圍繞在特定的核心概念或議題？
4. 研究所發展出來的議題是否嚴謹？
5. 報告中對於研究的個案是否做了適當的界定？
6. 報告方式是否以說故事方式呈現？
7. 報告內容是否提供讀者不同的經驗？
8. 報告內容是否有效的運用引文？
9. 報告內容是否有效的運用標題、圖形、附錄和索引？
10. 在報告中是否能有清楚的主張，但不過度推論或詮釋？
11. 報告中是否能注意到不同的情境？
12. 報告對於原始資料的呈現是否足夠？
13. 資料來源的適切性？
14. 觀察與詮釋之間是否有足夠的證明？
15. 研究者是否能充分表達所欲表達的觀點？
16. 個人的意向是否經過檢驗？

伍 個案研究法之資料收集

完成個案研究的研究設計之後，緊接著，研究者必須要面對的就是如何將這些理念透過實地研究的過程一一呈現。一個好的研究設計，只是成功的開始而已，唯有恰當的資料收集方法與過程，才能進一步豐富研究的結果。

一、個案研究技巧

在著手進行資料收集的工作之前，研究者必須要有足夠的自我訓練及準備，才能達成研究的目的。那麼一個個案研究者，在進行個案研究資料收集之前，應做好哪些準備工作呢？一個優秀的個案研究者，必須要具備下列幾項研究的技巧：

（一）問問題

好的個案研究者必須要能問好的問題，同時也要能對這些問題做適度的回應。

（二）傾聽

好的個案研究者除了會問問題之外，同時也要是一位好的聽眾。所謂好的聽眾，就是在傾聽過程，不會將自己的意念或價值觀，複製在回答問題的人身上。

（三）適應力與彈性

好的個案研究者不僅要能問、能聽之外，同時也須具有高度環境適應力，在訪問過程要以極為開放的態度，與被研究者或研究情境互動，將新的情境或刺激視為機會，而不是潛在威脅。

（四）議題掌握

好的個案研究者雖然必須具備彈性、開放的態度與胸襟，但是也必須要能時時刻刻掌握研究議題，並能將所收集到的資料與研究議題相互連結。

（五）降低偏見

好的個案研究者在整個個案研究資料收集過程，將會盡量避免個人偏見影響研究資料的收集，或對研究結果的詮釋，同時在資料收集過程能夠對研究問題充滿著高度敏感力。

從事個案研究者必須像資深的、有經驗的工作人員一樣，在整個研究過程放下身段，不斷重新調整自己的腳步，而不是死板板的根據一些嚴格的要求或規定來進行資料收集的工作。然而，研究者要達到這種境界並非容易之事，往往都需要藉由不斷的研討和訓練過程，才能讓研究者成為一位好的個案研究者。

個案研究者在進行個案研究的過程中，會運用何種方式來進行資料收集工作呢？一般而言，在個案研究中，經常被運用來收集相關資料的方式，包括：檔案文件法、訪談法和參與觀察法等。但是這幾種資料來源各有其優、缺點，研究者在運用資料時也需要審慎評估（參見表 11-4）。

整體而言，個案研究主要的研究目的是在呈現個案的真實生活情境；因此，當研究者愈能對個案的生活情境做全貌式描述，愈能幫助讀者理解與拓展經驗。不過，由於個案研究較為耗時與耗力，研究結果又無法進一步推論，所以行為與社會科學研究社群大多不主張運用個案研究方法來探究研究現象。

二、提升可信性的策略

在面對來自行為與社會科學研究社群的批判，有部分研究者主張可以透過下列幾種策略，來確保個案研究的有效性與可信度：

（一）被研究者共同檢核

當資料收集完成，在進行資料分析與研究報告撰寫之際，可邀請被研究

表 11-4 個案研究證據來源之優缺點

證據來源	優點	缺點
文件	穩定：可重複檢視；非涉入式：非個案研究所創造的結果；確切的：包含確切名稱、參考資料及事件細節；範圍廣泛：長時間，許多事件和許多設置。	可檢索性：可檢索性較低；收集不完整會有偏見的選擇；報告的偏見：反映作者的偏見；使用的權利：可能受到有意的限制。
檔案紀錄	同以上文件部分所述；精確的和量化的。	同以上文件部分所述；因個人隱私權而難以接觸。
訪談	有目標的：直接集中於個案研究主題；見解深刻：提供對因果推論的解釋。	因問題建構不佳而造成偏見；回應的偏見；因無法回憶而產生的不正確性；反射現象：受訪者提供的是訪談者想要的答案。
直接觀察	真實：包含即時的事件；包含情境的：包含事件發生的情境。	消耗時間；篩選過的：除非涵蓋的範圍很廣；反射現象：因為事件在被觀察中，可能會造成不同發展；成本：觀察者所需花的時間較多。
參與觀察	同以上直接觀察部分所述；對於人際間的行為和動機能有深刻的認識。	同以上直接觀察部分所述；由於調查者操弄事件所造成的偏見。
實體的人造物	對於文化特徵能有深刻的理解；對於技術的操作能有深刻的理解。	篩選過的；可取得性。

資料來源：引自尚榮安譯（1994/2001，頁 142-143）。

個案提供回饋意見，期能充分掌握被研究個案之觀點與想法。

（二）三角測定法

將不同資料來源或方法所收集之資料，經由交互檢核印證方式，提高資料詮釋與報告之可信性。

（三）長期參與

研究者必須長期參與整個個案研究過程，才能充分、完整掌握被研究現象或行為之意義。

（四）情境脈絡之了解

研究者必須對研究情境脈絡進行完整、豐富的描述，才能幫助讀者充分掌握研究重點與了解研究現象。

（五）同儕討論

研究者可以透過與同儕討論及交換意見過程，進一步釐清研究問題的焦點，並發展出務實可行的研究策略。

整體而言，個案研究的目的主要是對研究現象進行深度的了解，而不是在對研究現象進行假設檢驗。個案研究對象可以是一個人、團體、組織或社區，也可以是兩個或兩個以上的個案、團體或組織，端看研究的問題是什麼。通常，個案研究的目的，可以是對研究現象全貌式了解，也可以作為修正理論的參考依據；不過，研究品質的好壞卻有賴研究者的經驗與能力，是否能充分掌握整個研究過程中的各個研究步驟，並能充分將研究成果與被研究者共同分享。

Chapter 12 參與觀察法

在行為與社會科學研究中，觀察法、訪談法與檔案分析法，經常被並列為質性研究資料收集的三大方法。對質性研究而言，研究者最關心的莫過於，如何深入了解日常生活世界的各種現象、事件或行為之意義，而觀察往往被視為是了解這些社會現象的最基本方法。本章將介紹觀察法運用於質性研究的意義與相關議題。首先，說明參與觀察法的意義，進而說明其特性；其次，描述觀察法運用於質性研究之類型與適用情境；最後，分析觀察法在質性研究之運用的過程與限制。

壹 參與觀察法之意義

人類在日常生活中對周遭環境的認識與認知，主要是依賴自己對實務的觀察與判斷；換句話說，直接觀察經驗是人類用來認識周遭環境，最根本、也是最簡單的方法（王雲東，2016）。這種在日常生活中透過直接觀察來認識生活世界的方式，與質性研究者用來探究社會現象的觀察法，是否有所不同呢？在此，我們先說明日常生活中的觀察經驗，再進一步說明運用在質性研究的參與觀察法之意義與特性。

一、何謂觀察法

既然觀察法是人類最常用來認識與了解日常生活世界的主要方式，那麼這種觀察又隱含著什麼意涵？「觀察」一詞，包含「看」與「想」兩個動作；也就是說，觀察不只是透過感官直接知覺事物的一種過程，也是大腦積極思維活動的過程。若進一步分析人類如何透過對周遭世界的觀察，來了解社會世界，就可以發現，我們並非直接透過現象本身，而是透過關係脈絡與情境互動的感應，創造出對觀察現象意義的了解與詮釋。

對行為與社會科學研究而言，觀察法、訪談法及檔案分析法，經常被並列為三大資料收集方法；由此可見觀察法在行為與社會科學研究中的地位。到底日常生活中，用來了解周遭生活世界的觀察法，與行為與社會科學研究強調的觀察法，是否有所不同？兩者最大不同，在於行為與社會科學研究的觀察，是一種有目的、有計畫的活動，研究者透過感官知覺或藉助科學儀器，對研究現象、行為或事件進行有系統的觀察。相較之下，日常生活中運用的觀察，通常是一種沒有特定目的，也不會借重科學儀器，是一種較無系統的觀察。總而言之，行為與社會科學研究的觀察法與一般觀察法最大的不同，在於前者必須要有確定的研究目的，再根據研究目的進行資料收集與記錄；後者卻不需要如此嚴謹、清楚或有系統的資料收集。

通常，研究者可以依據研究手段，將觀察法區分為實驗室和實地觀察兩種形式。所謂「實驗室觀察」是指，研究者在備有單面鏡、攝影機與錄音機等設備的實驗室，或研究者在事先控制的自然情境中，對研究的現象、事件或行為，進行有系統的觀察與記錄。「實地觀察」則是強調研究者在自然的情境中，對發生的現象、事件或行為，透過直接的感官知覺與觀察，有系統的歸納整理研究的現象與行為。在實地觀察過程，研究者既不操作研究現象，也不刺激（如問問題）研究對象，在自然情境下，觀察研究對象的反應，因此又被稱為「非干擾性的觀察」（Adler & Adler, 1994）。

二、何謂參與觀察法

一般而言，運用在質性研究的觀察法，大都是以實地觀察法為主。又可以依據研究者對研究情境涉入程度與角色，將實地觀察法分為「參與觀察」及「非參與觀察」兩種形式。

什麼是參與觀察法或非參與觀察法呢？「參與觀察」（participant observation）一詞源自於 Lindemann（1924），Lindemann 認為傳統文化研究中的訪談法，訪談者需要扮演客觀外來者與觀察者的角色。然而，作為一位文化研究者，老是扮演客觀外來者也是不夠的，應該深入被研究者的生活世界，才能真正了解現象或行動之意義，所以 Lindemann 建議研究者都應該同時採取參與式觀察來收集資料（引自 Bogdewic, 1992, p. 46）。

當 Lindemann 提出「參與觀察」一詞時，同時也主張行為與社會科學研究者在運用觀察法時，也應該進一步依觀察者的角色，將參與觀察法區分為客觀觀察者和參與觀察者兩種類型。之後，文化人類學家 Malinowski 進一步將參與觀察法實際運用在田野研究過程。根據 Lofland 與 Lofland 的定義，所謂「參與觀察」是指研究者進入研究場域，對研究現象或行為透過觀察的方式，來進行相關資料收集與對現象的了解（引自嚴祥鸞，2008）。

由於參與觀察法大都是在自然的情境中，對研究現象或行為進行觀察，所以研究者不僅能對研究現象的文化脈絡，有較為具體、清楚的認識，更能深入了解被研究現象或對象的內在文化及其對行為或現象意義的詮釋（陳向明，2002，頁 308）。由於質性研究者對於研究現象之觀察，都是在自然的情境中進行，所以質性研究所指涉的觀察法，通常都是指「參與觀察法」（Adler & Adler, 1998）。

那什麼是「非參與觀察法」（nonparticipant observation）呢？所謂「非參與觀察法」強調，研究者不需要直接進入被研究者的日常活動場域，置身在被觀察的生活世界以外，從旁觀者或局外人（outsider）的角度和立場，來了解現象或行為的意義。非參與觀察法的優點是研究者或觀察者與被觀察現象保持一定距離，這種空間的絕緣關係，不僅可以讓研究者對研究對象進行更加客觀的觀察，在實際操作過程也比較容易。

當然，非參與觀察也有它的缺點，根據陳向明（2002，頁 309-310）的觀察，非參與觀察法最主要的缺點是：研究者觀察的情境通常是人為製造出來的，而非自然情境衍生，往往研究對象知道自己被觀察，研究對象的行為反應，可能會受到研究效應或社會讚許的影響。此外，由於主要是透過非參與的方式進行資料收集，研究者很難對研究現象進行比較深入的了解。當研究者採取非參與式觀察收集資料時，在觀察過程也可能會受到一些情境或條件限制，導致無法真正觀察到發生的現象或事件。

綜合上述所言，我們可以理解所謂質性研究的觀察法，就是參與觀察法。基本上，參與觀察法是指研究者在自然情境中，運用觀察方法對研究現象、行為或事件，進行有系統的觀察與記錄的過程。在參與觀察資料收集過程，研究者（或觀察者）必須融入被觀察的情境，透過密切互動過程，深入體驗、傾聽和觀察被研究現象、行為或事件之意義。

參與觀察法之特質與類型

既然參與觀察法源起於文化人類學的田野工作，所以對人類學家而言，參與觀察法是指，研究者經年累月的住在被研究的社區，將自己融入社區居民的生活中，透過當地語言，藉以觀察當地居民的日常生活活動，進而了解居民的信念和期望，透過有系統的資料整理過程，對觀察現象加以記錄（黃瑞琴，1999，頁 73）。雖然，參與觀察法源於文化人類學家的田野工作，不過，參與觀察法卻幾乎適用於人類日常生活中，各種生活經驗的探討。透過參與觀察，研究者可進一步描述在某個情境中，有什麼樣的活動或行為在進行，誰或什麼現象涉入其中，事件或行為發生於何時、何地，以及如何發生等現象。

下列將進一步說明參與觀察法的特性，及運用於實地研究過程之類型。

一、參與觀察法之特質

參與觀察法主要是透過局內人（或圈內人，insider）的觀點，認識人類社會現象或行動之意義。所謂局內人（或圈內人）的觀點，是指日常生活世界中，透過參與觀察過程，對觀察的現象或行為，進行詳盡的描述（王昭正、朱瑞淵譯，1989/1999）。

那麼參與觀察法具有哪些特質呢？Danny Jorgensen（2003）將參與觀察法的特質，歸納為以下七項（引自張小山、龍筱紅譯，2003/2015，頁3-14）：

（一）局內人或圈內人的角色

以局內人角度出發，對特定的情境、環境和人類互動的意義，表現出關心與興趣，如何從局內人角度看待被研究者的日常生活世界，是參與觀察法所關注與描述的。換句話說，參與觀察法追求透過發現，接近和揭示人們對於日常生活的意義的理解。

（二）重視此時此地

研究者運用參與觀察法來收集資料時，主要是以日常生活的情境和場景作為研究基礎；因此，此時此地（here and now）對參與觀察法是非常重要的，因為它不僅是研究者界定、再界定研究主題和問題的起點，也是研究者要參與的現場。

（三）強調對於理解人類生活詮釋理論的發展

透過參與觀察法收集資料，研究者能產生闡釋性理論所需的概念和概括。這些概念和概括得以用來考察現存的假設和理論，進而找出適切並有益於建構詮釋理論概念的發展。

（四）開放式求知的過程

在一種開放、靈活、隨機應變的研究過程，從具體的人類生活場景中獲得資料，並不斷的重新定義問題。這個過程是在具體的理論基礎上，從確認和界定研究的問題、概念，到收集和評估證據的適切性等一系列過程，都保持其開放與靈活性。

（五）一種深度的個案研究方法

較常是以個案研究形式進行，對個案詳盡描述和分析。運用參與觀察法進行個案研究時，應力求依據研究的問題，對某一現象做系統性、全面性和詳盡的資料收集與描述。

（六）研究者直接參與訊息者的生活

通常研究者作為研究對象日常生活中一員，並直接參與其中，參與者的角色讓研究者能從局內人角度，接觸報導者（informant）的日常生活世界。研究者可以是名義上、邊緣的，或土生土長的局內人，或具有成員身分的角色；另外，研究者參與過程，可以是公開的、隱藏的，或是有選擇性的讓局內人了解研究者的興趣和目的。當研究者角色被當地人接受，就必須保持與他們的關係，因為與研究現場的關係，將會影響研究者收集資料的準確性與可靠性。

（七）主要是運用直接觀察法收集資料

直接觀察是研究者用來收集資料的主要方法，但也輔助其他策略運用。研究者可採用團隊策略，此種策略的優勢，在於不同身分及角色扮演的靈活運用。

黃瑞琴（1999，頁 73-75）將參與觀察法的特質，歸納為下列五項：

（一）強調此時此地

研究者主要是運用參與觀察的觀點，對日常生活世界中，一般的、典型的或例行的現象、行為或事件，就此時此地開始形成研究問題，並且在此時此地參與觀察。

（二）著重了解與解釋

運用參與觀察法的目的，在於提供人類生活現況之事實，並從參與觀察中，不斷啟發概念和對理論產生省思，作為進一步了解現象的基礎。

（三）綜合運用觀察和其他資料收集方法

當研究者運用參與觀察法來收集相關資料時，通常觀察是收集資料的主要方法，但是研究者也可能輔以其他研究方法，如：日常的談話、深度訪談、非正式訪談、正式的結構式訪談、收集生活史、收集分析文件、問卷或其他儀器設備等，來進行相關資料之收集。

（四）關係建立

研究者直接參與研究對象的日常生活場域，透過觀察和體驗來了解其生活意義，所以研究者必須和研究對象建立一定關係，才能深入生活層面來了解其意義。

（五）強調發現邏輯

參與觀察著重於研究者在現實情境中建立理論，整個研究過程是開放的、有彈性的，在研究場域中運用各種線索，探究人類生活的經驗。

總而言之，參與觀察法就是實地觀察法，所謂實地觀察強調以研究者為觀察中心，來進行相關資料的收集，並輔以攝影機、記錄表格或筆記，將所觀察到的現象、事件或行為逐一記錄。基本上，參與觀察研究者必須融入研究場域，並對研究現象進行密集式觀察，所以頗為耗時；也因為如此，所以研究者往往必須將研究範圍縮小在一定範圍，在特定範圍的時空中，透過觀察來了解現象，因此參與觀察法較不適合運用在大範圍的研究現象之觀察（簡春安、鄒平儀，1998）。

參與觀察法是一種頗為適合運用於探究人類日常生活情境之方法，強調研究者必須要以局內人（或圈內人）的觀點，來探究人類日常生活中各種互動行為之意義，並經由實務累積與意義的詮釋，發展出理論建構的基礎。通常，研究者在運用參與觀察法時，必須融入研究的情境，並對研究現象進行密集式的觀察，所以是一項頗為耗費時間和體力的工作。正因為如此，研究者必須將研究範圍界定在一定範圍之內，在特定的時空下，透過觀察來了解現象或行為，所以參與觀察法較不適合運用於大範圍情境之觀察。雖然，直接觀察經驗是研究者收集相關資料最根本的方式，但不表示研究者對現象的觀察，只能運用觀察來收集資料。事實上，許多時候，研究者對於研究資料的收集，都會輔以訪談或檔案資料收集方式（Jorgensen, 2003）。

二、參與觀察法之類型

是否「觀察法」只能區分為「參與觀察法」和「非參與觀察法」兩種類型而已？許多行為與社會科學研究者並不同意這種觀點。例如 Patton（1990）就主張，在參與觀察和非參與觀察兩種類型間，應該還有其他觀察類型。Atkinson 與 Hammersley（1998）建議由下列幾項指標，作為區分觀察法的依據或許較為適當：

指標一：研究者本身是否知道自己是一位研究者。

指標二：被研究情境或對象可以被了解的程度有多少。

指標三：研究者在研究情境中，可以或不可以從事哪些活動。

指標四：研究者對於自己是採用局內人（圈內人）或局外人的觀點。

從上述四個指標，我們可以更進一步將參與觀察法區分為四種類型（蔡漢賢主編，2000；Angrosino & Rosenberg, 2011; Atkinson & Hammersley, 1998）（參見圖 12-1）：

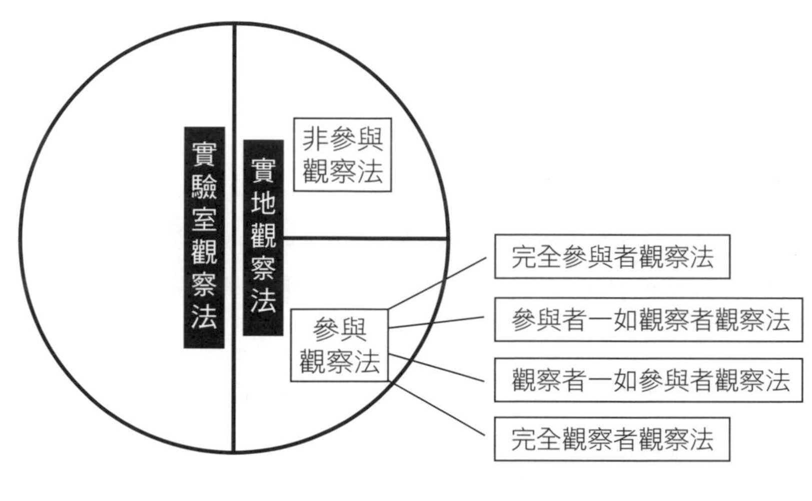

圖 12-1 觀察法之類型

（一）完全參與者

所謂完全參與者（complete participant），是指在實地參與觀察時，研究者或觀察者的身分與其他人是一樣的，被觀察的人並不知道觀察者真實的身分，所以觀察者可以自然的和被觀察者互動。完全參與者的類型是一種具有高度主觀的立場，研究的科學有效性也經常被懷疑。

（二）作爲觀察者的參與者

所謂作為觀察者的參與者（participant as observer），是指研究者可以完全參與整個研究場域或活動過程，但需要對研究對象表明研究者的身分；當然，身分的表明可能影響互動過程，使原貌失真。通常作為觀察者的參與者類型，問題會稍微少一點。

（三）作爲參與者的觀察者

所謂作為參與者的觀察者（observer as participant），是指研究者不但表明研究者的身分，同時可以和研究對象在互動過程不斷互動，而不需要有任何藉口。通常作為參與者的觀察者類型，與典型人類學研究較相似。

（四）完全觀察者

所謂完全觀察者（complete observer），是指研究者完全從旁觀者的角度與立場，不參與研究場域的活動，而是透過旁觀者的角度，觀察研究現象或對象。通常完全觀察者類型，較不會引起他人注目。

一般而言，質性研究所指涉的參與觀察大都是指，介於「完全參與」和「完全觀察」兩種方式之間的觀察法，研究者可視研究需要，採用趨向參與現場情境作觀察，但並不影響被觀察者；或趨向於採用局內人的角色來觀察被觀察的對象。在某些情況下，研究者可能很難同時扮演好參與者和觀察者的角色，因為當研究者參與愈多，觀察到的現象或行為可能就愈少，反之亦然。同時，研究者參與的程度和方式，其實也會受到研究階段不同而有所不同。通常，在研究初期，研究者較趨向於在現場一旁觀看；隨著對研究場域的熟識，研究者會參與較多活動；但是到了研究後期，研究者可能採取退出的角色，以免因過度參與而迷失研究的意圖（黃瑞琴，1999；Angrosino & Rosenberg, 2011）。

黃瑞琴（1999）主張研究者必須視研究發展的過程，決定實際參與研究的程度深淺。通常，當研究者在剛進入一個新的研究情境或場域時，應該保持比較開放的立場與眼光，進行非焦點式觀察。在此一階段，研究者觀察的重點主要是在描述物理空間和情境，如：這是哪一種建築？典型的或特殊的建築空間？空間布置與安排如何？在這個建築物或空間中，有哪些事情發生？這些事件和人物之間的關聯為何？這些人物的特性又是如何？當研究者逐漸熟悉研究情境之後，就可以開始集中觀察的焦點，並開始有系統的觀察某些特定現象。換句話說，研究者在現象場域的觀察，是由非焦點式觀察，逐漸發展到焦點式觀察。

Spradley（1980）依據研究者在研究過程參與研究情境的深淺程度，進一步將之區分為「描述觀察」（descriptive observation）、「焦點觀察」（focused observation）及「選擇觀察」（selective observation）三種形式。下列分別介紹這三種形式之內涵：

（一）描述觀察

主張研究者在進入研究場域或情境的初期，可以依循下列八個一般性問題，來觀察與描述情境和場域：

1. 空間：物理環境的位置與場所。
2. 行動者：在情境與空間中的人物。
3. 活動：這些人物在這個情境中所進行的系列行動為何。
4. 物體：在這個研究場域或情境中，有哪些布置與裝置。
5. 行動：在這個情境或場域中，每個成員所做的單一行動為何。
6. 事件：在這個情境或場域中，哪些活動是有系列相關的。
7. 時間：隨著時間的進展，陸續發生或完成的事情為何。
8. 感情：在事件發生過程，情境中的人物知覺與情緒的表達為何。

（二）焦點觀察

當研究者逐漸融入研究的情境或場域之後，可以逐漸聚集觀察的焦點。研究者在研究場域中，又如何選擇觀察的焦點呢？參考標準包括：

1. 研究者個人的興趣

初步分析觀察資料所呈現的領域中，研究者自己對哪些領域比較感興趣。

2. 報導人的建議

有時旁觀者也會提出他們覺得重要的事情，研究者可參考他們的建議或觀點，進一步讓觀察焦點更聚焦。

3. 理論的興趣

初步分析觀察資料所呈現的領域中，是否關乎社會科學的理論內涵。

4. 符合人類的需要

初步分析觀察資料所呈現的領域，假如能夠組織或聯繫大多數的領域，那麼這個領域就可能是重要的觀察焦點。

（三）選擇觀察

研究者在進行參與觀察的過程，就好比是一個漏斗。描述觀察可比擬為漏斗的上端部分，逐步將看到的事情全部容納進去，通常這樣的觀察，都會持續在整個研究過程中進行。焦點觀察則可比擬為漏斗的中間部分，逐漸濃縮縮小觀察範圍，在這過程中，有部分資料會逐步被刪除。選擇觀察則可比擬為漏斗的底部部分，研究者必須將觀察行動集中於某些特定焦點。

參與觀察法之適用情形

在對參與觀察法之意義、特性與類型有了初步的了解之後，接著，讓我們進一步澄清，研究者在什麼時候可以選擇運用參與觀察法，作為研究資料收集之主要方法？雖然，參與觀察法頗為適合運用於描述性研究，不過，也很適合運用於行動或事件發生在特定社會情境中之歷程。

日常生活中，參與觀察法的運用無所不在。我們可以藉由參與觀察法來了解事件發生的人、事、時、地、物及歷程，並且可以從參與者的角度來了解其意義。所以只要是研究過程、人群、事件關係、人群及事件組織、長時間的連續現象、行為模式，以及人類社會文化現象，參與觀察法都是頗為適當的研究方式，但並不表示參與觀察法適用於所有類型的學術研究。舉例來說，對於大型族群的問題、變數因果關係，及可進行檢驗的數值等相關問題，其他的研究方法如調查法或實驗法，可能比參與觀察法更適合。

一、參與觀察法的優點

基本上，對於研究方法的選擇，研究者仍舊必須根據研究問題、目的與現象，來決定參與觀察法的運用是否適當。Bogdewic（1992）認為將參與觀察法運用在探究社會文化現象時，有五項優點（引自嚴祥鸞，1996）：

（一）探究現象的行爲發展較緩慢

被研究現象之行為變遷較為緩慢，且不會因研究者的出現而改變行為表現。

（二）不易運用訪談收集資料

真實生活情境往往與語言表達之間有明顯差距，所以訪談法與問卷調查法不容易了解現象之真實面。

（三）以研究參與者的語言表達

研究者探究的問題可以透過當地居民語言表達，而不是透過預設問題演繹發展。

（四）事件連結有脈絡可循

發生之事件的關聯，可以透過線索清楚被辨識或被理解。

（五）不適合運用其他方式收集

無法透過其他方式或工具來了解的研究現象，可透過參與觀察法來收集資料。

二、參與觀察法之適應性

雖然參與觀察法的優點很多，但並非所有的研究問題都適合運用參與觀察法來進行相關資料的收集。Bernard（1998）建議，下列幾種情形，比較適合運用參與觀察法：

1. 當研究者進入研究場域或情境時，被觀察對象不會因研究者的出現而改變行為，也就是說，研究者是被包容，而不會成為好奇或感興趣的對象。
2. 研究者對於研究的現象所知有限，研究者可以透過參與觀察法對研究現象產生初步的了解。
3. 當真實行為與語言之間有明顯差異時，如果研究者運用訪談或問卷調查方式，無法了解真實的行為，那麼就比較適合運用參與觀察法。
4. 當研究的現象、事件或行為具有連續性時，參與觀察法的運用有助於研究者從整體脈絡觀點來了解現象之意義。
5. 當研究的現象並不是日常生活中尋常現象，或者被視為違反社會規範的行為時，參與觀察法就是頗適合的研究方式。

整體而言，參與觀察法特別適用於探索性或敘述性研究，當研究者想要從脈絡的觀點，來了解事件或行為的動態過程時，可以考慮選擇運用參與觀察法來收集相關資料。雖然，參與觀察法對於理論的檢驗並沒有太大的幫助，不過，經由參與觀察法所獲得的資料，卻可以用來檢驗理論及其他知識性的主張（趙碧華、朱美珍譯，2000/2000）。當然，參與觀察法的適用情境相當廣泛，但並不表示參與觀察法就適合運用於所有類型的學術研究，有些研究現象或問題，反而是其他研究方法會來得適合些。

哪些社會現象或問題較適合運用參與觀察法？除了前述 Bernard 的建議，Jorgensen（2003）指出，下列四種問題特別適合運用參與觀察法（引自張小山、龍筱紅譯，2003/2015，頁 2）：

1. 人們知之甚少的現象。
2. 局內人和局外人的觀點存在著嚴重分歧。
3. 在局外人看來模糊不清的現象。

4. 不為公眾所知的現象。

那麼，哪些社會現象或問題，較不適合運用參與觀察法？Jorgensen（2003）和 Bernard（1998）歸納出下列幾種：

1. 如果一個場域有一完全陌生者出現，目睹和記錄利益的情形會被視為是入侵者。
2. 研究的場域是完全祕密的，參與觀察對被觀察者而言是一種禁忌時。
3. 團體成員和外來者的觀點顯著不同時。

除此之外，Jorgensen（2003）也指出，當具備下列幾種條件時，比較適合運用參與觀察法（引自張小山、龍筱紅譯，2003/2015，頁 2-3）：

1. 所研究的問題是從局內人的角度看的，涉及人類的互動和意義。
2. 所研究的現象在日常生活情境或場景中可以觀察得到。
3. 研究者能夠進入合適的現場之中。
4. 現象的規模和範圍都相當有限，可以作為個案研究。
5. 所研究的問題適合於個案研究。
6. 所研究的問題可運用質性資料說明，這些資料可透過直接觀察和適合該場合的其他方法來收集。

肆、參與觀察法實際運用步驟

在本節中，主要著重於說明研究者如何將參與觀察法的理念與技巧，運用於實際研究的過程，並依據參與觀察法運用於研究過程，區分為幾個研究階段。

一、參與觀察法的技巧運用

研究者在運用參與觀察法之前，應先具備下列幾項技巧（黃瑞琴，1999，頁 81-89）：

（一）進入現場

由於現場的人們、事件和動作常流動得很快，剛進入現場的研究者常會感到漫無頭緒，或是淹沒在許多觀察所得的資料中。因此，在進入現場的初期，研究者最好保持消極被動的角色；等慢慢熟悉環境之後，再給自己多一點時間與現場人們彼此相互認識，收集資料反而是次要工作。

（二）維持關係

研究者必須要和現場的被觀察者建立和維持良好關係，這是在現場持續觀察活動期間最根本的原則。

（三）主要報導人

研究者在研究初期常常試著和現場幾位報導人（或關鍵人）（key informants）建立密切的關係，這些主要報導人往往是研究者在現場最好的朋友和資料的主要來源。

（四）化熟悉爲新奇

在現場收集資料時，研究者必須保有質疑探索的心。研究者在研究場域中，必須不斷提問題：為什麼這個動作、人、情形或概念……是這樣子？尤其，當研究者在自己的社會環境中做民族誌研究時，必須採取哲學家似的批判態度，化熟悉為新奇（making the familiar strange），不斷質疑和檢驗現場局內人（或圈內人）視為理所當然的現象，通常一個理所當然的現象，經過仔細的觀察探究，可能會轉變成最有意義的解釋。

（五）觀察指引

研究者在進入研究現場後，可參照研究主題和對場域的了解，擬一份「觀察指引」（observation guide），詳列出在現場參與觀察的領域和主題，藉以提醒自己擴展收集資料的方向，這些領域和主題在觀察過程中可能被持續修訂。

（六）問問題

研究者在現場的參與觀察總是伴隨著發問和訪談，參與觀察可能是複雜的，但常常是從一個簡單的問題開始。在研究初期，研究者問些開放式的、非指引的問題，當研究者已經熟悉一個場所，發問的問題可變成更有焦點和指引的，研究者也可檢核分析以前收集所得的資料，對照人們所說的或所觀察到的行為。到了研究後期，研究者已經充分了解場所，即可以使用更積極的問話策略，問些較敏感的問題或禁忌的話題，或請報導人更深入談論某些特定的事情。

（七）學習傾聽語言

參與觀察法的一個重要工作是學習現場人們如何使用語言，研究者必須知道在他們自己的世界和報導人的世界中，所使用的語言和符號可能有不同的意義，研究者必須探索他們不熟悉語言的意義。

（八）在現場的情感

在研究場域中，研究者自我情感的掌握，往往會成為與研究對象建立關係的重要媒介。研究者如果能敏感察覺，並適當處理與記錄，將有助於了解研究對象的觀點，並且是控制研究者偏見的一個方式。

（九）在現場的時間

研究者必須不斷討論要觀察什麼或什麼時候來觀察，但每次在現象場域的時間，最好不要超過隨後可能記錄的記憶和時間，除非覺得自己需要多花一點時間在現場和人們建立關係。

（十）離開現場

通常從事質性研究工作者，往往不會感覺研究是完全的，總是會覺得還有一些什麼需要了解，也總是有些事情會讓研究者感到興趣。從務實角度來看，研究者若想要完成一個研究，就必須彈性的確定研究的完成點為何時。

二、參與觀察法的研究階段

質性研究對於參與觀察法的運用，往往會依據研究者研究的歷程，區分為幾個階段（陳向明，2002，頁 319-347）：

（一）觀察前的準備工作階段

在研究者開始觀察之前，往往可以依據研究進行的歷程，分為幾個階段，包括確定觀察的問題、制訂觀察計畫，以及設計觀察題綱等。

1. 確定觀察的問題

在實施參與觀察之前，研究者應先確定觀察的問題。當然，觀察的問題是一種次級性問題，通常與研究問題是不一樣的。一般而言，「研究問題」是研究者從所要探究的研究現象中提煉出來的，是學術界和實踐界上有疑問的，而研究者個人認為有必要回答的問題。「觀察問題」則是研究者在確定了「研究問題」之後，決定選擇使用觀察的方法，根據觀察的需要而設計的，且需要透過觀察活動來回答的問題。所以觀察問題主要的目的，是為了回答研究的問題而存在。

2. 制訂觀察計畫

在確定觀察的問題之後，可以進一步制訂初步的觀察計畫。一般來說，觀察計畫應包括：

（1）觀察的內容、對象與範圍

研究者要觀察什麼？想對什麼人進行觀察？打算對什麼現象進行觀察？觀察的具體內容是什麼？內容的範圍有多大？為什麼這些人、現象、內容值得觀察？透過觀察這些事情我可以回答什麼問題？

（2）地點

研究者打算在什麼地方進行觀察？觀察的地理範圍有多大？這些地方有什麼特點？為什麼這些地方對研究很重要？研究者本身將在什麼地方進行觀察？研究者與被觀察的對象之間是否有（或有多遠）距離？這個距離對觀察的結果有什麼影響？

（3）觀察的時刻、時間長度與次數

研究者打算在什麼時間進行觀察？一次觀察多長時間？準備對每一個人（群體）或地點進行多少次觀察？為什麼選擇這個時間、長度和次數？

（4）方法、手段

研究者打算用什麼方式進行觀察？是隱蔽式還是公開式？是參與式還是非參與式？觀察時是否打算使用錄影機、錄音機等設備？使用（或不使用）這些設備有何利弊？是否準備現場進行筆錄？如果不能進行筆錄怎麼辦？

（5）效度

觀察中可能出現哪些影響效度的問題？研究者打算如何處理這些問題？研究計畫將採取什麼措施以獲得比較準確的觀察資料？

（6）倫理道德問題

觀察中可能出現什麼倫理道德問題？研究者打算如何處理這些問題？研究者如何使自己的研究盡量不影響觀察者的生活？如果需要的話，研究者可以如何幫助他們解決生活中的困難？這麼做對研究會有什麼影響？

3. 設計觀察題綱

初步計畫擬定後，我們可以開始編製具體的觀察題綱，以便將觀察的內容進一步具體化。參與觀察之題綱至少應回答六個問題：

（1）誰（who）

有誰在場？他們是什麼人？他們的角色、地位和身分是什麼？有多少人在場？這是一個什麼樣的群體？在場的這些人在群體中各自扮演的是什麼角色？誰是群體的負責人？誰是追隨者？

（2）什麼（what）

發生了什麼事情？在場的人有什麼行為表現？他們說或做了什麼？他們說話或做事時使用了什麼樣的語調和形體動作？他們相互之間的互動是怎麼開始的？哪些行為是日常生活的常規？哪些是特殊表現？不同參與者在行為上有什麼差異？他們行動的類型、性質和細節產生與發展的過程是什麼？在觀察的期間，他們的行為是否有所變化？

（3）何時（when）

有關的行為或事件是什麼時候發生的？這些行為或事件持續了多久？事件或行為出現的頻率是多少？

（4）何地（where）

這個行為或事件是在哪裡發生的？這個地點有什麼特色？其他地方是否也發生類似的行為或事件？這個行為或事件與其他地方發生的行為或事件有什麼不同？

（5）如何（how）

這件事是如何發生的？事件的各個方面相互之間存在什麼樣的關係？有什麼明顯的規範或規則？這個事件是否與其他事件有所不同？

（6）為什麼（why）

為什麼這些事件會發生？促使這些事件發生的原因是什麼？對於發生的事情，人們有什麼不同的看法？人們行為的目的、動機和態度是什麼？

（二）進行觀察階段

一般而言，參與觀察法的步驟是從開放到集中，觀察者對觀察現象進行全方位的觀察，然後再逐步聚焦。無論是開放或聚焦，在觀察的過程中，研究者都需要思考如何與被觀察者產生互動關係，及如何選擇觀察內容。

1. 開放式觀察

一般來說，在觀察的初期，研究者通常採取比較開放的方式，用一種開放的心態，對研究的現場進行全方位的、整體的、感受性的觀察。在初期觀察階段，研究者盡量打開自己所有的感覺器官，包括視覺、聽覺、嗅覺、味覺與觸覺，並綜合運用所有感覺，用自己身體的所有部分去體會研究場域所發生的一切。

2. 逐步聚焦觀察

當研究者對於觀察場域有一定的認識，並進一步釐清研究的問題之後，便可以開始進行聚焦式觀察。所謂聚焦式觀察往往取決於研究問題、觀察對象及研究情境等因素。一般來說，聚焦式觀察之視野，可以著重於單一或開闊方式，前者是指焦點比較集中於單一現象或行為進行集中的觀察，後者則是強調對整個事件進行全方位的關注。

3. 回應式互動的觀察

在觀察的過程中，研究者應該盡量自然的將自己融入研究場域之中。研究者可以採取一些策略以達到這些目的，如：與當地人在一起生活、與他們一起做事、保持謙遜友好的態度、不公開自己與當地人不一致的意見、觀察活動盡可能與當地日常生活相一致等。在所有可能採取的種種策略中，被認為最有效的策略就是回應式（reactive）反應，所謂「回應式反應」就是對當地人發起的行為做出相對的反應，而不是自己採取主動的行動。

4. 選擇觀察內容

無論是在觀察的早期、中期還是晚期，研究者都需要對觀察內容進行選擇。研究者必須要經常問自己：「我到底打算觀察什麼？什麼內容對我比較重要？我觀察的內容應該廣泛到什麼程度？應該具體、細緻到什麼程度？」

例如：當我們在觀察一所學校的大門口時，看到很多汽車來來往往，我們是否應該注意這些汽車呢？如果注意，應該注意這些汽車的哪些方面呢？數量呢？顏色呢？品牌車款？新舊程度？還是司機？駕駛速度？等等。

（三）觀察記錄階段

在進行觀察時，研究者除了可以使用自己的眼睛、耳朵、鼻子等知覺器官以及其他儀器設備（如錄影、錄音設備）之外，還可以使用比對觀察的內容進行記錄。記錄在觀察中占有十分重要的位置，是觀察法中不可少的一個步驟。

1. 觀察記錄的重要性

在質性研究的參與觀察中，觀察記錄的作用十分重要。由於受到人類記憶容量的限制，研究者不可能將所有在研究場域中看到和聽到的事情都回憶起來，所以觀察記錄可以幫助研究者在事後分析問題時，提供一個基本的文本架構。當然，記錄可以讓研究者對觀察到的事情有更具體、更熟悉的理解，因為觀察記錄撰寫過程，就是一種事實澄清與組織思路的過程，書寫本身便是思考。

當研究者進行筆錄時，事實上是在進行一系列決策的活動，反映的是研究者與觀察現象之間的一種互動。記錄不僅可以幫助研究者對手頭的資料進行整理，而且記錄這一過程本身便是一個十分有價值的資料來源。如果研究者在進行筆錄的同時對自己的這些決策活動進行反思，不僅可以了解自己決策的依據和決策邏輯，而且這種反思本身可以為研究提供十分有意義的資料。最後，記錄可以對研究者的記憶力和關注力進行訓練，周密的記錄不僅可以使研究的記憶力增強，而且可以使研究的注意力在觀察的時候變得更為集中。

2. 記錄的程序

到底研究者要何時進行觀察記錄才適當呢？通常，觀察初期研究者可以先就觀察的現場畫一張現場圖，這張現場圖內容應含括物質環境與人文環境。所謂物質環境，包括：教室內桌椅板凳的布置、牆上懸掛的圖片和標語等；而人文環境則包括：學生就坐的位置、教師活動的範圍等。在觀察過程，如果發現現場內某些物體擺設或人員位置有所變動，可以隨時畫新的現場圖。與量化研究最大的不同，是研究者要盡可能將所有的事情都記錄下來，特別是在觀察的初期，記錄的完整性和豐富性是觀察筆記的一個首要要求。質性研究往往會要求研究者對研究現象，進行「深厚描述」，透過鉅細靡遺的細節之描述，讓讀者彷彿身歷其境。因此，研究者在做實地筆記時，必須注意完整、細密，以便提供研究報告深厚描述之基礎。

3. 記錄的格式

質性研究的觀察記錄，其規格不像量化研究之觀察那麼統一與固定，往往因人或因研究的具體情境而異。但是研究者必須遵守的原則是：清楚、有條理、便於日後查詢。通常，研究者可以在記錄的第一頁上方，寫上觀察者的姓名、觀察內容的標題、地點、時間、本筆記的編號、此套筆記的名稱；然後，在筆記的每一頁標上本筆記的標號和頁碼。筆記的段落不宜過長，每當一件新的事情發生、一個不同的人出現在現場、一個新的話題被提出來，都應該重起一個段落。

實地筆記的紙張應該比較大，在記錄的左邊或者右邊留下大量的空白，以便今後補充記錄、評說、分類和譯碼。記錄紙的頁面應該分成至少兩大部分，從中間垂直分開，左邊是事實筆記，右邊是研究者個人的思考。

Schatzman 與 Strauss（1973）將現場觀察筆記，分成四個部分：

（1）實地筆記

專門用來記錄觀察者看到和聽到的事實性內容。

（2）個人筆記

用來記錄觀察者個人在實地觀察的感受和想法。

（3）方法筆記

記錄觀察者所使用的具體方法及其作用。

（4）理論筆記

用於記錄觀察者對觀察資料進行的初步理論分析。

4. 記錄的語言

（1）具體、清楚與實在

觀察記錄的語言要求盡可能具體、清楚與實在。具體的語言會使記錄的內容顯得比較清楚、實在；清楚的語言會使記錄的內容看上去比較具體、實在；而實在的語言也會使記錄的內容顯得比較具體、清楚。

（2）命名準確

在對觀察進行筆錄時，經常會面臨如何為事務命名的問題。「命名」指的是給事務起一個名字，用這個名字來指稱這個事務，如：用「單人摩托車」來指「一種交通工具，由金屬做成，有兩個輪子，由動力機驅動，只能供一個人使用」。「命名」至少涉及如下幾個方面：命名的語言、命名的角度、命名在不同語言的翻譯、命名所指向的讀者類型。

（四）觀察結果的推論

觀察不是一個簡單的感知活動，必須依賴觀察者本人的推論；觀察者必須使用自己的理性思考，才可能「觀察」自己所看見的東西。任何觀察活動都離不開觀察者的思考，都必須經過觀察者的推論、過濾。因此，在進行觀察活動和做觀察記錄時，我們需要有意識地對自己的推論進行反省，盡量將自己所做的推論與自己觀察的事情分開。如果觀察者對自己的思維活動意識不足，在做觀察的時候很容易從一個自己看到的「事實」推出錯誤的結論。

除了觀察者自己的推論外，觀察者個人的心情也可能會影響到觀察的效果或內容，也應該在反思部分進行反省。觀察者做記錄時的敘述角度十分重要，同樣需要在反思部分進行認真的思考。一般認為，在實地筆記中，研究者應該保持一種第三人稱的角度，對「客觀」事實進行如實的記載。如果研究者對觀察到的事實有疑惑或猜測，應該放到個人筆記部分，而不應該放到實地筆記部分。否則會給讀者一種錯覺，好像這也是觀察者看到的「事實」。

伍 結論

雖然，觀察法與訪談法及檔案分析法，並列為行為與社會科學研究三大資料收集方法之一；不過，質性研究對於觀察法的運用，無論是理念、目的、原則或技巧，迥然不同於量化研究的運用。基本上，質性研究著重於參與式觀察法，而不是量化研究所重視的非參與式觀察法。參與觀察法強調研究者必須融入研究場域或情境中，藉由密切的互動關係，深入了解被研究者的生活經驗與生活情境，進而了解被研究現象、行動或事件之意義，並透過深厚的描述過程，將研究現象再現。雖然，參與觀察法有許多優點，不過，並非所有研究問題都適合運用參與觀察法來探究。因此，當研究者在選擇研究方法時，仍舊必須回顧研究的問題與目的是什麼，藉以評斷研究場域與研究對象是否適合運用參與觀察法，來進行相關資料之收集。

Chapter 13 德菲法

在以質性研究方法論述為主的論著中，德菲法（Delphi method）幾乎未曾被列為專章討論。有趣的是，在以量化研究方法論述為主的論著中，德菲法也常常被忽略。到底德菲法是質性還是量化研究之資料收集方式呢？這可能要看研究者是如何運用德菲法了！換句話說，德菲法的運用可以屬於量化，也可以算是質性研究的方法。約在 1950 至 1990 年代間，德菲法曾經盛行於行為與社會科學研究，特別是關於公共政策與教育領域；後來，德菲法也曾陸續被運用於其他研究領域。

在這一章中，首先，將介紹德菲法的歷史發展；其次，說明德菲法的意義及其特性；接著，闡釋德菲法運用之類型與原則；最後，討論德菲法運用於研究過程之步驟。

 德菲法的歷史發展

「德菲」（Delphi）一詞源自於古希臘阿波羅（Apollo）神殿中著名的「德菲神諭」（Delphi Oracle）。「神諭」（Oracle）一詞意味著神的預言，也就是指廟堂上用來預測未來的工具。換句話說，德菲是一種預測未來的工具，所以被稱為「德菲技術」（Delphi technique）（林振春，1992）。

德菲技術最初被運用在科學實驗，作為一種預測性的工具，則是在 1948 年，由 Dalkey 和他的同事 Helmer，在蘭德資訊公司（Rand Corporation）接

受美國國防部的委託，研究核子戰爭爆發之結果。在 1950 到 1963 年間，Dalkey 不斷運用德菲技術，進行一連串的科學實驗設計，作為降低團體參與決策過程所產生的負面效應。事實上，Dalkey 大部分的研究設計，都是著重在透過非面對面的互動方式，整合各方專家與學者的意見，作為當局規劃與預測國防決策的參考（謝臥龍，1997；Gupta & Clarke, 1996; Schopper, Ronchi, & Rougemont, 2000）。

自從古希臘運用德菲來預測未來事件之後，德菲法就開始被運用作為預測工具。除此之外，德菲法在運用於辨識團體目標、安排可能的選擇、建立優先次序、澄清團體價值、收集資訊和教育成員等，都是一項收集意見與判斷的有用工具。有時候，研究者不僅可以運用德菲技術，來確定目標之優先次序，及尋找解決問題的策略，同時也可以用來澄清不同參與團體的觀點和價值取向（林振春，1992）。

在初期，德菲法是被運用於預測新的公共政策，例如：人口成長、汙染、稅制或農業等方面的影響。但是，因為德菲法運用成效顯著，後來就逐漸被廣泛應用在其他各種領域，成為方案規劃與政策制訂過程的重要工具（林振春，1992）。首先，將德菲技術運用在教育方面之研究的是 Helmer，Helmer（1966）匯集各界意見，規劃政府籌畫教育基金的目的及未來使用的方針。繼之，Cyhert 與 Gant（1970）及 Weaver（1971）等人，都用德菲法來探索並預估未來教育政策執行上之衝突，進而預先制訂防範之道，以免落於亡羊補牢之苦（謝臥龍，1997）。由於德菲技術在運用過程，成員都是匿名性的，甚至參與成員之間根本不是以面對面的方式進行，所以德菲技術頗受到公共政策決策研究者的喜好。

 貳、德菲法的意義與特性

如何為德菲法下一個明確的定義呢？德菲法到底是質性或量化的研究方式呢？有些學者認為德菲法是一種量化研究，強調德菲法的目的是在澄清不

明情境，透過一連串的問卷調查議題過程，彙整專家知識及經驗，進而藉由參與者回饋意見達成共識，提升決策內容品質（劉宜君、林昭吟、辛炳隆，2008），或主張德菲法應透過問卷來收集資料，而非透過成員面對面的焦點團體訪談，因為這樣比較能保有參與者的匿名性（McMillan, King, & Tully, 2016）；但有學者認為德菲法屬於質性研究。下列說明有關質性研究對於德菲法的定義。

一、德菲法的定義

質性研究如何定義德菲法呢？Gupta 與 Clarke（1996）在 Theory and applications of the Delphi technique 一文中，將德菲法視為一種質性研究的技巧，主要是透過反覆過程找出一群人或專家的共同意見，作為特定現象長期預測之目的。王秀紅、謝臥龍與駱慧文（1994）也強調德菲法是一種科際整合（interdisciplinary）的研究方法，在研究過程中，研究者針對設定的議題，經由多次的思考程序，誘導專家（expert）以其專業知能、經驗與意見，建立一致性的共識（consensus），以提升決策的品質，解決複雜的議題（頁 3-4）。

另外，Linstone 與 Turoff（1975）在《德菲法：技術與應用》（*The Delphi Method: Techniques and Applications*）一書中，將德菲法定義為：「一種結構式團體溝通過程的方法，在整個溝通過程參與者對議題的討論是限制在一定範圍內，讓成員能針對一項複雜的議題進行充分、有效的討論。」（p. 3）所謂「結構式溝通」（structured communication）是指，來自團體個別成員的訊息或知識的回饋，團體評斷觀點的評估，個人修正觀點的機會或匿名者的回應等；換句話說，德菲法的資訊來源是多元的。

德菲法與其他質性研究之訪談方式，如：個別與焦點團體訪談，最大的區別是匿名性較高。在面對面的訪談中，由於一些主、客觀因素的影響，使得受訪者不願意直接表達自己的不同看法或意見，以避免與其他成員的衝突，或是團體或從眾效應（bandwagon effect）造成參與成員服從領導者的意見。由於德菲法經常是在匿名的情境下進行，比較能避免上述的困擾，讓成員在沒有心理負擔的情況下，能享有平等表達意見的機會，進而引導出不同層次的考量與意見（王秀紅等人，1994）。

二、德菲法的特性

從上述對德菲法的定義中，我們可以看出德菲法運用於研究過程，具有兩項特質：一致性（consensus）與匿名性（anonymity）。就目的而言，德菲法最主要的目的就是透過一系列的問卷回應或互動過程中，獲得可信賴的專家一致性的意見（Gupta & Clarke, 1996, p. 186）。就意見收集的過程，許多時候德菲法的運用是採取匿名方式或非面對面方式進行。Dhaliwal 與 Tung（2000）就對德菲法運用於意見收集的過程，有非常詳盡的描述：「德菲法是一種不需要電腦輔助，但是可以透過問卷或面對面的方式，對多位專家進行意見收集的過程。在初始階段，每個成員針對討論的議題提供個人意見，這些意見經由不斷反覆的修改、澄清、整合與摘要過程，再以匿名方式回饋給參與成員，開始進入德菲法的第二輪階段。透過第二輪的意見回應與收集過程，不斷讓回饋更具體、更聚焦。這種過程必須反覆不斷進行，直到成員之間的意見趨於一致，再無需要改變或修正之處為止。」（p. 135）

當德菲法是運用問卷方式來進行資料的收集時，往往需要經過一系列的資料收集過程。在第一次的問卷中，會要求成員回答一份較為廣泛的問題，這些題目可能是某些問題、目標、解決方案，或是預測某些可能發生的現象。根據成員對第一份問卷的反應加以修正後，形成第二次問卷。在第二次問卷中，同樣會要求成員回答，直到所有參與者已達共識，或資訊交換已經滿足，便是德菲法完成之時（林振春，1992）。

雖然，德菲法的運用頗為廣泛，但是仍有其運用之先決條件：（1）有足夠的時間，經由至少三輪的問卷調查，至少要四十五天的時間；（2）參與者要具有文字表達的能力，他們必須看得懂問卷，且能針對問卷用文字書寫來回答問題；（3）要具有高度的參與動機，如果沒有動機，便可能敷衍了事或乾脆不填答問卷（林振春，1992）。因此，本文也將討論如何來提高問卷回收率。

德菲技術運用在研究過程最大的特色是：匿名性高，且可同時獲得多重意見等優點。當成員因為某些因素無法或不願意面對面進行溝通時，我們可以透過德菲法的運用，透過團體過程同時收集不同的意見，某種程度是可保有相當高的匿名性。這種省去面對面的互動過程，可避免下列七個問題：（1）重要成員對全體決策之影響；（2）浪費時間或精力在不重要或分歧的討論上；（3）個人的判斷被群體壓力扭轉；（4）拒絕長篇大論的意見；（5）對先前論點的辯護；（6）愛面子心理因素的影響；（7）從眾效應（謝臥龍，1997）。但是，德菲法的實施也有其缺點，例如德菲法的實施頗為費時、昂貴（Dhaliwal & Tung, 2000, p. 135）。

三、德菲法的優點

Gupta 與 Clarke（1996）及 Moore（1987）將德菲法運用於行為與社會科學研究過程之優點，歸納為下列幾點：

（一）一種計畫、預測和決策的工具

德菲法是透過間接的、但有結構的方式，非常有效率的在短時間之內，收集一群專家的意見與看法，以作為決策之參考，且研究者可以採用固定而系統化的步驟及模式進行，並輔以提供統計資料作為參與者決議參考。

（二）匿名性相當高

為了避免成員與成員因意見不同導致衝突，德菲法也可以採取非面對面的方式，來收集成員的意見與觀點。這種方式具有較高匿名性，可以避免從眾效應，使研究對象可以毫無顧慮的填寫自己的意見，藉以提高其完成冗長的德菲研究過程之意願。

（三）兼具學習與研究的工具

當團體成員被視為是決策成員時，那麼德菲法的運用就會被視為是催化團體決策的工具；如果團體成員被視為是協同學習，那麼德菲法就會被當做催化團體互動的工具。

（四）彙整個人意見作爲預測未來的依據

將德菲法運用於預測過程，主要是要彙整個人意見成為集體意見，進而作為預測的工具。

（五）時空具彈性易實施

由於德菲法可以運用非面對面的溝通方式進行，既可節省時間、金錢，亦可克服地理與交通上的不便，使參與者參與意願增加。

四、德菲法的限制

當然，德菲法運用於行為與社會科學研究過程並非是無往不利，德菲法在實際運用過程，最大的限制包括：

（一）方法與概念架構較不嚴謹

德菲法在執行過程可能會顯現相當鬆散、無結構，加上粗略的研究問題和專家代表性的問題，都會影響回饋的意見是否有價值，及研究的結果是否值得採信。

（二）停止或繼續收集意見的關鍵點之判定

研究者如何拿捏停止或繼續收集團體成員之參考意見的關鍵點？什麼是團體成員一致的意見？要到達何種程度才算是一致，而可以停止資料的收集呢？

（三）專家判定準據爲何

目前對於專家的界定，仍舊是相當缺乏公信力，使得德菲技術在運用過程，研究者如何挑選成員的準據備受質疑。

行為與社會科學研究領域的學者，似乎較不願意將德菲法視為是一種溝通過程（communication process），所以較少學者或研究者將之視為是資料收集的方式。但是，如果將德菲法視為是一種預測性的步驟（forecasting procedure）時，那麼就有許多領域的學者與專家，較願意將之運用於資料收集過程中。目前，德菲法較常被運用於下列領域之研究：

1. 收集那些未被正確了解或無法獲得的歷史資料。
2. 檢驗歷史事件的顯著性。
3. 評估可行的預算配置狀況。
4. 探討都市與區域性規劃之意見。
5. 規劃大學校園與課程發展。
6. 建構結構性預測模式。
7. 敘述公共政策正、反兩方意見。
8. 在複雜的政治、經濟情境中建構出社會變遷的因果關係。
9. 對真實現象與動機做區隔。
10. 彰顯個人價值和社會目標。

謝臥龍（1997）認為德菲法是研究者為了提升決策內容的品質，而整合群體專家之所長及經驗，建立一致的意見或共識，以為評估及規劃將來政策之用。在傳統的商議決策過程，往往是大家面對面來討論某個主題，進而達成最後的決議；而整個決議過程往往存在著許多心理因素，足以影響決議的品質結果。

參 德菲法的類型

德菲技術運用於研究過程時，可以依其研究目的、資料收集方式與運用，區分為三種類型：

一、傳統德菲法

所謂傳統德菲法（conventional Delphi）是透過「紙一筆」（paper-and-pencil version）方式，來進行專家意見的收集，這是一種最常被運用，也最為傳統的方法。此種德菲收集資料的方法，主要是由工作人員設計問卷，將設計完成之問卷寄給特定的一群專家，完成問卷的填答。在第一輪問卷回收之後，工作人員必須將問卷結果進行摘要說明，並根據第一輪問卷回覆結果較為不一致的問題，設計第二輪問卷；然後，再將第二輪問卷寄給回答第一輪問卷之專家，進行第二輪問卷的填答。這種德菲技術的運用，其實是同時結合了投票和會議兩種步驟，不過，在一來一往之間，往往也會耗費掉許多時間（Moore, 1987, p. 51）。

二、即時德菲法

即時德菲法（real-time Delphi）與傳統德菲法最大的差異，就是在專家意見的收集是透過面對面或電腦會議的方式來進行。即時德菲法最大的特色，是必須讓所有參與者同時參與整個會議過程，或是所有參與者必須同時在終端機前，透過電腦連線針對議題提出自己的看法與意見。相較於傳統德菲法，即時德菲法比較可以節省問卷分送與收集過程所耗費的時間。同時，為了讓資料收集更有效率，研究者更可以借重電腦與資料處理軟體的協助，來進行資料分析與整理。當然，即時德菲法最大的缺點，就是參與成員的匿名性相對降低（Moore, 1987, p. 51）。

無論是傳統或即時德菲法，在實際運用過程都需要經歷幾個階段（參見圖 13-1）：

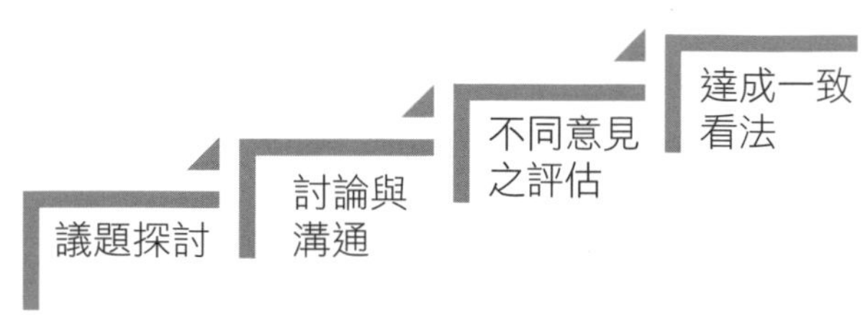

圖 13-1 德菲法運用之過程

（一）議題探討

讓成員有充分討論的機會，提出個人對議題的觀點與看法。

（二）討論與溝通

經由成員充分討論過程，逐漸形成對議題一致的看法。

（三）不同意見之評估

如果成員對議題有不同的看法，那麼必須讓成員有機會充分討論這些不同的看法。

（四）達成一致看法

分析與綜合成員表達的意見，並將分析結果回饋給成員。

三、政策德菲法

政策德菲法（policy Delphi）最主要的目的，就是在確保所有的意見都能被充分討論，同時也能預先對任何特定意見估量其可能的衝擊與影響。根據 Moore（1987）的觀察，政策德菲法的運用必須建立在幾個前提假設基礎：

（1）不強調透過意見彙整來達到決策的推論，反而是強調找尋不同意見作為支持決策者的考量；（2）不可被視為是決策的機制；（3）達到一致性並非最主要目的。

Moore 認為政策德菲法運用於溝通過程時，其步驟有六：

（一）議題形成

討論議題時應考量的要素是什麼？如何描述這些議題？

（二）提出可能選擇

針對這項議題，什麼是可能的政策方案之選擇。

（三）決定對議題的立場

哪些議題是大部分的參與者都有一致看法的？哪些是不重要可以忽略的？哪些是大多數參與者的看法有很大不同的？

（四）探討不同意的原因

對這些不同的意見與觀點，應進一步探討每個不同立場背後的假設、觀點與事實。

（五）仔細評估這些被重視的原因

團體如何用一些觀點與主張來捍衛立場？在一定的基礎上，如何比較這些觀點與主張？

（六）重新評估可能的選擇

重新評估時所著重的是證據與各種立場的關聯性。

為了讓政策德菲法的運用更有效、更精簡，必須有系統的完成上述這六個步驟。在政策德菲法運用之前，工作成員必須根據相關文獻報告的回顧設計德菲問卷，然後再運用團體討論技術，去收集團體成員的觀點和意見。

研究者也必須要認知到，政策德菲法的運用其實也有下列幾項限制（葉晉嘉、翁興利、吳濟華，2007，頁 35）：

1. 反覆進行使成本增加，且影響反應率。
2. 先入為主的過濾正確專家意見。
3. 問卷回收率低。
4. 以中位數或平均值代表專家意見，易使其他專家意見遭忽略，且難處理語意模糊的問題。

表面上看來，德菲法似乎是一項簡單又容易運用的技術，正因為如此，讓許多研究者經常在面對問題還沒有充分考量之下，就直接進入德菲法的步驟而導致失敗。最常見的德菲法運用失敗的原因，包括：

1. 將工作者的觀點強加在參與者身上，且未給予參與者足夠時間充分討論問題。
2. 將德菲法所收集之意見過度推論。
3. 主持人對於意見的摘述與結論呈現的技巧不嫻熟。
4. 忽視對不同意見的探討，導致有不同意見者半途退出。
5. 低估德菲法的本質。

那麼必定有許多人會問，到底哪些情境或問題較適合運用德菲技術，來進行相關資料的收集工作呢？很難武斷的說哪些適合、哪些不適合，但是，下列六個準據或許可以提供給研究者作為判定的參考（林振春，1992；Moore, 1987）：

1. 準據一

研究的問題不需要用精細的分析技術去仔細研究，而是著重於如何集合一群人的主觀判斷。

2. 準據二

代表成員不曾有順暢溝通的經驗，或是代表成員因為不同專業或經驗的考量，不容易建立起彼此之間的共識。

3. 準據三

由於研究的時間與經費的限制，使得成員無法透過面對面團體討論。

4. 準據四

參與的成員過多，不適合透過面對面討論會議來收集相關資料。

5. 準據五

參與成員之間的意見經常是分歧的，或是因為政治對立的關係，使得團體溝通方式必須運用匿名方式，以避免利害關係或權威因素的影響。

6. 準據六

必須確保成員的異質性，讓每個成員有平等機會參與並表達意見，避免權威者的影響或干擾。

肆 德菲法的運用步驟

從上述有關德菲法的定義與類型的介紹中，有助於了解德菲法在行為與社會科學的運用。在整個德菲研究進行過程，首先，必須先確認研究的主題；其次，由於參與研究專家的抉擇，往往是整個德菲研究的靈魂，所以必須謹慎考量參與成員的名單，以確保德菲研究能圓滿完成。基本上，參與研究的專家必須具備專業知識和經驗，並且願意完成及分享整個德菲研究冗長的過程與結果（謝臥龍，1997）。

當研究者選擇運用德菲法時，大致會經過下列七個階段（胡書原、葉婉菁，2012，頁 5-6）：

（一）確定研究目標定義

藉由相關文獻確定研究目標之定義範圍。

（二）進行相關文獻探討

文獻應從多面向進行探討，廣泛收集相關文獻。

（三）選取專家學者

以專家學者之學歷、經歷、工作年資、著作等條件進行挑選，並依議題安排人數。

（四）製作第一次問卷且進行施測

採開放性問卷收集專家學者對議題見解，或以半結構式問卷收集與研究相關答案，而施測方式可以書信寄送或以 e-mail 方式進行資料收集。

（五）回收第一次問卷進行分析且製作第二次問卷寄送

依據第一次問卷所收集之資訊進行分析，並以半結構或量化型態之問卷進行第二次問卷寄送，且將第一次研究分析結果附於第二次問卷前以供參考。

（六）回收第二次問卷進行分析且製作第三次問卷寄送

若第二次問卷為半結構式，則須以統計或類似質性方式進行討論，若為量化型態問卷，則須以四分位差或專家學者選擇比例，推估其一致性。

（七）回收第三次問卷進行分析

以第三次問卷結果之多數共識作為最終研究成果。

通常，研究者運用德菲法時，若是透過問卷作為第一輪的德菲研究資料收集方式，必須是以開放式（open-ended）問題為開端，藉此提供參與者足夠思考空間並以能引起他們的興趣為原則。當然附函（cover letter）的內容也非常重要，必須包括德菲研究特殊性及其過程之解釋、問卷回答方式，以及回收日期等。

在第二輪的德菲問卷中，主要是以第一輪問卷結果彙整而成，加上簡單明瞭的統計資料，作為此步驟中參與者意見整合參考之用。第三輪德菲問卷的製訂，也是與第二輪問卷編製過程相似，主要是以第二輪問卷的成果，加上更進一步的統計資料而成。參與者到此階段已付出相當的時間與貢獻，因此為避免研究對象在此步驟流失，除了表示謝意的附函之外，電話追蹤不失為可行的方法。德菲研究是否達到完成階段，則完全取決於參與的專家之一致意見或共識的達成與否（謝臥龍，1997，頁 14-28）。

一項德菲研究是否能圓滿達成，主要取決於下列三項要素：（1）足夠的時間；（2）參與者具有書寫表達和參考統計資料的能力，且具濃厚的參加意願；（3）問卷的編製以能誘導，並整合參與者一致性的意見為原則。完成每一輪的德菲資料之收集與整理，約需耗費四十五天的時間，因此匆促的安排，不能保證研究之圓滿完成。德菲研究大都是以紙一筆方式進行，所以不具書寫及參考統計數字能力者，更不應被邀請進入德菲團體中（謝臥龍，1997，頁 14-28）。

林振春（1992）在〈台灣地區成人教育需求內涵的德惠法研究〉一文中，將透過問卷作為德菲技術運用於研究過程，分為十一個步驟：

步驟一：確定研究問題

這是進行德菲法最主要的關鍵，試想，如果研究者都無法確定研究所欲探究的問題，又如何能要求參與者回答問卷呢？研究者可以向決策者或以自問方式澄清問題。首先，了解為何要進行德菲研究？其次，想要透過德菲研究獲得何種資訊？最後，將要如何運用德菲研究的結果？

步驟二：決定問卷的調查方式

為了確保參與者的匿名性，德菲法一般都是採用郵寄問卷的方式來收集資料。不過，視情境不同，研究者在資料收集方面也可以有數種變化：

1. 採用集體散發填答的方式

如在大型聚會的分組討論會場上，利用休息時間集體填答，可以在短時間內收回，或個別投入回收信箱內。

2. 採用個別遞送方式

如在同一住宅社區或同一辦公大樓內的不同單位，可將問卷分別送至參與者手中，由其填答後自行送回或寄回，或工作小組前往收回。

3. 採用郵寄方式

這是最常使用的方式，其調查方式乃是將問卷裝入信封寄給參與者，由其填答後，再寄回給研究小組。

4. 採用電郵（e-mail）方式

由於資訊科技運用的便利性，愈來愈多運用 e-mail 讓參與者在線上作答，再送出。

至於在何種情況下，德菲法應採用郵寄調查方式，Moore（1987）提出了四個考慮因素：

1. 參與者極力要求獲得匿名的保證。
2. 參與者不願意或不可能有機會參加聚會，或是參與者不同意接受當面訪問。
3. 空間阻隔和經費龐大，無法從事面訪或聚會。
4. 成員過於龐大，無法採用其他方式從事調查。

步驟三：選擇回答問卷的成員

對於德菲研究設計，研究者除了考量運用何種方法進行資料收集之外，同時也需要考量抽樣原則；換句話說，研究者須考量如何選擇及選擇哪些人來回答問卷。基本上，德菲法強調對固定樣本進行連續的調查（panel survey），所以對於回答問卷者應該仔細考慮，因為樣本選擇對德菲研究結果的影響很大。

研究者在選擇樣本時，應考慮下列四個因素：

1. 關心研究問題。
2. 對研究問題有足夠的認識和知識。
3. 在調查期間能完成回答問卷的工作。
4. 對德菲收集資料的方式具有信心並認為具有價值。

應該由多少人參與此項回答問卷的工作，的確沒有一致的結論。如果是同質性高的團體，大約十五人至三十人便已足夠；如果是異質性高的團體或包括多種不同性質的團體，可能就要數百人參與了。

步驟四：編製第一輪問卷

由於德菲法大都是採用郵寄問卷方式進行，所以懂得郵寄問卷調查者，必可輕易進行相關事項。在編製問卷時尤應注意的是，介紹函是獨立於問卷本文的一封信，是研究者向受訪者介紹此項研究的有關資訊，並詳載希望受訪者配合的相關事宜，以引發受訪者的填答動機並在期限內寄回給研究者，因此相當重要。

基本上，介紹函的內容撰寫，應注意下列幾項因素（林振春，1992，頁272-273）：

1. 列出執行研究的單位和負責人，以取得信任。
2. 信件應盡可能私人化，不是大批印刷品，因此應列出受訪者姓名及問候語，信尾應有負責人的個人簽名或簽章。
3. 訴求的重點是感謝受訪者願意接受填答此問卷，說明其協助填答的重要性，並解釋研究結果將如何使用。
4. 可藉由小小的獎賞，如一支筆、一本記事本，以便能提高回收率。
5. 須將研究結果的報告，主動提供給受試者。
6. 必須在信中再次保證研究的匿名性。
7. 信中應說明截止日期，如果採用限時郵寄，大約寄發日期的十天內為截止日期；如採親自投送，約五天內即可。

問卷本身是德菲法的主體，所以問卷內容應包括三部分：

1. 作答說明

第一次問卷大都採用開放式問題，作答說明必須配合舉例說明，同時必須避免誘引性的例子，應該保持中立的角色。

2. 受訪者的基本資料

基本資料常引起作答者的疑慮，因此除非研究需要，否則應盡可能減少，以免匿名性受到挑戰。

3. 問題陳述

對於問題的陳述應考慮問題的明確性，文字要易懂、合乎思考邏輯，問題數目不宜太多，類似題目宜歸為同一類，使作答容易。有時在第一次問卷，研究者想廣泛收集資料，可允許受訪者像腦力激盪般提出各種可能答案。

步驟五：進行郵寄問卷調查

德菲法在進行郵寄問卷時，需注意下列幾項工作：

1. 事先通知

研究者可以採用不同策略事先告知受訪者，以便提高回收率，這些策略包括：親自徵求受訪者、問卷寄發前打電話通知受訪者，和以私人函件或明信片事先通知。

2. 寄發問卷

問卷最好採親自遞送方式，如果有困難，才採用郵寄方式。而且最好直接送達受試者的辦公場所，不要送至住宅，因為在辦公場所，較為方便其填答問卷並將之寄回。如果採郵寄方式，千萬不要用印刷品交寄，最好以限時或掛號方式交寄。

步驟六：回收問卷與催促寄回問卷

約在寄出問卷十天後，可以清點回收數，直到截止日期止，還未回收到滿意的問卷，便應辦理催覆工作。回收問卷最好和回覆明信片分開寄回；郵票應貼足限時信件，不必採掛號方式，以免麻煩，也可免有洩漏身分之虞。

步驟七：分析第一輪問卷

第一輪問卷的彙整與分析，主要是作為第二輪問卷設計的基礎。問卷設計之重點有二（林振春，1992）：

1. 問卷的分析應由工作小組成員及決策者共同組成，不宜由單獨一人進行分析。
2. 先將回收的問卷依系統編號，然後分別影印乙份，將回答的項目分別剪貼在編屬各題的卡片上，將其置於工作桌上，桌上分別有紙、筆，及整理結果用的摘要表。

步驟八：編製第二輪問卷

根據第一輪問卷分析的結果，將受訪者一致的意見再次送給受訪者評鑑，對於分歧意見，則由受訪者再次評估作答，以便讓受訪者了解彼此看法的異同之處。

第二輪問卷的格式，通常需包括三部分：

1. 中間的欄位

整理自第一輪問卷的分析結果，並將其轉化為語意完整的項目或問題。

2. 右邊的欄位

要求受訪者對此項目分別做「同意」、「不同意」或「質疑」的填答欄。

3. 左邊的欄位

供受訪者評量這些意見的優先次序或重要性，及評量的方式；有些採用評定次序法（order-ranking），即求其前數名，且以一、二、三依次評定之；有些則採用量表評分法（scaling-rating），即依五點量表，對每個項目評定其程度（林振春，1992）。

步驟九：分析第二輪問卷

對於第二輪問卷的分析之重點有二：（1）評分結果的分析；（2）對於意見的分析。第二輪問卷之分析與第一輪問卷之分析是一樣的。

步驟十：編製第三輪問卷

通常，德菲法可進行多次的問卷調查，直到受訪者對所有的議題都有了共識，也未再增列新的項目時，此時就可以進入最後一次的問卷調查了。這裡所謂的第三輪問卷，並非真正的第三輪問卷，只不過不再重複那些類似第二輪問卷的作法，所以也可以稱之為最後一輪問卷（林振春，1992）。

在設計第三輪問卷，應注意事項有下列幾點：

1. 如果項目已歸類，呈現時應分類呈現。
2. 各類項目依投票得分高低的次序排列，使受試者了解其以前參與的結果已呈現出來，且這是最後一次工作了。
3. 意見部分並非每題都有，列出的項目可以讓受訪者了解有不同的意見表現，供投票之參考。
4. 填答說明應清楚的讓受訪者知道，他可以改變以前幾次的投票方式，也可以堅持同樣的意見，不受投票結果和意見摘述的影響。
5. 項目不宜過多，以二十分鐘至三十分鐘內可以完成為原則。

步驟十一：分析第三輪問卷及撰寫結果報告

第三輪問卷的分析同於第二輪問卷的分析，只不過這次為結果的總整理，以作為撰寫研究報告的資料，讓受訪者知道在德菲研究期間，由其參與所帶來的成果。

伍 結論

行為與社會科學研究對於德菲法的運用，約莫已有七十年的歷史，不過，無論是量化或質性研究都並未給予德菲法明確的定位；經由本章對德菲法的介紹可知，我們的確很難用二分法來理解德菲法。基本上，德菲法運用於研究過程，主要的目的是強調透過團體一致的決策過程，來作為一項（公共）政策的決策參考，或作為預測未來的參考準據。

由於團體決策過程總參雜許多干擾因素，所以德菲法的運用是在尋求避免可能因素的干擾。當然，德菲法的運用所強調的匿名性與一致性這兩項特質，無可避免的也讓德菲法陷入專家代表性的險境；究竟研究者如何才能確定自己所挑選的，的確是研究議題的專家代表呢？究竟議題的討論，要達到何種程度才可以判定已經到達一致性呢？這些都是研究者在運用德菲法時，所必須謹慎思考的部分。

近年來，行為與社會科學研究對德菲法的運用，主要是針對設定的議題，經由多次思考程序，誘導專家以其專業之能力、經驗與意見，建立一致性的共識，作為提升決策的品質，解決複雜的議題。與質性研究其他資料收集方法相較，德菲法比較強調受訪者的匿名表達方式之運用；由於匿名性高，所以可以避免受訪者相互衝突或是從眾效應。然而，並非所有情境或問題都適合運用德菲法來收集資料，研究者必須謹慎思考，哪些研究議題較適合運用德菲法；然後，再根據研究目的與受訪對象之特質，選擇適合的德菲法類型。

Chapter 14 影像發聲法

影像發聲法是一種以社區為本位的參與式行動研究，直到最近一、二十年才受到行為與社會科學的關注。約莫在 1960 年，有些行為與社會科學研究者就開始透過目測、影像或圖像方式〔如望遠鏡、顯微鏡、X 光、超聲波、核磁共振造影（MRI）、攝影、錄影、電腦〕收集「被看到」的資訊，作為研究分析、討論與詮釋的基礎（Prosser, 2011），但也面對來自質性研究社群的挑戰。直到 1990 年，受到影像閱讀與視覺科技興起的影響，學者開始關注如何透過影像資料收集探究社會現象，逐漸形成所謂的「視覺轉向」（visual turn）趨勢。爾後，成立「國際視覺社會學學會」（International Visual Sociology Association, IVSA），並在年會中，幾位學者發表以影像作為研究資料收集方法的論文，引發廣泛討論，而於 1997 年正式命名為「影像發聲法」（photovoice method）（鄭怡雯，2018）。近年來，國內學者也開始關注「影像發聲法」運用在社區弱勢或被壓迫族群生活經驗的探討（鄭怡雯，2016）。在資訊科技時代，「影像發聲法」的運用的確具有某些優勢，同樣也面臨不少挑戰。因此，這一章將要介紹影像發聲法的發展脈絡、理論概念與特性、研究過程的運用，及其原則與步驟；最後以研究實例說明，並說明在資訊科技時代影像發聲法面臨的挑戰。

 影像發聲法的發展脈絡

受到影像閱讀與視覺科技興起的影響，「視覺研究法」（visual methodology）的運用，的確具有不少優勢，尤其是促進全球性、且較複雜的社會問題的探討。在資訊科技輔助下，「視覺研究法」最大優點是研究者可以收集到許多肉眼無法看到的資料、影像或圖像，也比較不會受到社會文化或不同時空的影響（Prosser, 2011）。約莫在 1960 年代後期，行為與社會科學研究者開始結合研究者與參與者雙重觀點，強調參與者參與的重要性，逐漸形成「參與式視覺研究」（participatory visual research）。

「參與式視覺研究」主要是運用照片、圖畫或圖表資料，透過個別或焦點團體訪談過程，作為破冰（ice-breaker）媒介，引發參與者的回應與討論；換句話說，攝影照片、圖畫或圖表資料，仍是參與式視覺研究最常運用的資料（Prosser, 2011）。在「參與式視覺研究」中，研究者扮演發起者、規劃者、資料收集者、詮釋者和知識生產者的角色，研究者和參與者的互動環繞在攝影照片、圖畫或圖表的討論，這樣的互動形式，往往能讓參與者感受到較少壓力，尤其是對於敏感議題的討論，通常研究者不直接討論參與者曾遭受傷害的經驗或議題，普遍較可以被接受。不過，「參與式視覺研究」也存在些爭議，影響研究方法運用的普遍性。較大的爭議如：容易受到研究者先入為主的影響，某些表面上看似無害的視覺刺激，也可能因為研究者操作不當或缺乏敏感性，而喚起參與者痛苦的記憶（Harper, 2012; Prosser, 2011）。

到了 1980 年代後，受到圖像視覺文本豐沛產出的影響，行為與社會科學研究領域也開始重視視覺影像資料的運用，美國芝加哥大學教授 W. J. T. Mitchell 提出「圖像轉向」（pictorial turn）的概念，強調「影像」與「語言」同樣具有意義建構和詮釋的功能，語言和文字書寫也不再是建構社會現象、經驗意義，和知識生產的唯一途徑（Mitchell 1995；引自鄭怡雯，2018）。在此脈絡下，出現以影像作為參與者發聲媒介的研究法。「影像發聲法」所指的「影像」，不只是攝影、照片而已，也包含其他不同形式，如

參與式視頻、視頻日記、圖文故事和圖片小說等，都逐漸成為行為與社會科學研究資料收集來源，產生「視覺轉向」（visual turn）的發展趨勢（鄭怡雯，2018）。

在「視覺轉向」趨勢中，「國際視覺社會學學會」（IVSA）扮演關鍵角色。國際社會學社群紛紛成立學術社群，如英國社會學學會 2006 年成立「視覺社會學研究群組」（BSA-Visual Sociology Study Group）、國際社會學學會 2009 年成立「視覺社會學專題群組」（ISA-Visual Sociology Thematic Group TG05），及法國 2014 年成立「最後焦點」（Last Focus）等，視覺影像法運用在行為與社會科學研究，也開始在學術社群被廣泛討論（鄭怡雯，2018）。除了以影像作為行為與社會科學研究的視覺資料文本之外，更多聚焦在如何以影像作為社區參與和賦權行動的基礎（鄭怡雯，2018；Emmison Smith, & Mayall, 2012; Harper, 2012; Rose, 2016）。

在這些討論中，以 1992 年 Caroline Wang 與 Mary Ann Burris 在中國雲南農村進行參與式視覺研究引發較多討論與關注。Wang 與 Burris 在雲南村地區的五十個自治村招募了 62 位女性參與者，讓婦女了解如何使用相機，拍攝自己生活的社區所遭遇的問題，藉此思考如何改善社區公共衛生議題（鄭怡雯，2018，頁 230）。剛開始研究時，Wang 與 Burris 是以「影像故事」（photo novella）命名，1997 年才改為「影像發聲法」。所謂「影像發聲法」是指，在研究過程研究者提供參與者相機，授權參與者拍攝與自身有關的照片，以攝影照片為媒介，透過開放式討論（個人或小團體），致力於改善參與者的生活品質與相關權益。

社會學者 Douglas Harper（2012, p. 190-201）整理 2011 年之前的學術論文，歸納出 90 篇期刊論文是運用影像發聲法進行研究，這些研究主題包括：培力、社區健康、身心障礙者的社會適應與康復、階級與貧窮問題、青少年與教育問題、文化與認同問題及研究倫理議題等七大類；可見，影像發聲法已受到國際學術社群的重視（鄭怡雯，2018）。無論是影像故事或影像發聲法，都屬於視覺研究的一部分，但是兩者又略有不同。「影像故事」是透過照片說故事，但「影像發聲法」不只是說故事而已，更強調參與者的參與行動價值。

影像發聲法的理論基礎與特性

簡單的說，「影像發聲法」是一種以社區為本位的參與式行動研究，強調參與者的參與和主體建構的重要性。無論影像、攝影照片、圖片或圖表，在研究過程主要是扮演破冰功效，作為催化參與者在團體中對話與討論的基礎。「影像發聲法」的運用，重視對參與者增強權能的目的，強調研究過程的參與，讓參與者透過參與和己身生活經驗和權益有關議題的討論，為自己發聲，並透過研究過程達到改善生活經驗及權益，或促進與社區或社會對話的目的（楊鳳雲，2014，頁 29）。下列說明「影像發聲法」的理論基礎和具有的特性。

一、影像發聲法的理論基礎

社會評論學家 Susan Sontag（1997）認為影像或照片本身就是重要證據（photograghs furnish evidence），研究者可以透過視覺影像，呈現人們對於其生活世界的定義與認知，進而形塑社會真實的概念（引自楊鳳雲，2014，頁 29）。每個人在觀看自身生命經驗影像時，都會產生不同的詮釋；因此，研究者藉由參與者拍攝自身經驗的影像，透過敘事或詮釋影像的過程，開啟與他人對話和討論的機會（楊鳳雲，頁 29）。「影像發聲法」的發展，受到三股理論思潮的影響，包括：批判教育學、紀實攝影和女性主義，以下將逐一說明。

（一）批判教育學

巴西教育學家 Paulo Freire 倡導批判教育理念，他所撰寫的《受壓迫者教育學》（*Pedagogy of the Oppressed*）一書，被公認是批判教育學運動的基礎文本之一。在《受壓迫者教育學》書中，Freire 提出：透過「提問式教育」及「對話」，讓參與者找到生活中關注的議題，再透過批判性思考，探索可以影響生活或改善生活的行動。Wang 與 Burris 將批判教育學的培力概念，融入視覺影像研究過程，強調拍攝者藉由相機捕捉影像，透過拍攝影像的討論，轉化既有的理解，並覺察個人與社會的互動與權力關係，並採取具體行動，改變不利的生活情境（Wang & Burris, 1997, p. 172-173；引自鄭怡雯，2018，頁 231-232）。

（二）紀實攝影

「紀實攝影」是從外向內觀看（a view from the outside looking in），「影像發聲法」是從內向外觀看（a view from the inside looking out）。在研究過程，研究者會將相機交給非傳統攝影師的參與者，讓參與者成為社區記錄者，甚至成為社區改革催生者（鄭怡雯，2018，頁 233；Harper, 2012）。

（三）女性主義

Katherine Weiler（1988）指出，女性主義重視女性的主體經驗，肯定生活經驗對女性主體認同發展的影響。在研究過程，研究者致力於女性不利社會地位的改善（鄭怡雯，2018，頁 232）。將女性主義的理論觀點融入「影像發聲法」時，強調研究者與參與者是平等身分，共同建構經驗與知識生產，尋求被邊緣化、被壓迫的族群發聲機會，進而促進性別權力的改變（Rosemberg & Evans-Agnew, 2016, p. 1020）。

二、影像發聲法的特性及優缺點

「影像發聲法」是一種社區為本位的參與式行動研究，透過參與者拍攝與自身生活經驗有關的影片或照片，回歸以參與者為主體，深入探究某些族群在社區生活或社會結構中的不平等，透過參與研究過程，促進自身生活情境、權益與社會的公平正義（Rosemberg & Evans-Agnew, 2016, p. 1019）。

在運用「影像發聲法」時，研究者必須具備足夠的覺察或反思力，不僅鼓勵參與者在團體討論過程表達自己的想法與感受，也鼓勵參與資料分析與結果詮釋；換句話說，整個研究過程都必須要融入參與者的聲音（Rosemberg & Evans-Agnew, p. 1021）。

（一）特性

根據上述理論基礎及其特性，可以歸納出「影像發聲法」具有下列幾項特性（Wang & Burris, 1997, p. 370）：

1. 由參與者透過相機拍攝與自己生活經驗有關的影像或照片，透過照片區辨社區生活中具有的優點與缺點。
2. 透過挑選影像或照片，進行團體討論與對話，促進參與者對社區生活議題表達意見，甚至是提出批判。
3. 透過對話與討論方式，將參與者的聲音、觀點透過公開形式傳播，進而改善參與者不利的生活處境或影響政策制定的方向。

Caroline Wang（1999）也指出「影像發聲法」具有下列幾項特色（引自 Jarldorn, 2019, p. 13）：

1. 圖像可以成為教學有力的工具。
2. 圖像比文字易記憶。
3. 受政策影響最大的社區居民，應該一起建構這些政策。
4. 為尋求解決社會問題方案做出貢獻，有助於參與民主和公民社會的實踐。
5. 必須包括變革為導向的行動。
6. 盡可能公告周知民眾和政策制定者一起影響政策。
7. 討論項目必須確保政策制定者和有決策能力者也是參與者。

（二）優、缺點

Prosser（2011）在 Visual methodology: Toward a more seeing research 一文中指出，將視覺法運用於行為與社會科學研究，有下列優點：

1. 回應各種可能性。
2. 結合研究者和參與者的共同創造力。
3. 重視學術研究的覺察力、想像力與反省力。

鄭怡雯（2018，頁 249）指出，透過影像拍攝作為研究資料收集的方法，並透過影像或圖片作為參與者敘說、對話與討論的媒介，具有幾項優點：

1. 照片拍攝具有可親近性

以拍攝照片作為討論媒介，讓參與者或個性較木訥害羞的參與者，願意在團體中表達自己的感受、想法與經驗。

2. 看圖說話較易表達

拍攝前會有多個主題，讓參與者思考自己想表達什麼，相較於傳統口頭訪問的即時反應，透過影像或圖片說話，反而比較容易表達。

3. 團體動力的激發

透過影像、圖片作為媒介的表達方式，更能夠提供團體其他成員想像空間，當參與者以圖片為媒介，描述和表達內在感受、經驗與看法時，其他團體成員也可能從此影像或圖片中領會到不同意涵，引發出團體交流與討論。

雖然「影像發聲法」具有上述幾項特色與優點，但在運用於行為與社會科學研究過程，也存在下列缺點及運用於研究的限制（Prosser, 2011）：

1. 回答的研究問題範圍較狹窄。
2. 較有利於表達能力較好者。

影像發聲法運用的原則與步驟

上述說明，讓我們對「影像發聲法」有了概括式認識，接下來要進一步介紹如何將「影像發聲法」運用於研究過程。當研究者在運用「影像發聲法」時，在研究過程應遵守的基本原則及其運用的步驟為何，將在此部分中一一說明。

一、影像發聲法運用的原則

「影像發聲法」強調參與者的參與之重要性，且研究議題必須與參與者生活經驗或權益有關，透過拍攝與自身生活經驗有關的影像或照片，在團體討論過程，敘說自己的經驗、感受與看法。

既然影像發聲法是社區參與式行動研究，Bradbury 與 Reason（2003）認為在運用過程，必須遵守六項基本原則，包括：（1）以生活經驗為基礎；（2）合作開發；（3）解決重大問題；（4）與人合作；（5）發展新的觀察方式；（6）留下基礎設施（引自 Jarldorn, 2019, p. 11）。

另外，國內外學者也指出，在運用「影像發聲法」時，實務操作過程必須包括（鄭怡雯，2018，頁 235-237；Cheng, 2021）：

（一）招募與培訓

首先必須招募參與者，並進行培訓。培訓課程內容主要包括：相機使用、拍照倫理、觀看照片方法、解釋拍攝主題，並說明照片資料日後將會如何使用。培訓課程需要主持人與輔助者（facilitator）都能有效向參與者傳達上述內容，所以主持人與輔助者，除了對參與者生活經驗或情境要有一定認識以外，也必須認同透過「影像發聲法」的培力政治、對攝影美學和教學具有一定能力、對相機使用的權力關係具有敏感度等，這些都是能讓培訓課程順利推動的考量面向。

（二）拍攝與討論

在「影像發聲法」中，研究者主要是以攝影照片為媒介，透過團體討論過程讓參與者敘說自己的經驗、感受與看法，所以必須邀請參與者展示照片，並進一步介紹拍攝照片的內容，主持人與輔助者必須依「SHOWeD原則」引導參與者說明。在團體討論過程，研究者可以依據「SHOWeD原則」，引導參與者分享與討論所選擇在團體分享的影像或照片（鄭怡雯，2018）：

S（see）：你在這看到什麼？

H（happening）：這裡發生了什麼事情？

O（our）：這和我們的生活有何干係？

We（why）：為什麼這個情況會發生（exist）？

D（do）：我們該如何做？

透過團體討論過程，參與者經歷到挑選照片、回歸自身生活脈絡，到譯碼二個階段。整個團體討論流程，透過拍攝的影片或照片進行「參與式需求評估」，由參與者定義議題，也由參與者參與影像資料分析，更是由參與者觀點看到參與者如何認知和建構自己覺得是重要的事，同時也了解參與者如何看待這件事的意義，說出感受和需求，並提出認為需要被改變的事實為何。

（三）傳播與倡議

影像發聲法的應用，強調培力實踐和促成社會變革，所以影像發聲法的運用，經常會公開展示參與者拍攝的作品。透過影像展示，不僅吸引當地民眾前來觀看並引發對議題的關注與討論，也能透過影像將參與者的聲音具體傳達給當地官員，達到與主流社會對話，並促成某些政策的改變與落實。

因此，研究者在運用「影像發聲法」時，必須要遵守三項原則（Palibroda et al., 2009；引自 Aklia, 2013, p. 16）：

（一）平等與信任的原則

在研究過程，研究者必須保持明確位置，這個位置不是專家，而是促進者，監督整個過程卻不主導。研究者與參與者必須建立信任關係，但沒有捷徑，需要長期參與，所以許多研究人員在研究完成後，仍與社區保持聯繫。

（二）參與者充分了解的原則

雖然面對面會議是有效溝通方式，但是非正式溝通管道也同樣重要，所以必須運用正式與非正式溝通方式，促進參與者對於研究情境的了解。

（三）探討視覺技能問題的原則

攝影技能扮演了重要角色，但是需花費大量時間幫助參與者熟悉攝影器材與設備，不過學習如何使用攝影器材與設備是手段，並非研究目的。

二、影像發聲法運用的步驟

Jarldorn（2019, p. 56-60）認為運用「影像發聲法」大致可以歸納為五個階段：

（一）形成階段（Forming）

形成階段說明團體開始階段，在這個階段，團體依賴研究者提供並引發討論團體結構、定基調及目標等。在這個階段，參與者可能還不是很信任研究者或團體其他成員。這種缺乏信任感，可能會表現在參與者對於與團體成員聯繫保持謹慎態度、在團體中表現很安靜，或略顯不自在等。

（二）風暴亂流階段（Storming）

在腦力激盪階段，團體成員變得較有凝聚力，表現出對團體的信心與信任，並透過不斷增強過程，強化對團體的認同，但也可能造成衝突；當團體成員較願意表達不同想法時，有時候會感到自信，但對於不同想法也可能引發衝突。此時，要透過小團體討論，才能產生批判性對話。這時候，研究者必須指導參與者如何避免拍攝會被辨識的圖像，透過「隱喻」或「類比」展現圖像，所以需要在團體中討論如何保護參與者的議題。

（三）規範階段（Norming）

在此一階段，必須發展團體討論的規範，讓團體成員一起工作，在開放、支持團體的氣氛中，願意分享自己的經驗、感受與看法。在團體討論過程，研究者盡量降低領導者的角色與干預，扮演促進者角色。當團體成員進入社區中拍攝時，可以提供筆記本，記錄拍攝照片的原因及相關資訊。

（四）執行階段（Performing）

在執行階段，團體成員相互協作與支持，以團體的總體目標為優先。團體成員必須透過團體討論和查看攝影圖像，讓參與者能為拍攝的圖像命名，並建立解釋攝影照片或圖片意義的敘述。在執行階段，參與者會互相採訪，建立自己的敘述或單獨編寫，最後聚在一起將材料劃分為主題，並再區分為幾個次主題，然後選出構成社區生活展覽的圖像。

（五）結束階段（Adjourning）

這個階段，研究者會向團體成員回饋階段性成就，提醒參與者從團體形成以來團體中每個成員及團體的成長。暫停階段的活動包括：慶祝、共餐、聚會，或其他適當形式。對「影像發聲法」而言，結束階段通常會透過公共展覽或照片發布，透過這種社區展覽形式，表達參與者對社區生活是有貢獻的，也應該受到尊重。藉由公開展覽方式，讓研究參與者透過展覽與社區居民或參觀者對話，獲得雙向的交流與理解。

肆 影像發聲法之運用

影像發聲法是在 1990 年代後期，才開始被運用於行為與社會科學研究；國內學者約莫在十年前開始引進影像發聲法，並運用於與街友、新住民，及經濟弱勢家庭議題有關之研究。下列援引實例，說明影像發聲法在行為與社會科學研究之運用。

一、街友議題之研究

鄭怡雯（2018）在一項以無家者「棄物展」為主題的研究，運用參與式影像發聲法協助無家者，透過自己的角度拍攝照片，並為自己發聲。這項研究計畫是幫助無家者，透過觀察與了解自己的生活困境，再透過對話來回應需求，培力無家者內在自信，並重新建構與社會的連結，去除社會大眾對於無家者的標籤和汙名。整個研究過程大致分為幾個步驟，包括：

（一）招募和培訓無家者

招募成員（無家者）並培訓，培訓課程包括：了解設備（相機）的使用、拍攝照片的倫理、檢視照片的方式、如何解釋所拍攝的主題，及說明照片中的資訊要如何使用。

（二）拍攝和討論

成員（無家者）挑選自己認為最重要或最好的照片，團體主持人依據「SHOWeD」原則，引導成員（無家者）在團體中進行討論。

（三）公開展出

透過公開形式，展示成員（無家者）拍攝的作品，透過照片和社區居民與主流社會對話，以達到促進社會改變的目標。

二、家庭經濟弱勢議題之研究

楊鳳雲（2014）在一項以經濟弱勢家庭為研究對象，運用參與式影像發聲法，協助隆恩埔國宅中都市原住民青少年，去除主流社會對於貧窮、族群的負面標籤。首先，研究者讓原住民青少年學習如何使用相機，拍攝自己的日常生活；再進一步透過影像，敘說自己的故事及詮釋自己的經驗。這項研究計畫共執行約四個月期間，共有 20 位弱勢家庭都市原住民青少年參加。參與式影像發聲法運用過程包括：

（一）招募影像計畫參與對象

與居住在國宅的青少年說明計畫。

（二）設備教學

每四到六位青少年一組，且共用一台相機，教導青少年如何使用相機。

（三）影像分享與討論

團體定期聚會，並分享與討論拍攝的照片。

（四）公開展出成果

經團體成員同意後，以公開展示方式展覽照片，並公開論文。

三、少數族群健康議題之研究

Adekeye、Haeri、Solessio 與 Knox（2014）則是運用參與式影像發聲法，以非裔移民（青年和長者）為對象，探討非裔移民對健康的看法、在美國獲得醫療資源的機會，及社區中老年移民面對健康的障礙。這項研究有助於提供服務非裔移民的醫療體系工作者和機構助人者，有效聚焦在非裔移民關注的議題，作為提供適切服務的參考依據。這項研究計畫運用過程包括：

（一）選擇地點與招募研究團隊

研究團隊由大學教職員工與學生、社區教會管理員，及教區居民共同組成。研究地點選擇在社區中非裔移民人口最多，且以非裔為主的教堂。

（二）招募參與者

牧師告知教會會眾即將進行的研究項目，招募符合標準且對老年人需求議題有興趣者，年齡介於十三至十八歲或六十五歲以上的居民。

（三）設備

相機、記事本，及展覽照片板。

（四）焦點團體

提供參與者使用相機的基本教學、拍照倫理，並透過照片敘事非裔移民對健康品質、獲得健康資源的看法，和對健康福祉的感知障礙等。

（五）分析

研究團隊在最後焦點團體階段，運用參與者的話語，總結每張照片的目的。依據研究團隊的觀察筆記與焦點團體的討論，確定以下列幾項主題作為公開展覽的標題，包括：（1）營養、肥胖和身體活動；（2）職業監管和教育機會，安全感和公共安全感；（3）民族—種族多樣性和醫療保健系統；（4）宗教信仰和社會福祉；（5）展覽：展覽照片。

在照片公開展覽過程，積極邀請社區領袖、政策制定者，以及重要的社區資源者參與展覽和對話。

伍 結論

「影像發聲法」既是屬於「視覺研究法」，也是社區參與式行動研究。「影像發聲法」和「視覺研究法」最大不同，在於前者是由內而外觀看，但後者則是由外而內觀看。「影像發聲法」和傳統參與式行動研究最大不同，在於前者是以影像、圖像或圖表為媒介，透過團體討論過程，對這些和參與者自身生活經驗有關的影像或圖片賦予意義，並給予命名；而後者並非以影像、圖片或圖表為媒介，而是結合各種不同資料收集方式。在重視圖像與資訊科技的時代，「影像發聲法」強調以參與者主體觀點，透過拍攝過程，拍攝與社區生活經驗有關之影像、照片或圖片，運用這些影像或照片作為溝通、對話的媒介，促進團體成員敘述自己的生活經驗，表達自己的感受與看法，進而公開展示方式與社區、社會產生對話，透過對話過程尋求理解及找到可能改變的策略。雖然在重視影像與資訊科技的時代，「影像發聲法」的運用的確有其便利性，且透過影像公開展示形式，也比較容易產生媒體曝光效應。但是，網路與新媒體的興起，也可能稀釋「影像發聲法」吸引社會大眾目光及討論的效應，研究者也面臨挑戰，必須機動性尋求調整研究行動策略。

扎根理論、敘事及論述分析之比較與運用

過去十多年來，我們經常會看到有些行為與社會科學研究的論文，特別標示該項研究是運用扎根理論分析、敘事分析或論述分析。閱讀後，讀者可能對這些研究方法如何被運用於研究過程，或對這些研究方法與訪談法又有何不同，感到疑惑。是否只要研究者運用「訪談」進行資料收集，參與者在訪談過程敘說自己的生命經驗，就是「敘事」或「論述」分析。這樣的困擾，來自有些研究者將扎根理論分析、敘事分析或論述分析視為一種資料收集方法，而不是從方法論立場運用這些研究方法。那麼我們應該如何認識這三種研究方法呢？又如何將這些研究方法運用在質性研究過程？這些研究方法具有哪些特性？三者之間又有哪些相同或不同之處？因此，本章簡略介紹這三種研究方法在質性研究科學研究範疇的層次，並介紹這三種研究方法的核心精神、特性與運用，最後綜合比較這三種研究方法在質性研究運用之異同。

科學研究的定位——方法論

有關扎根理論分析、敘事分析或論述分析的討論，都應該回歸質性研究科學研究範疇的層次，才能比較完整的認識這三種研究方法。在行為與社會科學研究範疇中，這三種研究方法都是被定位在方法論的層次，但是有部分研究者卻錯誤的將這三種研究方法窄化為一種資料收集方法或策略。這種誤

謬，部分導因於這三種研究方法都關注質性資料分析，尤其是扎根理論分析更已發展系統性資料分析程序，所以讓有些人誤將這三種研究方法視為是一種資料分析方法，且誤以為只要透過敘說收集資料，就是敘事分析，或只要透過討論收集資料，就是論述分析。因此，在本章中，我們主張應該回歸「方法論」層次，才能認識這三種研究方法的核心價值與內涵，才能較正確的將這三種研究方法運用在質性研究過程。

一、社會建構主義的核心精神

無論是對扎根理論分析、敘事分析，或論述分析的理解，都必須回歸科學研究典範中的「方法論」層次，不能只是從「方法」或「技術」層次來理解。那麼這三種研究方法又應該被歸類在哪一種科學研究典範呢？通常這三種研究方法，都是被歸類在「廣義」的社會建構主義典範之下。「廣義」的社會建構主義包括後實證論、建構論和批判論三種取向；若更進一步區分，論述分析通常都被歸類在批判論典範之下（請參見第三章〈質性研究的典範〉）。

那麼社會建構主義典範對於社會真實本質的假設為何？建構論融合了現象學、詮釋學和符號互動論的哲學觀點，強調社會真實的本質是「相對」存在，所以研究者必須回歸到研究參與者的社會文化與生活情境脈絡，理解探究的現象、經驗、行動與事件的意義。在這樣的核心價值理念下，建構論取向的研究方法，具有下列幾項特性（施進忠、陳可杰，2011，頁 86；鈕文英，2019；Atieno, 2009; Bashir et al., 2008; Liamputtong, 2009; Thorne, 2016）：

（一）行動意義

人類行動往往依據行動意義而決定，而行動的意義又是透過互動過程產生，亦即人類是根據意義而行動，所以行動的意義必須透過詮釋，而非機械反射。

（二）行動是理解社會眞實的重心

人類無法脫離他人而生存，因此當我們在探討社會現象、經驗與行動的意義時，必須正視這項事實，並將溝通視為是構成社會的要素。

（三）回歸主體經驗

研究必須回歸主體經驗探究社會世界，而社會世界又是被主體所建構的產物。

（四）語言是理解的媒介

語言是行動的展現，並非只是傳遞訊息而已，所以語言是社會實踐形式，也是社會互動的一部分，因此必須透過語言詮釋來理解行動意義。

（五）語言展現權力

語言是一種權力運作，例如歧視性語言，而語言也是社會關係的展現，例如稱謂、稱呼等，必須認知到語言並非只是溝通媒介，語言也隱含著權力關係。

（六）語言須擺置在特定脈絡理解

在研究過程獲得的文本資料反映研究者與參與者在特定情境對經驗、現象，或行動賦予的意義，這些真實存在都是社會文化所建構。

（七）文本意義的理解在互動中建構

既然社會真實是在互動過程被產製，那麼真實意義也是在互動經驗所產製的，對社會真實的理解就必須回歸社會文化、時空情境脈絡，才能從特定社會文化或時空背景脈絡理解行動的意義。

整體而言，扎根理論分析、敘事分析與論述分析三種研究方法，被歸類在「廣義」的社會建構主義，而「情境脈絡」成為運用這三種研究方法探究社會現象時不可或缺的要素。所謂「情境脈絡」，有可能是生活情境、社會文化，或時空背景等，若研究者忽略情境脈絡的融入與考量時，就無法理解這些社會現象、經驗、行動或事件，是「如何」產製或「為何」被組成。因此，無論是扎根理論分析、敘事分析或論述分析的運用，都需擺置在參與者的社會文化與生活情境脈絡中，回歸以參與者為主體的觀點，來理解這些被探究的現象、經驗、事件或行動是如何被建構（施進忠、陳可杰，2011，頁86）。

二、情境脈絡的內涵

在行為與社會科學研究中，又如何界定「情境脈絡」呢？我們大致可以依研究問題與目的，將情境脈絡分析歸納為三種類型（Achtenhagen & Welter, 2007；引自施進忠、陳可杰，2011，頁 86-87）：

（一）機構性—組織性脈絡（institutional-organization context）

研究者的資料來自單一或特定機構內部文件時，那麼在進行情境脈絡分析時，研究者必須考量取得的組織文件（如會議記錄、服務方案、政策、行動方針等），是在什麼樣的情境脈絡下被創造？這些文件又藉由什麼樣的管道傳遞或散布資訊？

（二）情境性脈絡（situational context）

研究者的資料來自針對某一事件或行動，透過訪談和參與觀察收集資料，並轉化為文本資料時，那麼在進行情境脈絡分析時，研究者必須考量「誰」是這些文本的作者，這些文本作者對行動或事件的立場為何？這些行動或事件發生的背景為何？

（三）歷史—社會脈絡（historical-social context）

研究者的資料來自針對某一事件或行動，透過訪談或歷史文獻檔案收集資料，並轉化為文本資料時，那麼在進行情境脈絡分析時，研究者必須將這些事件或行動的文本，放置在當時的社會文化與時空脈絡中，剖析這些特定時空背景的情境脈絡具有哪些重要特徵？這些特徵與事件、行動本身的關聯性為何？

 扎根理論分析

三種研究方法中，以扎根理論分析最有系統的介紹資料分析程序，但又保留彈性。在此，我們先介紹扎根理論分析的源起、意義、特性及其運用程序，後續再介紹敘事分析與論述分析兩種研究方法。

一、扎根理論分析的源起

「扎根理論分析」（grounded theory analysis, GTA）一詞源起於 1960 年代後期，由 Barney Glaser 與 Anselm Strauss 兩人共同提出。由於 Glaser 與 Strauss 長期合作，以臨終病人為研究對象，探究相關議題，逐漸發展系統性資料分析程序。在 1967 年共同出版了《扎根理論的發現》（*The Discovery of Grounded Theory*）一書，書中提出「扎根理論分析」一詞，並介紹研究者如何將扎根理論分析運用在質性研究資料分析，而扎根理論分析運用於質性研究的目的，是為了「發展」或「建構」理論，而非「檢驗」理論假設（顏寧、黃詠光、吳欣隆譯，2006/2009；Charmaz, 2006）。

到了 1980 年代，Glaser 與 Strauss 兩人對於扎根理論分析的運用，出現不同立場，最終分道揚鑣。其中，Glaser 仍維持早期扎根理論分析的立場，主張扎根理論分析的目的，是為了發現與建構（暫時性）理論，而在質性資料反覆分析過程，探究現象的主軸概念會逐漸浮現，所以研究者是透過系統性資料收集與分析過程，來發現與建構理論概念。Glaser 的觀點，建立在經驗主義的立論基礎，又被稱為「古典」扎根理論分析（鈕文英，2020）。

Strauss 對於扎根理論分析的立場，逐漸轉向為驗證主義；在 1990 年，更與 Juliet Corbin 合著出版了《質性研究概論》（*Basics of Qualitative Research*）一書，提出新的扎根理論分析技術與程序，被稱之為「相對論」扎根理論分析，此書也逐漸成為扎根理論分析最具權威的代表作（鈕文英，2020；顏寧等譯，2006/2009；Charmaz, 2006）。

Charmaz（2006）對於 Glaser 與 Strauss 所主張的扎根理論分析，強調研究者在資料收集和分析過程，須扮演客觀的角色與立場不以為然，因為就社會建構論立場，在研究過程，研究者是不可能維持客觀中立，而是需要與參與者互動才能共同建構理論，且這樣的理論建構，才能回歸社會文化與情境脈絡。Charmaz（2006）更強調，研究者的「反思」（reflexivity）角色，對於扎根理論分析的重要性，尤其是研究者在研究過程能否發現「隱藏」在表面之下的真正聲音（Ryan, 2014）；因此，Charmaz 的扎根理論分析，又被稱為「建構論」扎根理論分析（鈕文英，2020）。

二、扎根理論分析的意義與特性

上述簡略介紹，讀者應該對扎根理論分析有些概括式認識。接下來，我們要進一步說明「扎根理論分析」的意義及其特性。

（一）扎根理論分析之意義

什麼是「扎根理論分析」？就字面意義，「扎根」（grounded）一詞，隱含「建立在某種基礎上」，所以「扎根理論」（grounded theory）一詞，隱含「理論是建立在資料分析」的基礎。那麼「扎根理論分析」就是指，一種有系統的資料收集與分析方法，主要目的是在發現或建構理論。當研究者運用系統性的資料收集與分析程序，反覆透過再收集、再分析和再比較的過程，歸納出現象的主軸概念，作為發現與建構探究的社會現象、經驗、事件或行動的（暫時性）理論時，就稱之為扎根理論分析（徐宗國譯，1990/1998；鈕文英，2020；Corbin & Strauss, 2008; Ryan, 2014）。

綜合上述，扎根理論分析是一種系統性資料收集與分析的研究方法，研究者主要是透過訪談方法收集資料，再將訪談錄音檔轉為文本資料，並運用歸納邏輯，在「資料收集→資料分析」的反覆程序中，讓主軸概念逐漸浮現，最後再透過開放譯碼（open coding）方式，發現與建構（暫時性）理論。換句話說，扎根理論分析運用於質性研究過程，重視「系統性」資料收集與「系統性」資料分析，在反覆分析程序中發現與建構理論，所以扎根理論分析必須建立在豐富文本資料基礎，在系統性質料分析過程，運用歸納邏輯發現與建構理論。

（二）扎根理論分析之特性

歸納上述有關扎根理論分析之定義，彙整扎根理論分析具有下列幾種特性（鈕文英，2020，頁 573-579）：

1. 強調發展理論

扎根理論分析主要目的是在發現與建構理論，因此較適合運用於較少被探究的社會現象或議題，透過研究過程釐清社會現象及概念與概念間的關係（Corbin & Strauss, 2008）。

2. 運用理論抽樣

扎根理論分析主要是運用「理論抽樣」，並透過開放譯碼過程，直到發現理論，且理論概念達到「飽和」（saturation）程度，此時研究者就可以停止收集資料。所謂「理論飽和」（theoretical saturation）是指在進行開放譯碼程序，研究焦點逐漸清晰，且暫時的理論概念和類別也逐漸浮現，在後續資料分析過程，研究者逐漸聚焦在浮現的理論類別，尤其是與此理論類別有關的案例或變異的案例上，直至理論概念飽和為止。

讀者可能會對「理論飽和」與「概念飽和」（concept saturation）兩者感到疑惑。其實，兩者所指涉又略有不同，說明如下（鈕文英，2020；Ryan, 2014; Vaismoradi, Johes, Turunen, & Snelgrove, 2016）：

（1）概念飽和

指在資料分析過程，資料已呈現重疊現象，且各個資料類別的屬性與面向都已相當完整，再也沒有其他新的概念或不同的概念產生時，那麼就是概念飽和，此時研究者可以停止資料收集。

（2）理論飽和

指在資料分析過程，研究者只需要建立理論概念類別的關係，但不需要透過研究驗證這項關係是否存在，後續驗證則屬於量化研究的範疇，必須透過後續驗證，才能了解理論是否達到飽和程度（Charmaz, 2006; Vaismoradi et al., 2016）。

3. 系統性資料收集

指在扎根理論分析的資料來源，主要是以訪談為主，其他如觀察或非干擾性測量為輔，研究者必須系統性收集相關資料，再以這些資料進行系統性分析。

4. 系統性資料分析

指扎根理論分析的過程，必須依據歸納邏輯，反覆進行分析，所以扎根理論分析兼具分析與循環。這項系統性的資料分析過程，又稱為譯碼分析，研究者系統性運用開放譯碼（open coding）、主軸譯碼（axial coding），和選擇性譯碼（selective coding），反覆進行，並發展與建構探究現象的詮釋理論（Gordon-Finlayson, 2010; Vaismoradi et al., 2016）。

三、扎根理論分析之程序

在扎根理論分析的過程，研究者如何將資料進行概念化（conceptualization）的分析呢？通常，研究者可以運用譯碼登錄（coding）的技巧，逐步將概念發展成主軸概念的理論建構過程。質性研究資料的譯碼登錄是一件相當辛苦與瑣碎的工作，許多研究者都有面對堆積如山的資料，卻有苦思不得而入的困境；尤其對經驗不足的研究者而言，譯碼登錄工作，可能是研究過程中最困難的一個環節。基本上，譯碼登錄過程包括三個步驟：

步驟一：開放譯碼

當研究者對資料進行分析，第一個步驟就是開放譯碼（open coding），當研究者開始閱讀所收集之文本資料時，必須在文本中找出關鍵字、關鍵事件或主題，並在旁邊加以標記。如果文本資料分析是在沒有電腦軟體輔助下進行，那麼研究者可以將概念在筆記的兩旁註明，並以不同顏色的筆凸顯。如果研究者是運用電腦軟體進行資料分析，那麼可以依據概念、主題與主軸等步驟，逐步有系統的在電腦中註記。不過，這些譯碼過程所建立的符碼，其實是一種暫時性的概念，具有彈性調整的空間。至於開放譯碼的分析單元是一句話、一段文字、幾個段落，或一頁呢？則視研究問題與資料本身的豐富性而定。

Neuman（1997）認為有五種譯碼登錄的方法，可以幫助研究者進行開放譯碼工作的進行：

1. 連續逼近法

研究者可以透過連續反覆資料的分析過程，讓概念逐步由模糊轉為清晰。

2. 彰顯法

將先前的理論視為是一個空殼子，研究者是透過資料分析的過程，逐步運用資料將這個空殼子填滿。

3. 主題分析法

研究者可以由某一特定主題開始發展，逐步將與研究主題有關的資料與概念，分門別類納入每個主題之下。

4. 分析性比較法

研究者運用辯證方法，對相關資料進行比較對照分析，作為發展概念的基礎。

5. 理想型分析法

研究者運用對比與類比情境分析法，將資料進行類比與對比分析。

步驟二：主軸譯碼

基本上，開放譯碼著重於資料本身的分析；然而，主軸譯碼（axial coding）著重於綜合歸納或比較不同資料之間的符碼，企圖在資料中建構出主軸概念。換句話說，主軸譯碼是幫助研究者在概念或主題間，找出共通或相異之處，讓研究者能更深層次的檢視概念與概念之間的關聯性。

步驟三：選擇性譯碼

資料分析的最後一個階段稱之為選擇性譯碼（selective coding），當研究者都已經收集完所有資料，並對資料進行分析之後，研究者開始選擇可以彰顯研究主題的主軸概念，作為研究問題詮釋的根據。

參 敘事分析

在三種研究方法中，以敘事分析最常被誤解，以為研究者運用訪談法收集資料，就是敘事分析。事實上，對敘事分析的認識，必須回歸認識論的層次，方能理解敘事分析運用在質性研究過程的價值。基本上，當研究者以一個人或一群人為研究對象，透過敘述生命／生活故事（life story）方式累積文本，並將這些生活故事或對話文本加以分析，強調研究過程聽到的故事、說辭或對話，不只是傳達或反映社會實在（social reality）的媒介，也是研究對象有自主意識的意義建構與權力展現的行動，這就是「敘事分析」（narrative analysis, NA）（蔡敏玲、余曉雯譯，2000/2003）。在此，我們將介紹敘事分析的源起、意義與特性，以及運用程序。

一、敘事分析的源起

敘事分析的源起，可以追溯到二十世紀初，人類學者在新幾內亞群島探究少數族群的文化經驗，到了 1920 年代至 1930 年代美國社會學家開始將這種研究方法運用於芝加哥地區，對於移民、都市貧窮、犯罪議題的探究。不過，1930 年代以後，行為與社會科學領域研究受到量化研究追求社會實在「通則」的影響，轉移到以發展抽象理論的趨勢，導致這些以探究生命經驗的研究，被誤以為是在 「說故事」而已，不具備學術性或科學性的價值而沉寂。

1960 年代，受到法國結構主義文學理論的影響，行為與社會科學研究開始注意到透過敘事的特殊結構產生的影響與效應，影響了心理學領域的研究，開始探究人類經驗本質與結構，強調人類經驗的結構其實就是敘事的形式（Sarbin, 1986；引自吳芝儀，2005）。1980 年代後，受到後現代理論思潮影響，強調差異、多元、去中心的價值逐漸融入生命經驗的研究，敘事分析再次受到社會學、性別、文化、心理學領域的關注（范信賢，2013）。後來，更受到後結構主義、女性主義、批判理論思潮的影響，讓敘事分析不再只是關注敘事結構，更深入敘事表述不同層面，透過敘事來了解作者、敘事者和不同聽眾的修辭之轉換，對敘事分析的形式和功能也提出不少嶄新觀點，讓原本的敘事結構分析之外，增添新的詮釋可能（Herman, 1992；引自吳芝儀，2005，頁 154）。

起初，在行為與社會科學相關領域，敘事分析被運用於助人工作，如社會工作或心理諮商運用在會談、諮商輔導或治療過程，後來才逐漸發展為一種研究取向（鈕文英，2020，頁 459-460）。Pinnegar 與 Daynes（2007）指出，敘事分析受到行為與社會科學研究者的重視，顯現社會科學研究的轉向，而廣泛被運用於不同社會議題的探討過程，也逐漸取得在行為與社會科學研究的學術地位；另外，這種轉向又展現四種含義，包括：（1）研究者和被研究者關係的改變；（2）研究資料從使用數字轉向使用語詞；（3）研究焦點從一般及普遍性轉向地域及殊異性；及（4）另類的認識論被接受（引自范信賢，2013）。

二、敘事分析的意義與特性

從敘事分析的源起，讀者對於敘事分析應該有些概括性認識。接下來說明什麼是「敘事分析」及其特性。

（一）敘事分析之意義

何謂「敘事分析」（narrative analysis, NA）？就字面意義而言，「敘事」（narrative）就是一種言談（discourse）。通常，言談形式可分為散文（prosaic）或故事（story）敘事。散文性敘事，通常是指簡短回答、數字或描述；而故事性敘事，則是指敘事本身具有行動的時間序列及其情境脈絡，當我們將這些事件整合於某個時間脈絡下，就稱之為「敘事」（Polkinghorne, 1995；引自范信賢，2013）。

彙整國外學者對於「敘事」的定義，可以歸納為下列三種類型（吳芝儀，2005，頁 145-188）：

1. 敘事即故事

敘事是一組依時間先後排序的，有組織、有統整性的事件。例如，當人們在說故事時，都會依照時間先後順序，敘說發生的事件，這就是敘事。

2. 敘事即基模

敘事經常會包括描述性與解釋性的內容，輔助敘事未必會以時間先後序列展現。

3. 敘事即建構歷程

當人們透過敘說時，其實也就是在建構與轉化自我認知，通常敘事展現個人特質，敘說者也會藉由敘事過程統合多元化自我，並在後續行動中展演這些被自我強化的個人特質。

當研究者透過「敘事」方式，探究社會現象、經驗、事件或行動的意義，並以敘事素材作為研究資料分析的材料時，研究者就是透過敘說內容，來理解敘事者的生命經驗或行動意義，稱之為「敘事分析」。當研究者運用敘事分析於研究過程時，無論在收集資料或資料分析時，都應該聚焦在敘事的時間、行動或事件的「連續性」與「關聯性」，剖析敘事者如何選取這些敘說的經驗或事件，如何將敘說的事件的時間次序排列，及與事件或行動的情境脈絡關聯性串連。因此，「敘事分析」必須建立在研究者和參與者相互信任的合作基礎，在這種氣氛下，敘事者可以安心地敘說自己的經驗與看法，透過敘事過程，展現自我生命經驗，並透過敘事與再敘事過程，對於過往的生命與生活經驗產生新的理解，進而產生自我增能的效應，所以有些學者也將敘事分析定位為批判論研究取向（鈕文英，2020）。

所謂「敘事分析」，就是指研究者透過一個人或一群人敘述生命／生活故事累積文本，將這些生活故事和對話的敘事文本進行剖（分）析。但是敘事分析主張，這些敘事的故事、說辭或對話，不僅傳達或反映社會實在，在敘說過程敘說者本身具有自主意識，選擇哪些說、哪些不說，及如何組合敘說次序與內容，這些都展現在敘事過程的自主表達行動，所以敘事分析也是一種權力展現的行動。那麼敘事分析的研究者，在資料收集與分析過程，不僅要能聽到表層的意義，也更要深入理解背後隱含的意義（蔡敏玲，2004）。

簡單的說，敘事分析是一種經驗研究。敘事分析的價值，在於強調每個個體本身就是一則故事，透過故事敘事，讓參與者得以展現「他是誰」，而不是告訴參與者「他是誰」（Simmons, 2006；引自鈕文英，2019，頁 414）。在運用敘事分析時，研究者必須先放下成見，聆聽參與者是如何敘說自己的故事，而在分析敘說的文本資料時，研究者必須剖析參與者是如何和這些敘說的故事周旋，發展出這樣的敘事脈絡。研究者可以透過下列三個層面的剖析，勾勒敘說者是如何和敘事故事周旋（Clandinin & Connelly, 2000；引自范信賢，2013）：

1. 互動——個人與社會、內在與外在的交互作用。
2. 時間——過去、現在與未來的連續性。
3. 情境——在地情境的地域性。

綜合上述，我們將「敘事分析」定義為研究者透過一個人或一群人敘說生命／生活故事累積文本，並對這些敘事文本進行分析。敘事分析是一種經驗研究，所以研究者在分析過程，必須將這些故事擺置在參與者的生活情境脈絡中理解，除了表面故事之外，也要深入探討敘事者選擇這種形式組合自我經驗的主體意義。由於敘事分析是透過說故事形式展現，且需要回歸到參與者的社會文化脈絡；因此，對於故事的展現，必須善用「隱喻」（metaphor），而對於隱喻的運用與理解，必須回歸到不同社會文化脈絡，因為所有的行動、事件或經驗都不是獨立於社會文化脈絡之外，所以研究者也需要對社會文化脈絡的建構意象的隱喻有所透析（蔡敏玲，2004）。

（二）敘事分析之特性

綜合上述有關敘事分析之定義，我們可以歸納出敘事分析具有下列幾種特性：

1. 重視透過敘事理解經驗

人類是透過對零碎的生活經驗的組織，形成整體、連貫的故事，再透過故事來建構自我認知，並透過敘事過程重新賦予這些生命經驗、事件或行動意義；每個人都會透過每日敘事、自傳式敘事、傳記式敘事、文化敘事或集體敘事的形式，了解自我的生活或生命經驗（Richardson, 1995；引自鈕文英，2020，頁 468）。

2. 重視敘事時間的連續性及情境脈絡的關聯性

和其他質性研究方法最大不同，在於敘事分析關注事件發生的「時間序列」和「情境關聯性」（Polkinghorne, 1995；引自吳芝儀譯，2002/2008）。從現象學的觀點，每個人對於現象、經驗或事件的理解，都會受到時間的影響，隨著時間進展而產生不同體驗，對於事件的定義往往交錯在過去、現在和未來時間軸線中，賦予這些事件、經驗或行動意義。所謂「時間序列」，就是指敘事者如何挑選過去、現在到未來的事件發展過程，對於時間序列的組合，取決於敘事者對事件因果關係的認知；換句話說，敘事時間序列關係，不等於客觀的時間線性關係（Tamboukou et al., 2013；引自鈕文英，2020，頁 469）。「情境關聯性」，則是指任何事件的發生都不是憑空發生，都應有其社會文化或情境脈絡，而敘事者又如何選擇事件發生時，哪些情境相互關聯，其實都具有自我主體意識（Parse, 2001；引自鈕文英，2020，頁 470）。

3. 強調合作與增強權能

強調研究者和敘事者的合作，敘事過程透過分享故事和再敘事故事反覆過程，建構故事的樣貌（Connelly & Clandinin, 1990；引自鈕文英，2020，頁 470）。敘事分析的合作隱含研究過程，敘事具有雙重意義：（1）敘事者的敘事；（2）研究者和敘事者的現場經驗（Craig, Pepler, & Atlas, 2000）。敘事分析強調的合作關係，也讓敘事者在敘事分析過程得到權能增加的效能，對於敘事者的權能增加展現，在讓敘事者自己決定敘事的主題、敘事內容、表達方式，和敘事過程對事件的重建與再詮釋。

Denzin（1989）也指出，敘事分析具有幾項特性（引自吳芝儀，2005，頁 160-161）：

1. 以詮釋性研究問題為主軸

敘事分析的探究議題著重在「如何」的問題，而非「為什麼」的問題。

2. 分析現象隱含的意義

針對敘事的現象、事件、經驗或行動，在特定文化脈絡中的意涵，並反思這些意涵的價值。

3. 捕捉現象

敘事分析運用過程，研究者可以透過訪談札記，反省與檢討訪談過程對於探究現象的理解與意義的捕捉。

4. 放入括弧

敘事分析受到現象學的影響，當研究者在閱讀與理解文本時，應掌握敘事者敘說故事的文化與情境脈絡，統整這些現象之間存在的結構關係。

5. 建構

以數個核心主題作為文本分析架構，初步拆解故事要素，再以不同發展階段為單位，貫穿時空、人物脈絡，透過現象之間的關聯，重組故事。

6. 脈絡化

把探究的現象放回社會世界中討論，透過各種現象組成的要素，進行重置與排列，逐漸形成脈絡化敘事文本。

三、敘事分析的程序與分析

接著我們將說明研究者如何運用敘事分析於質性研究的程序，以及當運用敘事分析時，研究者又如何對敘事資料進行分析。

（一）敘事分析運用之程序

當研究者選擇以敘事分析來進行質性研究議題之探究時，研究過程至少應包括四個階段，參見圖 15-1（鈕文英，2020，頁 481）：

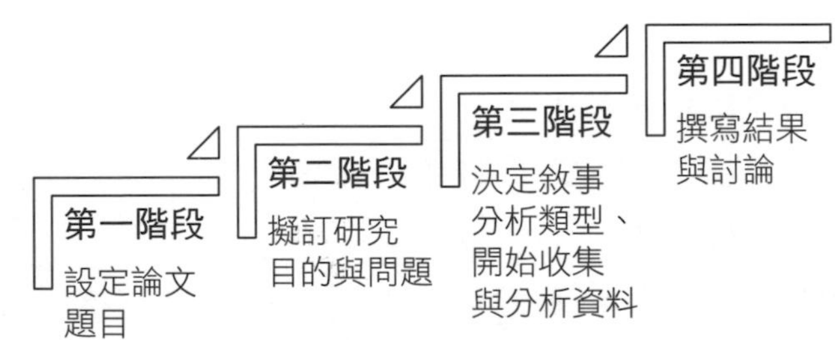

圖 15-1　敘事分析運用的程序

1. 第一階段

設定論文題目。

2. 第二階段

擬訂研究目的與問題。

3. 第三階段

決定敘事分析類型、開始收集與分析資料。

4. 第四階段

撰寫結果與討論。

（二）敘事分析之資料

在進行敘事分析時，研究者主要是針對敘事者的經驗進行分析。通常經驗的表徵，又分為五種層次（Riessman, 1993；引自吳芝儀，2005，頁 161-162）：

1. 專注於經驗

受訪者需有意識地反思、記憶、觀察，找出經驗的特殊意象或片段。

2. 敘說經驗

受訪者以所有可能的表述形式，將事件發生的場域、人物、情節，以聆聽者可理解的方式重新組織事件。

3. 謄寫經驗

將訪談錄音謄寫為文本，以文本作為經驗的表徵；謄寫逐字稿本身是一個詮釋的歷程，不同的謄寫方式會反映謄寫者的意識型態立場，創造出不同的意象。

4. 分析經驗

不同的分析焦點，如敘事的形式、情節組織、表徵風格、生活片段或轉捩點（主顯節），會創造出對訪談敘事文本的不同詮釋。

5. 閱讀經驗

接受其他讀者的評論，允許讀者有不同觀點的閱讀，以建構出對其有意義的理解和詮釋。

Murray（2000）從社會建構論觀點，提出敘事分析之資料，可以透過下列四個層次（引自吳芝儀，2005，頁 166）：

1. 個人層次

敘事被視為敘事者生活經驗的表達。

2. 人際層次

敘事是由敘事者和傾聽者的對話中共同創造出來的。

3. 位置層次

考量敘事者和傾聽者兩人在社會位置上的差異。

4. 社會層次

考量社會所共享的故事，多具有特定社群或社會的表徵。

（三）敘事分析之類別

研究者如何針對敘事資料進行分析呢？基本上，敘事分析可分為下列三種類別（Mishler, 1995；引自吳芝儀，2005，頁 164-165）：

1. 參照和時間秩序

重視敘事論述中真實事件及其敘說秩序之間的關係。

2. 文本內聚性和結構

關注語言在敘事中的使用及語言之文法結構，了解故事的結構及其內聚性（cohesion）。

3. 敘事功能

關注故事所發揮的功能及其所能達成的目的、故事產製的場域及故事所發生的效果。

除此之外，Lieblich 等人（1998）整合內容與形式，並透過整體和類別的觀點，將敘事分析之資料，分為下列幾種類型（參見表 15-1）（引自鈕文英，2017，頁 440-446）：

表 15-1 敘事資料分析之類型

	整體	類別
內容	以數個主題形成整體印象。	將故事段落依其意義概念或主題加以分析和歸納。
形式	以敘事的類型、進展及內聚性表現敘事的歷程脈絡。	檢驗認知功能和情緒表達。

1. 整體—內容的分析

內容是指敘事的內容，包括外顯和內隱兩部分。外顯內容是指發生什麼事、為什麼發生，及什麼人參與等；內隱內容則是指敘事背後隱含的意義，又展現參與者什麼樣的特質或動機，運用何種符碼或隱喻表示這些意義等。主要是從整體角度切入，但個別分析每一位參與者的敘事內容，且不再切割，即便分析時擷取敘事，也是放在整個故事的敘事脈絡中。

2. 整體—形式分析

形式是指敘事的形式，包括：情節結構、事件順序、事件的時間軸關係、敘事的複雜性與連貫性、感受、風格、譬喻或字詞選擇等，這些都顯示參與者較深層的自我。情節的結構包括上揚、下滑、穩定、波動、跌落或再出發等。在敘事時，可以依據時間次序排列分析，或依文本連貫性和結構分析，或依敘事功能分析。主要是從整體的角度，檢視參與者對於敘事的形式，不做分割處理，而是放在整體敘事的脈絡中分析。

3. 類別—內容分析

類別—內容分析是指檢視敘事的內容，將這些內容分析成不同類別。研究者可以透過：（1）選擇副文本：根據研究問題，選擇與研究問題相關部分，形成副文本；（2）定義內容類別：在副文本中，依據敘事分類為不同類別，並定義這些類別的意義；（3）將材料歸類在各個類別中：類別形成可以來自理論，或保持彈性開放態度，從閱讀文本中歸納而成；（4）從結果中形成結論：針對每個類別描述、詮釋和討論，最後形成探究現象的結論。

4. 類別─形式分析

指研究者檢視敘事的形式，並歸類為一種類別，所以分析重點在於敘事故事的形式。到底要採取何種敘事形式，就必須要考慮研究問題。

（四）敘事分析之步驟

在敘事分析的研究中，大都是運用「故事」形式，來展現對探究的現象、經驗、事件或行動的理解與詮釋，當研究者在分析文本資料時，需注意敘事者對於「時間序列」與「情境關聯」的運用，並善於運用存在該社會文化脈絡中的「隱喻」來詮釋這些探究的現象或事件。既然敘事分析是參與者透過敘事方式敘說自己的生活與生命經驗，那麼研究者就是透過「再敘事」，來詮釋探究的現象、經驗、事件與行動進行詮釋。

既然敘事分析大都以說「故事」展現，那麼對於故事的「情節」，就必須勾勒出「人」、「事」、「時」、「地」、「物」。

- 人（**Who**）：指探究的現象或事件中，涉及哪些人，哪些扮演主角、哪些扮演配角。
- 事（**What**）：指探究的現象或事件是如何發生的，發生的事項與經驗為何。
- 時（**When**）：指探究的現象或事件何時發生，發生的先後次序為何。
- 地（**Where**）：指探究的現象或事件發生的情境脈絡為何。
- 物（**How**）：指探究的現象或事件是如何發生的，這些事件與事件或行動與行動之間的關聯性為何。

那麼當研究者將敘事分析運用於研究過程，將涉及下列幾個步驟（蔡敏玲，2001）：

1. 步驟一：走進故事的中心

當研究者置身於故事之中，讓自己交織在故事脈絡中，並融入對己身生活經驗的反思，凸顯故事的重要性。研究者進入現場中，必須不斷與參與者協商及再評估，尤其是對不斷改變的場景，保持開放與彈性態度。

2. 步驟二：從現場到現場文本

當研究者已身處故事情境脈絡中，必須在「全然涉入」與「保持距離」兩種情境中穿梭，同時也在「現場筆記」與「個人內在筆記」雙重現場文本中交錯。當詮釋敘事文本，建構詮釋的故事時，又必須讓「敘事的真實」與「敘事的相對性」兩種立場，都能站得住腳；甚至必須在三度空間穿梭，形成意義的連結。

3. 步驟三：建構現場文本

當研究者開始著手書寫時，書寫本身就是一種詮釋過程。當研究者在書寫現場文本時，同時也表達了研究者和參與者的關係。在敘事分析的書寫過程，含括三種類型：（1）以日記、信件作為現場文本；（2）以訪談作為現場文本；（3）以對話作為現場文本。

4. 步驟四：從現場文本到研究文本

在這個階段，研究者主要是透過經驗文本，建構探究現象、事件、經驗或行動的意義。在這個階段，研究者必須反思：（1）為什麼選擇敘事分析；（2）對什麼感到好奇（re-search）；（3）如何透過敘事展現研究者的觀點。

5. 步驟五：建構研究文本

最後階段，研究者不僅是對詮釋的現象、事件、經驗或行動給予（部分）命名，更需要嘗試尋找一種方式，足以傳達研究過程和參與者共同經歷的故事時，關注的聲音、命名、敘事形式和議題。

肆 論述分析

論述分析（discourse analysis, DA）也容易被誤解，以為凡是透過對話形式收集的資料，並對這些資料進行分析，就是論述分析。同樣的，對論述分析的認識，也必須回歸認識論的層次，才能理解論述分析的基本理念、價值與特性。雖然論述分析聚焦在「語言」的運用，但是論述分析不只是分析語言的使用而已，而是更深入分析論述存在的社會文化與歷史條件中的權力關係；換句話說，論述分析的目的是在檢視論述行程中，歷史和政治的運作，對社會或某些族群產生的影響（呂美慧，2008）。在本章最後一部分，我們將為大家介紹論述分析的源起、意義、特性及運用程序。

一、論述分析的源起

論述分析是一種跨領域、跨學科的研究取向，探究的對象是關於人與人如何透過語言（符號）互動，而這些帶有意識型態的語言文本（論述），如何展現在互動過程（陳聰賓，2020）。論述分析源起於語言學和符號學，又受到人文科學研究「語言學轉向」的影響，而逐漸嶄露頭角。到了二十世紀後期，對傳統語言學研究的批判，逐漸成為學術研究重要的方法取向。

由於論述分析是屬於跨學科的研究取向，無論是概念或運用，都會因為研究領域不同，在運用或詮釋上也略顯不同（Howarth, 2000；引自呂美慧，2008）。通常在介紹論述分析的源起與發展時，都會提及法國歷史學家 Michel Foucault（1926-1984）及他所提出的理論觀點──「知識／權力／主體」的互動關係，和側重橫向論述的斷裂研究法──「知識考古學」（genealogy），又稱為「系譜學」（呂美慧，2008；楊宇勛，1999）。關於「論述」，Foucault 認為，論述不該只是視為一種語言文本，而是形塑人們認同與行動意義的關鍵；因此，在進行論述分析時，必須回歸特定歷史時期的知識系統，關注論述本身依存的歷史條件、論述實踐產生的客體，及論述體系的知識／權力關係（陳聰賓，2020）。另外，Foucault 也質疑傳統歷史學縱向延續式研究法，強調歷史是「斷裂的」，著重歷史變遷性的探討，形成獨特的論述觀點和分析方法（呂美慧，2008；楊宇勛，1999）。

除了 Foucault，對於論述分析的源起和發展，也都會提及社會學者 Dorothy Smith（1926-2022）。Smith 保留了 Foucault 對於論述的部分概念，但也發展另類的論述分析──建制俗民誌（楊宇勛，1999）。Smith 和 Foucault 較相同的觀點包括：（1）論述具有互為文本性，並呈動態性演變；

（2）論述須依賴物質性存在，才得以傳播；（3）論述具有區分和排除的權力作用，造成非論述實務和主體的客體化；（4）權力行使時，知識成為權力的技術，其中主體為知識主體，亦為求知主體（呂美慧，2008）。但兩人對於論述分析的取材和運用的立場，略有不同。Foucault 提出「知識考古學」，強調論述分析是一種歷史分析，研究取材來自邊緣化檔案，以論述的事件為研究主軸，力圖對論述、論述實務與非論述實務做深度的挖掘和探討。Smith 的論述分析採取社會學分析策略，研究取材來自人類經驗知識，運用文本分析和社會關係的概念，展現社會組織的統治關係圖像。換句話說，Smith 並非如 Foucault，將論述分析視為理論性的探究，而是俗民誌探索（呂美慧，2008；倪炎元，2012）。

除此之外，後結構主義學者 E. Laclau 與 C. Mouffe 對「論述」提出不同定義，強調論述本身是構成象徵系統和社會秩序的核心，在運用「論述分析」時，需進一步檢視論述形構的歷史和政治運作，所以在研究過程必須要檢視社會與政治現象，並針對這些現象提出深刻的說明與批判（黃月美，2004）。另外，批判語言學強調，論述分析是在組織中的語言使用，語言使用必然隱含社會意義，論述的意義，就在文本相互作用下產生，又稱為「互為文本性」（陳聰賓，2020）。

二、論述分析的意義與特性

從上述論述分析的源起與發展，我們對論述分析有了概括性認識。接下來說明什麼是「論述分析」及其特性。

（一）論述分析之意義

何謂「論述分析」（discourse analysis, DA）？就字面意義而言，「論述」（discourse）一詞，必然和語言的運用有高度關聯；所以「論述分析」就是指，研究者對於社會現象、事件或行動的探究與分析，都須聚焦在語言文本攜帶的訊息、形式及其意義（Watson & Hill, 1995；引自倪炎元，

2012）。

「論述分析」的基本假定，論述中隱含權力關係，透過支持、增加、重現、合法化、否定、弱化或隱藏，對他者產生權力宰制，形塑社會不平等（van Dijk, 1993；引自陳聰賓，2020，頁 20）。因此，論述分析探究的議題，都會聚焦在語言文本，如何連結論述、權力、知識、支配和社會不平，研究目的就是在找到這些扮演再製形式之角色結構、策略和文本特性（陳聰賓，2020）。

既然論述分析是以語言文本作為研究的基礎，那麼對於語言就應有下列的認識（Potter & Wetherell, 1987；引自陳聰賓，2020）：

1. 語言使用具有多種功能，且產生不同影響。
2. 語言本身是被建構的，但是語言本身也具有建構性。
3. 對於同一現象、事件或行動，都可能以不同語言描述展現。
4. 對同一現象的詮釋，往往也有不同版本的說明。
5. 沒有所謂的正確方式可以處理這些不同版本的詮釋。
6. 研究核心是語言本身具有建構性和彈性的使用。

從論述分析的觀點，「語言」不是中性、一目了然的溝通工具，語言具有表演（performative）和功能（functional）的性質。不管是何種論述分析取向，都關注在某些特定情境下，語言如何被使用。所謂「情境」可以局限於對話中某個時間點，也可以延伸為一個特定的歷史脈絡；換句話說，論述分析關注語言如何在特定情境或歷史脈絡中被使用，而研究者選擇以某種方式來描述這些事件的樣貌、身分或意義，而非使用其他方式來描述。

（二）論述分析之特性

從上述關於論述分析的源起與發展，大致可將論述分析歸納出下列幾項特性：

1. 對日常生活經驗中視為理所當然的知識，採取批判與質疑立場。

2. 採取相對論觀點，重視社會文化脈絡。
3. 強調知識是社會發展過程建構而成，而非自然形成。
4. 知識的產生必須連結過程、行動和行動者，才具有意義。

除此之外，我們也可從論述分析定義的說明中，將論述分析歸納出下列幾種特性：

1. 論述是由特定的社會體制所生產出來的語言陳述，意識型態透過這些語言陳述散播流傳，所以意義不只是被賦予，也在制度性運作下建構。
2. 論述具有社會實踐的目的，而論述實踐（discursive practice）闡明了知識與權力，如何在社會的微視與鉅觀層次交互運作。所謂「論述實踐」重視受訪者的自我意識與主體經驗；例如，某個人或某個團體認為不公平而提出某些主張，但當被告知時，受訪者又可能會用好、壞來評斷談話，並修正自己的說法，此時就形成倫理議題。
3. 論述的基礎是語言，但語言資料並不一定來自訪談，也可以來自社群媒體、線上（online）、電視節目、收音機廣播、報紙或其他媒介；對於訪談文本的運用，不 定是用來了解經驗或態度，也可能是用來了解受訪者的自我意識與主體。

R. Wodak（2001）則將論述分析的特性，歸納出下列三項：

1. 具多樣性

人們普遍認為論述分析不能被理解為單一研究方法。

2. 提出理論與經驗斷裂的研究問題

論述分析所關注的社會議題的性質，與那些不能預先確定研究興趣的方法是不同的，且提出不同的研究問題。

3. 假設所有的話語都具有歷史性

既然所有話語都具有歷史性，研究者不僅要參考上下文來理解語文的意涵，更要回歸到語言文本的社會文化歷史情境脈絡中，來理解語言文本的背景，而這些背景包括社會心理、政治和意識型態的成分。

三、論述分析的運用與步驟

以下將說明研究者如何運用論述分析於質性研究過程，及運用時進行資料分析的步驟。

（一）論述分析之運用

論述分析（特別是批判論述分析）被視為是一種社會實踐的形式，那麼論述與論述形成背景，必然都是在特定事件、情境、體制、社會結構存在著相互辯證關係。論述本身不僅會受到這些形成背景的制約，也對社會結構背景產生建構的作用（彭琬芸，2020，頁 22）。因此，研究者在運用論述分析時，必須將論述角色區分為「行動者」或「反應者」兩種角色。

所謂「行動者」是指事件發起者，而「反應者」則是指文本中出現對行動者有反應的人（黃靖惠，2011）。當研究者在進行論述分析時，應找出「行動者」與「反應者」在論述文本中的角色地位，方能有助於辨識隱藏在文本的意識型態（周月英，1991）。除此之外，研究者也可進一步分析行動者在文本句子中，到底是以主動形式出現或以被動形式出現，這些都是論述分析觀察的重點。例如，在新聞事件報導中的關鍵人物，若以被動句型呈現時，主動性與責任歸屬往往都會被弱化，展現了報導者對該人物的態度（彭琬芸，2020，頁 24）。

（二）論述分析之步驟

研究者在運用論述分析時，應分成哪些步驟？Habermas 將論述分析分為七個步驟（引自 Wall, Stahl, & Salam, 2015, p. 265）：

1. 步驟一：識別問題。
2. 步驟二：指定文獻。
3. 步驟三：開發有效性聲明代碼。
4. 步驟四：分析內容和譯碼。

5. 步驟五：閱讀和解釋。
6. 步驟六：解釋發現。
7. 步驟七：批判性反思。

但是論述分析的運用並非線性，其中，步驟三、四和五有可能重疊。在步驟三中，研究者根據研究目的制訂初始譯碼模板，當在步驟四和步驟五，進行譯碼和閱讀文本時，可能出現新的代碼；此時，研究者需要返回步驟三，獲得開發新的代碼的可能。

伍 結論

在本章中，透過對扎根理論分析、敘事分析和論述分析等三種研究方法的源起背景、定義、特性，及運用步驟的介紹，讓讀者理解對於這三種研究方法的認識與運用，必須回歸方法論的層次。從本章的介紹，雖然我們了解這三種研究方法可以被歸類在廣義的建構論取向，但這三種研究方法運用於質性研究過程，卻存有差異。扎根理論分析與其他二者最大的差異，在於扎根理論分析是建立在系統性資料收集與資料分析的基礎，而研究目的是在發現或建構（暫時性）理論，無論敘事或論述分析，都不是以發現或建構理論為目的。雖然敘事分析與論述分析都重視語言文本，但是敘事分析對於文本再現，主要是透過故事脈絡的詮釋；而論述分析對於文本再現，則是透過語言文本的行動者與回應者，及對語言文本的時間序列與歷史脈絡的剖析為主。因此，研究者在選擇這三種研究方法時，仍須了解研究問題與研究目的是否適合運用這些研究方法。

Chapter 16 質性研究之資料分析

質性研究過程所收集到的資料，依其形式與性質，可分為文本與非文本兩大類。如何將這些在研究過程所收集到的文本與非文本資料加以整理，發展出對研究現象或行動有意義的詮釋，對研究者來說都是一項考驗。從事質性研究工作者，經常會有面對龐雜資料，卻不知如何著手進行分析的窘境；即使是具有豐富的質性研究經驗者，在資料分析階段也很難輕鬆以對。基本上，質性研究資料分析是運用歸納方法進行概念建構與發展詮釋，但是資料分析過程，也會因為研究者採取的方法論不同而有別。因此，在這一章中，筆者要為大家介紹質性研究的資料管理，及聚焦在建構典範的扎根理論與主題分析。首先，說明何謂質性研究之資料及資料管理；接著，說明質性研究資料分析之模式與類型，以及策略與運用；最後，說明扎根理論與主題分析及其運用，並介紹目前經常被運用於輔助質性資料分析之電腦套裝軟體及其運用。

壹、質性資料與資料管理

在討論質性研究資料分析之前，讓我們先來了解一下，什麼是質性研究之資料？其形式如何？研究者透過何種媒介收集到這些資料？再進一步說明，研究者如何對這些資料進行系統化的管理與分析。

一、質性資料

對質性研究者而言，研究就是探究人類日常生活社會世界（social world）的過程，而人類的社會世界則是由不斷的互動與溝通所建構而成。通常，透過質性研究所收集到的資料，大都可以依其形式區分為文本與非文本資料兩種形式。所謂「文本資料」（textual material）是指研究者透過訪談、觀察或文件檔案，所收集到的資料或記錄；而「非文本資料」則是指研究者透過研究過程，所收集到的聲音或影像資料（sound and image materials）。

當然，我們可以進一步根據質性資料取得的方式區分為二：正式與非正式溝通過程所收集之資料。所謂「正式溝通」（formal communication）是指溝通的形式是以正式的形式呈現，而溝通者則需要具備有特殊之技巧、知識與能力，如：報紙專欄、廣告圖或樂譜等。「非正式溝通」（informal communication）則是指研究資料來源，是研究者透過談話、畫圖或唱歌等過程，所收集到的資料。雖然，非正式資料收集的規則並不那麼明確，但並不表示規則是不存在的，或是研究者所收集的資料，是比較偏重在日常生活中的黑暗面或隱而不見的世界。

如果我們將資料來源與資料形式進行交叉分析，則可以進一步發現質性資料本身是相當多元與複雜的，很難用單一的規則加以區分（參見圖 16-1）。

二、質性資料管理

任何行為與社會科學研究，在研究過程都需要經歷幾個步驟，包括：確定研究設計的原則、擬定資料收集的方法、訂定資料分析的步驟，以及釐清知識建構的興趣（Bauer & Gaskell, 2000）。當研究者已經擬定好了資料收集的方法之後，就必須開始著手進行資料收集的工作。對質性研究者而言，資料的收集與分析往往是同步進行的，為了要使研究資料之保管與分析能達到最有效整合，研究者必須在資料收集之前，就擬定好資料管理的原則，才能對研究資料做有系統的建檔與管理（張英陣校閱，1998/2000）。

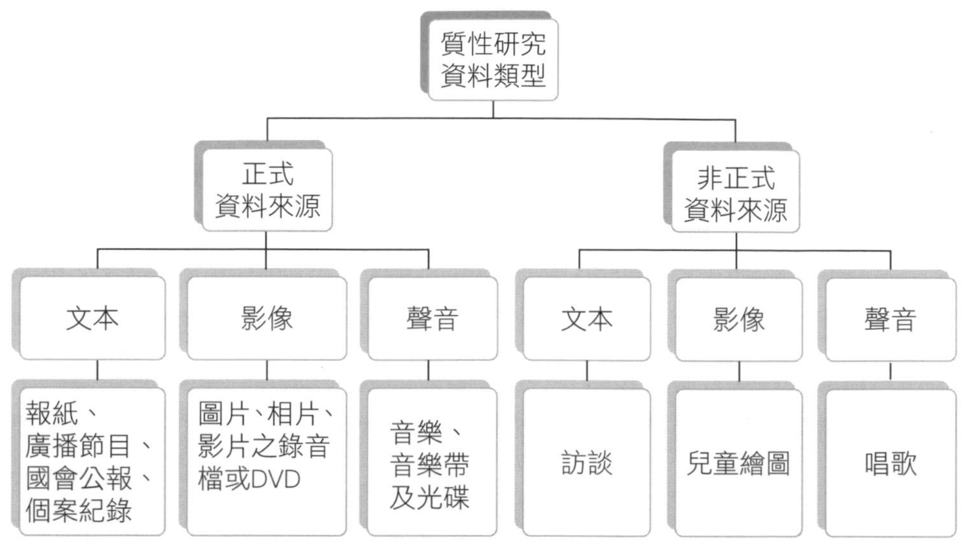

圖 16-1 質性資料素材之類型

什麼是「資料管理」（data management）呢？Huberman 與 Miles（1994）認為「資料管理」就是研究者對於研究過程所收集的資料，無論是從資料的儲存，或到資料的取用過程，都能夠發展出一致性的、系統性的邏輯，並根據此一原則循序漸進，進行質性資料分析。對於質性研究者而言，資料管理往往具有下列幾項功能：

1. 確保研究者在整個資料收集的過程，都能收集到較高品質的資料。
2. 保證資料分析是建立在公平原則。
3. 透過系統化的邏輯管理過程，確保資料分析與意義詮釋之間是完整的。

基本上，透過質性研究方法所收集的原始資料，研究者是無法馬上用來進行分析的；這些原始資料必須要經過適當的處理之後，才能作為資料分析。舉例來說，研究者運用參與觀察法，在搖頭 PUB 中對青少年的行為與人際互動，進行田野資料的收集工作；然而，在田野中所記錄的筆記通常是較為雜亂，往往只有研究者才能夠判讀其意義。因此，研究者必須有組織、有系統的，將這些觀察過程所收集的筆記做系統性整理與建檔（如所有的田野記錄都需清楚記載日期、時間與地點），方便研究者日後進行資料分析。

由於質性資料的收集工作需要花費許多時間，而且所收集的資料形式往往都是複雜且多元；所以，研究者在資料收集之前，最好就能發展出一套簡單明瞭、合乎邏輯的資料管理原則，方便研究者對研究過程所收集的資料，分門別類儲存、管理與取用。換句話說，資料管理不只是指研究者如何儲存（storage）資料而已，同時也是指研究者如何取用（retrieval）資料。如果在資料收集之前，研究者並未發展出資料組織與管理的模式，那麼在資料收集過程，可能會錯誤百出，如此不僅會影響研究資料的品質，同時也會進一步影響研究結果。所以對質性研究者而言，資料管理是研究過程一個相當重要的環節。

舉例來說，筆者在一項由國科會提供經費補助的研究中（研究主題為：「身體政策下的性別政治——女性主義的觀點」），運用女性主義的觀點深入探討，1990 年代的台灣社會對於婚姻暴力現象的認知與看法。在這一項研究中，主要的資料來源包括：報紙、立法院公報，以及公私部門社會工作人員之訪談錄音帶。在研究之初，筆者先規劃一套組織這三種資料的方式，以便於資料之整理與分析。對於報紙與立法院公報，主要是以時間序列方式，作為資料分類管理的基準，將資料依照日期順序與資料來源，分別鍵入電腦中，方便研究者隨時查閱資料內容。訪談錄音帶則是以訪談對象之區域與訪談日期，交叉整理作為分類基準，每份完成的錄音帶備註研究計畫案編號、訪談日期、受訪者編號、訪談者，與訪問地點等資料。並於電腦中編列受訪者名冊，逐一記錄訪談與受訪者、訪談日期與時間、訪談地點及編號等。最後，將訪談所收集之錄音帶，逐一轉譯成文本資料，並依照受訪者之區域與編號，依序儲存在硬碟與磁片中，並印出文本資料放置在資料夾中。

目前對於質性研究資料的管理，相關的討論相當少。大多數的研究者都將資料分析與資料管理，視為是同一件事；事實上，兩者雖是研究的一體兩面，指涉的卻是不同事情。Werner 與 Schoepfle（1987）指出：質性研究資料管理系統的建構，必須是在資料收集開始之前就已完成，在這套管理系統中必須包含清楚的索引，經由索引能進一步幫助研究者有效的區分田野記錄

（field notes）、逐字稿（transcriptions）、文件檔案（documents），和研究者所詮釋或分析的資料。

那麼，資料管理對質性研究究竟具有哪些功能呢？Levine（1985）認為資料管理的功能有下列幾種：

（一）格式化（formatting）

質性資料可以透過一定的系統結構或形式來呈現。

（二）互轉（cross-referral）

不同資料或不同來源的資料之間可以相互連結。

（三）索引（indexing）

對譯碼提供明確的定義，並將這些資料組成系統的譯碼結構。

（四）萃取（abstracting）

可以將龐雜的資料，依據研究目的濃縮成摘要的形式。

（五）附加頁碼（pagination）

對於資料收集過程所獲得的資料，可以阿拉伯數字與特定字母進行頁碼編列。

貳 質性資料分析之意義與特質

從事質性研究工作者大都知道資料分析對質性研究的重要性，但什麼是「質性資料分析」（qualitative data analysis, QDA）呢？在此，讓我們進一步來了解資料分析之意義；然後，再進一步歸納質性研究之資料分析的特性。

一、質性資料分析之意義

對質性研究者而言，資料分析所代表的不只是研究過程的一個步驟而已，同時它必須要與研究典範密切配合。質性資料分析只是一個簡單的通稱而已，研究者往往因為採取的研究典範不同，對資料分析策略的選擇也會有很大的差異。

什麼是「質性資料分析」呢？無論採取何種研究典範類型，質性資料的分析都是運用歸納方法分析資料，資料分析過程由下列三個要素組成（參見圖 16-2）：

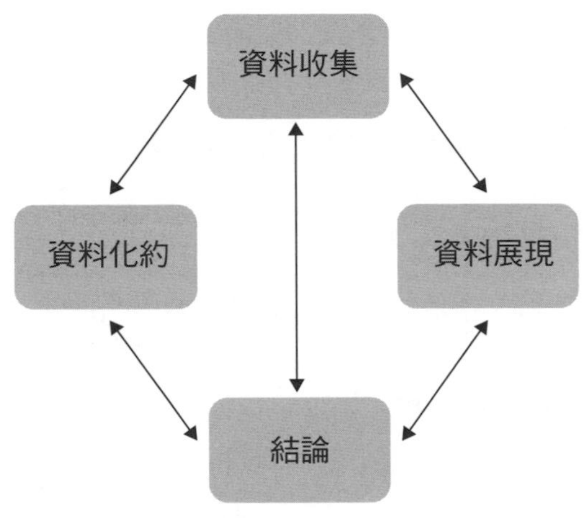

圖 16-2　質性資料分析之要素

（一）資料化約

資料化約（data reduction）是指研究者根據一個明確的概念架構，將資料進行有系統的簡化過程。

（二）資料展現

當研究者根據一定的概念架構，對資料進行化約工作之後，接著必須進一步思考如何展現或是透過何種形式來展現資料。資料展現（data display）就是指研究者如何將簡化的資料，透過有系統的組織方式賦予資料意義，並透過適當方式展現。

（三）結論

最後再綜合理論概念、研究目的與問題，及研究資料分析結果，針對探討的現象或經驗，提供詮釋。

二、質性資料分析之特質

從上述對於質性資料分析的定義，可將質性研究資料分析歸納出下列幾項特性（陳向明，2002；黃瑞琴，1999）：

（一）強調運用歸納法對資料進行分析

質性研究不重視量化資料，所以在資料分析過程比較重視資料本身的變異性。通常，研究者在研究初期可以根據特定事實或現象，發展出概略定義和解釋，再進一步將這些初步發展的定義和解釋運用到資料分析過程；當資料不適合初步發展的定義時，可以進一步修改定義和解釋。在資料分析過程，研究者必須不斷尋找反面例證（negative case），並分析探討及解釋反面例證的現象，直到建立普遍原則為止。

（二）資料收集與資料分析同步進行

質性研究之資料收集不是一種機械式的資料記錄過程，往往資料收集、分析與解釋三者是同時進行的。同時，研究者是根據非線性原則對這三者反覆進行分析，來來回回數次之後，才能確定資料之間是否有相互矛盾之處，概念之間是否已經達到飽和程度，研究者是否有必要進一步收集更多的資料。

（三）強調經驗證據與抽象概念相互融合

對於任何研究而言，理論的建構須有效地與經驗世界結合才有價值，因為理論目的是在產生經驗世界的分析架構；所以，研究者必須對研究現象具有高度的敏感力與感受度，才能發展出現象與現象之間的關聯。

（四）資料分析在於理論的建構

質性研究者是從參與者的觀點，來觀察日常生活中的社會世界，再透過開放譯碼過程對資料進行歸納，並發展出理論概念的建構。

（五）不重視數字或統計的資料

質性研究資料分析強調以情境、不精確、含糊，而接近原始的資料來呈現，不重視數字的價值與統計顯著度的意義。

三、與量化資料分析的異同

從上述的說明中，我們可以看出質性與量化研究兩者，在資料分析的過程有很大的差異。兩者最大的不同，在於量化研究的資料分析強調將變項概念化，資料分析架構在資料收集與分析前就已建構完成；而質性研究的資料分析卻是一種概念化過程，通常資料分析與資料收集同時進行，研究者一邊收集資料，也一邊同時進行資料概念化的過程。Neuman（1997）認為兩者有其相同與相異之處，相同之處包括：

1. 兩種資料分析形式都涉及推論。
2. 兩種都是透過公開程序來進行資料收集與分析。
3. 「比較」是兩種資料分析方式的核心步驟。
4. 在資料分析過程，研究者都盡可能避免誤差與錯誤推論。

兩者之間最大的差異有下列四點（引自朱柔若譯，1991/2000，頁785-788）：

1. 量化資料分析是在標準化程序中進行，而質性資料分析是在較少標準化程序中進行。
2. 量化資料分析是在資料收集之後才進行，但是質性資料分析卻是與資料收集同時進行。
3. 量化資料分析是檢定變項間之關係，而質性資料分析卻是一種將經驗證據與抽象概念融合的過程。
4. 量化資料分析是透過統計分析來檢定變項間之關係，而質性資料分析卻是以比較接近原始資料的方式，來呈現概念間之關係。

參 質性資料分析之模式與類型

質性研究之資料分析，其實是與研究者所運用的研究典範及個人風格，有著密切關聯。在此一部分，筆者將進一步說明目前經常被運用於質性研究的資料分析模式與類型。

一、質性資料分析之模式

Miller與Crabtree（1992）將質性資料分析策略依據主觀—客觀、標準化—直覺，及實證—詮釋等向度，區分為：類統計化分析、樣板式分析法、編輯式分析法，及融入／結晶式分析法等四大類型。

（一）類統計化分析

「類統計化分析」（quasi-statistical analysis）的典型代表就是內容分析法（content analysis）。內容分析法主要是根據一定的譯碼手冊（coding book），將資料中之文本，依據「字」或「句子」進行分類整理；然後，再運用簡單的統計方式對資料進行分析。在所有的文本分析方法中，內容分析法是唯一被發展為實證資料分析的方法；內容分析的運用是將文本中某些特質，運用數字描述的方式加以呈現。由於內容分析是將文本資料轉化為簡單的數字描述，所以近年來，已逐漸為質性研究者所揚棄（Bauer & Gaskell, 2000）。

（二）樣板式分析法

「樣板式分析法」（template analytic technique）主要是運用分析大綱，作為分析文本資料的依據。與上述內容分析法的譯碼手冊相較，分析大綱是屬於一種比較開放性的譯碼。當研究者在進行文本資料分析時，往往會因為實際需要而不斷來回修正分析大綱。基本上，樣板式分析法的分析大綱是在資料收集之前就已確定的，或透過一至二次文本資料閱讀，形成分析大綱；研究者再根據分析大綱，進行資料分析，將所有的文本套入此一分析架構；最後根據分析發現的主題、模式及相互關係，作為詮釋的基礎，如主題分析法（thematic analysis）（Fereday & Muir-Cochrance, 2006; Vaismoradi et al., 2016）。

（三）編輯式分析法

「編輯式分析法」（editing style）強調主觀／詮釋的分析，研究者可以像編輯者的角色一樣，對文本資料進行編輯、剪裁、再重組，直到找出類別之間的關聯和意義，並對資料加以詮釋。基本上，編輯式分析法比較類似扎根理論的資料分析方式。

（四）融入／結晶式分析法

所謂「融入／結晶式分析法」（immersion/crystallization）是指研究者長期融入文本資料和經驗中來回閱讀檢視，並經由不斷的反省思考，最後形成結晶式報導與詮釋，並能反映社會現象的真實面貌，資料彷彿呈現結晶體，透澈明朗（鈕文英，2019，頁 27）。

二、質性研究資料分析的類型

研究者在分析研究資料時，必須釐清研究資料與研究參與者的關聯性。此時，可以運用「部分─整體」的詮釋循環來分析研究資料。通常，研究者對於「部分」的理解，受到「整體」的意義引導；研究者對於「整體」意義的掌握，有賴於對「部分」的理解。因此運用「部分─整體」的資料分析循環，反而能讓研究者見樹又見林。

通常，研究者可以資料解釋和抽象的程度、資料分析風格和分析方法，將資料分析區分為下列幾種類型（鈕文英，2019，頁 276-277）：

（一）依資料解釋和抽象的程度

1. 描述性取向

單純描述資料而不分析資料。

2. 解釋—描述性取向

不只描述資料，並進一步將研究者的分析和解釋交織，如主題分析。

3. 理論發展取向

研究目的是在建構理論，如扎根理論。

（二）依資料分析的風格和方法

1. 分析歸納法

從文獻中發現初步的資料分析類別，根據這套類別進行資料分析，合乎類別的資料，放置在適當的類別項目中；不合乎類別的資料，則調整或增加資料類別，以便分析類別能含括所有收集的資料。運用分析歸納法時，研究者對於每個類別要清楚定義，讓類別之間互斥、不重疊，否則會造成歸納困難。

2. 持續比較法

始於閱讀和註解資料時，以單位化話題。統整話題後，形成類別，並進行反面或變異案例的分析，接著連結類別形成主題，最後視資料收集的充足情形，決定是否擴展和繼續資料的收集。

3. 融入／結晶式分析法

研究者將自己融入文本資料中反覆閱讀，直到發現資料之間的關聯性，並能詮釋資料彰顯的意義為止，資料彷彿呈現結晶體，透澈明朗（鈕文英，2019，頁 27）。

4. 內容分析法

分析的資料包括：文字、意義、圖畫、觀念、主題或其他任何要溝通的訊息。內容分析法步驟是先明確描述資料內容的特徵，再應用一些規則，定義這些特徵並給予分類；確認分類架構後，再依這些分類架構，對於研究資料進行分類，並統計各類別的次數（Shaughnessy, Zechmeister, & Zechmeister, 2009）。

研究者在進行資料分析過程，必須勇於提出各種想法。在分析過程，研究者可以透過下列幾種方法，增進自己在研究資料分析過程的理論觸覺敏覺度，包括（Corbin & Strauss, 2008）：

1. 閱讀資料時不斷地問自己問題。
2. 逐步分析資料中的關鍵（字）詞與句子。
3. 提醒自己不要被「理所當然」的想法占據，失去對資料的敏覺度。
4. 運用反面或變異事例的想像分析，或將研究資料的事件與文獻或經驗中的事件相互比較。

許多研究者在進行資料分析過程，經常會忘記重新閱讀或增補文獻，並與理論或文獻資料對話。除此之外，在進行資料分析過程，也經常忘記需要將經驗或事件和社會文化或情境脈絡連結，納入社會文化與情境脈絡的考量。因此， Shaughnessy 等人（2009）提醒，在質性資料分析過程，應注意下列兩種可能造成分析資料偏誤來源：

1. 選擇性保留

指檔案資料如何被產生和保留造成的偏誤。

2. 選擇性殘存

出現在檔案資料遺失或不完整的情況下，殘存和被捨棄資料間的差異所造成的偏誤。

從建構典範的觀點而言，質性研究之資料分析過程，其實就是一種概念化的過程。研究者在資料分析過程，先從一般性觀念逐步發展出具體的概念（concept）或主題（theme），進而運用對照、歸納、比較方式，將這些概念逐步發展成主軸概念，作為理論建構之基礎，這就是所謂「概念化的過程」（conceptualized process）。

三、如何建構完整的資料分析

對質性研究者而言，資料收集不只是一種機械式的資料記錄的過程而已；通常，資料收集的工作其實是同時結合了資料分析與資料解釋兩個步驟。如果在資料分析過程，發現研究過程所收集之資料呈現明顯矛盾，那麼就必須要進一步收集更多資料作為釐清問題的依據。當主軸概念逐漸浮現，而且資料之間並無明顯的相互矛盾，或並沒有新的概念出現，那麼我們可以說資料已經呈現「飽和」（saturation）狀態；此時，研究者就可以準備結束資料收集的工作。

（一）系統漸進步驟

質性研究者應如何為研究建構一個完整的資料呢？Bauer 與 Aarts（2000）認為研究者可以透過系統漸進步驟，來達成建立完整資料之目的。所謂系統漸進的方式包括：選擇、分析和資料飽和。在建構資料的過程，資料的選擇（select）主要是根據下列三個原則來進行：

1. 相關性（relevance）

資料選擇的考量必須是建立在理論性的相關聯。

2. 同質性（homogeneity）

資料的選擇必須盡可能具有同質性。

3. 一致性（synchronicity）

當資料的收集是橫跨不同時間點時，那麼必須根據自然循環法則來進行。

基本上，資料選擇和分析是反覆進行的，直到資料飽和為止。

（二）以社會空間分析架構爲例

以 Bauer 與 Aarts（2000）提出的「社會空間」（social space）的分析架構，作為質性研究入門者的參考。所謂「社會空間」主要是由階層／功能（strata/function）（或已知特質）及表徵（representation）（或未知特質）兩向度建構而成。

1. 水平向度

由社會階層、功能和類別等「已知」的部分建構而成。所謂「已知」的特質或內涵，包括性別、年齡、職業、鄉村或都會區、所得水準或宗教信仰等。

2. 垂直向度

由信念、價值觀、態度、認知、看法、刻板印象，或生活習性等「未知」的特質所組合而成。

通常，質性研究者所關心的，不只是「已知」的功能或特質而已，還會針對日常生活中，各種「未知」的社會世界感到好奇與興趣。因此，研究者可以根據一些已知的特性，深入了解研究所欲探究的未知現象。此時，研究者在進行資料分析的過程，對於資料內容的建構，可以先從已知的功能或特質等外在基準著手，逐步將未知的特質擴大到最大極限為止，此時就是資料已經到達飽和程度了。當資料到達飽和程度之際，研究者就可以考慮停止資料收集的工作了。

表 16-1 中，試圖運用 Bauer 與 Aarts（2000）的「社會空間」分析架構，對筆者所進行的一項國科會研究計畫（研究主題「公民權、外籍新娘與社會政策：婚姻暴力的福利論述」）之資料進行分析。在表 16-1 中，國籍、有無公民身分、教育程度，與婚姻暴力後的選擇，是已知的特質。筆者從訪談的文本

表 16-1 社會空間分析向度——實例運用

已知特質 / 未知概念	國籍	有無公民身分	教育程度	婚姻暴力後的選擇
對婚姻的認知	******************** (001-9：13-15) ******************** ******************** (005-10：8-15)			
對婚姻暴力的看法	******************** ******************** (007-5：12-16)			
對工作的態度				
對福利資源的認知與了解				

資料中，逐漸浮現出受訪者認為外籍新娘對婚姻的認知、對婚姻暴力的看法、對工作的態度，以及對台灣福利資源與資源管道的了解等，都是影響外籍新娘遭受婚姻暴力後的求助經驗之主要概念。筆者可以根據這個架構，建構外籍新娘遭受婚姻暴力現象的社會空間。首先，筆者透過逐步閱讀文本資料過程，逐漸發展出未知的概念；然後，再將概念逐一放入表中的縱軸。接著，筆者逐一閱讀不同受訪者之文本逐字稿，檢視每一段落中之概念；然後，再將相同概念之段落逐一剪貼到適當的格子中；最後再將不同受訪者談及之相關概念填入格子中，並逐步將相關之概念填入空格中。

肆 如何選擇資料分析之策略

質性研究資料分析的素材一定是文本資料嗎？答案是不一定！對質性研究者而言，研究資料可能是文本資料，也可能是聲音或影像資料。那麼，當研究者在面對這些多元資料素材時，又應該如何才能選擇適當的資料分析策略呢？基本上，文本資料比較適合運用內容、敘述，或論述分析方法，來進行資料分析的工作；而非文本資料，如聲音或影像等資料，則比較適合運用語意或動畫分析方法，來進行資料分析的工作（參見圖 16-3）。

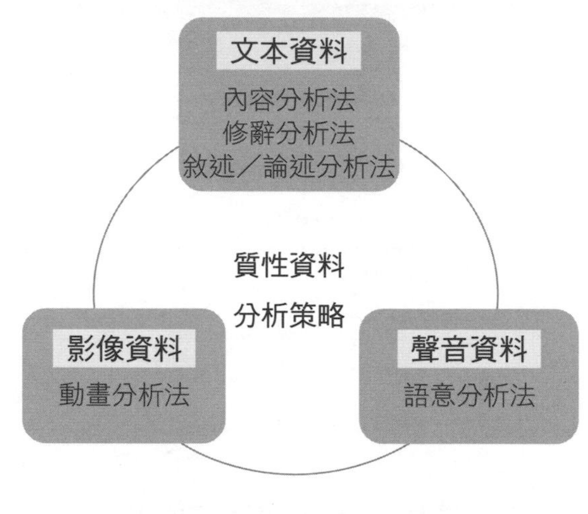

圖 16-3　質性資料分析策略

下列簡略說明社會科學研究領域中，經常用來進行質性資料分析的策略，包括：內容分析、敘事分析、扎根理論分析、主題分析，與語意分析等方法之意義及其運用，另外，有關扎根理論、論述與敘事分析三種分析方式的概念、比較與運用，已於前章中討論，亦參見第十五章。

一、內容分析法

（一）內容分析法之意義

內容分析（content analysis, CA）通常都被歸類為量化研究之資料分析方法。研究者在運用內容分析時，往往都會根據文本資料之特質進行分類；然後，再根據各類別特質進行次數分配的歸納與整理，並以此作為資料描述的基礎。簡單的說，內容分析就是透過系統化的分類過程，將文本資料逐漸由繁化簡的過程，並賦予簡單統計數字作為說明依據。不過，內容分析法有時候也可以運用在質性資料之分析，不過大都偏重於訪談逐字稿或觀察記錄之分析（Manning & Cullum-Swan, 1994）。

（二）如何進行內容分析

基本上，內容分析法運用於文本資料分析過程之步驟，包括（Bauer & Gaskell, 2000, p. 136-143）：

1. 文本單元定義與抽樣

研究者須先對文本資料的單位進行界定；然後，再根據一定原則進行抽樣。文本單元的抽樣（sampling of text units）需要考量三個問題：代表性（representativeness）、樣本大小（the sample size），以及抽樣與譯碼單元（the unit of sampling and coding），研究者必須考量研究問題為何，作為發展出資料分析的譯碼架構參考。

2. 分類與譯碼

對於質性研究者而言，譯碼架構（coding frame）的建構是一種互動的過程。所謂譯碼架構是一種系統化的比較方式，研究者根據研究問題發展出一系列的譯碼結構，作為資料歸類的基礎架構。譯碼架構主要是根據資料的分類系統而來，而資料的分類主要是根據變項的特質與次數逐步發展而成。

（三）內容分析的優、缺點

內容分析具有下列幾項優點：

1. 內容分析是一種系統化的分析方式。
2. 研究者可以在電腦輔助之下同時分析大量的資料。
3. 資料分析的步驟相當成熟。

不過，內容分析最大的缺點是研究者在進行資料分析過程，往往過度重視資料的次數分析，反而忽略了極少數或被忽略的資料。

二、敘事分析法

（一）敘事分析之意義

敘事分析法主要是建立在社會建構論（social constructionism）的邏輯思維，所謂建構論是挑戰傳統視為理所當然的觀點，對於肉眼所觀察到的社會實在採取懷疑的立場，同時認為任何社會真實的本質都是社會建構的結果（Gill, 2000, p. 173）。嚴格來說，敘事分析所指涉的，並非是單一的資料分析方式，而是許多資料分析方式都稱之為敘事分析；但是，無論研究者運用何種類型的敘事分析來進行資料分析，其基本的理念是，語言是一種對人類生活世界的反映或描述最中性的工具。

（二）如何進行敘事分析

質性研究者如何運用敘事分析來分析文本資料呢？事實上，並沒有一套正式的訓練或明確的步驟，可引導質性研究者進行資料分析，研究者唯有從做中學習如何進行敘事分析。下列五個資料分析之步驟，提供給讀者作為參考（Gill, 2000, p. 177-181）：

1. 詢問不同的問題

首先，研究者必須拿捏清楚，當運用敘述分析進行質性資料分析時，研究者其實已經採用了與傳統研究方式不同的研究典範。當研究者運用敘事分析進行資料的分析時，必須對文本資料本身及其隱喻採取高度質疑的態度，不斷反覆提出相關之問題。

2. 逐字稿

一個好的逐字稿必然是盡可能的詳細記錄敘述的完整內容，逐字稿絕對不是談話過程的摘要，也不是談話內容的正確性與否。研究者如何將訪談或對話內容轉譯成逐字稿，這對任何研究者而言，可說是一項浩大工程，通常每個小時的對話錄音內容，約需要花費十小時以上來完成逐字稿撰打工作。

3. 懷疑態度

當訪談或談話錄音內容已經被轉換成逐字稿時，研究者必須對逐字稿中視為理所當然的事件、行為或觀點，抱以高度懷疑的態度，同時，研究者也必須對自己的假設賦予高度質疑。

4. 譯碼

一如人類學家，當研究者在進行敘事分析時，也必須要將自己融入資料中，讓自己完全沉浸在研究所收集的資料中，一而再、再而三的反覆閱讀逐字稿，直到對資料掌握相當熟悉為止。在資料進行譯碼階段的初期，應盡可能包括所有內涵，不至於讓部分資料被排除在分析之外，然後再逐步縮小範圍。

5. 分析敘事

當資料的譯碼工作都已完成之際，就可以開始進行敘述分析。首先，研究者必須透過對資料相同與相異的比較、對照過程，找出資料所呈現的類型（pattern）；其次，如何從敘事中找出對特定特質或功能的具體假設。Widdicombe（1993）認為最好的敘事分析策略，是找出對特定問題的潛在解決策略；雖然如此，但是不可否認的，敘述分析仍是一項勞力密集的工作。

三、主題分析法

（一）主題分析之意義

主題分析（thematic analysis, TA）可以和不同的研究理論結合，如扎根理論、現象學或批判理論，發展出獨特的執行程序或分析重點（Braun & Clarke, 2013）。主要特點是系統性的譯碼、審查意義，並透過創造主題描述社會現象、事件或經驗，研究者在進行主題分析過程需不斷來回於資料和譯碼反覆閱讀譯碼過程（吳啟誠、張瓊云，2020；Braun & Clarke, 2013）。

（二）如何進行主題分析

研究者可以根據理論架構，預先發展主題分析的架構，或是由某一特定主題，由預先閱讀前面幾份逐字稿，發展出初始概念架構。然後，再根據預先設定的架構，逐一閱讀逐字稿，並將與此主題有關的文本資料納入架構中，進行適切的分類。

在資料分析的過程，涉及研究者如何將資料進行概念化（conceptualization）分析。通常，建構研究取向者可以運用譯碼登錄的技巧，逐步將概念發展成主軸概念的理論建構過程。主題分析的資料分析方式，沿用扎根理論分析的開放譯碼，卻又提出修正。

對質性研究者而言，資料的譯碼登錄是一件相當辛苦與瑣碎的工作，面對堆積如山的資料，往往有苦思不得而入的困境，資料分析過程，更不容易達到資料飽和。因此，有多位學者提出修正方式，以降低資料分析過程的困難度（Braun & Clarke, 2013; Vaismoradi et al., 2016）。針對資料分析初期，初步歸納的主題必須反覆確認，檢視原先譯碼是否足以支持主題，另外必須檢視文本內容是否能支持主題，而主題必須具備「內部一致性」與「外部異質性」，也就是內部涵蓋的譯碼盡量一致，而外部主題盡可能不要重疊。最後確定是否需要調整主題，及多少主題含括在結論的詮釋中（吳啟誠、張瓊云，2020；Braun & Clarke, 2013; Fereday & Muir-Cochrane, 2006）。

Bogdan 與 Biklen（2007）也提出了在進行譯碼分析時，譯碼類別的參考架構，請參見表 16-2（引自鈕文英，2019，頁 305-306）。

四、語意分析法

（一）語意分析法之意義

語意分析法（semiotic analysis）主要是針對符號性資料進行分析的方式，所謂符號性資料包括：手冊、流行服飾、建築物、童謠、消費產品或廣

表 16-2 譯碼類別

代碼	操作性定義
場域或情境脈絡	對研究場域、主題和參與者的一般性的描述資料。
情境定義	研究參與者如何定義研究場域或主題，他們一般或整體的看法為何。
研究參與者所持的觀點	研究參與者對研究場域或主題之特定層面所持的觀點。
研究參與者對人們和事物的思考方式	研究參與者對外在人們和事物的思考方式。
活動	經常發生的活動或行為種類。
過程	個人、團體或事件隨時間改變的順序。
事件	研究場域或研究參與者生活中偶發的特定事件。
策略	研究參與者完成事情使用的方法。
關係和社會結構	研究場域中人們之間的行為組型，或是人們扮演的角色和社會地位。
敘事代碼	研究參與者的談話結構。
方法代碼	研究的程序，以及過程中獲得的愉悅和遭遇的困境。

告等資料。語意分析法彷彿是符號資料分析的工具箱，讓研究者能有系統的從符號資料中發現意義（Manning & Cullum-Swan, 1994; Penn, 2000, p. 233-238）。

（二）如何進行語意分析

研究者如何著手進行語意分析呢？研究者可依據下列四個步驟進行語意分析（Penn, 2000, p. 232-239）：

1. 選擇被分析的影像資料

研究者在選擇研究的影像資料時，主要是依據「研究的目的」與「資料的可及性」等兩項原則，作為參考之基準。舉例來說，研究者可能對競選廣告的研究議題感興趣，然而，這些都屬於過去事件，到底是否可以收集到完整的資料，這是研究者在選擇研究議題時必須思考的問題。

2. 釐清目錄清單

研究者應該建構一個系統清單，作為收集與整理相關資料的基礎，以確保資料沒有遺漏或沒有受個人偏好影響，同時也方便研究者在查詢或追蹤資料時使用。

3. 高層次的意義

研究者在進行語意分析過程，如何找出符號所「明示」（denotation）與「暗示」（connotation）之意義呢？對於「明示」意義的層次，研究者必須要能熟悉符號所指涉的語言與文字，及具備有對符號基本的了解與常識。在「暗示」意義的層次，則進一步要求研究者要具有相當之文化素養。舉例來說，研究者在進行一項香水廣告的研究時，至少研究者必須能分辨一些廣告符號如：Givenchy、Christian Dior、Elizabeth Arden 等字面所代表的意義。

4. 何時停止資料分析？

理論上來說，資料分析的過程是沒有飽和的時候，我們永遠有辦法找到新的參考架構以便用來分析影像資料。然而，研究者總是要從雲端下到凡塵，務實的釐清何時結束資料的分析工作。為了確保資料分析的完整性，研究者最好是建構完整的資料矩陣，將所有可辨識的分析要素納入，並透過雙向檢視方式來檢驗資料，直到研究者對於所呈現的各項資料毫無疑問為止。

既然，質性研究最終的目的是透過概念化的過程，發展出現象關係的描述和解釋，但是，研究者如何從龐雜的資料中釐清頭緒，並發展出理論概念的建構呢？這對任何質性研究者而言，都可說是一項相當艱鉅的挑戰。Huberman 與 Miles（1994）提出十三項如何將質性資料「具體化」的策略運用，請參見表 16-3：

表 16-3 質性資料分析的策略

具體的分析策略	抽象的分析策略
策略一：注意類型和主題 策略二：憑直覺發現可能的部分 策略三：根據概念對資料加以分類 策略四：將資料從片段中逐漸組合成整合部分 策略五：真誠面對研究的資料 策略六：資料之間的相互比較及對照 策略七：對變項進行區隔	策略八：從特定到一般化 策略九：因素化 策略十：與量化相同技巧的分類 策略十一：尋找中介變項 策略十二：透過一致性的理解，發展出邏輯關聯之建構 策略十三：讓理論更一致

從表 16-3 中，我們可以看出策略一到策略七，是比較偏重於將概念具體化的策略運用，而策略八到策略十三則是偏重於概念抽象化的策略運用。質性研究者不妨運用這些策略，嘗試幫助研究主題建構出主軸概念。研究者在運用這些分析策略時，必須先區隔資料分析的兩個層次，逐一運用才能事半功倍。

伍 電腦套裝軟體之運用

在 1960 年代左右，電腦已經被運用在文本資料的處理過程；不過，直到 1980 年代之後，電腦才真正被運用在質性研究，作為質性資料分析的輔助性工具。對質性研究者而言，無論是訪談資料轉譯、資料登錄編譯，或資料分析等過程，都可以說是非常耗費人力與時間。由於質性資料分析強調對研究現象的意義進行深入式的「理解」（verstehen），所以截至目前為止，電腦仍舊無法取代人在質性資料分析的功能與重要性。雖然，電腦無法替代研究者執行資料分析的工作，但是，研究者卻可以在電腦的輔助之下，快速且確實的進行資料管理，讓研究者可以將時間用在資料分析與詮釋部分。在這一部分中，筆者將介紹電腦如何輔助研究者進行質性資料分析的工作，及電腦套裝軟體（software）運用的過程與技巧等。

一、電腦套裝軟體之功能

通常，當我們在說「電腦」一詞時，所指涉的往往不只是電腦本身這個硬體設備而已，同時也是指使用電腦者運用的軟體內涵。對量化研究者而言，電腦所代表的不僅是一種資料管理的工具而已，同時也是資料分析的重要工具。然而，對質性研究者而言，由於資料本身是以文字呈現，而非數字，且資料分析的目的是在對文本資料進行深入式的理解，所以電腦很難成為主要的分析工具（Kelle, 2000）。對質性研究者而言，電腦往往只是一項輔佐性的工具罷了。

對質性研究者而言，電腦到底具有哪些功能呢？我們可以依據資料管理與分析的過程，將之歸納為二：

（一）資料儲存與管理

對質性研究者而言，在研究過程所收集到的資料，無論是訪談錄音檔、田野觀察記錄或個人感想日記，都必須要轉化為文本資料，才能進一步分析。個人電腦（personal computer, PC）的文書處理軟體如：Word 或 Word Processor 等，提供研究者得以做好資料儲存與管理的工作。研究者在使用這些文書資料處理軟體時，要考量是否與質性資料分析之套裝軟體相容，或是在記錄文本資料時，應注意哪些事項。

一般而言，研究者必須要為每個受訪者建立一個個別檔案，再將不同個別檔案資料，分門別類地做有系統的整理，歸類在子目錄之下。每個個別資料在建立文本檔案過程，必須註明研究計畫編號、受訪者編號（或姓名）、訪問日期、訪問時間、訪問地點與訪員等。然後，再依序逐一記錄受訪者與訪問者的對話內容。

（二）資料搜尋與回復的功能

研究者使用文書資料處理軟體，進行資料的建檔工作之後；緊接著，就必須進一步運用質性資料分析之套裝軟體，進行文本資料的分析工作。雖然，目前約有二十餘種質性資料套裝軟體，但是，這些軟體只是提供輔佐功能而已，無法直接幫助研究者分析資料。由於質性資料套裝軟體的運用，不像量化研究套裝軟體 SPSS 或 SAS 等容易操作，所以目前仍未普遍運用。在此，要進一步釐清的是，質性分析套裝軟體只是一種協助研究者將文本資料規則化的工具，而不是像 SPSS 或 SAS 等套裝軟體，可以幫助研究者分析資料，所以它是一種資料管理的工具（computer-aided qualitative data），而不是一種資料分析的工具（Reid, Jr., 1992; Richards & Richards, 1994）。

質性資料的套裝軟體最主要的功能是提供譯碼與回復（retrieve）的功能；通常，這些套裝軟體都有譯碼區塊的設計，而譯碼區塊是由主軸、主題與概念，層層組合而成。研究者就某一段落或某一頁之文本資料進行閱讀，然後，再將概念（concepts）記錄在譯碼區塊中。

這些套裝軟體也具有搜尋的功能，研究者可根據單一特質，進行文本資料的搜尋。舉例來說，在一項國科會提供經費補助，由筆者擔任主持人的研究計畫（「身體政策下的性別政治——女性主義的觀點」）中，在資料分析過程筆者可以用「權力」、「控制」與「不平等」等關鍵字，作為同一筆資料或不同筆資料搜尋的依據；之後，電腦會將搜尋結果依序標列出來。當然，研究者也可以根據 and、or 或「布林邏輯」（Boolean logic）進行資料搜尋。所謂「布林邏輯」是指研究者對於文本資料的搜尋，是建立在「A and B or C」的邏輯思維之上（Richards & Richards, 1994, p. 451）。

二、電腦套裝軟體之類型

目前並無中文版的質性資料分析套裝軟體，但是國外約有二十餘種套裝軟體，提供質性研究者分析資料之使用。基本上，這些套裝軟體與目前台灣最常運用之文書軟體 Microsoft Word 是相容的，所以研究者不用太擔心。換句話說，研究者可以運用 Microsoft Word 協助進行文本資料的建檔與管理；然後，再運用質性資料套裝軟體來讀取譯碼，作為譯碼比較分析之輔助工具。

目前較常被用為質性資料分析的軟體，有下列幾種（林柏盟，2013；范振德，2022；張英陣校閱，1998/2000；劉世閔，2018；Fielding & Lee, 1992; Kelle, 2000; Reid, Jr., 1992）：

（一）AQUAD

主要運用在建構理論之功能，特別是當概念與概念之間，明顯有某種因果關係時。

（二）ETHNO

主要用於探討概念與概念之間的邏輯關聯，並發現行動之間的系統關聯。

（三）Ethnograph

主要是讓質性研究者能夠進一步從文件檔案中分辨出文本資料，所以對於基本分析單元具有區隔作用。每個分析單元至少具有十二個譯碼，研究者可以根據單一或多重譯碼進行資料之分析。

（四）HyperQual

主要是提供一個完整的資料處理環境，讓資料能夠進入、儲存，到舉例說明的一連串過程，特別適合運用於訪談、觀察，或文件檔案之文本資料分析。

（五）HyperRESEARCH

主要提供研究者同時對於文本、視覺或聽覺之資料，進行質性與量化資料整合性之分析。

（六）NUD*IST

主要可提供對沒有結構性之質性資料進行分析，運用文本搜尋方式建構出具有階層關係的結構索引之資料庫，以便研究者進一步分析資料。

（七）WinMAX

主要功能與 HyperQual 類似，研究者能讓訪談、觀察或文件之文本資料進入、儲存、分析等的一連串過程，也可以同時運用於量化與質性資料之分析。

（八）MAXQDA

主要是運用在文本分析與資料管理，能有效執行質性資料的分析與文本的詮釋，並省去人工譯碼的繁雜程序，節省時間（林柏盟，2013，頁 39）。

（九）NVivo

主要是透過文本資料範疇化（categorization）過程建構概念，研究者先將材料來源予以類別化，並將相同概念或想法歸類、分解、重新萃取出新概念，賦予新定義，即可創建為新節點。每個節點彼此可能具有關係，並將這些連結發展成樹狀圖；而 N11 可以進一步運用 Vivo 中譯碼、自動譯碼、範圍譯碼或文本搜索等，將類似節點放在相同結構範疇中（劉世閔，2018，頁 321）。

（十）ATLAS.ti 分析法

主要是透過開放譯碼過程，將有關問題的特徵或可能的因素進行譯碼，最後透過主軸譯碼及選擇性譯碼完成概念構面建構（范振德，2022，頁 8）。

在台灣，質性研究社群對於質性資料分析之套裝軟體的運用，尚未非常普遍，大部分的研究者，還是運用人工閱讀文本分析資料的方式，來進行質性資料分析的工作。這主要原因，除了源自於質性與量化資料分析迥然不同的特質，使得文本資料分析很難由電腦代勞之外；同時，也因為上述這些電腦軟體的應用，不如 SPSS 或 SAS 簡易明瞭。事實上，電腦可以成為質性研究者很好的輔助工具，可是卻無法完全取代人力分析的功能。所以，研究者可以自己獨特的風格與研究的需要，來選擇適當的電腦軟體輔助資料管理與分析；當然，研究者也可以根據自己的經驗，發展出適合的文本資料分析策略。

 結論

本章主要是針對質性研究之文本資料的管理與分析進行討論，而在本章所謂的「資料分析」隱含著資料管理與資料分析兩個階段。由於質性研究之資料分析著重於意義的建構，所以在資料分析過程中，研究者對文本資料產生的理解，往往扮演著相當重要的關鍵，這也是質性資料分析與量化資料分析最大的不同，這些差異進一步影響研究者在電腦運用上的困難。基本上，研究者可以根據自己的特質與研究需要，發展出適合的資料分析策略，而電腦可以被視為是文本資料管理中一項有用的輔助性工具。

Chapter 17 質性研究報告之撰寫

通常在研究者進入研究報告撰寫之前，往往需要經歷相當長的一段時間，進行相關資料的收集工作。對質性研究者而言，要將研究場域觀察或訪談收集的資料，書寫成一份值得閱讀、有意義的報告，可說是一項艱鉅挑戰。許多研究者在收集完資料之後，經常面對電腦卻無從下筆。到底質性研究報告具有哪些特質？質性研究報告應該具備有哪些內容？研究者在撰寫研究報告時，又應該遵守哪些寫作的原則與步驟？在這一章中，將為大家一一介紹。

壹、開始動手撰寫研究報告

對質性研究者而言，撰寫研究報告就像是在流動、模糊的現象中，捕捉真實的部分；然後，再運用適合的形式與易懂的文字，將這些真實現象一一呈現。撰寫研究報告看似簡單，事實上卻不那麼容易。許多從事質性研究的工作者，必然有與筆者同樣的經驗——在完成漫長的資料收集，面對堆積如山的資料，即使絞盡腦汁，亦不知該如何下筆才好。在此，要提醒質性研究的入門者，必須要做好心理準備，清楚了解質性研究報告的撰寫絕非速成；有了這樣的體認之後，才能坦然面對研究報告撰寫過程中面臨的挫折與承受的壓力。

一、撰寫前的準備工作

在開始著手撰寫質性研究報告之前，研究者應該做什麼事前準備工作呢？筆者認為，情境準備與心情調適，是事前必須要預備的工作。不妨根據你個人的習慣或嗜好，找一處能讓你保持最佳寫作心情的空間與場所，如：鍾愛的咖啡廳、速食店、客廳、書房、飯店或野外餐館等；然後，再挑選最適合你自己寫作的時間，開始著手撰寫報告，如此可以達到良好的工作成效。

當心情調適好了之後，如何開始動手撰寫研究報告呢？許多質性研究者經常會自我解嘲：「萬事俱備，只欠東風！」這個「東風」，在質性研究者的眼中就是「靈感」。撰寫質性研究報告，不僅是一種真實經驗的再現，也是一種創作的經驗。報告的內容不僅要像說故事般讓人感動，但又不能失真，那麼靈感當然是非常重要。但是，有靈感並不表示就能寫好一份質性研究報告，因為質性研究報告的撰寫融合了知識、經驗與對現象／事件／行動的了解等多項因素；因此，質性研究的入門者，千萬不要太迷信靈感這回事。

研究者應該如何開始撰寫研究報告呢？在此以 Ely、Vinz、Downing 與 Anzul（1997）提出的架構，提供給質性研究的入門者參考（參見圖 17-1）。

提醒初學者，千萬不要讓報告內容在腦海中不斷打轉，要把思緒與理念逐步寫出來。Wolcott（1990）也指出寫作的規劃，千萬不要只是在腦海中而已，而是需要用筆真實的記錄下來。當研究者在規劃研究報告的撰寫計畫時，應包括三個要素（顧瑜君譯，1990/1997）：

（一）陳述研究的目的

當研究者可以清楚的在報告中寫下「本研究的主要目的是……」時，那麼在研究者的心裡，對於研究的目的就已經逐漸浮現了。

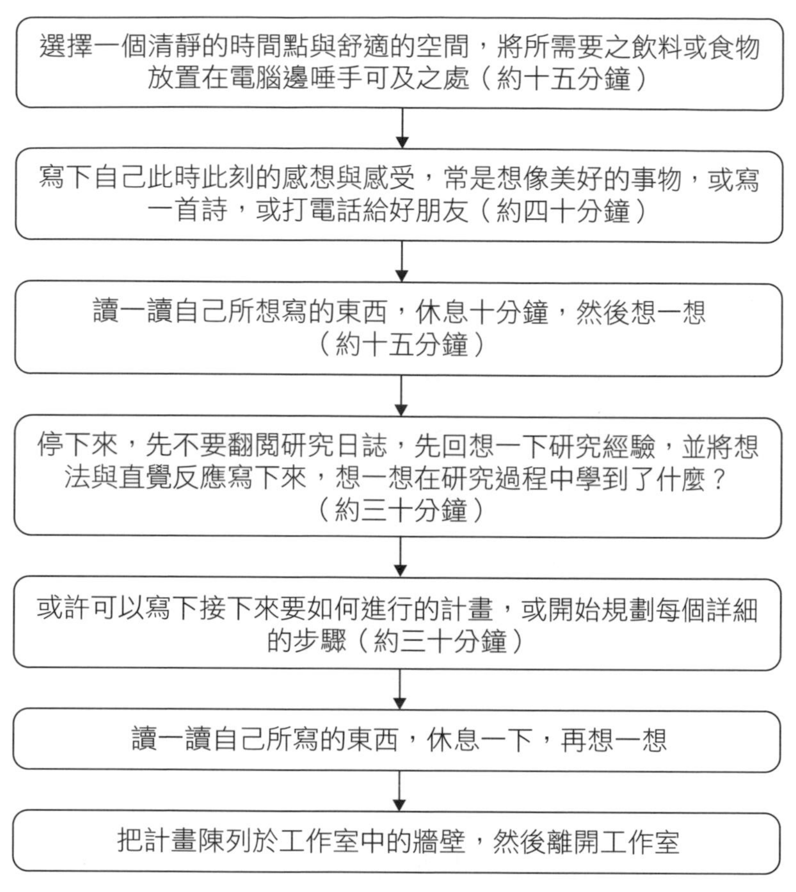

圖 17-1 開始撰寫質性研究報告的方式

（二）寫下詳細的寫作大綱

當研究者寫下研究的目的與問題之後，緊接著必須進一步定義，本研究的主要與次要動機是什麼；然後，對整個報告內容的結構做最好的安排，並寫下研究報告內容之大綱，提供研究者撰寫研究報告時的參考。

（三）決定研究報告之寫作風格

研究者在開始動手寫作之前，必須要思考到底要運用哪一種寫作格式來撰寫報告；在撰寫報告過程，研究者與被研究者的關係應該如何界定，研究者應該用第幾人稱來撰寫報告。

二、質性研究報告的特性

對量化研究報告而言，數字與統計分析，往往是檢驗變項關係的主要根據，也是報告詮釋的主要依據。對質性研究者而言，研究報告不僅要能像說故事一樣生動活潑、不失真，又必須是有意義、具有學術價值的。這樣的一份研究報告應該具有哪些特質呢？陳向明（2002）在《社會科學質的研究》一書中強調質性研究報告往往具有三大特質：

（一）寫作是一種思考歷程

對質性研究者而言，研究報告的寫作過程，就是一種思考的歷程。在寫作的過程中，不僅可以幫助研究者思考研究問題，同時也可以進一步釐清思維的內容與方式之適當性；換句話說，每一次的寫作經驗都是一次的思考與創作過程。

（二）寫作是一種現實建構的過程

所謂質性研究報告的撰寫，其實就是研究者本身對研究現象進行全面性的理解之後，再根據自己的理解與運用自己的語言敘述方式，對研究現象的經驗世界進行詮釋。對質性研究而言，語言不僅是一種溝通工具而已，語言也受到社會文化價值信念的影響。因此，當研究者對研究現象進行詮釋時，就展現了自己如何看待被研究現象的事實。

（三）寫作是一種權力的表徵

質性研究者透過研究報告撰寫，用自己的思維與語言將被研究現象加以呈現，已隱含著一種權力不對稱的社會事實。試想，研究者可以運用研究者或作者的身分，合理化詮釋別人的故事與經驗，並將他人的生命經驗呈現在公眾之前，甚至成為研究者獲得學術地位的手段，所以寫作本身就是一種權力的表徵。作為一位質性研究者，應該敏感察覺到在研究過程中，研究者與被研究者其實是處於權力不對稱狀態，盡可能讓被研究者能用自己的觀點和語言說出自己的經驗。同時，研究者在寫作過程，也應該不斷自我反省自己的立場與詮釋觀點的適當性。

 質性研究報告之架構

在撰寫研究報告的內容及思考文字風格時，必須考量「誰是預期的讀者群」，研究者嘗試從預期的讀者群的角度思考——對於研究報告內容可以理解的程度，或應該如何撰寫研究發現才能達到有效的溝通（Patton, 2015；引自黃瑞琴，2021，頁 292）。

一、質性研究報告撰寫內容

研究報告的撰寫，往往因研究者本身的寫作風格及研究策略的運用，而呈現相當大的差異；而研究問題的類型、目的、理論觀點與資料收集方式等，也會影響研究報告撰寫的內涵。雖然論述分析與敘事分析的研究論文寫作，與扎根理論和主題分析的研究論文寫作明顯不同，但是，無論採取哪一種寫作風格，任何一份質性研究報告的撰寫內容，都應該包括下列六大部分，只是撰寫報告時的順序，會依照研究者寫作的習慣、思考及研究策略而略有不同（張英陣校閱，1998/2000；黃瑞琴，2021）：

1. 提出研究問題。
2. 說明研究目的和研究動機。
3. 綜合說明與研究有關文獻和與研究問題有關之背景。
4. 說明研究方法的選擇和運用。

5. 研究的結果、討論與結論。
6. 對研究結果的檢視和研究倫理議題的思考。

對於研究發現、討論與結論的書寫架構，又可分為兩種（鈕文英，2019，頁 667-668）：

1. 先寫研究結果，最後再做綜合討論：此種書寫方式較適用不同的研究結果，但彼此之間又存有關聯時。
2. 將討論分散於研究結果後書寫，最後再做研究過程的討論：適合運用於不同研究結果彼此之間的關聯性不大，分開討論較不會有重疊的狀況。

二、質性研究報告撰寫類型

研究者如何透過研究報告的撰寫，有系統的呈現研究的結果呢？陳向明（2002）提出了研究結果撰寫的三大類型：

（一）類屬法

研究者可以運用分類方式，將研究結果依據主題逐步分類；然後，再針對這些分類依序說明。整體而言，扎根理論分析與主題分析，比較屬於這類型的報告撰寫風格。

在何種情況下，較適合運用類屬法撰寫研究報告呢？下列幾種情況，提供參考：

1. 當研究對象較多，而研究者無法運用個案方式呈現結果。
2. 研究結果發現主軸概念相當鮮明，可以發展成幾個主要議題深入討論。
3. 研究者在收集資料的過程，就是運用分類方式來收集資料。

運用類屬法來撰寫研究報告的方式，具有下列幾項優點：

1. 可以重點式呈現研究結果。

2. 概念邏輯較為清楚且層次分明。
3. 比較符合一般人將事物進行分類的習慣。

但是類屬法的運用也有些限制，包括（鈕文英，2019，頁665）：

1. 為了將研究結果分類，難免刪掉無法納入類別的重要資訊。
2. 無法呈現個別研究參與者的特徵，和完整的故事或觀點的脈絡。

應用說明

此類型的論文報告書寫，較適合運用於建構詮釋論（如扎根理論分析與主題分析）的論文寫作。研究者可以由理論發展資料分析的初步架構，再依據此預先發展的理論分析架構，將文本資料分析結果放入此項理論架構中，再依據主軸概念的邏輯依序詮釋與討論。另外，研究者也可以透過歸納方式，將文本資料進行歸納分析，並發展出主軸概念，再依據這些主軸概念逐一詮釋與討論。

（二）情境法

當然，研究者也可以運用情境法撰寫研究結果。情境法的撰寫方式，非常重視研究情境與研究過程，主張研究者應該依照事件發生的時間序列或事件之間的邏輯關聯，作為研究報告撰寫之依據。換句話說，這類型研究結果的撰寫風格，非常強調故事的鋪陳是根據時間的發展為主軸。由於此種類型的報告撰寫方式過度重視研究的情境，所以經常會以個案方式來呈現研究結果。整體而言，敘事分析比較屬於這類型的報告撰寫風格。

情境法的研究報告撰寫方式，具有下列四項優點：

1. 比較生動，並且可以詳盡說明發生之場景。
2. 可以表現研究參與者的內在情感與思考。
3. 可以說明事件之間的關聯。
4. 可以將研究者個人的反思融入研究報告中。

應用說明

此類型的論文報告書寫，比較適合敘事研究，並非建構詮釋論的論文寫作不符合，而是須小心運用。研究者可以以說故事形式書寫或交織在時空脈絡中，讓讀者更了解事件本身的情境或時空脈絡。

（三）結合法

顧名思義，結合法即是結合了上述兩種方法。事實上，研究者要在類屬法與情境法兩者之間保持平衡，並不是容易的事；對研究者而言，如何在兩者之間取得平衡，可說是一項嚴厲考驗。建議研究者在選擇結合法來撰寫研究報告時，應先選擇某一種形式作為研究結果撰寫的主軸；然後，再以另一種形式補充結論。

到底，哪一種形式比較適合呈現研究結論呢？其實，並沒有一定的原則可以提供研究者參考。提醒研究者「千萬不要因為太著重於某一種結論表現的類型，而讓研究結論失真」。研究者必須思考如何讓研究結論的撰寫，能在自然與描述性的資料呈現中，交織出明確的、有意義的主題。

Wolcott（1994）提出了兩種對研究資料描述的方式，作為研究者在撰寫研究報告時之參考：

1. 將描述性與分析性資料分開撰寫

許多研究者擔心過多的描述，會讓研究結果流於瑣碎、無意義；可是，太多的分析性說明，又擔心讓資料失真。所以研究者不妨先呈現描述性的資料，只是將部分的分析性資料摻雜在描述性資料中；然後，再將分析性資料放在資料解釋部分。

2. 以交錯分析方式撰寫

大多數的質性研究者，都會採取交錯分析方式來撰寫研究結果。特別是比較不強調理論的研究者，往往會更重視對研究現象進行深厚的描述。此時，研究者對於研究結果的呈現，往往都會一邊呈現資料，一邊分析資料，讓這種「分析—資料」不斷的交替方式，來呈現研究現象之意義。

國內學者亦提出結合類屬法和情境法的運用方式，可歸納為三（鈕文英，2019，頁 666）：

1. 以類屬法為主，情境法為輔

以類屬法作為研究結果的基本架構，而後在每一個主題下，以情境法描述參與者發生事件。

2. 以情境法為主，類屬法為輔

以情境法呈現每位參與者研究結果的基本架構，而後在情境下，採類屬法依一些主題進行描述。

3. 兩階段運用

以情境法逐一描述每位參與者的研究結果，而後使用類屬法依主題做跨研究參與者分析。

應用說明

此類型的論文報告書寫，較適合運用於建構典範的論文寫作。雖然研究者透過歸納分析方式，建構詮釋研究現象的主軸概念；有時過度強調主軸概念的建構，反而讓論文的書寫去脈絡化。這時候，研究者可以簡單描述說明事件發展背景，增加讀者對於受訪者經驗或事件情境脈絡的了解，再進入主軸概念的詮釋與討論。換句話說，運用結合法可以避免類屬法過度切割的困境

舉例說明

在一項探討保護性社工人身安全的研究論文——「社會工作人員遭受暴力威脅之經驗：以婚姻暴力防治工作為例」，研究者以六位曾經遭受人身安全威脅的保護性社會工作人員為研究對象，探討遭遇暴力威脅事件的經驗、因應及事件發生後對專業認同的改變。資料分析時，研究者主要是運用主題分析法，發展對暴力威脅的因應、詮釋，與發生後的改變等三個主題討論，但是在進入主題討論前，研究者先針對六位受訪者遭遇暴力情境進行簡單描述。

【情境法】

一、遭受暴力威脅之經驗

六位受訪者遭受的暴力威脅之情境與經驗都不同，且每位社會工作人員在遭受暴力威脅經驗後的反應也有極大差異。下列大致描述受訪者遭受暴力威脅之情境與經驗。

社工A：不明顯企圖卻成為恐懼來源

那一天社工A陪同已被庇護安置的案主出庭，由於本身對於人身安全議題的敏感度較高，所以事前已經預先設想出庭時的安全防護也申請了警方戒護，幫助護送受暴婦女往返中心與法院的路程。當天出庭時，社工A一到了法院，就看到加害人及其手下「小弟」在附近徘徊，社工A立即將這個訊息告知警方，以確保警方能隨時提供協助。沒想到開庭過程加害人並未出現，反而是在回程的路上跟著警車，並假借問路的方式對被害人與社會工作人員挑釁，造成兩人心理極大恐懼。雖然加害人之後並沒有進一步動作，可是對挑釁的表情與跟車的行為，已經對案主與社會工作人員造成恐懼威脅。

社工B：敵暗我明的擔憂

身為督導的社工B，印象最深刻的是加害人不停打電話前來騷擾，要求社會工作人員告知他太太的去處。在兩三次的電話會談過程中，雙方的氣氛愈來愈僵、口氣也愈來愈差，最後社工B只得直接向加害人表示無法回答案主何時返家，電話會談就在凝重氣氛下結束。早上才剛結束通話，下午加害人便來到辦公室，因為社工B並不知道加害人長相，所以當加害人來到辦公室時，社工B並未馬上察覺，隨即意會到加害人出現的威脅。

【類屬法】

二、暴力威脅事件的詮釋與改變

（一）對暴力威脅經驗的詮釋

在遭受被害人相關他人的暴力威脅經驗之後，社會工作人員對於工作中的風險有了不一樣的思考，特別是對於進入職場時未考量到有危險存在，只有一心扮演助人者角色的社會工作人員而言，工作中的暴力威脅風險成為明顯衝擊。在面對人身安全威脅的壓力時，社會工作人員心中經常浮現質疑的心路歷程。

> 其實我覺得很多壓力是來自於，我真的覺得我們在明啊，那你會覺得為什麼會這樣？那時候會一直想，為什麼會這樣？那難道我們喜歡做這份工作，我們就一定要承受這些東西嗎？我覺得那個時候我會一直去想這個問題，可是當事情都過了你就又會忘記了。（社工F）

資料來源：蔡佳容、潘淑滿（2010）。

參、撰寫質性研究報告的原則與步驟

無論研究者運用哪一種類型的報告撰寫方式，在撰寫研究報告的過程中，都必須要遵守一些基本原則，這些原則包括（陳向明，2002，頁472-479；黃瑞琴，2021，頁310-314）：

一、撰寫質性研究報告之原則

（一）深厚描述

質性研究報告的撰寫非常重視深厚描述（thick description），也就是對研究現象進行整體、情境式、動態過程的描述。當然，重視深厚描述的另一個原因，就是研究者對於每一項結論都必須要有足夠的資料支持。所謂足夠的資料支持就是研究者在歸納結論或分析觀點時，都必須要引用被研究者的觀點與說法（或原始資料）。

如何進行研究論文書寫的深厚描述呢？可以參考下列幾項原則（Creswell, 2016；引自黃瑞琴，2021，頁 313）：

1. 描述情境與類似情境相互對照

質性研究是強調具有深厚描述的特質，要能將論文描述的情境與類似情境相互比較或對照，並評估研究發現推論到其他情境的可能性。

2. 描述及詮釋

論文的描述是一種取樣，也是一種立場，研究者選擇這些事件、行動或話語，而不選擇題其他事件、行動或話語，這不僅是取樣，也是一種立場展現。敘述分析報告強調完整保留故事脈絡，研究者對於選取的內容與情節，也反映了研究者選用的觀點與立場。

3. 描述的實例

關於實例描述，需要清楚描述重點，避開直接引用、間接引述及重複引用同樣實例。

（1）若引用觀察實例時，須呈現觀察的真實情況。

（2）若引用訪談實例時，須將訪談者提問和受訪者的回答呈現。

（3）若引用多數參與者的描述實例時，須讓讀者分辨是誰、做什麼、想什麼。

（4）若採不同方法和資料來源時（多元檢定），須盡可能引用不同方法收集資料來源的實例；

4. 描述圖例

除了文字描述外，也可選取圖片的實例，照片需要含有拍攝者的動機和觀點，說明拍照者的身分、拍照目的、時間、地點等。

5. 描述和分析詮釋的內容比例

到底在研究報告中，分析性的資料與原始資料的比例應該如何安排並無一定論；基本上，應視研究的問題和目的而定。但也有學者認為，質性報告應均衡呈現描述及詮釋分析；換句話說，約有半數的頁數呈現描述內容，而少於半數的頁數呈現分析詮釋。

6. 社會文化意義詮釋

研究論文的撰寫，其實就是要深厚描述現象、行動、經驗或事件的意義，並深入闡釋這些經驗、事件、行動的社會文化意涵。

無論進行何種類型研究，研究者都必須拿捏好一項基本原則，那就是原始資料的陳述只是為了說明觀點或論證；換句話說，列舉引言是為了說明問題或論點，而不是為了被列舉的本身而列舉原始資料。通常，如果引用的原始資料較多，研究者可以選擇一或兩個例子列舉即可，不必將所有有關的原始資料都列舉出來。研究者在引用原始資料時，如果引用之原始資料只有一、兩行，那麼可以用引號與分析內容區隔；如果引用之原始資料有數行或數十行之多，那麼可以另列一段與分析內容區隔，在格式上可以內縮或以較小或不同字型表示。在每一段引用資料之後，研究者都必須註明正確的資料來源，包括：個案編號、頁數與行數等記錄。

（二）研究者本身反思

研究者在撰寫研究報告過程，應該敏感察覺到自己撰寫報告的態度及語言的運用，其實是充滿個人價值判斷的；因此，在對研究現象或對象進行描述時，必須思考語言的運用是否適當，是否過度主觀或強烈？是否有過多的個人價值涉入描述過程？質性研究非常強調「互為主體」（intersubjectivity）的經驗，也就是說研究者應該要融入研究現象中，與研究現象產生對話關係；然後，再從頓悟式理解過程重新建構研究的現象。在融入式互動過程中，研究者應該要掏空自我執著之處，以開放的態度面對研究的現象，才能與研究資料產生融入式對話。

（三）重視閱聽人

研究者在撰寫研究報告過程，應先思考讀者是誰。報告撰寫的格式與語言的使用，都必須思考讀者的認知與知識水平。因為一份好的研究報告必須是要能與讀者產生對話及共鳴的報告，再好的報告若無法與讀者溝通，也只是獨白！舉例來說，如果讀者是研究社群的成員，那麼就必須要重視研究結論是否提供足夠的資料證據；但是，如果讀者是一般社會大眾，那麼報告內容就不應該用太多專業術語，通常社會大眾會比較重視內情與整體概況，反而不關心研究過程、理論或方法。

另外，林淑馨（2010，頁 403-406）彙整國內幾位學者的意見，將質性論文的書寫原則，歸納為以下六項：

（一）簡明清晰

使用的詞彙須簡單清楚明瞭，卻又不能過於簡略；內容須詳盡，試著將閱讀研究者帶至現場，讓閱讀者有身臨其境的感覺。

（二）立場客觀

引用文獻時必須客觀，免於批評或恭維的文字。

（三）內容完整

至少應包括三部分：（1）導論：介紹研究目的與意義，讓閱讀者了解研究意義、背景及為何會選擇此議題；（2）陳述和分析整理；（3）分別詮釋結論和建議：研究者分析整理研究結果，陳述研究發現與獲得的啟示。

（四）合乎邏輯

導論、文獻回顧、研究設計、分析及結論與建議，必須前後呼應、相互連貫，且以循序漸進方式呈現，應避免跳躍方式，降低論述矛盾情形。

（五）力求均衡

書寫論文時須注意全文章節安排和布局應力求均衡，不宜偏頗，導致某些章節資料過度膨脹，而有些過於簡略。

（六）具代表性

須將最有代表性的資料呈現在論文的書寫中。

二、撰寫質性研究報告之步驟

當研究者在面對龐雜的資料時，如何從瑣碎中找到意義呢？在此綜合了Wolcott（1994）及陳向明（2002）對撰寫質性研究報告步驟之意見，歸納如下：

步驟一：進入狀態

所謂「萬事起頭難」，沒有一位質性研究者會覺得報告撰寫是輕鬆之事。研究者應透過自我訓練方式幫自己排除痛苦，訓練自己進入報告撰寫的狀態。有一些小策略提供給大家參考：反覆閱讀所收集的資料及分析大綱；充分運用想像力及憑著直覺對資料進行腦力激盪；嘗試運用不同概念將資料串聯起來；將各種概念以圖形表示；設想運用不同方式寫作；及假設不同讀者可能對報告的反應。除了在本章中第壹小節所提及的，研究者如何幫助自己進入最佳狀況，沉浸在最佳氣氛中，著手進行報告撰寫工作，同時也要讓自己有適度的放鬆機會；因為，每個人在放鬆情境中會有較多的想像與創造靈感，而創造力與想像力都是身為一位質性研究工作者不可缺少的一環。

步驟二：開始寫作

質性研究報告的寫作過程就是研究者的思考歷程，但是要將思考轉化為寫作的行動則是困難的。到底研究者應該如何開始進行研究報告的撰寫呢？訣竅是不一定要從第一章開始著手寫作，而是要從研究者本身認為最容易開始的部分寫起，再由淺入深、逐步進行。通常，會建議研究者盡快將草稿寫出來，然後再對內容進行修改工作，至於寫作風格與修辭，可以到最後階段再做定論。

步驟三：繼續寫作

在開頭之後，研究者必須要讓自己不斷保有寫作的熱誠與興趣，透過不斷的寫作與反覆閱讀過程，甚至是與親友師長分享過程，增進對寫作的持續力。研究者在撰寫報告過程中難免會迷失焦點，此時不妨自問：「我最希望透過這份報告向讀者傳達什麼？」如果研究者在面對眾多資料，卻又不知道如何取捨時，或許要適度提醒自己：「資料的選擇就像是一個漏斗，在聚焦過程哪些是我可以拋棄的部分？」

步驟四：整理初稿

在完成初稿之後，研究者必須對初稿進行整理和修改的工作。在整理初稿之前，研究者不妨讓自己放假一陣子，讓自己與作品分開，直到思路較為清晰時，再回頭進行初稿修改工作。在整理初稿時，研究者可以注意自己的寫作風格是否清晰、質樸或簡潔？是否達到對研究現象深厚描述的程度？是否有不同的角度可以幫助研究報告的呈現？這樣的描述方式有何利弊得失？

步驟五：收尾

當初稿經過適當的整理與修改之後，研究者就可以考慮結束報告的撰寫工作了。在結束報告撰寫之前，不妨自問：「我到底在這篇報告中想說什麼？我說了沒？我用了什麼形式去說呢？」通常，在研究報告的結尾處，研究者都會做出一些結論性的陳述。雖然，一般學術論文都會要求研究者在結論時提出政策性或學術性建議；不過，質性研究卻是較重視研究結果的意義與作用。

另外，林淑馨（2010，頁 409-419）也彙整幾位學者的意見，將論文書寫歸納為三個具體步驟：

（一）寫作前的準備

1. 尋找合適的寫作環境與夥伴，並建立屬於自我的寫作習性

如安靜且不會被打擾的圖書館，以免思緒受到干擾。論文書寫過程也可能面對挫折，當情緒低落時，最好也能有家人或朋友的陪伴與鼓勵，達到心理紓壓，這樣對論文撰寫也會有幫助（頁 409-410）。

2. 研擬寫作大綱

找尋適合的環境後，不急著開始寫作，應先在腦海中思考要表達哪些內容，並簡單統整，草擬寫作大綱，這個大綱可以幫助自己思考整體寫作內容與流程，最後再將思考內容化為具體文字。當草擬好寫作大綱時，研究者須檢視內容表達和論點的排序邏輯，及是否能回答研究問題和達成研究目的（頁 410）。

3. 自我心理建設

寫作開始前，先做好充分的自我心理建設，理解寫作是幫助研究者澄清自己的思考盲點，透過寫作，研究者也可以發現自己思考較不合邏輯之處，重新閱讀文本與分析資料，最後再提出修正，透過反覆過程增進對研究的了解及提升研究的完整性（頁 410-411）。

（二）寫作進行時

1. 尋找研究主題或實證個案

要確保從事的研究是具有學術價值與意義，在正式決定主題或研究前，應檢視相關文獻，了解相關主題的研究現況與結果。無論研究主題如何吸引人，研究者仍需避免有其他學者做過相關研究主題，並確定研究問題可以在合理的時間被回答（頁 411-412）。

2. 整理研究背景與描述研究動機和問題

確定研究主題後，須先整理探討研究主題相關背景及其爭議，將這些爭議放入較大社會／情境脈絡，幫助讀者理解研究具有的普遍重要性，藉此凸顯研究動機。

（1）研究背景的描述：可先描述研究背景，將彼此之間關聯性交代清楚，有助於讀者對研究主題背景更清楚了解。

（2）研究動機的撰寫：從「研究者為何要研究該主題？」的動機思考為基礎，進一步思考「為何要探究該主題？」「該主題本身是否有爭議性？」來凸顯研究動機（頁 412-413）。

3. 著手進行文獻回顧

進行文獻檢閱與回顧目的是為了凸顯研究者對於研究領域的熟悉度和相關資料的掌握，藉此顯現本研究的貢獻與重要性。研究者可以透過文獻回顧，凸顯本研究的獨特性或原創性，同時也區辨與其他研究不同之處，作為提升本研究之價值（頁 416）。

4. 研究方法與過程的陳述

書寫內容包括：研究對象、研究工具及研究程序。在研究中，可以看到研究者如何選擇研究參與者（何人？多少人？如何被挑選？），可幫助讀者了解研究性質和研究問題的意義與價值。其次，描述研究工具（如訪談大綱），並讓讀者可以檢閱、複製與參考。最後，須說明研究資料收集過程（例如如何進行深度訪談資料收集及其信、效度）（頁 417）。

（三）寫作完成

書寫研究結論時，須避免使用過多絕對性言語或保守論述，應給予讀者和研究者有思考空間。無論是解釋或討論研究結果時，都需要清楚解釋與論述，必要時可以加上圖示或表格，輔助說明。對於結論的呈現，可以「發現」及「建議」為主軸，對研究有回顧與總結外，也應包括透過本研究的發現，可以提出哪些具體建議（頁 418-419）。

肆 結論

在本章中，主要是討論質性研究者如何將研究過程所收集的資料，透過合理且適當的方式來呈現研究報告。對質性研究工作者而言，研究報告的撰寫不只是一種思考過程而已，同時也是一種溝通的工具。研究者在撰寫研究報告之際，可以根據個人特質、寫作風格、研究問題與目的及研究現象的屬性，選擇適當的方式來撰寫。研究者可以依據上述條件，選擇以類屬法或情境法方式來撰寫報告，報告內容可以依據實際需要穿插分析性或描述性資料。無論研究者採用何種方式來撰寫研究報告，必須思考主要閱讀報告的對象是誰？是否運用了適當的方式來呈現，以便這些閱讀對象可以理解研究現象的本質？報告內容是否達到深厚描述的程度？在報告撰寫過程中，研究者是否有足夠的自我反思？

Chapter 18 質性研究之倫理議題

什麼是研究的倫理呢？近年來，只要是有關質性研究的書籍，幾乎都會有專門章節討論研究倫理相關議題。研究倫理之所以受到質性研究工作者的重視，主要是因為質性研究大都是以研究社會中較被忽略或弱勢族群之生活經驗為主體；而且，在整個資料收集過程，研究者也有較多機會與研究對象互動，甚至深入研究對象的生活世界。所以，質性研究者需要關心研究倫理議題，更需要反省研究者在研究過程的角色與權力關係。由於質性研究本身具有的特質，使得研究過程潛藏著許多研究倫理的議題與權力運作的本質，所以在本書的最後一章，筆者想為大家介紹質性研究的倫理議題。首先，說明什麼是倫理與研究倫理；其次，說明質性研究者在實地研究過程中經常會面臨的倫理兩難是什麼？另外，說明質性研究的倫理原則與相關考量；最後，說明研究倫理審查的發展脈絡與實務議題等。

 壹、質性研究倫理之意義

到底什麼是「質性研究的倫理」（ethics in qualitative research）？為什麼研究倫理對質性研究工作者如此重要？在此，先讓我們來了解倫理（ethics）與研究倫理（research ethics）的意義；然後，再進一步說明質性研究倫理的重要性。

什麼是「倫理」呢？英文的 “ethics” 源自於希臘文 “ethos” 之義，其所指

涉的是個人的性格、性質或氣質（Kimmel, 1988）。根據字典的定義，倫理是指：與道德有關的行為、意志或性格等，這些都關係到對／錯或善／惡的區分，所以倫理是指經常與正規的行為。《社會工作辭典》（蔡漢賢主編，2000）也將「倫理」一詞界定為：「一種價值信念與道德觀點，這種價值信念與道德觀點，往往成為社會中大多數人共同遵守的行為規範之基準。」換句話說，倫理就是規範社會中大多數人認為什麼是合法或不合法、什麼是可接受或不可接受的行為。

倫理與「道德」（morality）又有什麼相同與相異之處呢？因為「道德」的英文字 “morality” 源自於拉丁文 “moralis”，意指習慣、態度或性格，所以倫理經常被等同於道德。由於倫理與道德的規範，主要都是源自於社會主流價值，所以在討論倫理與道德的議題時，必然都會涉及價值的論述。所謂「價值」往往是指一種偏好、信念與觀點；換句話說，就是指社會上大多數人認為重要的、有價值的事物。當人們無法在兩種價值之間取得平衡時，就產生所謂倫理兩難（ethical dilemma）的情境（余漢儀，1998；章英華，1999）。

專業社群都有其成員必須共同遵守的道德與倫理原則，這就是所謂「專業倫理」（professional ethics），所以專業倫理就是指「某一專業群體的行為規則」（余漢儀，1998，頁 2）。舉例來說，大多數助人專業工作如：社會工作、醫學、輔導與心理學等，都有其專業人員必須遵守的價值信念與行為準則，這就是所謂的專業倫理。

當我們將倫理的理念，運用在整個研究過程中，這就是所謂的「研究倫理」。換句話說，「研究倫理」就是指研究者在整個研究過程，必須遵守研究社群對研究行為的規範與要求，這些倫理規範說明哪些是合法或不合法的行為（Neuman & Roskos, 1997）。研究倫理往往反映了研究社群共同的信念，當然，這些信念是脫離不了所處社會文化脈絡的價值信念的影響。如果我們從研究的脈絡探討質性研究的倫理議題，那麼可以發現許多外在因素，都可能進一步造成質性研究者的兩難，這些因素包括：研究者本身、贊助者、被研究者、研究者所屬的專業社群及一般社會大眾。

質性研究倫理之重要性

對質性研究而言，為什麼研究倫理如此的重要？許多質性研究者可能會覺得，為了研究走入田野（field site）、走進被研究者的生活世界，去了解現象或行動背後的意義，是一件相當有趣的工作。不過，正因為質性研究是本著研究者運用局內人的觀點，與被研究對象產生密切的互動關係，而不是以局外人觀點，冷靜、客觀的分析行為的因果關係，使得質性研究會比量化研究更重視倫理的議題。

從質性研究本質而言，探討的議題大都是與社會中較被忽略或弱勢族群的生活經驗有關，而研究者本身又是主要的研究工具（research instruments）。許多時候，當研究者在進行研究資料收集的過程，會因為研究需要及研究者身分的關係，而有機會進入被研究者的生活領域，深入了解被研究對象的生活經驗與內在世界。因此，研究者必須反省自己的角色，並敏感察覺到，在整個研究過程中，研究者與被研究者之間是否處在一種權力（power）平等的狀況（陳盈真、林津如，2010；畢恆達、謝慧娟，2005；Liamputtong, 2009; Lipson, 1994; Lund, Panda, & Dhal, 2016; Punch, 1998）。研究過程中研究者與被研究者的互動關係，是否建立在一種權力平衡的基礎，這就是所謂的研究政治（politics）議題。更進一步說，質性研究的「政治」議題，所關心的不只是研究過程中研究者與被研究者的互動關係而已，同時也關心研究所擁有的資源、社會文化與政策等因素，如何影響研究資料的收集與研究品質。

由於質性研究本身具有上述幾項特性，所以在研究過程總是潛藏著不確定性風險（larger elements of risk and uncertainty）及不可避免的傷害（unavoidably vulnerable）（張慈宜，2019；Punch, 1998）。當然，這並不表示質性研究可以為了完成研究而做出不合法的行為，或為了自己在學術上的成就，而不惜傷害被研究對象的權益。事實上，許多違反研究倫理的行為，大都是在一種情境曖昧或價值兩難下發生。當然，研究者本身的人格特質、經驗與敏感度等因素，都會是造成研究倫理兩難的主要因素；所以，研究者對倫理與權力的敏感度，將會影響資料收集的豐富性與研究品質的好壞。

根據 Punch（1998）的觀察，可能影響質性研究過程中資料收集或互動關係的權力因素有十項：

（一）研究者本身的人格特性

研究者的人格往往是影響研究者對研究議題選擇，及在實地研究過程中的表現之因素。

（二）地理環境的便利性

許多研究者在挑選研究主題時，地理便利考量往往會成為挑選研究對象的主要依據，如此反而忽略了其他人的權益。

（三）研究目的的本質

研究目的與研究經費多寡等因素，也會影響研究過程的互動關係及研究品質。

（四）研究機構的背景與聲譽

研究者所代表的機構或贊助人的聲譽，也會影響研究者是否得以順利進入研究場域，或取得被研究者合作的關鍵。

（五）守門人

對質性研究者而言，守門人（gatekeeper）往往扮演著影響研究者是否能進一步接近研究場域或取得研究資源的關鍵。

（六）田野研究者的地位

研究者以何種身分呈現在研究場域，往往也會影響被研究者的合作意願與研究品質。

（七）對團隊研究的期待

質性研究經常都是由一組成員共同協力完成的，所以每個成員扮演的角色，都可能對被研究者帶來影響。

（八）出版

當研究報告完成到印刷成為學術報告的過程，研究者必須敏感處理與被研究者的權利義務關係。

（九）社會與道德義務

研究者對被研究對象有一定的責任與義務，同時研究者在進行實地研究過程中也必須考量一些倫理議題。

（十）其他可能影響的因素

除了上述各項因素之外，研究者本身的年齡、性別、種族或社會地位等，都可能進一步影響研究過程的權力互動（畢恆達、謝慧娟，2005）。

任何實地研究，都潛藏著無數的權力與道德危機，所以研究者必須在著手進行研究之前，就謹慎思考與規劃如何處理研究過程可能面臨的倫理問題。特別是對一個質性研究的新手而言，由於缺乏適當的訓練、研究經驗或督導，如果沒有做好事前的準備與規劃，那麼當研究者進入研究場域之後，往往就像一匹脫韁的野馬，不僅可能造成研究場域的混亂，同時也可能造成研究者與被研究者彼此之間的傷害。在 Politics and ethics in qualitative research 一文中，Punch（1998）提出不同的觀點。Punch 認為如果我們過於謹慎小心，導致許多研究者不敢或無法進入研究場域進行社會現象之探究，有時候反而會阻礙行為與社會科學研究社群對社會現象的了解，所以 Punch 主張研究者應該走出去，進入研究場域動手做研究（get out and do it）。

 質性研究之倫理議題

筆者認為沒有一個研究者可以大聲的向他人宣稱，自己的研究是建立在完全客觀、中立的基礎。事實上，在整個研究過程中，往往有許多因素會進一步影響研究資料的豐富性與研究的品質，這些因素包括：研究者本身的特質與偏好、研究使用之理論觀點、研究經費之贊助者、研究者所擁有的資源多寡或資料收集的方式等。上述這些因素，都可能在質性研究過程中，進一步影響研究者與被研究者的互動關係，並形塑研究者可能需要面對的倫理議題（ethical issues）。在這一節中，筆者將要討論質性研究之倫理議題，並進一步說明研究者在實地研究過程中，面對倫理兩難的情境時應如何選擇。

一、倫理議題

哪些是作為一位質性研究工作者，在研究過程中可能會面對的倫理兩難的議題呢？質性研究方法是如此多元，不同研究方法所面對的倫理議題是否相同？Lipson（1994）在 Ethical issues in ethnography 一文中，提出人類學家在進行民族誌研究過程，經常會面臨的倫理兩難議題有：知情同意（informed consent）、欺騙和隱瞞（dishonest and deception）、對被研究者的責任和危機管理（responsibility to informants and handling risks）及互惠（reciprocity）等。然而，Lipson 不認為上述幾個倫理兩難的議題，只會出現在人類學民族誌研究過程，而是任何一位從事質性研究的工作者，都會面對上述這些倫理兩難的困境。誠如 Punch（1998）所言，無論研究者是採用何種資料收集方法，在研究過程都需要面對傷害、知情同意、欺騙、隱私與保密等倫理議題。

下列彙整許多學者專家的觀點，將質性研究者經常會經驗之倫理兩難的議題，綜合討論如下：

（一）知情同意

對任何以人類為研究對象的研究而言，「知情同意」原則（principle of informed consent）是最基本、也是最重要的原則。所謂「知情同意」是指研究參與者是否充分被告知參與研究的意義、完整的研究資訊、參與的風險與權益、資料的保存與運用等。當研究參與者已經充分被告知與研究有關之訊息，並決定參與研究時，原則上須簽署一份書面同意書（informed consent form），若有特殊情況，則以口頭、錄影或其他形式替代書面簽署。即使已經簽署了這份同意書，若研究參與者想要終止研究關係，隨時都可以終止研究關係並撤回提供之資料。

「知情同意」重視的是，研究者必須以研究參與者能夠理解的語言，充分告知參與研究過程與其權利有關的訊息，以便能讓研究參與者做出最有利、最適當的選擇。通常，研究參與者必須被告知的內容，包括：

1. 研究內容與目的

雖然，研究者必須充分告知研究參與者有關研究內容與目的，但並不表示研究者需要完整交代整個研究計畫內容，而是摘要相關部分說明即可。

2. 研究參與者將會被要求什麼

研究參與者必須被充分告知，在研究過程可能被要求配合的行為，及需要花費多少時間；不過，質性研究不像調查研究法，研究者可以預先知道研究參與者需要花費多少次或時間參與研究過程，所以這是一種「過程的同意」（process consent）。

3. 可能會發生的風險與益處

研究參與者也必須被充分告知，因為參與這項研究可能經驗到的潛在風險是什麼，或是研究參與者因為參與這項研究，而可能獲得什麼好處，及研究可能為研究參與者帶來何種福祉。

4. 資料處理過程的保密措施

告知的訊息中同時也包括，研究者要如何處理所收集到的資料，如何尊重研究參與者的隱私權，同時也能做到匿名原則。

5. 中途撤銷同意權

研究參與者絕對是基於自由意願參與，即使研究參與者已經簽署了同意書或同意參與，但仍有權利在研究過程的任何時間點，選擇退出研究而不被處罰或責難。

6. 讓研究參與者了解研究者的身分與贊助單位

讓研究參與者了解研究者的身分及贊助機構，並留下研究者服務機構之聯絡地址與電話。

許多時候，研究者會以被忽略或弱勢族群為研究對象，當研究對象是為成年兒童或少年（女）或弱勢成人（如機構內失智老人或有嚴重精神疾病患者），研究者在進行研究前，必須要得到法定代理人（或監護人）與其本人的同意。在某些情境下為了保護研究參與者（如愛滋感染者、同志、受刑人等），簽署同意書可能會導致公開身分，此時簽署不一定是必要的，可改為以口頭參與同意替代書面知情同意（章英華，1999；蔡甫昌、林芝宇、張至寧，2008；Sobočan, Bertotti, & Strom-Gottfried, 2019）。舉例來說，如果是以未成年同性戀少年為研究對象，若研究參與者尚未現身，且不願意讓父母知道自己是同志，那麼研究者可以不需要獲得父母的同意簽署；或是以非法移民者為研究對象，若其擔心身分暴露，可能危害自身權益，研究者也可以不需要書面同意。

不過，朱元鴻（1997）卻認為「自願參與」也可能只是個假象，在研究過程中，總是難免會涉及訊息操作與印象整飾（impression management），而影響自願參與的真實本質。當然，研究者也要敏感覺察，是否因為研究權力關係，而影響了充分告知而後同意參與研究的真實本質。舉例來說，研究者是某方面的權威，當要進入實務領域進行研究時，被研究的機構或研究參與者是否因為研究者的身分而難以拒絕。如果研究者是行政機構的主管，當對下屬單位進行研究過程時，是否因為這種職務上的權威關係，使得被研究者無法拒絕，甚至在提供訊息時隱惡揚善，而影響資料收集的內容與研究品質。

（二）欺騙和隱瞞

第二個要討論的倫理議題是欺騙和隱瞞，就字面意義而言，「欺騙和隱瞞」其實是和「知情同意」相悖的意念。在研究過程中，研究者是否要向研究參與者公開研究目的與身分呢？這是見仁見智的看法。原則上，研究者不應該隱蔽研究目的與身分。但是，在某些情況下，隱蔽研究者的身分可以為被研究者帶來更多福祉，而這些福祉遠高於因欺瞞身分所帶來的傷害時，或是隱蔽可能導致的危機小到微乎其微時，那麼研究者就可以適度的隱瞞身分，但在研究結束後，也應盡可能告知（陳向明，2002；嚴祥鸞，1998；Lipson, 1994; Maxwell, 1996; Punch,1998）。

綜合歸納許多學者的觀點及個人的研究經驗，可以將質性研究對「欺騙與隱瞞原則」的立場歸納為三：

1. 立場一：誠實與公開

第一種立場主張，研究者不可以用任何理由違反誠實與公開的倫理原則，因為沒有任何一位研究者可以不經同意而侵犯他人隱私。不論研究結果可能為研究參與者帶來多少福祉，研究者都應該尊重研究參與者的權利，不應該運用研究者的優勢或為了研究方便，而隱蔽研究者身分或隱瞞研究目的。

2. 立場二：欺騙與隱瞞

第二種立場主張，由於研究者負有追求社會真理與發展知識的責任，所以研究者可以用任何理由或方法取得所需要的資訊，包括：撒謊、隱蔽研究者身分及設計情境等（陳向明，2002）。同時，也有學者認為人都有不願向別人透露隱私的特性，所以研究者若直言不諱，被研究者為了隱瞞不好或不被接受的行為，結果就是研究者獲得不真實的資料；因此，唯有適度的隱蔽研究者的身分，才有可能獲得了解事實真相的機會。

值得商榷的是，大部分質性研究的資料是來自觀察和訪談，而質性研究強調的是研究者必須在自然的情境下，來進行相關資料收集的工作。對某些研究者而言，其研究場域可能是在公開的場所，如：公園、火車站或咖啡廳等，一來為了不干擾被觀察者活動的進行，二來沒有特定對象可以公開研究目的與研究者身分，這時候隱蔽研究者身分就是一種可以被接受的行為。

3. 立場三：折衷觀點

採取折衷觀點的研究者認為，倫理與道德議題必須以一種比較開放、彈性的態度來面對，才能真正處理質性研究倫理的議題。換句話說，研究者不應該堅持絕對誠實與公開或絕對隱瞞與欺騙，而是應該考量到研究過程的各項因素可能對研究參與者造成的傷害，及對研究結果形成的影響，進行完整的評估之後再做決定。如果在不得已的情況下，研究者必須適度的隱瞞或欺騙，只要將可能的傷害降到最低，那麼適度的欺騙與隱瞞是可以被接受的。在這種情況下，研究者要關心的不是「要不要公開」研究者身分的問題，而是「要公開多少」及「如何公開」的問題。

（三）隱私與保密

由於質性研究經常是透過與研究參與者互動，或進入研究參與者的生活世界中，深入了解研究參與者的想法、信念與價值觀；因此，隱私（privacy）與保密（confidentiality）就成了兩個重要的研究倫理議題。雖然，隱私與保密兩者息息相關，但兩者有某種程度的區別。所謂「隱私」是指「個人決定何時與如何將訊息傳遞給他人，及訊息傳遞要到何種程度」（章英華，1999）；根據陳向明（2002）的分析，隱私其實就是指「個人的資訊」。

「個人的資訊」與「隱私的資訊」又有什麼樣的區別？陳向明（2002）認為個人訊息是指與研究參與者個人私事有關的訊息，所以比較偏向私人領域的事。從研究角度而言，私人領域中的資訊可以進一步區分為「個人資訊」與「隱私資訊」；前者是指個人資訊可以在公開場所被談論，後者則是指個人資訊不可以在公開場所被談論。簡單的說，隱私是屬於私人領域中不可以被公開的資訊。根據美國心理學會（American Psychological Association）的規定：「除非有事先的約定，否則在研究過程中，自研究參與者所獲得的資訊都是機密的。」當研究者洩露與研究參與者有關的訊息，就是牴觸原來的承諾，更進一步破壞研究關係。

用來保障研究參與者的隱私，最根本的方法就是保密（Punch, 1998）。所謂保密就是對研究所收集之資訊謹守嚴格守密的原則。通常，研究者在開始進行資料收集之前，就應該主動向研究參與者說明如何處理研究參與者姓名或可辨識身分訊息的處理方式，任何有關人名、地名或其他可辨識的訊息都應該刪除，這就是「匿名」（anonymity）原則。

舉例說明

1. 以乳癌患者身體意象為主的研究議題，研究對象主要是來自高雄市某醫學中心乳房外科之病人與醫師，那麼「高雄市某醫學中心」本身就是一個可以被清楚辨識的訊息，所以研究者在研究報告中，應該將此訊息改為「某醫學中心」。
2. 探討保護性社工督導經驗的研究議題，研究對象中有一位男性、且有國外社工碩士學位，在保護性領域中男性督導並不多，同時又有國外社工碩士學位者更少，這個研究參與者的說明很容易被清楚辨識，所以研究者在研究報告中，應該僅需要呈現性別與碩士學位即可，不需要呈現國外社工碩士。

從實務研究經驗來看，要做到完全的保密並不容易。通常，研究者都會在研究報告之前或論文之後，對參與研究者簡單致謝，有時候就讓匿名的努力前功盡棄。這時候，研究者最好彈性運用匿名原則，進一步與研究參與者討論，是否要在致謝部分提及真實姓名與工作單位之名稱（陳向明，2002）。作為一位質性研究者，一定要敏感知覺，由於研究者的身分，讓自己擁有一定特權得以進入別人的生活世界，我們不僅要珍惜這種權力，同時也要意識到這種權力可能被誤用。

（四）潛在的傷害與風險

保障研究參與者免於受傷害的最根本原則，就是「匿名」原則。研究者如何運用匿名原則，達到保護研究參與者的目的呢？Lipson（1994）認為研究者可以透過兩種方式來達到避免傷害的目的：（1）不在任何研究資料的紀錄上留下研究參與者的姓名，所以研究者可以口頭同意，替代知情同意之書面同意書；（2）研究者必須審慎閱讀研究記錄或研究報告中之資料，將任何可能對研究參與者造成傷害的訊息，都加以剔除。

在資料收集過程，往往會有許多意外事件導致對研究參與者造成潛在傷害；此時，研究者必須盡量控制，將可能對研究參與者造成的傷害降到最低的程度。舉例來說，筆者在過去幾年的訪談經驗中，有多位研究參與者在訪談過程，意外的回想到童年不好的生活經驗，情緒低落而無法控制自己的情緒；此時，筆者必須要先暫停訪談工作，提供適度的支持會談，讓研究參與者能度過情緒危機之後，才能再進行訪談工作。

許多時候研究者在收集資料過程時，往往都會著重於研究參與者較為痛苦、不愉快的經驗，或較不好的行為，如：離婚、感染愛滋、家人去世、婚姻暴力、性交易或吸食毒品等。研究者由於研究身分的關係，而有機會進入研究參與者的生活世界，基於研究倫理的考量，研究者必須要讓研究參與者是在充分意願下自由表達個人的意見與想法，不可以勉強研究參與者談論其不想要談論的內容，或者因為研究者個人的好奇或興趣，而偏離研究主題範圍。由於質性研究的議題，較偏重於被忽略、社會上弱勢族群或少數族群的議題，所以對資料的收集都會傾向於將一般性資料刪除，而保留較為特殊或不尋常的資料，這往往會對這些少數或弱勢族群造成汙名化或貼標籤的事實，所以研究者必須小心處理，避免對研究參與者造成不可預知的傷害（Kimmel, 1988; Lipson, 1994）。

舉例說明

1. 研究者關心在台灣的新住民的生活經驗，故以各縣市家庭暴力防治中心裡遭受婚姻暴力的新住民為研究對象，然後歸納出新住民大都是低教育，而施虐的配偶大都是低教育、低所得與某種程度的身心障礙等特質。這種汙名化與標籤化的過程，是否會進一步對研究參與者造成二度傷害呢？這是值得深思的問題。

2. 研究者關心女遊民在公共空間的生活經驗、風險與因應，訪問過程發現女遊民因應保護自己的策略多元，有極少部分會透過性交易方式，讓自己獲得盥洗場所、安全睡眠的空間及少許零用錢等，當研究報告中過度強調性交易，而忽略其他保護因應策略，不僅會模糊研究焦點，甚至也會對研究參與者造成二度傷害，值得深思。

（五）互惠關係

在質性研究過程，研究參與者往往需要花費許多時間和精力參與研究者的活動，提供研究者所需要的訊息，甚至討論與自己個人有關的隱私。對研究參與者的奉獻及參與，研究者應該要如何表達個人的感激與謝意呢？有一派質性研究者認為，研究本身就是權力不平等的關係，研究者往往可以透過研究獲得利益，例如：升等、論文發表或成名等，而研究參與者不但無法獲利，甚至可能進一步被傷害（Lipson, 1994）。

然而，也有另一派人士主張，一定的回報是應該的，所以研究者應該就研究參與者的貢獻，而給予口頭或物質的回報（陳向明，2002）。舉例來說，如果研究是在政府或研究機構贊助下進行，那麼應該將一部分經費作為研究參與者的報酬。如果經費較少，可以購買小禮物贈送；如果經費充裕，則可以用出席費支付。當然，研究者也可以透過提供相關的資訊、幫忙處理事務或扮演好的傾聽者等間接方式回報被研究者的參與。

二、研究倫理的決定模式

研究倫理可以作為研究社群成員的行為之指導方針，不過，當研究者在面臨倫理兩難的困境時，所採行的問題解決途徑往往因人而異。Kimmel（1988）認為在討論倫理決定（ethical decision making）之前，應先區分「規範倫理」（normative ethics）與「後設倫理」（meta-ethics）兩者的區別。

「規範倫理」是指倫理是在提供一套原則，作為指導研究行為之基準。規範倫理主要是試圖在特定情境下，提供研究者行動的判斷與指引。換句話說，規範倫理是一種道德架構，提供給研究者參考在什麼情況下，應該要做或不應該要做什麼（章英華，1999）。「後設倫理」則是強調道德的真理，並企圖建立正確的道德行為之原則；後設倫理所著重的焦點是：道德的本質是什麼？研究倫理所追求的就是這種真理。

質性研究者在整個研究過程，如何面對及處理研究倫理兩難的困境呢？在此，以 Brody 的倫理決定方法（method for ethical decision making）作為參考架構（Smith, 1990）：

步驟一：研究者知覺到研究存在的倫理道德問題。

步驟二：研究者必須仔細判斷是否有其他可能的替代研究方案，可以避開這個倫理問題。

步驟三：在各種可能的研究方案中，找出具體可行的選擇方案。

步驟四：提出可能面對的倫理困境及其可能的影響範圍。

步驟五：在釐清與對話過程中，找出各種可能面對的倫理困境之關鍵性議題，並從當事人的立場思考，應該如何處理這項倫理議題，才能避免對當事人的權益造成傷害。

 研究倫理審查的發展與實務

受到歐美學術社群對於研究倫理的關注，2010 年左右，行為與社會科學領域也開始實施研究倫理審查。本節先簡介國際學術社群與台灣學術社群對於研究倫理審查的發展脈絡，進而說明研究倫理審查的重點與實務。

一、研究倫理審查的發展脈絡

（一）國際學術社群

學術社群對於研究倫理的關注，源起於二十世紀中期以後二次世界大戰，德日以戰俘為人體試驗對象，美國在 1931 至 1972 年公共衛生署以貧窮黑人進行梅毒人體試驗，及 1956 至 1980 年在紐約史坦頓島（Staten Island）收容機構，對心智障礙兒童進行肝炎病毒病程觀察的人體試驗事件之影響（楊道淵、申宇辰、李青、馮靜譯，2010/2016；蔡甫昌等人，2008；戴正德、李明濱主編，2012）。這些人體試驗都是以謀大多數人福利為藉口，犧牲了少數人的健康與生命，引發爭議及對人體研究的反思，成為建構保障人性尊嚴與權利研究規範的動力。

1964 年《赫爾辛基宣言》（Declaration of Helsinki），強調醫學在人體實驗的道德、責任、風險與善盡保護原則，尤其是對易受傷害族群與個人（vulnerable groups）應該盡到特別保護的考量。1978 年美國《貝爾蒙特報告》（The Belmont Report）提出三項保護人類受試者研究倫理指導原則（莊惠凱、邱文聰，2010；蔡甫昌等人，2008；蔡甫昌、許毓仁，2013）：

1. 善行原則（beneficence）：無論何時都要避免傷害或讓傷害極小化。
2. 公平正義原則（justice）：要提供公正待遇，避免不同階級間或不同成員歧視。
3. 尊重個人原則（respect for persons）：要求透過事前知情同意方式，尊重研究參與者自主權。

1980 年後期，美國各大學及學術社群陸續通過所屬機構或社群研究倫理守則，規範該機構或學術社群成員從事學術研究時應遵守之研究倫理原則（楊道淵等譯，2010/2016）。這三項研究倫理原則，也成為國際學術社群對於研究倫理審查的基本原則。

（二）台灣學術社群

受到國際學術社群對於研究倫理的關注與趨勢之影響，國內也開始關心研究倫理議題。當時對於研究倫理的討論大都聚焦在以人體研究為主的研究倫理規範，而《人體研究法》適合生物醫學研究，卻不適合不確定性較高的行為及社會科學研究，因而引發諸多爭議（王智弘，2013；鄭麗珍、朱家嶠，2010；蔡甫昌、許毓仁、鍾珞筠，2009；戴華、甘偵蓉、鄭育萍，2010）。

教育部與科技部分別於 2012 年與 2015 年，針對人類研究提出研究倫理規範（code of research ethics）（莊惠凱、邱文聰，2010）。教育部 2012 年函示，所謂「人類研究」（human subjects）係指「研究人類與外界社會環境接觸時，因人際間彼此影響產生之交互作用即人文科學研究，以觀察、分析、批判社會現象及文化藝術之研究」。科技部補充說明「人類研究」之定義：「所稱人類研究係指行為科學研究以個人或群體為研究對象，使用介入、互動之方法，或是使用可資識別當事人之資料，而進行該個人與群體有關之系統性調查或專業學科之知識性探索活動者。」行政院 2009 年「第八次全國科技會議」通過「98-101 年度國家科學技術發展計畫」，鼓勵大學及研究機構成立研究倫理委員會（research ethics committee, REC），將規範對象擴及行為與社會科學研究。科技部人文處在 2009 年協助全國北、中、南三區建構人類研究倫理審查機制，開啟行為及社會科學研究對研究參與者人權的重視，促使國內研究倫理規範能與國際社群接軌，提升國內學術研究品質（林正介等人，2013）。

目前行為與社會科學研究對於研究倫理審查的立場與實務，主要是受到衛福部《人體研究法》與科技部《補助專題研究計畫作業要點》兩項規範影響。但是，在《人體研究法》（2011 年）通過之前，國內已有部分法規與行為與社會科學研究有關，例如：《電腦處理個人資料保護法》（1995 年，現已廢止）、《原住民族基本法》（2015 年）、《個人資料保護法》（2010 年）。2011 年通過《人體研究法》，而科技部於 2011 年與 2013 年分別辦理第一、二期試辦方案，於 2022 年制定了《科技部補助專題研究計畫作業要點》，而教育部也對於教學實踐計畫提出研究倫理審查的規範。

雖然行為與社會科學研究是以人類為研究對象，但研究屬性可能屬於人類研究，也可能屬於人體研究。何種研究類型屬於人體研究？《人體研究法》第 4 條明確規定：「指從事取得、調查、分析、運用人體檢體或個人之生物行為、生理、心理、遺傳、醫學等有關資訊之研究。」哪些研究屬於非人體研究（又稱為人類研究）？依據《科技部補助專題研究計畫作業要點》第 11 點規定：「人文及社會科學研究發展司之研究計畫涉及以個人或群體為對象，使用介入、互動之方法、或使用可資識別特定當事人之資料，而進行與該個人或群體有關之系統性調查或專業學科的知識性探索活動。」教育部對於教學實踐計畫的規定，則是人體研究「需要」送審，而非人體研究沒有強制，但建議屬於教學實驗或投稿時期刊要求考量等，則建議送研究倫理審查。整體而言，無論人體或非人體研究，國內學術社群傾向將研究計畫案送研究倫理審查，通過審查後再進行研究。

二、研究倫理審查的實務

目前國內有十三所大學設有研究倫理審查委員會（參見表 18-1），依規定，若送審者的服務學校設有研究倫理審查委員會，就必須送至所屬學校審查，而未設置者，可以自由選擇。

表 18-1　大專院校設有研究倫理審查委員會的名單

大專院校名稱	審查會名稱	成立時間
國立臺灣大學	行為與社會科學研究倫理委員會	2018
國立陽明大學 *	人體研究暨倫理委員會	2018
中國醫藥大學	中區區域性審查委員會	2018
國立交通大學 *	人體與行為研究倫理委員會	2018

表 18-1　大專院校設有研究倫理審查委員會的名單（續）

大專院校名稱	審查會名稱	成立時間
國立成功大學	人類研究倫理審查委員會	2018
輔仁大學學校財團法人輔仁大學	人體研究倫理委員會	2018
國立彰化師範大學	研究倫理審查委員會	2018
國立清華大學	研究倫理審查委員會	2018
國立臺灣師範大學	研究倫理審查委員會	2019
國立政治大學	人類研究倫理審查委員會	2019
國立中正大學	人類研究倫理審查委員會	2019
臺北市立大學	人體研究倫理委員會	2019
光宇學校財團法人元培醫事科技大學	人體與人類行為研究倫理委員會	2020

* 註：2021 年合併為國立陽明交通大學。

資料來源：大專院校研究倫理審查組織查核辦公室（2021）。

（一）研究倫理審查原則

研究倫理審查委員會對於研究倫理的審查，主要是以《貝爾蒙特報告》提出三項保護人類受試者研究倫理指導原則，發展為研究倫理審查實務之原則（參見表 18-2）。

表 18-2　研究倫理審查原則

尊重個人原則	個人應被視為具有自主能力的主體（完整告知和自願同意）。 自主能力不完全者應受到保護。
善行原則	生、心理傷害最小化原則。 風險降至最低。
公平正義原則	風險與利益的公平分配。 不因容易招募、易於操控就選定特定族群。

基本上，需先判斷研究屬於人體或非人體研究類型，再依研究對象是否為易受傷害族群，及研究對象參與研究過程的風險程度高低，將研究計畫分

為三種類型（參見圖 18-1）：

1. 一般審查（又稱全委員會審查）

若為人體研究或部分非人體研究，並以易受傷害族群為研究對象，且參與研究過程所遭受之風險，明顯高於未參加該研究。

2. 簡易審查（又稱微小風險審查）

若為部分人體研究或非人體研究，並非以易受傷害族群為研究對象，且參與研究過程所遭受之風險可能高於未參加該研究。

3. 免除審查（又稱行政審查）

符合下列要件之一，得提出免除審查申請：

（1）非人體研究。

（2）並非以易受傷害族群為研究對象，或不因不當脅迫或無法以自由意願做決定者為研究對象；如師生關係、督導關係，或服務提供者。

（3）於公開場合進行之非記名、非互動且非介入性之研究，且無從自收集之資訊辨識特定之個人；如匿名線上問卷調查。

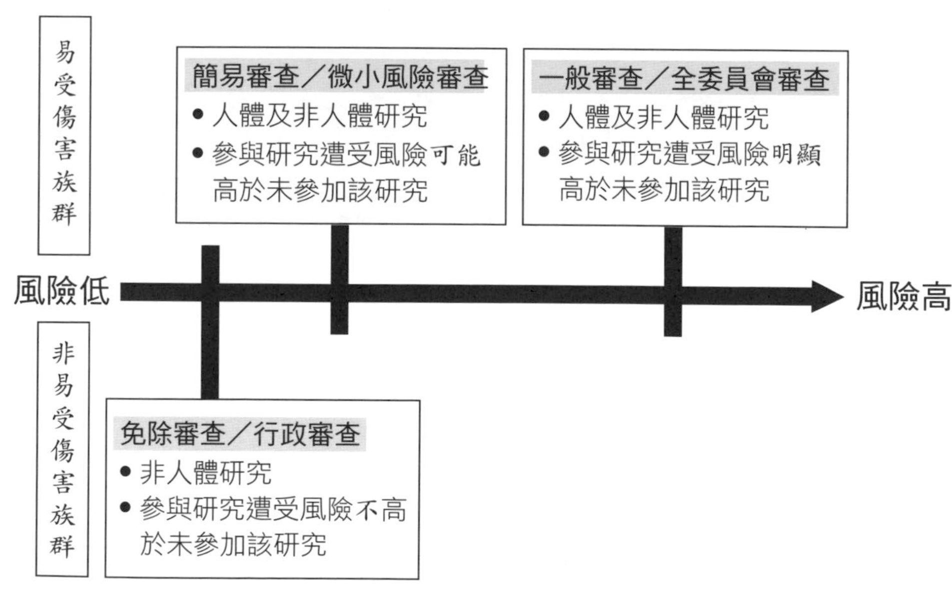

圖 18-1 如何判定研究計畫送審類型

（4）於一般教學環境中進行之教育評量或測試、教學技巧或成效評估之研究。

（5）且參與研究過程遭受之風險不高於未參加該研究。

（二）易受傷害族群的判定

那麼誰是「易受傷害族群」？根據《人體研究法》第 2 條規定：「人體研究應尊重研究對象之自主權，確保研究進行之風險與利益相平衡，對研究對象侵害最小，並兼顧研究負擔與成果之公平分配，以保障研究對象之權益。」第 12 條進一步規範研究參與者「以有意思能力之成年人為限。但研究顯有益於特定人口群或無法以其他研究對象取代者，不在此限」。若研究對象為限制行為能力人或受輔助宣告之人時，由本人或法定代理人或輔助人同意；若研究對象為無行為能力人或受監護宣告之人時，由法定代理人或監護人同意。因此，在研究倫理審查實務中，將易受傷害族群明列下列七種，參見表 18-3。

表 18-3　誰是易受傷害族群？

類別	類型	對象
受刑人	制度上易受傷害	更生人、受刑人、用藥者、施暴者、加害人等
師生關係	慣於順從易受傷害	指導學生、修課學生、受督導者、受雇者、助理等
孕婦	慣於順從易受傷害	孕婦、受暴婦女、經濟弱勢者、感染者、病患、接受福利服務者等
七足歲以上，未滿二十足歲之未成年人	認知易受傷害	未成年人、心智障礙者等
未滿七足歲之兒童	認知易受傷害	幼兒園、發展遲緩兒童、受虐兒童、自閉症兒童等
研究執行所在地之少數族群或非本國籍人士	慣於順從易受傷害	原住民、新住民、移工、外籍學生等
心智失能或精神疾病者	認知易受傷害	身心障礙者、失智老人等

（三）知情同意的內涵

無論是人體研究或非人體研究，研究者在收集資料前，都應該以研究參與者能理解的語言與內容，善盡充分告知的責任，並讓研究參與者有足夠時間考量是否願意參與及隨時退出研究的權利。根據《人體研究法》第 14 條中共九類之規定，完整知情同意應包括：

1. 研究機構與經費來源

如：「本研究為科技部三年期經費補助研究，計畫主持人為……。」

2. 研究目的及方法

如：「本研究主要是運用深度訪談法（或問卷調查法、實驗法、焦點團體訪談法），探討第一線親密關係暴力防治社會工作人員，在提供相關服務的經驗與困境。」

3. 研究對象之權益及個人資料保護

如：訪談時間（問卷填寫時間）、訪談重點、錄音、匿名、被辨識資訊、回饋、互惠、補償、權益受損之申訴管道。

4. 隨時撤回同意之權利與方式

如：中途撤回、未完成研究之權益（依比例原則）、撤回之資料處理（問卷、訪談）。

5. 可預見風險及損害之救濟措施

如：潛在風險、損害救濟（賠償、醫療、保險）。

6. 研究材料保存期限與運用

通常行為與社會科學研究之資料保存，大都保存約五年左右資料才銷毀。

7. 研究可能衍生之商業利益及其應用約定。

8. 主持人姓名與職稱。

9. 計畫聯絡人與聯絡方式。

（四）判定的兩難

很少行為與社會科學研究在研究過程不面對研究倫理兩難。何謂「研究倫理兩難」？ J. M. DuBois（2008）指出：「研究決定通常也是倫理決定……當我們做一個可控制範圍的決策時，顯現對參與者的尊重或不尊重，這也是屬於研究倫理範疇。」亦即研究者在研究過程面對什麼是正確的選擇或決定。倫理兩難可能發生在研究過程任一階段，研究者必須要有能力分辨及深入議題，尋求最佳解決途徑。研究者可以透過下列架構檢視研究過程是否遭遇研究倫理兩難（DuBois, 2008）：

1. 自願問題（voluntary problem）：研究參與者是否自願參與？如：僅邀請熟悉者參與研究之適切性。
2. 認知問題（cognitive problem）：研究者做出的選擇是正確的嗎？是否有足夠力量抑制不道德行為？如：給研究參與者金錢回饋的適切性。
3. 社會問題（social problem）：研究結果與社會期待不符合時，又如何面對委託者？

DuBois（2008）指出研究倫理兩難通常來自三方面（引自 Danchev & Ross, 2014, p. 83）：（1）不同對象涉入且關注利益不同；（2）相對事實非常不確定或相互矛盾時；（3）上述不確定性或矛盾又與倫理規範有關。面對倫理兩難時，研究者可以運用「SFNO 架構」記錄訊息，作為改善或增進研究者與研究團隊的研究倫理能力參考（Danchev & Ross, 2014, p. 83-84; Sobočan et al., 2019）：

S（Stakeholders，利益關係人）：誰明顯受到影響。

F（Facts，事實）：什麼樣的研究議題比較會引發不一致或爭議。

N（Norms，規範）：哪些倫理原則、規範或價值容易遭受威脅或不一致。

O（Options，選項）：若不能符合研究倫理規範要求時之妥協方案為何。

另外，Danchev 與 Ross（2014, p. 81-82）建議從下列研究倫理審查架構切入，來衡量研究倫理兩難：

1. 受益與行善（beneficence）：這項研究可能帶來哪些好處？
2. 無惡意傷害（non-maleficence）：研究過程是否引發研究參與者創傷經驗？
3. 公平正義（justice）：研究參與者的聲音是否被聽到、感受以及被公平對待。
4. 自主（autonomy）：研究參與者是否有足夠自主能力決定參加研究與否。
5. 忠誠（fidelity）：資料呈現過程是否能盡到確保隱私與保密。
6. 真實性（veracity）：提供的訊息是否正確及如何使用研究資料等。

伍 結論

在這一章，主要探討質性研究者在進行研究過程中，經常會面臨的權力與倫理議題。由於質性研究往往需要深入被研究者的生活世界，深入了解研究參與者的內在想法與生命經驗；然後，再透過研究者的觀點，將研究過程收集到的資料加以詮釋說明。研究者必須敏感察覺，研究關係其實是一種權力不平等的關係，這種權力不平等的事實，往往會進一步影響研究參與者的合作意願與提供之資訊內容，進而影響整個研究品質。同時，在整個研究過程中，研究者本身的價值信念與道德觀點，也都會進一步影響研究參與者的權益與福祉。

REFERENCES

中文部分

大專院校研究倫理審查組織查核辦公室（2021）。**常規查核合格名單**。取自 https://ohrp.stpi.narl.org.tw/hrpp/home/review2_new.php

王文科、王智弘（2010）。質的研究的信度和效度。**彰化師大教育學報，17**，29-50。

王秀紅、謝臥龍、駱慧文（1994）。醫療行為中性騷擾的界定與預防。**公共衛生，21**（1），1-13。

王智弘（2013）。朝向含攝文化的諮商研究：開展含攝華人文化的助人專業倫理觀。**台灣心理諮商季刊，5**（2），vi-x。

王雲東（2016）。**社會研究方法：量化與質性取向及其應用**（第三版）。新北：揚智文化。

朱元鴻（1997）。背叛／洩密／出賣：論民族誌的冥界。**台灣社會學季刊，26**，29-65。

江文瑜（1996）。口述史法。載於胡幼慧（主編），**質性研究——理論、方法及本土女性研究實例**。台北：巨流圖書公司。

阮光勛（2014）。促進質性研究的品質與可信性。**國教新知，61**（1），92-102。

余玉眉、田聖芳（1999）。質性研究資料的量化及詮釋——從研究例證探討臨床護理研究方法與認識學第一部分：質性臨床護理研究之方法學及認識學的探討。**護理研究，7**（3），276-288。

余玉眉、田聖芳、蔣欣欣（主編）（1991）。**質性研究——田野研究法於護理學之應用**。台北：巨流圖書公司。

余漢儀（1998）。社會研究的倫理。載於嚴祥鸞（主編），**危險與祕密：研究倫**

理。台北：三民書局。

吳芝儀（2005）。敘事研究的方法論探討。載於齊力、林本炫（主編），**質性研究方法與資料分析**（第二版）。嘉義：南華大學教育社會學研究所。

吳啟誠、張瓊云（2020）。主題分析在教育研究上的應用。**特殊教育發展期刊，69**，29-42。

呂俊甫（1993）。源自美國的「行動研究法」。**美國月刊，8**（2），124-128。

呂美慧（2008）。M. Foucault 與 D. E. Smith 論述分析之比較與其對教育研究之啟示。**臺北市立教育大學學報教育類，39**（2），71-103。

李育岑、謝弘裕、曾均涵、張毓蘭、黃獻樑、余豎文（2016）。社區賦權的模式下推動新店區某社區老人健康促進。**台灣老年醫學暨老年學雜誌，11**（3），186-195。

周月英（1991）。**解讀媒介中的女性意識**〔未出版之博士論文〕。國立政治大學新聞研究所。

周雅容（1997）。焦點團體法在調查研究上的應用。**調查研究，3**，51-73。

林正介、宋鴻樟、辛幸珍、紀欣怡、洪嘉禪、陳祖裕、曾雅玲、黃文良、黃漢忠（2013）。中區區域性研究倫理審查制度的建置：目的與成果。**人文與社會科學簡訊，14**（2），47-55。

林金定、嚴嘉楓、陳美花（2005）。質性研究方法：訪談模式與實施步驟分析。**身心障礙研究季刊，3**（2），122-136。

林欣蓉、陳學志、廖崑閔、蔡雅齡（2019）。科技前導教師教案實作之課程意識探究——以七位國小教師的觀點為例。**教育科學期刊，19**（1），1-22。

林香君（2015）。在互為主體性中建構主體性：以批判實踐取向敘說與對話為方法的教學實踐。**教育實踐與研究，28**（2），181-212。

林柏盟（2013）。**南屯溪治理議題與公民參與實踐程度之研究**〔未出版之碩士論文〕。東海大學行政管理暨政策學系。

林佩璇（2000）。個案研究及其在教育研究上的應用。載於中正大學教育學研究所（主編），**質的研究方法**。高雄：麗文文化。

林振春（1992）。台灣地區成人教育需求內涵的德惠法研究。**成人教育學刊，1**，43-82。

林淑馨（2010）。**質性研究：理論與實務**。台北：巨流圖書公司。

林意玲（2003）。**新聞深度採訪報導**。基督教論壇報社內訓練。

明金蓮、洪曉佩、黃惠美、黃瓊慧、曾麗華、董貞吟（2017）。以焦點團體法探討急診護理人員對急診職場暴力之認知與因應。**榮總護理，34**（2），147-156。

侯秋玲（2006）。**看見語文教育的可能性——探究取向語文課程之協同探究**〔未出版之博士論文〕。國立臺灣師範大學教育研究所。

范明林、吳軍、馬丹丹（2018）。**質性研究方法**。上海：格致出版社。

范信賢（2013）。敘事探究的社會學想像：個體經驗與社會脈絡的交織。**課程與教學，16**（1），139-157。

范振德（2022）。大甲媽祖遶境節慶活動對常民生活之影響。**休閒產業管理學刊，15**（1），1-22。

范麗娟（1994）。深度訪談簡介。**戶外遊憩研究，7**（2），25-35。

施宜煌（2015）。Paulo Freire 意識覺醒歷程觀的回應——發展學生批判意識的教學方法。**教育實踐與研究，28**（2），148-180。

施進忠、陳可杰（2011）。論述分析方法介紹：開創與論述。**創業管理研究，6**（4），83-103。

胡幼慧（1996）。多元方法：三角交叉檢視法。載於胡幼慧（主編），**質性研究——理論、方法及本土女性研究實例**。台北：巨流圖書公司。

胡幼慧（主編）（1996）。**質性研究——理論、方法及本土女性研究實例**。台北：巨流圖書公司。

胡幼慧（主編）（2008）。**質性研究——理論、方法及本土女性研究實例**（二版）。台北：巨流圖書公司。

胡幼慧、姚美華（2008）。一些質性方法上的思考：信度與效度？如何抽樣？如何收集資料、登錄與分析。載於胡幼慧（主編），**質性研究——理論、方法及本土女性研究實例**。台北：巨流圖書公司。

胡書原、葉婉菁（2012）。露陰癖行為之法實證再探：性侵害犯罪防治法第二條修正探討。**亞洲家庭暴力與性侵害期刊，8**（1），1-25。

胡慧嫈（1998）。焦點團體法對促進社會工作專業研究實務性之探究。**社區發展季刊，81**，282-292。

倪炎元（2012）。批判論述分析的定位爭議及其應用問題：以 Norman Fairclough

分析途徑為例的探討。**新聞學研究**，**110**，1-42。

夏林清（1996a）。實踐取向的研究方法。載於胡幼慧（主編），**質性研究——理論、方法及本土女性研究實例**。台北：巨流圖書公司。

夏林清（1996b）。罷工女工。載於胡幼慧（主編），**質性研究——理論、方法及本土女性研究實例**。台北：巨流圖書公司。

夏林清、鄭村祺（1989）。**行動科學——實踐中的探究**。台北：張老師文化。

翁秀琪（2000）。多元典範衝擊下質性研究方法的省思：從口述史在傳播研究中的應用談起。**新聞學研究**，**63**，9-33。

高敬文（1996）。**質化研究方法論**。台北：師大書苑。

郭昭吟、尹賢琪、李宜昌（2016）。探討遠端抗生素審核中心之可行性——以個別深度訪談南區地區醫院為例。**醫療資訊雜誌**，**25**（4），30-50。

陳向明（2002）。**社會科學質的研究**。台北：五南圖書公司。

陳伯璋（2000）。質性研究方法的理論基礎。載於中正大學教育研究所（主編），**質的研究方法**。高雄：麗文文化公司。

陳盈真、林津如（2010）。「民族誌研究法及倫理爭議」演講活動紀實。**婦研縱橫**，**92**，75-83。

陳聰賓（2020）。英語教科書批判論述分析——方法論之探究。**育達科大學報**，**48**，17-37。

梁惠茹、賴維淑（2020）。「帶著悲傷前行」：以焦點團體法探討喪親家屬哀傷經驗。**安寧療護雜誌**，**24**（3），193-208。

莊惠凱、邱文聰（2010）。台灣人類研究倫理治理架構之推動。**論壇：研究倫理**，**12**（1），4-9。

章英華（1999）。**應用性社會研究的倫理與價值**。新北：弘智文化。

許雪姬（2014）。解嚴後臺灣口述歷史的發展及其檢討，1987-2014。**臺灣口述歷史學會會刊**，**5**，2-38。

張英陣、彭淑華（1996）。從優勢的觀點論單親家庭。**東吳社會工作學報**，**2**，227-271。

張鈞弼、刑志彬、吳怡珍（2019）。個案研究方法在心理治療實務研究之應用與回顧。**輔導季刊**，**55**（2），34-43。

張慈宜（2019）。質性訪談中的權力關係。**生命敘說與心理傳記學**，**7**，1-16。

張鼎國（1997）。詮釋學、詮釋論、詮釋哲學。**國立政治大學哲學學報**，**4**，115-141。

畢恆達、謝慧娟（2005）。女性研究者在田野中的性別處境與政治。**女學學誌——性別與婦女研究**，**18**，93-128。

黃月美（2004）。**Goodson 課程史研究之批判論述分析**〔未出版之博士論文〕。國立臺北師範學院教育政策與管理研究所。

黃光國（1999）。多元典範的研究取向：論社會心理學的本土化。**社會理論學報**，**2**（1），1-51。

黃政傑（1999）。落實教學評鑑的實施。**教師天地**，**99**，39-45。

黃靖惠（2011）。對美國《時代》台灣政黨輪替報導的批判論述分析：以 2000 年及 2008 年總統選舉為例。**新聞學研究**，**106**，49-98。

黃源協（1999）。福利社區化實驗計劃之評估分析——以彰化縣鹿港鎮老人及身心障礙者服務方案為例。**社會政策與社會工作學刊**，**3**（1），9-65。

黃瑞琴（1999）。**質性教育研究方法**。台北：心理出版社。

黃瑞琴（2021）。**質性教育研究方法**（三版）。台北：心理出版社。

黃麗鈴（2019）。從社會科學研究典範質量之辯探析混合研究。**臺灣教育評論月刊**，**8**（6），163-177。

彭琬芸（2020）。**#MeToo 運動前後凱西艾佛列克得獎系列報導的論述分析**〔未出版之博士論文〕。國立臺灣大學新聞研究所。

鈕文英（2017）。**質性研究方法與論文寫作**（二版）。台北：雙葉書廊。

鈕文英（2019）。**質性研究方法與論文寫作**（二版最新版）。台北：雙葉書廊。

鈕文英（2020）。**質性研究方法與論文寫作**（三版）。台北：雙葉書廊。

游鑑明（2000）。 從事女性口述史的幾個問題。**近代中國**，**135**，117-121。

覃方明、渠東、張旅平（1999）。**過去的聲音：口述史**。台北：正港資訊文化。

舒琅（2018）。挫折事件與連續性侵：一位系列殺人犯的個案研究。**亞洲家庭暴力與性侵害期刊**，**14**（2），105-124。

楊宇勛（1999）。顛覆史學與權力之眼：傅柯的知識考古學及規訓與懲罰。**史耘**，**5**，201-220。

楊深坑（1986）。**理論、詮釋與實踐：教育學方法論論文集**。台北：師大書苑。

楊瑞珍、陳美燕、黃璉華（2001）。行動研究法的概念及其在護理的應用。**醫護**

科技學刊，3（3），244-254。

楊鳳雲（2014）。**「在一起」，很簡單也很困難──個漢族社工在都市原住民部落的行動研究**〔未出版之博士論文〕。國立臺灣師範大學社會工作學研究所。

葉晉嘉、翁興利、吳濟華（2007）。德菲法與模糊德菲法之比較研究。**調查研究──方法與應用，21**，31-58。

葉莉莉（2010）。參與式行動研究法及其應用。**新臺北護理期刊，12**（2），59-68。

廖珮妏（2015）。從量化與質化研究信效度探討社會科學領域的研究品質。**中華科技大學學報，62**，69-88。

鄭怡雯（2016）。**影像與社會介入：持續發生中的「棄物危機」**。巷仔口社會學。

鄭怡雯（2018）。影像發聲法的應用初探：以「棄物展」為例。**文化研究，26**，227-259。

鄭麗珍、陳毓文（1998）。發展台北市兒童及少年性交易防制工作模式──一個「行動研究」取向的初探。**東吳大學社會工作學報，4**，239-284。

鄭麗珍、朱家嶠（2010）。建置行為及社會科學研究倫理審查治理架構：國立臺灣大學的執行經驗。**論壇：研究倫理，12**（1），26-32。

蔡甫昌、林芝宇、張至寧（2008）。研究倫理的歷史、原則與準則。**台灣醫學，12**（1），107-122。

蔡甫昌、許毓仁（2013）。易受傷害族群研究之倫理議題。**台灣醫學，17**（6），662-675。

蔡甫昌、許毓仁、鍾珞筠（2009）。行為與社會科學研究之倫理議題初探。**台灣醫學，13**（5），513-524。

蔡佳容、潘淑滿（2010）。社會工作人員遭受暴力威脅之經驗：以婚姻暴力防治工作為例。**臺灣社會工作學刊，9**，85-129。

蔡清田（2000a）。**教育行動研究**。台北：五南圖書公司。

蔡清田（2000b）。行動研究及其在教育研究上的應用。載於中正大學教育研究所（主編），**質的研究方法**。高雄：麗文文化。

蔡敏玲（2001）。教育質性研究報告的書寫：我在紀實與虛構之間的認真與想像。**國立臺北師範學院學報**，**14**，233-260。

蔡敏玲（2004）。我看教育質性研究創塑意義的問題與難題：經歷、剖析與再脈絡化。**國立臺北師範學院學報**，**17**（1），493-518。

蔡漢賢（主編）（2000）。**社會工作辭典**（第四版）。台北：內政部社區發展雜誌社。

蔡篤堅（2001）。**當代台灣衛生福利政策論述的解構與重塑**。台北：唐山出版社。

潘淑滿（2003）。**質性研究：理論與應用**。台北：心理出版社。

潘淑滿、蔡青墉、楊榮宗（2000）。評估「社區總體營造」在現階段推行社區發展工作之成效：都市社區落實草根民主的可能途徑。**社會工作學刊**，**6**，87-122。

潘慧玲（2003）。社會科學研究典範的流變。**教育研究資訊**，**11**（1），115-143。

劉世閔（2018）。NVivo 11 Plus 的社交網絡分析在個案研究之運用：以七次國編版國語教科書的負面人物為例。**臺灣教育評論月刊**，**7**（1），317-335。

劉仲冬（1996）。量與質社會研究的爭議及社會研究未來的走向及出路。載於胡幼慧（主編），**質性研究——理論、方法及本土女性研究實例**。台北：巨流圖書公司。

劉仲冬（2008）。民族誌研究法及實例。載於胡幼慧（主編），**質性研究——理論、方法及本土女性研究實例**（二版）。台北：巨流圖書公司。

劉宜君、林昭吟、辛炳隆（2008）。我國促進就業措施評估機制之探討——政策德菲法之應用。**臺大社會工作學刊**，**18**，43-87。

劉明浩（2016）。從參與典範反思社會工作高等教育。**社區發展季刊**，**155**，62-72。

劉春銀（2010）。《臺灣口述歷史書目彙編》評述。**全國新書資訊月刊**，**142**，39-41。

劉唯玉（1991）。質的研究法之探討。**國立成功大學社會科學學報**，**4**，295-316。

劉鶴群（2012）。社會排除概念之本土意涵——臺灣民眾焦點團體的歸納研究。**東吳社會工作學報**，**23**，47-79。

歐用生（1996）。開放與卓越——台灣師資培育的改革與發展。**初等教育學報，61**（1），1-10。

賴秀芬、郭淑珍（1996）。行動研究。載於胡幼慧（主編）。**質性研究——理論、方法及本土女性研究實例**。台北：巨流圖書公司。

戴正德、李明濱（主編）（2012）。**人體試驗：研究倫理的理念與實踐**。台北：教育部。

戴華、甘偵蓉、鄭育萍（2010）。人文社會科學與研究倫理審查執行研究倫理治理架構計畫的考察與反思。**論壇：研究倫理，12**（1），10-18。

謝至恩（2004）。Strengths and weaknesses of qualitative case study research。**調查研究——方法與應用，15**，87-116。

謝臥龍（1997）。優良國中教師特質之德懷分析。**教育研究資訊，5**（3），14-28。

謝高橋（1984）。**社會學**。台北：巨流圖書公司。

魏惠娟（2004）。焦點團體。載於謝臥龍（主編），**質性研究**。台北：心理出版社。

簡春安、鄒平儀（1998）。**社會工作研究法**。台北：巨流圖書公司。

簡春安、鄒平儀（2016）。**社會工作研究法**（修訂版）。台北：巨流圖書公司。

嚴祥鸞（1996）。參與觀察法。載於胡幼慧（主編），**質性研究——理論、方法及本土女性研究實例**。台北：巨流圖書公司。

嚴祥鸞（1998）。女性主義的倫理和政治。載於嚴祥鸞（主編），**危險與祕密：研究倫理**。台北：三民書局。

嚴祥鸞（2008）。一些質性方法上的思考：信度與效度？如何抽樣？如何收集資料、登錄與分析。載於胡幼慧（主編），**質性研究——理論、方法及本土女性研究實例**。台北：巨流圖書公司。

Babbie, E.（1998）。**社會科學研究方法**〔李美華等譯〕。台北：時英出版社。（原著出版年：1998）

Benjamin, F. C., & William, L. M（2002）。**最新質性方法與研究**〔黃惠雯、童琬芬、梁文蓁、林兆衛譯〕。台北：韋伯文化。（原著出版年：1999）

Craib, I.（1988）。**當代社會學理論**〔廖立文譯〕。台北：桂冠圖書公司。（原著出版年：1984）

Creswell, J. W., & Poth, C. N.（2018）。**質性研究的五種取徑**〔李政賢譯〕。台北：五南圖書公司。（原著出版年：2016）

Charmaz, K.（2009）。**建構扎根理論**〔顏寧、黃詠光、吳欣隆譯〕。台北：五南圖書公司。（原著出版年：2006）

Clandinin, D. J.（2003）。**敘說探究——質性研究中的經驗與故事**〔蔡敏玲、余曉雯譯〕。台北：心理出版社。（原著出版年：2000）

Danny, L.（2015）。**參與觀察法**（二版）〔張小山、龍筱紅譯〕。重慶：重慶大學出版社。（原著出版年：2003）

Flick, U.（2009）。**質性研究的設計**〔張可婷譯〕。新北：韋伯文化。（原著出版年：2007）

Herzog（1996）。**社會科學研究方法與資料分析**〔朱柔若譯〕。台北：揚智文化。（原著出版年：1996）

Jorgensen, D. L.（1999）。**參與觀察法**〔王昭正、朱瑞淵譯〕。台北：弘智文化。（原著出版年：1989）

Kuhn, T. S.（1985）。**科學革命的結構／孔恩**〔王道還譯〕。台北：允晨文化。（原著出版年：1970）

Maxwell, J. A.（2001）。**質化研究設計：一種互動取向的方法**〔高熏芳、林盈助、王向葵譯〕。台北：心理出版社。（原著出版年：1996）

Maxwell, J. A.（2018）。**質性研究設計：互動取向的方法**〔陳劍涵譯〕。台北：心理出版社。（原著出版年：2013）

Neuman, W. L.（2000）。**社會研究方法——質化與量化取向**〔朱柔若譯〕。台北：揚智文化。（原著出版年：1991）

Padgett, D. K.（2000）。**質化研究與社會工作**〔張英陣校閱〕。台北：洪葉文化。（原著出版年：1998）

Patton, M, Q.（2008）。**質性研究與評鑑（下）**〔吳芝儀譯〕。嘉義：濤石文化。（原著出版年：2002）

Ritchie, J., & Lewis, J.（2008）。**質性研究方法**〔藍毓仁譯〕。台北：巨流圖書公司。（原著出版年：2003）

Rubin, A., & Babbie, E. R.（2000）。**研究方法**〔趙碧華、朱美珍譯〕。台北：學富文化。（原著出版年：2000）

Rubin, A., & Babbie, E.（2013）。**社會工作研究方法（二版）**〔趙碧華、朱美珍、鍾道詮譯〕。台北：心理出版社。（原著出版年：2010）

Rubin, A., & Babbie, E. R.（2016）。**社會工作研究方法**〔李政賢譯〕。台北：五南圖書公司。（原著出版年：2013）

Schrag, Z. M.（2016）。**倫理帝國主義：研究倫理審查委員會與社會科學**〔楊道淵、申宇辰、李青、馮靜譯〕。台北：五南圖書公司。（原著出版年：2010）

Strauss, A., & Corbin, J.（1998）。**質性研究概論**〔徐宗國譯〕。台北：巨流圖書公司。（原著出版年：1990）

White, M., & Epston, D.（2001）。**故事、知識、權力**〔廖世德譯〕。台北：心靈工坊。（原著出版年：1990）

Wolcott, H. F.（1997）。**質性研究概論**〔顧瑜君譯〕。台北：巨流圖書公司。（原著出版年：1990）

Yin, R. K.（2001）。**個案研究**〔尚榮安譯〕。台北：弘智文化。（原著出版年：1994）

英文部分

Achtenhagen, L., & Welter, F. (2007). Media discourse in entrepreneurship research. In H. Neergaard & J. P. Ulhoi (Eds.), *Handbook of qualitative research methods in entrepreneurship.* Cheltenham, England: Edward Elgar.

Adekeye, A., Haeri, M., Solessio, E., & Knox, B. E. (2014). Ablation of the proapoptotic genes Chop or ask1 does not prevent or delay loss of visual function in a p23h transgenic mouse model of retinitis pigmentosa. *PLoS ONE, 9*(2), 1-15.

Adler, P. A., & Adler, P. (1994). Observational techniques. In N. K. Densin & Y. S. Lincoln (Eds.), *Handbook of qualitative research.* London: Sage.

Adler, P. A., & Adler, P. (1998). *Peer power: Preadolescent culture and identity.* London: Rutgers University Press.

Aklia (2013). *Engaging children through a photovoice project to explore their experiences of being Muslims* [Unpublished Master's thesis]. University of Dong

Hwa.

Allen, B., & Montell, L. (1981). *From memory to history: Using oral sources in local historical research*. Nashville, TN: The American Association for State and Local History.

Altheide, D. L., & Johnson, J. M. (1994). Criteria for assessing interpretive validity in qualitative research. In N. K. Denzin & Y. S. Lincoln (Eds.), *Handbook of qualitative research*. CA: Sage.

Angrosino, M., & Rosenberg, J. (2011). Observations on observations: Continuities and challenges. In N. K. Denzin & Y. S. Lincoln (Eds.), *The Sage handbook of qualitative research* (4th ed., pp. 467-478). Thousand Oaks, CA: Sage.

Argyris, C., Putnam, R., & Smith, D. M. (1985). *Action science*. San Francisco, CA: Jossey-Bass.

Ary, D., Jacobs. L. C., & Sorensen, C. (2010). *Introduction to research in education* (8th ed). Belmont, CA: Wadsworth.

Atkinson, P., & Hammersley, M. (1998). Ethnography and participant observation. In N. K. Denzin & Y. S. Lincoln (Eds.), *Strategies of qualitative inquiry* (pp. 110-136). London: Sage.

Atieno, O. P. (2009). An anlysis of the strengths and limitations of qualitative and quantitative research paradigms. *Problems of Education in the 21th Century, 13*(1), 13-38.

Babbie, E. R. (1995). *The practice of social research* (7th ed.). Belmont, CA: Wadsworth.

Babbie, E. R. (1998). *The practice of social research* (8th ed.). Belmont, CA: Wadsworth.

Bainbridge, W. S. (1989). *Survey research: A computer-assistant introduction*. Belmont, CA: Wadsworth.

Barbour, R. (2007). *Doing focus groups*. London: Sage.

Bashir, M. M., Afzal, M. T., & Azeem, M. (2008). Reliability and validity of qualitative and operational research paradigm. *Pakistan Journal of Statistics and Operation Research, 4* (1), 35-45.

Bauer. M., & Arts, B. (2000). Corpus construction: A principle for qualitative data collection. In M. W. Bauer & G. Gaskell (Eds.), *Qualitative researching with text, image and sound: A practical handhook* (pp. 131-151). London: Sage.

Bauer, M. W., & Gaskell, G. (Eds.). (2000). *Qualitative researching: With text, image and sound*. London: Sage.

Berg, B. L. (1998). *Qualitative research methods for the social science.* Boston, MA: Allyn & Bacon.

Bernard, H. R. (Ed.). (1998). *Handbook of methods in cultural anthropology.* London: Sage.

Bernstein, R. J. (1983). *Beyond objectivism and relativism: Science, hermeneutics, and praxis.* Chicago: University of Pennsylvania Press.

Blaikie, N. W. H. (1991). A critique of the use of triangulation in social research. *Quality & Quantity, 25*, 115-136.

Blaikie, N. (1993). *Approaches to social inquiry.* Cambridge, MA: Polity.

Bogdan, R. C., & Biklen, S. K. (1982). *Qualitative research for education: An introduction to theory and methods*. Boston, MA: Allyn & Bacon.

Bogdewic, S. P. (1992). Participant observation. In B. F. Crabtree & W. L. Miller (Eds.), *Doing qualitative research.* London: Sage.

Braun, V., & Clarke, V. (2013). *Successful qualitative research: A practical guide for beginners.* London: Sage.

Brettell, C. B. (1998). Fieldwork in the archives: Methods and sources in historical anthropology. In H. R. Bernard (Ed.), *Handbook of methods in cultural anthropology*. London: Sage.

Brody, H. (1992). Philosophic approaches. In B. F. Crabtree & W. L. Miller (Eds.), *Doing qualitative research*. London: Sage.

Bryman, A. (2001). *Social research methods.* New York: Oxford University Press.

Burgess, R. G. (1984). *In the field*. London: George Allen & Unwin.

Campbell, D. (1988). A tribal model of the social system vehicle carrying scientific knowledge. In E. Overman (Ed.), *Methodology and epistemology for social science.* Chicago: University of Chicago Press.

Carey, M. A. (1994). The group effect in focus groups: Planning, implementing, and interpreting focus group research. In J. M. Morse (Ed.), *Critical issues in qualitative research methods*. London: Sage.

Carpenter, C. M., & Suto, M. (2008). *Qualitative research for occupational and physical therapists: A practical guide.* Oxford: Wiley.

Carter, S. M., & Little, M. (2008). Justifying knowledge, justifying method, taking action: Epistemologies, methodologies, and methods in qualitative research. *Qualitative Health Research, 17* (10), 1316-1328.

Charmaz, K. (2006). *Constructing grounded theory: A practical guide through qualitative analysis*. London: Sage.

Cheng, Y. W. (2021). Sleepless in Taipei: The application of photovoice method to explore the major challenges perceived by homeless people facing multifaceted social exclusion. *Critical Social Policy, 41*(4), 606-627.

Chisholm, R. (1973). *The problem of the criterion.* Milwaukee,WI: Marquette University Press.

Collins, J. (1984). *The omega workshops*. Chicago: University of Chicago Press.

Cook, T. D., & Campbell, D. T. (1979). *Quasi-experimentation: Design and analysis issucs for field settings.* Boston, MA: Houghton Mifflin.

Corbin, J., & Strauss, A. (2008). *Basics of qualitative research: Techniques and procedures for developing grounded theory* (3rd ed.). Thousand Oaks, CA: Sage.

Crabtree, B. D., & Miller, W. L. (1999). *Doing qualitative research*. Newbury Park, CA: Sage.

Craig, W. M., Pepler, D. J., & Atlas, R. (2000). Observations of bullying in the playground and in the classroom. *School Psychology International, 21*(1), 22-36.

Creswell, J. W. (2013). *Research design: Qualitative, quantitative, and mixed methods approaches* (4th ed.). London: Sage.

Creswell, J. W., & Plano Clark, V. L. (2017). *Designing and conducting mixed methods research* (3rd ed.). Thousand Oaks, CA: Sage.

Creswell, J., & Poth, C. (2017). *Qualitative inquiry and research design: Choosing among five approaches* (4th ed.). London: Sage.

Cyhert, F. R., & Gant, W. L. (1970). The Delphi technique: A tool for collecting opinions in teacher education. *Journal of Teacher Education, 31*(31), 417-425.

Danchev, D., & Ross, A. (2014). *Research ethics for counsellors, nurses and social workers.* London: Sage.

Denzin, N. K. (2011). The politics of evidence. In N. K. Denzin & Y. S. Lincoln (Eds.), *Handbook of qualitative research* (4th ed., pp. 645-658). Thousand Oaks, CA: Sage.

Denzin, N. K., & Lincoln, Y. S. (2011). Introduction: The discipline and practice of qualitative research. In N. K. Denzin & Y. S. Lincoln (Eds.), *The Sage handbook of qualitative research* (4th ed., pp. 1-19). Thousand Oaks, CA: Sage.

Dhaliwal, J. S., & Tung, L. L. (2000). Using group support systems for developing a knowledge-based explanation facility. *International Journal of Information Management, 20*, 131-149.

Dobbert, M. L. (1982). *Ethnographic research: Theory and application for modern schools and societies*. New York: Praeger.

Douglas, J. D. (1985). *Creative interviewing.* Beverly Hills, CA: Sage.

DuBois, J. M. (2008). *Ethics in mental health research: Principles, guidance, and cases.* Oxford: Oxford University Press.

Elliott, J. (1998). *The curriculum experiment: Meeting the challenge of social change.* Buckingham: Open University Press.

Ely, M., Vinz, R., Downing, M., & Anzul, M. (1997). *On writing qualitative research: Living by words.* London: Falmer Press.

Emerson, R. M. (1983). Introduction. In R. M. Emerson (Ed.), *Contemporary field research.* Boston, MA: Little, Brown & Company.

Emmison, M., Smith, P., & Mayall, M. (2012). *Researching the visual*. London: Sage.

Erickson, F. (1984). What makes school ethnography 'Ethnographic'?. *Anthropology & Education Quarterly, 15*(1), 51-66.

Erikson, K. T. (1978). Everything in its path: Destruction of community in the Buffalo Creek Flood. *Social Forces, 57*(2), 721-723.

Feagin, J. R., Orum, A. M., & Sjoberg, G. (Eds.). (1991). *A case for the zase study.*

Chapel Hill: The University of North Carolina Press.

Fereday, J., & Muir-Cochrane, E. (2006). The role of performance feedback in the self-assessment of competence: A research study with nursing clinicians. *Collegian, 13* (1), 10-15.

Fielding, N. G., & Fielding, J. L. (1986). *Linking data.* Beverly Hills, CA: Sage.

Fielding, N. G., & Lee, R. M. (Eds.). (1992). *Using computers in qualitative research.* London: Sage.

Flicker, S., Travers, R., Guta, A., McDonald, S., & Meagher, A. (2007). Ethical dilemmas in community-based participatory research: Recommendations for institutional review boards. *Journal of Urban Health: Bulletin of the New York Academy of Medicine, 84*(4), 478-490.

Fontana, A., & Frey, J. H. (1998). Interviewing: The art of science. In N. K. Denzing & Y. S. Lincoln (Eds.), *Collecting and interpreting qualitative materials.* London: Sage.

Gay, L. R., Mills, G. E., & Airasian, P. (2009). *Educational research: Competencies for analysis and application* (9th ed.). Upper Saddle River, NJ: Merrill/Pearson Education.

Gergen, M. M., & Gergen, K. J. (1984). The social construction of narrative accounts. In K. J. Gergen & M. M. Gergen (Eds.), *Historical social psychology*. Hilladale: Lawrence Erlbaum Associates.

Gilchrist, V. J. (1992). Key informant interviews. In B. F. Crabtree & W. L. Miller (Eds.), *Doing qualitative research* (pp. 70-89). Newbury Park, CA: Sage.

Gill, R. (2000). Discourse analysis. In M. W. Bauer & G. Gaskell (Eds.), *Qualitative researching with text, image and sound*. London: Sage.

Gillham, B. (2000). *Case study research methods*. New York: Continuum.

Goetz, J. P., & LeCompte, M. D. (1981). Ethnographic research and the problem of data reduction. *Anthropology and Education Quarterly, 12*, 51-70.

Gordon, R. L. (1975). *Interviewing: Strategy, techniques and tactics*. Homewood, IL: Dorsey.

Gordon-Finlayson, A. (2010). Grounded theory. In M. A. Forrester (Ed.), *Doing qualitative research in psychology: A practical guide* (pp. 154-176). London: Sage.

Greenbaum, T. L. (1998). *The handbook for focus group research*. Thousand Oaks, CA: Sage.

Guba, E. (1981). Criteria for assessing the trustworthiness of naturalistic inquiries. *Educational Technology Research and Development, 29*(2), 75-91.

Guba, E. G. (1990). The alternative paradigm dialog. In E. G. Cuba (Ed.), *The paradigm dialog*. London: Sage.

Guba, E. G., & Lincoln, Y. S. (1985). *Naturalistic inquiry*. Beverly Hills, CA: Sage.

Guba, E. G., & Lincoln, Y. S. (1989). *Fourth generation evaluation*. Newbury Park, CA: Sage.

Guba, E. G., & Lincoln, Y. S. (1998). *Competing paradigms in qualitative research*. In N. K. Denzin & Y. S. Lincoln (Eds.), The landscape of qualitative research (pp. 195-222). Thousand Oaks, CA: Sage.

Guba, E. G., & Lincoln, Y. S. (2005). Paradigmatic controversies, contradictions, and emerging confluences. In N. K. Denzin & Y. S. Lincoln (Eds.), *The Sage handbook of qualitative research* (pp. 191-215). Thousand Oaks, CA: Sage.

Gupta, Y. G., & Clarke, R. E. (1996). Theory and applications of the Delphi technique: A bibliography (1975-1994). *Technological Forecasting and Social Change, 53*, 185-211.

Habermas, J. (1978). *Knowledge and human interests*. Boston, MA: Beacon.

Hamel, J., Dufour, S., & Fortin, D. (1993). *Case study methods*. London: Sage.

Hammersley, M., & Atkinson, P. (1990). *Ethnography: Principles in practice*. London: Routledge.

Hanson, N. (1958). *Patterns of discovery*. Cambridge: Cambridge University Press.

Harding, S. (1986). *The science question in feminism*. Milton Keynes: Open University.

Harper, D. (2012). *Visual sociology*. London: Routledge.

Hart, E., & Bond, M. (1995). *Action research for health and social care: A guide to practice*. Buckingham: Open University Press.

Helmer, O. (1966). *The use of the delphi technique in problems of educational innovations*. Santa Monica, CA: RAND Corp.

Hendricks, C. (2006). *Improving schools through action research: A comprehensive guide for educators*. Boston, MA: Allyn & Bacon.

Heron, J. (1996). *Co-operative inquiry: Research into the human condition*. Thousand Oaks, CA: Sage.

Herzog, T. (1996). *Research methods and data analysis in the social sciences.* New York: Wesley Logman.

Heshusius, L. (1990). Discussion on criteria. In E. C. Guba (Ed.), *The paradigm dialog*. London: Sage.

Holstein, J., & Gubrium, J. (1995). *The active interview*. Newbury Park, CA: Sage.

Holter, I. M., & Schwartz-Barcott, D. (1993). Action research: What is it? How has it been used and how can it be used in nursing? *Journal of Advanced Nursing, 18*, 298-304.

Huberman, M., & Miles, M. B. (1994). Data management and analysis methods. In N. K. Denzin & Y. S. Lincoln (Eds.), *Handbook of qualitative research*. London: Sage.

Hutchinson, S., & Wilson, H. (1994). Research and therapeutic interview: A poststructuralist perspective. In J. M. Morse (Ed.), *Critical issues in qualitative research methods*. London: Sage.

Janesick, V. J. (1994). The dance of qualitative research design: Metaphor, methodology and meaning. In N. K. Denzin & Y. S. Lincoln (Eds.), *Handbook of qualitative research* (pp. 209-219). Thousand Oaks, CA: Sage.

Jarldorn, M. (2019). *Photovoice handbook for social workers: Method, practicalities and possibilities for social change*. Cham, Switzerland: Palgrave Macmillan.

Johnson, D. W., & Johnson, R. T. (2008). Social interdependence theory and cooperative learning: The teacher's role. In R. M. Gillies, A. Ashman, & J. Terwel (Eds.), *Teacher's role in implementing cooperative learning in the classroom* (pp. 9-37). New York: Springer.

Jorgensen, D. L. (1989). Participant observation: A methodology for human studies. London: Sage.

Jorgensen, D. L. (2003). The methodology of participant observation. In M. R. Pogrebin

(Ed.), *Qualitative approaches to criminal justice: Perspectives from the field* (pp. 12-26). Thousand Oaks, CA: Sage.

Kelle, U. (2000). Computer-assisted analysis: Coding and indexing. In M. W. Bauer & G. Gaskell (Eds.), *Qualitative researching: with text, image and sound.* London: Sage.

Kimmel, A. J. (1988). *Ethics and values in applied social research*. Newbury Park, CA: Sage.

Kincheloe, J. (1991). *Teachers as researchers: Qualitative inquiry as a path to empowerment*. London: Falmer Press.

Kincheloe, J., & McLaren, P. (2000). Rethinking critical theory and qualitative research. In N. K. Denzin & Y. S. Lincoln (Eds.), *Handbook of qualitative research* (2nd ed., pp. 279-313). Thousand Oaks, CA: Sage.

Kirk, J., & Miller, M. L. (1988). *Reliability and validity in qualitative research.* London: Sage.

Kristensen, G. K., & Ravn, M. N. (2015). The voices heard and the voices silenced: Recruitment processes in qualitative interview studies. *Qualitative Research, 15*(6), 727-737.

Krueger, R. A. (1988). *Focus groups: A practical guide for applied research*. Thousand Oaks, CA: Sage.

Krueger, R. A., & Casey, M. (2009). *Focus groups: A practical guide for applied research*. Thousand Oaks, CA: Sage.

Krueger, R. A., & Casey, M. A. (2014). *Focus groups: A practical guide for applied research* (5th ed.). Thousand Oaks, CA: Sage.

Kuhn, T. S. (1976). Theory-change as structure-change: Comments on the Sneed formalism. *Erkenntnis, 10*(2), 179-199.

Kuzel, A. J. (1992). Sampling in qualitative inquiry. In B. F. Crabtree & W. L. Miller (Eds.), *Doing qualitative research*. Newbury Park, CA: Sage.

Kvale, S. (1996). *Inter views: An introduction to qualitative research interviewing.* Thousand Oaks, CA: Sage.

Lampard, R., & Pole, C. J. (2002). *Practical social investigation: Qualitative and quantitative methods in social research*. Harlow, UK: Prentice Hall.

Lather, P. (1986). Research as praxis. *Harvard Educational Review, 56*(3), 257-277.

Levine, H. G. (1985). Principle of data storage and retrieval for use in qualitative evaluations. *Educational Evaluation and Policy Analysis, 7*(2), 169-186.

Liamputtong, P. (2009). *Qualitative research methods* (3rd ed.). South Melbourne, Australia: Oxford University Press.

Lincoln, Y. S. (1990). The making of a constructivist. In E. G. Guba (Ed.), *The paradigm dialog*. Newbury Park, CA: Sage.

Lincoln, Y. S., & Guba, E. G. (1985). *Naturalistic inquiry*. Newbury Park, CA: Sage.

Lincoln, Y. S., Lynham, S. A., & Guba, E. G. (2011). Paradigmatic controversies, contradictions, and emerging confluences. In N. K. Denzin & Y. S. Lincoln (Eds.), *The Sage handbook of qualitative research* (pp. 97-128). Thousand Oaks, CA: Sage.

Linstone, H. A., & Turoff, M. (1975). *Delphi method: Techniques and applications*. Boston, MA: Addison-Wesley Publishing Company, Reading.

Lipson, J. G. (1994). Ethical issues in ethnography. In J. M. Morse (Ed.), *Critical issues in qualitative research method*s. Thousand Oaks, CA: Sage.

Lofland, J., Snow, D., Anderson, L., & Lofland, L. H. (2006). *Analyzing social settings: A guide to qualitative observation and analysis*. Belmont, CA: Wadsworth/Thomson Learning.

Loizos, P. (2000). Are refugees social capitalists?. In S. Baron, J. Field, & T. Schuller (Eds.), *Social capital: Critical perspectives*. Oxford: Oxford University Press.

Lund, R., Panda, S. M., & Dhal, M. P. (2016). Narrating spaces of inclusion and excludion in research collaboration: Researcher-gatekeeper dialogue. *Qualitative Research, 16* (3), 280-292.

Manning, P. K., & Cullum-Swan, B. (1994). Narrative, content, and semiotic analysis. In N. K. Denzin & Y. S. Lincoln (Eds.), *Handbook of qualitative research* (pp. 463-477). Thousand Oaks, CA: Sage.

Marcus, G. E., & Fischer, M. (1986). *Anthropology as cultural critical: An experimental moment in the human science*. Chicago: University of Chicago Press.

Marshall, C. (1990). Goodness criteria: Are they objective or judgement calls? In E. G. Guba (Ed.), *The paradigm dialog*. Newbury Park, CA: Sage.

Marshall, C., & Rossman, G. (1989). *Designing qualitative research*. Newbury Park, CA: Sage.

Maxwell, J. A. (1996). *Qualitative research design: An interactive approach*. Thousand Oaks, CA: Sage.

Maxwell, J. A. (2008). The value of a realist understanding of causality for qualitative research. In N. K. Denzin (Ed.), *Qualitative research and the politics of evidence* (pp . 163-181). Walnut Creek, CA: Left Coast Press.

Maxwell, J. A. (2012). *Qualitative research design: An interactive approach*. Thousand Oaks, CA: Sage.

McClintock, C., & Greene, J. (1985). Triangulation in practice. *Evaluation and Program Planning, 8*, 351-357.

Mckernan, J. (1991). Principles of procedure for curriculum action research. *Curriculum, 12*(3), 156-164.

McLennan, G. (1995). Feminism, epistemology and postmodernism: Reflections on current ambivalence. *Sociology, 29*(2), 391-409.

McNiff, J. (1995). *Action research: Principles and practice*. London: Routledge.

McMillan, S. S., King, M., & Tully, M. P. (2016). How to use the nominal group and Delphi techniques. *International Journal of Clinical Pharmacy, 38*(3), 655-662.

Merriam, S. B. (1998). *Case study research in education*. San Francisco, CA: Jossey-Bass.

Merton, R. K. (1967). *On theoretical sociology: Five essays, old and new.* New York: Free Press.

Merton, R. K., Fiske, M., & Kendall, P. L. (1990). *The focused interview* (2nd ed.). New York: Free Press.

Miller, W. L., & Crabtree, B. F. (1992). Primary care research: A multimethod typology and qualitative road map. In B. F. Crabtree & W. L. Miller (Eds.), *Doing qualitative research*. Newbury Park, CA: Sage.

Moore, C. (1987). *Group techniques for idea building*. Newbury Park, CA: Sage.

Morales, M. (1995). Uses of qualitative/quantitative terms in social and educational research. *Quality & Quantity, 29*, 39-53.

Morgan, D. L. (1997). *Focus groups as qualitative research* (2nd ed.). Thousand Oaks, CA: Sage.

Neimeyer, R. A. (1992). *Constructivist approaches to the measurements of meaning.* London: Sage.

Neuman, S. B., & Roskos, K. (1997). Literacy knowledge in practice: Contexts of participation for young writers and readers. *Reading Research Quarterly, 32*(1), 10-32.

Neuman, W. L. (1997). *Social research methods: Qualitative and quantitative apporaoches*. Boston, MA: Allyn & Bacon.

Padgett, D. K. (1998). *Qualitative methods in social work research: Challeges and rewards*. London: Sage.

Padgett, D. K. (2008). *Qualitative methods in social work research* (2nd ed.). Thousand Oaks, CA: Sage.

Patton, M. Q. (1990). *Qualitative evaluation and research methods*. London: Sage.

Patton, M. Q. (2002). *Qualitative research and evaluation methods* (3rd ed.). Thousand Oaks, CA: Sage.

Patton, M. Q. (2015). *Qualitative research and evaluation methods* (4th ed.). Thousand Oaks, CA: Sage.

Penn, G. (2000). Semiotic analysis of still images. In M. W. Bauer & G. Gaskell (Eds.), *Qualitative researching: With text, image and sound*. London: Sage.

Pinnegar, S., & Daynes, J. (2007). Locating narrative inquiry historically: Thematics in the turn to narrative. In D. J. Clandinin (Ed.), *Handbook of narrative inquiry: Mapping a methodology* (pp. 3-35). Thousand Oaks, CA: Sage.

Popkewitz, T. S. (1990). Whose future? Whose past?: Notes on critical theory and methodology. In Guba, E. G. (Ed.), *The paradigm dialog*. London: Sage.

Popper, K. (1968). *The logic of scientific discovery*. New York: Harper & Row.

Prosser, J. (2011). Visual methodology: Toward a more seeing research. In N. K. Denzin & Y. S. Lincoln (Eds.), *The Sage handbook of qualitative research* (4th ed., pp.

479-495). London: Sage.

Punch, K. F. (1998). *Introduction to social research: Quantitative and qualitative approaches*. London: Sage.

Punch, M. (1998). *Politics and ethics in qualitative research.* London: Sage.

Putnam, H. (1990). *Meaning and method: Essays in honor of hilary putnam*. Cambridge: Cambridge University Press.

Reason, P., & Bradbury, P. (2008). *The Sage handbook of action research* (2nd ed). London: Sage.

Reid, Jr. A. O. (1992). Computer management strategies for text data. In B. D. Crabtree & W. L. Miller (Eds.), *Doing qualitative research*. Newbury Park, CA: Sage.

Reinharz, S. (1992). *Feminist methods in social research*. New York: Oxford University Press.

Richards, T. J., & Richards, L. (1994). Using computers in qualitative research. In N. K. Denzin & Y. S. Lincoln (Eds.), *Handbook of qualitative research*. London: Sage.

Richards, L., & Morse, J. M. (2012). *Readme first for a user's guide to qualiative method*s. London: Sage.

Ritchie, J., & Lewis, J. (2003). *Qualitative research practice: A guide for social science students and researchers.* Thousand Oaks, CA: Sage.

Rolfe, G. (1998). Reflexive actionresearch. In G. Rolfe (Ed.), *Expanding nursing knowledge−Understanding and researching your ownpractice*. Boston, MA: Butterworth-Heinemann.

Rose, G. (2016). *Visual methodologies: An introduction to researching with visual materials*. Beverly Hills, CA: Sage.

Rosemberg, M. A. S., & Evans-Agnew, R. A. (2016). Questioning photovoice research: Whose voice?. *Qualitative Health Research, 26*(8), 1019-1030.

Ryan J. (2014). Uncovering the hidden voice: Can Grounded Theory capture the views of a minority group?. *Qualitative Research, 14*(5), 549-566.

Ryan, J., Sheedi, Y. M. A., White, G., & Watkins, D. (2015). Respecting the culture: Undertaking focus groups in Oman. *Qualitative Research, 15*(3), 373-388.

Schopper, D., Ronchi, A. A., & Rougemont, A. (2000). When providers and community leaders define health priorities: The results of a Delphi survey in the canton of Geneva. *Social Science & Medicine, 51*, 335-342.

Schattner, P., Shmerling, A., & Murphy, B. (1993). Focus groups: A useful research method in general practice. *Medical Journal of Australia, 158*(9), 622-625.

Schatzman, L., & Strauss, A. L. (1973). *Field research: Strategies for a natural sociology*. Upper Saddle River, NJ: Prentice-Hall.

Schwandt, T. A. (1998). Constructivist, interpretivist approaches to human inquiry. In N. K. Denzin & Y. S. Lincoln (Eds.), *The landscape of qualitative research: Theories and issues*. London: Sage.

Seldon, A., & Pappworth, J. (1983). *By eord of mouth: Elite oral history*. London: Methuen.

Shaughnessy, J. J., Zechmeister, E. B., & Zechmeister, J. S. (2009). *Research methods in psychology* (8th ed.). New York: McGraw-Hill.

Shopes, L. (2011). Oral histories and public memories Philadelphia. In N. K. Denzin & Y. S. Lincoln (Eds.), *The Sage handbook of qualitative research* (4th ed., pp. 451-466). London: Sage.

Silverman, D. (1985). *Qualitative methodology & sociology*. Aldershort Hants: Gower.

Smith, J. K. (1983). Quantitative versus qualitative research: An attempt to clarify the issue. *Educational Research, 1*, 6-13.

Smith, J. K. (1990). Alternative research paradigms and the problem of criteria. In E. G. Guba (Ed.), *The prardigm dialog*. London: Sage.

Sobočan, A. M., Bertotti, T., & Strom-Gottfried. (2019). Ethical considerations in social work research Etični razmisleki v raziskovanju v socialnem delu Considerazioni etiche nella ricerca di servizio sociale. *European Journal of Social Work, 13*, 805-818.

Spradley, J. C. (1980). *Participant observation*. New York: Holtm Rineheavt & Winston.

Stake, R. E. (1994). Case studies. In N. K. Denzin & Y. S. Lincoln (Eds.), *Handbook of qualitative research*. Thousand Oaks, CA: Sage.

Stewart, D. W., & Shamdasani, P. N. (1990). *Focus groups: Theroy and practice*.

London: Sage.

Stringer, E. T. (1996). *Action research: A handbook for practitioners*. London: Sage.

Taylor, G. R. (2005). *Integrating quantitative and qualitative methods in research*. Lanham, MD: University Press of America.

Teddlie, C., & Tashakkori, A. (2009). *Foundations of mixed methods research: Integrating quantitative and qualitative approaches in the social and behavioral sciences*. London: Sage.

Terkel, S. (1970). *Hard times: An oral history of the great depression*. New York: Pantheon Books.

Tesch, R. (1991). Software for qualitative researchers: Analysis needs and program capabilities. In N. G. Fielding & R. M. Lee (Eds.), *Using computers in qualitative research*. London: Sage.

Thompson, P. (1999). *The voice of the past: Oral history*. New York: Oxford University Press.

Thorne, S. (2016). *Interpretive description qualitative research for applied practice* (2nd ed.). New York: Routledge.

Tuchman, G. (1998). Historical social science: Methodologies, methods, and meanings. In N. K. Denzin & Y. S. Lincoln (Eds.), *Strategies of qualitative Inquiry*. London: Sage.

Tutty, M. L., Rothery, M., & Grinnell R. M. (Eds.). (1996). *Qualitative research for social workers*. London: Allyn & Bacon.

Vansina, J. (1985). *Oral tradition as history*. Madison: University of Wisconsin Press.

Vaughn, S., Schumm, J. S., & Sinagub, J. (1996). *Focus group interview in education and psychology*. Thousand Oaks, CA: Sage.

Vaismoradi, M., Jones, J., Turunen, H., & Snelgrove, S. (2016). Theme development in qualitative content analysis and thematic analysis. *Journal of Nursing Education and Practice, 6*(5), 100-110.

Wall, J. D., Stahl, B. C., & Salam, A. F. (2015). Critical discourse analysis as a review methodology: An empirical example. *Communications of the Association for Information Systems, 37*, 257-285.

Wang, C., & Burris, M. (1997). Photovoice: Concept, methodology, and use for participatory needs assessment. *Health Education and Behaviour, 24*(3), 369-387.

Weaver, W. T. (1971). The delphi forecasting method. Bloomington. *Phi Delta Kappan, 52*(5), 267-273.

Weiler, K. (1988). *Women teaching for change: Gender, class and power*. South Hadley, MA: Bergin & Garvey.

Wells, W. D. (1974). Group interviewing. In R. Ferber (Ed.), *Handbook of marketing research*. New York: McGraw-Hill.

Werner, O., & Schoepfle, G. M. (1987). *Systematic fieldwork*. Newbury Park, CA: Sage.

Widdicombe, S. (1993). Autobiography and change: Rhetoric and authenticity of "Gothic" style. In E. Burman & I. Parker (Eds.), *Discourse analytic research: Repertoires and readings of texts in action*. London: Routledge.

Wodak, R. (2001). The discourse-historical approach. In R. Wodak & M. Meyer (Eds.), *Methods of critical discourse analysis* (pp. 63-94). London: Sage.

Wolcott, H. F. (1990). *Writing up qualitative research*. London: Sage.

Wolcott, H. F. (1994). *Transforming qualitative data: Description, analysis, and interpretation*. Thousand Oaks, CA: Sage.

Yin, R. K. (1989). *Case study research: Design and methods* (2nd ed.). London: Sage.

Yin, R. K. (1993). *Applications of case study research*. London: Sage.

國家圖書館出版品預行編目（CIP）資料

質性研究：理論與應用／潘淑滿著. -- 二版. --
新北市：心理出版社股份有限公司, 2022.10
面；　公分. --（社會科學研究系列；81243）
ISBN 978-626-7178-16-4（平裝）

1.CST: 社會科學　2.CST: 質性研究　3.CST: 研究方法

501.2　　111013603

社會科學研究系列 81243

質性研究：理論與應用（第二版）

作　　者：潘淑滿
執行編輯：林汝穎
總 編 輯：林敬堯
發 行 人：洪有義
出 版 者：心理出版社股份有限公司
地　　址：231026 新北市新店區光明街 288 號 7 樓
電　　話：(02) 29150566
傳　　真：(02) 29152928
郵撥帳號：19293172　心理出版社股份有限公司
網　　址：https://www.psy.com.tw
電子信箱：psychoco@ms15.hinet.net
排 版 者：龍虎電腦排版股份有限公司
印 刷 者：龍虎電腦排版股份有限公司
初版一刷：2003 年 2 月
二版一刷：2022 年 10 月
二版二刷：2024 年 2 月
I S B N：978-626-7178-16-4
定　　價：新台幣 520 元